本书为国家社会科学基金"十三五"规划教育学一般课题"中小学校园欺凌预防教育研究"（课题批准号：BEA170111）的主要成果。

张香兰 等著

中小学校园欺凌预防教育研究

中国社会科学出版社

图书在版编目（CIP）数据

中小学校园欺凌预防教育研究／张香兰等著 .—北京：中国社会科学出版社，2024.6
ISBN 978-7-5227-3595-5

Ⅰ.①中… Ⅱ.①张… Ⅲ.①中小学—暴力行为—预防—学校管理—研究 Ⅳ.①G637

中国国家版本馆 CIP 数据核字（2024）第 101507 号

出 版 人	赵剑英
责任编辑	高　歌
责任校对	李　琳
责任印制	戴　宽

出　　版	中国社会科学出版社
社　　址	北京鼓楼西大街甲 158 号
邮　　编	100720
网　　址	http://www.csspw.cn
发 行 部	010-84083685
门 市 部	010-84029450
经　　销	新华书店及其他书店

印　　刷	北京明恒达印务有限公司
装　　订	廊坊市广阳区广增装订厂
版　　次	2024 年 6 月第 1 版
印　　次	2024 年 6 月第 1 次印刷

开　　本	710×1000　1/16
印　　张	28.5
插　　页	2
字　　数	455 千字
定　　价	149.00 元

凡购买中国社会科学出版社图书，如有质量问题请与本社营销中心联系调换
电话：010-84083683
版权所有　侵权必究

前　言

　　校园欺凌（下文简称"欺凌"）已被认为是普遍存在的社会问题。① 联合国教科文组织 2019 年发布的《数字背后：结束校园暴力和欺凌》(*Behind the Numbers: Ending School Violence and Bullying*) 报告称："几乎三分之一的学生在上个月至少遭遇到一次来自同伴的欺凌。"② 校园欺凌现象在我国同样存在。本课题组在调查中发现，"初中生被欺凌发生率为 29.9%，其中经常被欺凌的比例为 5.5%，偶尔被欺凌的比例为 24.4%。"③ 相当高比例的儿童在学校中参与欺凌或成为受害者。④ 欺凌和被欺凌对儿童的身心健康有着严重和长期影响。⑤ 平均在七年后，即便控制了儿童时期的其他风险因素，被欺凌也是抑郁的重要诱因。⑥ 更

---

① Olweus, P. K. and Smith, Y. Morita, and J. Junger-Tas, eds., *The Nature of School Bullying: A Cross-national Perspective*, London: Routledge, 1999.

② United Nations Educational, Scientific and Cultural Organization, *Behind the Numbers: Ending School Violence and Bullying*, UNESCO, 2019, p. 7.

③ 张香兰、曹文等：《初中生校园欺凌的现状及影响因素》，《青少年犯罪问题》2019 年第 2 期。

④ Oiweus, D., "Bullying at School: Basic Facts and Effects of A School Based Intervention Program," *Journal of Child Psychology and Psychiatry, and Allied Disciplines*, Vol. 35, No. 7, November 1994, pp. 1171-1190.

⑤ Ttofi, M. M., Farringtion, D. P., "Bullying: Short-Term and Long-Term Effects, the Importance of Defiance Theory in Explanation and Prevention," *Victims and Offenders*, Vol. 3, No. 2-3, May 2008, pp. 289-312.

⑥ Ttofi, M. M., Farrington, D. P., "Effectiveness of School-Based Programs to Reduce Bullying: A Systematic and Meta-Analytic Review," *Journal of Experimental Criminology*, Vol. 7, No. 1, September 2011, pp. 27-56.

重要的是欺凌行为是未来暴力行为的重要预测因子,其影响会持续多年。① 欺凌还会从一段关系转移到另一段关系上,比如,从同学间的欺凌转移到家庭、职场,童年时期消极使用权力的破坏性经验可能会转化为工作场所的性骚扰、约会暴力、婚姻虐待、虐待孩子和虐待老年人等。

鉴于校园欺凌的普遍性及其危害,校园欺凌预防与治理的研究和实践也成为世界各国建设安全校园的努力方向。校园欺凌的防治路径可以分为两类:一类是通过设立专门反校园欺凌法进行防治。如日本设立《校园欺凌防止对策推进法》;美国50多个州仅1999—2010年,就通过了120多个反欺凌法案;韩国制定《关于学校暴力预防及对策的法律》;英国历经多次修订而成《2014教育(独立学校标准)》等。另一类是在学校内实施大量校园欺凌预防/干预计划。有代表性的如挪威的奥维斯校园欺凌干预计划;芬兰的KIVA欺凌干预计划;美国的社会情感能力培养计划等,对校园欺凌防治起到积极的推动作用。就这两类路径的效果而言,后者更为根本,影响更为深远。反校园欺凌法是基于威慑机制为校园欺凌防治筑起的一道屏障,从后果威慑潜在欺凌者的角度出发阻断欺凌的发生。但是,法律的惩罚作用其实是有限的,甚至有研究发现:"先前的惩罚事实上增加了犯罪者再次犯罪的可能性。"② 教育惩罚的假设是学生会理性选择行为,惩罚会阻止学生问题行为的再次产生。但从犯罪学研究来看并非如此。教育惩罚并不能完全戒除学生的问题行为。惩罚适用于那些道德发展以惩罚为定向阶段的学生,而对于其他阶段的学生并不适用。惩罚是被动视角,预防是主动积极发展的视角,可以更长远更根本地避免问题行为的发生。正如法学家贝卡利亚所强调的,改善教育和奖励道德与立法、刑事司法一样具有预防犯罪的作用③,菲利也认为犯罪预防是"刑罚的替代措施"。

学校教育作为培养人的一种活动,相较于法律的威慑,在预防校园

---

① Ttofi, M. M., Farringtion, D. P., "Bullying Prevention Programs: The Importance of Peer Intervention, Disciplinary Methods and Age Variations," *Journal of Experimental Criminology*, Vol. 8, No. 4, August 2012, pp. 443-462.

② [美]斯蒂芬·E. 巴坎:《犯罪学:社会学的理解》,秦晨等译,上海人民出版社2011年版,第155页。

③ 参见李明琪主编《西方犯罪学概论》,中国人民公安大学出版社2010年版,第3页。

欺凌方面有着更为首要、更可持续的作用。从学校预防的国际经验来看，学校欺凌预防教育有三级：一级预防是全校性预防，目标是无差别的全校学生；二级预防是选择性预防，目标是有一类或多类潜在卷入欺凌风险的学生，通过预防教育，防止他们参与欺凌；三级预防是针对性预防，针对已经参与欺凌的学生，通过预防教育，一方面降低欺凌造成的危害，另一方面防止他们再次卷入欺凌。

本书探讨的学校校园欺凌预防教育即是针对全校的一级预防，力图在对校园欺凌进行学理分析和现状调查的基础上，借鉴国外预防校园欺凌的经验，从预大于治的理念出发，基于循证教育理论和生态系统理论，运用范围综述（scoping review）方法、问卷调查法、整合方法（Intergrated approach）探讨构建了循证欺凌预防教育模式，以期提升我国校园欺凌防治效力，保障中小学生健康成长。

循证教育理论中的"循证"即基于证据（Evidence-based）、遵循证据，以证据作为决策的基础与核心。该词最早被使用于循证医学（Evidence-based Medicine）中。1972年，英国流行病学家阿奇·科克伦（Archie Cochrane）倡导医学实践要基于证据。加拿大学者戈登·盖亚特（Gordon Guyatt）于1991年提出"循证医学"（Evidence-based Medicine）的概念，指出循证医学有别于传统的临床决策方法，需要紧密跟踪相关研究并进行批判性评估，将最佳研究结果应用于临床决策。[①] Sackett将"循证医学"定义为"最好的研究证据与临床专业知识和患者价值观的结合"[②]。"循证医学"一经产生，其推崇证据的科学精神便迅速地扩展至精神病学、心理学、社会工作、教育学等其他社会学科研究和实践领域。循证实践（Evidence-based Practice）概念随之出现，它强调利用现有最佳证据作出决断的决策过程。[③] 循证实践过程或步骤大多采用Sackett的5A模型，包括：（1）提出问题（Ask）：描述并诊断教育问题；（2）获取证据（Access）：从已有文献成果和实践研究中收集有效证据；（3）评估证据（Appraise）：利用批判性工具与证据等级标准，筛选最佳证据；（4）实践

---

① 李霞：《循证教育：英国的实践探索》，《比较教育研究》2021年第8期。
② Thyer, B. A., "What Is Evidence-based Practice?" *Brief Treatment & Crisis Intervention*, Vol. 4, No. 2, 2004, pp. 167–176.
③ 杨文登：《循证实践：一种新的实践形态》，《自然辩证法研究》2010年第4期。

应用(Apply):对最佳证据及其结论进行适度改造,提出问题解决方案并进行教育实践;(5)效果评估(Access)。[1] 循证教育理论是循证实践的理念和范式在教育领域的应用。剑桥大学教授 Hargreaves 在1996年教师培训机构年度讲座中首次提到"循证教学"(Evidence-based Teaching)的概念,认为教学工作要基于研究证据开展,这一观点被认为是循证教育一词的起源。[2] 1999年,Philip Davies 正式提出了循证教育(Evidence-based Education)概念,他强调教育应该以证据为基础,对教育研究要进行高质量的系统审查和评估。并认为与循证分为两个层次。第一个层次是利用来自世界范围内关于教育和相关学科的研究和文献中的现有证据。具体步骤包括:(1)提出一个可回答的教育问题;(2)知道通过电子(基于计算机)和非电子(印刷)媒体到哪里系统和全面地查找证据;(3)检索和阅读此类证据,并根据统一的专业和科学标准对这些证据进行批判性评估和分析;(4)对这些证据的强弱进行组织分级;(5)确定其与他们的教育需求和环境的相关性。第二个层次是在现有证据缺乏或存在问题、不确定或薄弱的情况下建立可靠的证据。[3] 2002年,美国教育部教育研究与发展助理部长 Grover J. Whitehurst 指出,所谓循证教育就是"整合专业智慧与获得的最佳实证证据以制定教育方案"。专业智慧和实证证据是循证教育的核心要素,专业智慧包括共识和个人通过经验获得的判断两方面内容,实证证据包括来自心理学、社会学、经济学和神经科学尤其是教育等领域的科学研究,以及用于比较、评估和监控进度的经验资料。[4] 随着循证实践和循证教育的发展,校园欺凌预防与干预的循证实践框架也建立起来,如联合国教科文组织2019年发布的《数字背后:结束校园暴力和校园欺凌》报告中的各项结果皆来源于各种证据,体现了

---

[1] Sackett, D. L., Rosenberg, W. M. C., Gray, J. A. M., et al., "Evidence Based Medicine: What It Is and What It Isn't," *British Medical Journal*, Vol. 312, No. 13, 1996, pp. 71-72.

[2] Hargreaves, "Teaching as A Research-Based Profession: Possibilities and Prospects," *The Teacher Training Agency Annual Lecture*, 1996.

[3] Philip Davies, "What Is Evidence-Based Education?" *British Journal of Educational Studies*, Vol. 47, No. 2, June 1999, pp. 108-121.

[4] Grover J., (Russ)Whitehurst, Whitehurst, G. J. R., "Evidence-Based Education(EBE)," Student Achievement and School Accountability Conference, United States Department of Education, https://ies.ed.gov/director/pdf/2002_10.pdf, October 2002.

循证实践在校园欺凌预防领域的应用和遵循。本书以循证教育理论为依据，搜集、筛选、审查、整合校园欺凌预防教育的证据，作为构建我国中小学校园欺凌预防教育模式的科学依据。

生态系统理论是由美国心理学家尤里·布朗芬布伦纳（Urie Bronfenbrenner）提出的人类发展的生物生态学模型，认为人在复杂的关系系统中的发展受到多水平环境的影响。布朗芬布伦纳把环境想象为鸟巢状的结构，包括微观系统（microsystem）、中间系统（mesosystem）、外层系统（exosystem）和宏观系统（macrosystem）。微观系统是环境的最里层，由个体直接生活的环境中的各种活动和互动模式构成，如家庭、学校、邻居、社区等；中间系统指几个小环境之间的关系，如家校关系；外层系统指的是成长中的儿童不在其中，却对他们所处的直接环境产生影响的社会环境，如家长的工作单位、社会网络等；宏观系统由文化价值观、法律、习俗和资源组成。另外，还有一个时序系统，即模型中的时间维度。① 在这四个系统中尤以微观系统对人的发展具有更直接的作用。学校、班级以及作为生活世界延伸的网络，是中小学生学习和活动的主要场所，教师、家长、同伴是中小学日常直接接触的群体，他们都是学生成长的重要微观环境，在预防校园欺凌方面具有重要作用。生态系统理论越来越受到欺凌研究专家的重视，他们主张采用社会生态框架理解学校欺凌②，他们认为，欺凌也像人类其他方面的行为和发展一样，是个人

---

① ［美］劳拉·E. 伯克：《伯克毕生发展心理学：从0岁到青少年》，陈会昌等译，中国人民大学出版社2014年版，第24—25页。

② Bronfenbrenner, U., ed., *The Ecology of Human Development: Experiments by Nature and Design*, Cambridge, MA: Harvard University Press, 1979; Espelage, D. L., & Swearer, S. M., *Bullying in American Schools: A Social-ecological Perspective on Prevention and Intervention*, New York: Routledge, 2004; Dorothy L. Espelage and Susan M. Swearer, eds., *A Social-ecological Model for Bullying Prevention and Intervention: UnderStanding the Impact of Adults in the Social Ecology of Youngsters*, New York: Routledge/ Taylor & Francis Group, January 2010, pp. 61 – 72; Espelage, D. L., and Swearer, S. M., eds., "A Social-ecological Model for Bullying Prevention and Intervention: Understanding the Impact of Adults in the Social Ecology of Youngsters," *Handbook of Bullying in Schools: An International Perspective*, 2009, pp. 61 – 72; Shane, R. Jimerson, Susan M. Swearer, Dorothy L. Espelage, *Handbook of Bullying in Schools: An International Perspective*, New York: Routledge, 2009, pp. 61–72; Hong, J. S., & Garbarino, J., "Risk and Protective Factors for Homophobic Bullying in Schools: An Application of the Social-ecological Framework," *Educational Psychology Review*, Vol. 24, No. 2, 2012, pp. 271–285; Swearer, S. M., Espelage, D. L., Koenig, B., Berry, B., Collins, A., and Lembeck, P., "A Social-ecological Model of Bullying Prevention and Intervention in Early Adolescence," *Handbook of School Violence and School Safety*, 2009, pp. 61–72.

和作用于他/她的环境系统（家庭、社区、学校、区域、社会等）的因素双向互动的结果。同时，网络则延伸和扩展了中小学生的现实生活世界，所建构起来的虚拟世界也成为直接影响他们发展的微观系统。因此，本书将围绕学校、班级、网络三个主要场域，以及其中的活动主体教师、学生、家长几个方面构建校园欺凌预防教育模式。

本书运用的范围综述（Scoping Review）方法是"在一个复杂且没有全面审查过的领域中，快速绘制支撑该领域的关键概念及可用证据的主要来源和类型"[①]的研究方法，是一种基于循证实践理念的知识综合和证据识别方法[②]，包括"确定研究问题、确定相关研究、选择研究、绘制数据图表以及整理、总结和报告结果"[③]五个主要步骤。本书运用该方法围绕学校创建校园欺凌预防氛围、反欺凌课程设计、欺凌的班级预防、教师参与预防欺凌、家长参与预防欺凌、学生反欺凌素养培养、网络欺凌预防七个主题系统梳理全球范围内已经开展的相关研究，获取、筛选与整合证据，为构建循证欺凌预防教育模式提供科学证据。

本书运用问卷调查法，是要了解中小学校园欺凌现状，为科学构建中小学校园欺凌的预防教育模式提供现实依据。本课题组借鉴奥维斯校园欺凌问卷，设计了"小学校园欺凌问卷""初中校园欺凌问卷"。遵循系统抽样方法，根据抽样比例，各选择2000—3000名不同城市、乡镇的初中、小学生进行调查，调查结果以SPSS 22.0进行数据处理，统计分析初中、小学校园欺凌的现状。

本书采取的整合方法（Intergrated Approach）是20世纪下半叶进行理论研究所采用的科学研究的普遍范式。它是在系统论影响下，将不同学科、理论和观点进行整合，以求更全面、客观地认识社会现象。本书在两个方面使用整合方法：一是科学整合校园欺凌的成因。校园欺凌成因的复杂性决定仅从一元的解释视角难以对其有深入全面的了解。为此，

---

① Hilary Arksey and Lisa O'Malley, "Scoping Studies: Towards a Methodological Framework," *International Journal of Social Research Methodology*, Vol. 8, No. 1, 2005, p. 21.

② Colquhoun, H. L., Levac, D., O'Brien, K. K., et al., "Scoping Reviews: Time for Clarity in Definition, Methods, and Reporting," *J. Clin. Epidemiol*, Vol. 67, No. 12, December 2014, pp. 1291–1294.

③ Hilary Arksey and Lisa O'Malley, "Scoping Studies: Towards a Methodological Framework," *International Journal of Social Research Methodology*, Vol. 8, No. 1, 2005, p. 22.

本书从教育学、心理学、社会学和法学等多个学科视角分析校园欺凌发生的原因，并在此基础上进行多元整合，勾勒校园欺凌影响因素之间的相互关系与层次结构。二是整合校园欺凌预防教育的证据。将全球范围内校园欺凌的学校氛围创建、反欺凌课程设计、教师参与欺凌预防、学生参与欺凌预防、家长参与欺凌预防及网络欺凌预防的有效研究证据进行整合，以获取综合的、全面的、科学的校园欺凌预防教育的证据。

本书包括三个部分。第一部分（第一章和第二章）对校园欺凌进行学理分析和现状调查。第一章分析校园欺凌的概念、特征、核心要素，并调查了中小学校园欺凌的现状；第二章从教育学、心理学、社会学和法学多学科角度阐释校园欺凌发生的动因，建构校园欺凌成因的解释结构模型。第二部分（第三章）详细分析域外校园欺凌预防项目，提取校园欺凌预防教育的核心元素：学校、班级、教师、学生、家长，为后续构建循证欺凌预防教育模式提供支撑。第三部分（第四章至七章），基于校园欺凌现状和产生的原因，借鉴国外校园欺凌项目的构成要素，依据生态系统理论，遵照循证实践的理念和范式，运用范围综述法，从学校预防、班级预防、教师参与预防、学生个体预防、家长参与预防及网络欺凌预防几个方面建构中小学循证欺凌预防教育模式。

期望本书能够帮助中小学校长、管理人员、教师、学生家长等加深对校园欺凌的认识和理解，掌握校园欺凌预防教育的科学行动方案，在减低或杜绝校园欺凌发生，共创美好安全校园的道路上行稳致远。

目　录

第一部分
校园欺凌的学理分析与现状调查

第一章　校园欺凌概览及现状调查 ……………………… 3
　　第一节　校园欺凌概览 ……………………………………… 3
　　第二节　中小学校园欺凌的现状调查 ……………………… 31

第二章　校园欺凌成因的多学科阐释 ……………………… 59
　　第一节　教育学视角下的校园欺凌成因 …………………… 59
　　第二节　心理学视角下的校园欺凌成因 …………………… 66
　　第三节　社会学视角下的校园欺凌成因 …………………… 78
　　第四节　法学视角下的校园欺凌成因 ……………………… 88
　　第五节　校园欺凌成因的多元整合 ………………………… 95

第二部分
校园欺凌预防教育的域外镜鉴

第三章　校园欺凌预防教育的国际视野 …………………… 111
　　第一节　挪威奥维斯校园欺凌预防项目 …………………… 112
　　第二节　芬兰基瓦（KiVa）反欺凌项目 …………………… 120
　　第三节　美国学校欺凌防控项目 …………………………… 130

第四节　美国社会情感学习项目 ………………………… 138
第五节　西班牙塞维利亚反校园欺凌计划 ……………… 147
第六节　校园欺凌预防教育的国际经验 ………………… 156

第三部分
循证欺凌预防教育模式的理论构建

第四章　校园欺凌的全校预防 …………………………… 169
第一节　创建预防校园欺凌的学校氛围 ………………… 169
第二节　设计反欺凌课程 ………………………………… 217

第五章　校园欺凌的班级预防 …………………………… 250
第一节　校园欺凌班级预防的综合证据 ………………… 250
第二节　我国校园欺凌班级预防的行动方案 …………… 283

第六章　校园欺凌的多主体预防 ………………………… 301
第一节　教师如何参与预防和干预校园欺凌 …………… 301
第二节　学生如何参与预防校园欺凌 …………………… 319
第三节　家长如何参与预防和干预校园欺凌 …………… 355

第七章　网络欺凌预防教育 ……………………………… 378
第一节　网络欺凌预防和干预的范围综述证据 ………… 379
第二节　中国网络欺凌预防教育的行动方案 …………… 394

参考文献 ……………………………………………………… 411

后　记 ………………………………………………………… 441

第一部分

校园欺凌的学理分析与现状调查

做好校园欺凌问题的学理分析和现状调查,是校园欺凌预防教育模式建构的前提。本部分第一章厘清校园欺凌的几个基本问题,明了校园欺凌的实际状况。第二章从多学科视域分析校园欺凌的成因。多学科视域下校园欺凌成因分析以各单一学科视角下的校园欺凌成因分析为基本依据,采用整合的研究范式,以一种整体化归、协调统一的思想理路进行统整,进行学科间的视域融合,尽可能消弭固有学科局限,实现各学科视域下校园欺凌成因要素的整合,为构建校园欺凌预防教育模式提供新的思路和理论依据。

第一章 校园欺凌概览及现状调查

从理论上廓清对校园欺凌的认识,了解校园欺凌发生的实际状况,是校园欺凌预防教育的学理根基和实践上的逻辑起点。本章即围绕什么是校园欺凌,校园欺凌的现状如何,校园欺凌有哪些类型,校园欺凌的核心要素是什么,以及校园欺凌卷入者的角色是怎样的等问题逐一展开探察。

第一节 校园欺凌概览

一 校园欺凌的概念

目前学界对校园欺凌(School Bullying)的概念界定尚无统一的标准,① 但大家最为熟知且广泛引用的为奥维斯(Olweus)于 20 世纪 70 年代在其著作《学校里的欺凌》(*Bullying at School*)中的释义。奥维斯认为,校园欺凌指某名学生被某个或多个学生反复地、持续地施以负面行为……这种负面行为是有人故意施加,或企图对他人造成伤害或不适……消极的行为可以通过言语(口头)来实现,例如,通过威胁、嘲弄、取笑、骂人,也可以通过身体接触,推、踢、捏或约束他人的方

---

① Arora, C. M. J., "Defining Bullying: Towards a Clearer General Understanding and More Effective Intervention Strategies," *School Psychology International*, Vol. 17, No. 4, November 1996, pp. 317-329; Schuster, B., "Rejection, Exclusion, and Harassment at Work and in Schools," *European Psychologist*, Vol. 1, No. 4, 1996, pp. 293-317.

式。① 20世纪末21世纪初,有研究者提出:"欺凌区别于其他攻击行为的形式需符合三个标准:意图造成伤害、力量不平衡有利于欺凌、随着时间的推移重复欺凌。"② 但在对欺凌内涵的具体阐释中,各研究者的定义存在差异。如史密斯(Smith)认为,欺凌是力量相对较强者在未受激惹情况下对相对弱小者进行的重复攻击,具有"未受激惹的有意性""重复发生性"和"欺负者和被欺负者之间的力量不均衡性"三种特征。③ 这种解释可以较好地将欺凌行为与嬉笑追逐、善意戏弄等相区分。欺凌的这三大特征也得到了其他学者的认可。④ 一些研究者根据自身研究需要,对欺凌做了相关阐释。如里格比(Rigby)明确区分了欺凌的两个层面,第一层面所指范畴较广,为多种权力的滥用;第二层面则将欺凌范畴做了进一步窄化,认为"欺凌是在心理或身体上由一个或多个力量强大的人反复压迫力量相对弱小的人"⑤。在里格比看来,欺凌行为的特点包含以下要素:(1)初始意图的伤害;(2)有欺凌行为愿望;(3)已接触或伤害某人;(4)行为中存在强大个体/团体针对相对弱小个体的对抗;(5)缺少行动的正当理由;(6)该行为再次发生;(7)试图在欺凌中寻找快乐。⑥ 艾琳夫(Elinoff)等认为,欺凌是一种个人或群体的侵略行为,具有向他人实施敌意行为的特点,是一种在未被激惹的情况下主动向他人发起的直接或间接的敌意行动。⑦ 梅耶(Meyer)认为,使用"欺凌"这个词时,必须包含下列某一内容:"真正地遭受了暴力或有被暴力威胁的倾

---

① Olweus., D., *Bullying at School: What We Know and What We Can Do*, Cambridge, Oxford: Blackwell, 1993, p.9.

② Farrington, D. P., "Understanding and Preventing Bullying," *Crime and Justice*, Vol. 17, No. 1, 1993, pp. 381–458; Olweus, D., P. K. Smith, Y. Morita, J. Junger-Tas, eds., *The Nature of School Bullying: A Cross-national Perspective*, London: Routledge, 1999, pp. 28–48.

③ Smith, P. K., "The Silent Nightmare: Bullying and Victimization in School Peer Groups," *The Psychologist*, Vol. 48, No. 4, 1991, pp. 243–248.

④ Nansel, T. R., & Overpeck, M. D., "Operationally Defining 'Bullying'," *Archives of Pediatrics and Adolescent Medicine*, Vol. 157, No. 11, November 2003, pp. 1135–1136; Rigby, K., *New Perspectives on Bullying*, London: Jessica Kingsley Publishers, 2002, pp. 10–39.

⑤ Rigby, K., *New Perspectives on Bullying*, London: Jessica Kingsley Publishers, 2002, pp. 15–53.

⑥ Rigby, K., *Bullying in Schools: and What to Do About It*, ACER Press, 2007, p. 15.

⑦ Elinoff, M. J., Chafouleas, S. M., Sassu, K. A., "Bullying: Considerations for Defining and Intervening in School Settings?" *Psychology in the Schools*, Vol. 41, No. 8, October 2004, pp. 887–897.

向；被勒索或抢夺钱、财、物；被要求强制做一些他们不想做的事；在团体中被忽视或被禁止发言；遭受嘲弄与羞辱；总是遭受多人责骂；被取绰号或贴标签；有他人故意传递攻击性的信息；散播不实的谣言；发送侮辱性的电子邮件等。"① Wang 等认为，校园欺凌是青少年之间的一种问题行为，它经常被定义为一种蓄意、重复的特殊攻击性行为，这种行为往往会影响欺凌者与被欺凌者的学业成绩、亲社会倾向和心理健康等。② 沃克（Volk）等将欺凌定义为"侵略性的、目标导向行为，双方存有力量的不平衡性"③。史密斯指出欺凌是一种攻击行为，意在伤害他人。④

可以看出，学界对欺凌的认知多聚焦于"故意侵犯、重复、力量不平衡"等上。随着时代的发展，校园欺凌呈现出新特征，对欺凌问题的研究也面临着更大的挑战。研究者对欺凌的释义也开始有了新思考，传统的欺凌三要素受到了质疑。如对欺凌者的"蓄意"如何界定？"重复"这一要素是否必须作为评判欺凌的重要指标？仅发生一次，却对青少年造成严重伤害的事件是否属于欺凌？如何考察双方力量不均衡？事实上，奥维斯在 2013 年对欺凌核心要素做过进一步阐释，就人们对（传统）欺凌三核心（蓄意、重复、力量不平衡）要素的疑惑做了相关解答。⑤ 如针对欺凌者的"蓄意"因素，他解释道：如果欺凌者知道这种行为会对他的目标人物造成不愉快的体验甚至伤害，便可足够确定他的这种行为属于侵略行为。对"重复"的判定，奥维斯指出，"重复"这一概念在确立之初就并非一个绝对化概念，可根据具体欺凌情况进行适度调整。我们在奥维斯欺凌问卷（Olweus Bullying Questionaire）中可以看出，在欺凌发

---

① Meyer, E. J. Gender, "Bullying, and Harassment: Strategies to End Sexism and Homophobia in Schools," *Teachers College Press*, Vol. 14, No. 5, 2009, p. 120.

② Wang, J., Iannotti, R. J., & Nansel, T. R., "School Bullying among Adolescents in the United States: Physical, Verbal, Relational, and Cyber," *Journal of Adolescent Health*, Vol. 45, No. 4, October 2009, pp. 368-375.

③ Volk, A. A., Dane, A. V. & Marini, Z. A., "What is Bullying? A Theoretical Redefinition," *Developmental Review*, Vol. 34, No. 4, December 2014, pp. 327-343.

④ Smith, P. K., "Bullying: Definition, Types, Causes, Consequences and Intervention," *Social and Personality Psychology Compass*, Vol. 10, No. 9, September 2016, pp. 519-532.

⑤ Olweus, D., "School Bullying: Development and Some Important Challenges," *Annual Review of Clinical Psychology*, Vol. 9, No. 1, 2013, pp. 751-780.

生频率的调查中,设有"在过去几个月中发生过一次或两次"的选项,奥维斯将此类欺凌定义为偶尔欺凌。奥维斯还指出,"力量不平衡"是界定欺凌的重要因素,虽然有时因境况复杂而难以察觉双方的力量,但力量不平衡至少可以从身体素质、人员数量、自信心、地位等方面进行评判。网络欺凌无疑是互联网时代背景下的产物,是一种新兴欺凌方式。那么,传统欺凌的标准是否同样适用于网络欺凌?斯隆(Slonje)与史密斯注意到一次网络欺凌行为足以给被欺凌者造成极为严重的伤害,因为发布到网络上的信息可能在很长一段时间内会被许多人访问。[1] 史密斯等针对争议较大的力量不平衡问题,进一步做了相关说明:"网络欺凌中的不平衡主要为网络应用技术的差异,如欺凌者可以匿名,在社会地位、网络好友的数量方面有所优势,而被欺凌者所处的地位相对边缘化,这实则也是一种力量悬殊。"[2] 但奥维斯指出,网络欺凌中的不平衡应更多地从受害者角度考虑,即受害者认为他自己无法与欺凌者抗衡,而不应当考虑过多的外在因素。目前,学术界很多研究者倾向于用史密斯等对网络欺凌的界定:"网络欺凌是一个或多个人通过与网络连接的形式重复并不断地向受害者实施攻击,致使受害者无法进行反抗的行为。"[3] 也有其他研究者根据研究需要,做了其他界定。如谢里夫与古安(Shariff & Gouin)认为,网络欺凌是一种通过手机、博客、网站、聊天室等电子设备进行的心理欺凌。[4] 莱西(Lacey)认为,网络欺凌是一种借助电子通信设备表现出来的社会攻击行为。[5] 贝尔西(Belsey)将网络欺凌定义为

---

[1] Slonje, R., & Smith, P. K., "Cyberbullying: Another Main Type of Bullying?" *Scandinavian Journal of Psychology*, Vol. 49, No. 2, April 2008, pp. 147-154.

[2] Smith, P. K., del Barrio, C., & Tokunaga, R. S., "Definitions of Bullying and Cyberbullying: How Useful are the Terms?" In S. Bauman, D. Cross, & J. Walker eds., *Routledge Monographs in Mental Health*, *Principles of Cyberbullying Research: Definitions, Measures, and Methodology*, New York, NY, US: Routledge/Taylor & Francis Group, 2013, pp. 26-40.

[3] Smith, P. K., Mahdavi, J., Carvalho, M., Fisher, S., Russell, S., & Tippett, N., "Cyberbullying: Its Nature and Impact in Secondary School Pupils," *Journal of Child Psychology and Psychiatry*, Vol. 49, No. 4, March 2008, pp. 376-385.

[4] Shariff, S. & Gouin, R., "Cyber-dilemmas: Gendered Hierarchies Free Expression and Cyber-safety in Schools," *Paper Presented at Safety and Security in a Networked World: Balancing cyber-rights and responsibilities*, Oxford Internet Institute Conference, Oxford, U. K., 2005, pp. 8-45.

[5] Lacey, B., "*Social Aggression: A Study of Internet Harassment*," Long Island University, 2007.

个人或团体恶意反复地使用信息和通信技术来威胁他人。① 维拉德（Willard）将网络欺凌描述为欺凌者使用某种数字技术以攻击受害者，或向受害者发送威胁信息，从而造成被欺凌者产生心理等方面的问题。②

也有研究者重点探讨了儿童/青少年、教师等对校园欺凌概念的认知。如伯恩（Byrne）等对爱尔兰4358名12—19岁（平均年龄为14.99岁）青少年的调查发现，在对校园欺凌的界定中，年龄大的女生、有被欺凌经历的学生相比男生、没有被欺凌经历的学生更重视谈论被欺凌者的情绪问题（如将"被欺凌者是否认为是欺凌"作为评判标准）。总体来看，青少年对欺凌的界定与先前研究者所设定的定义存在一定差距。③ 盖琳与轩尼诗（Guerin & Hennessy）选取了5所小学的166名学生（平均年龄为12岁）为被试，调查其对校园欺凌特征的认知，访谈分析发现，学生并不认为"重复、蓄意、挑衅"三要素是判断校园欺凌的核心要素（为学生提供了欺凌的行为、重复的重要性、蓄意的重要性、对受害者的影响、挑衅的作用、力量不平衡六方面）。④ Hellström等对13岁及15岁学生进行了欺凌概念认知调查，采取问卷调查和访谈的形式（对128名学生做了问卷调查，以分析不同性别、年龄的学生对欺凌的定义；对21名学生做了四组焦点小组访谈，让学生具体讨论什么是欺凌），结果发现，学生对校园欺凌的理解和界定不仅包括传统欺凌标准中的重复和权力不平衡，也包括对欺凌后果的关注，如学生多将单次但造成伤害的行为视为欺凌行为，与男生和年龄较小的学生相比，女生和年长的学生对校园欺凌更具包容态度，他们报告的欺凌类型更多，且因发生在互联网上的单一事件及造成的破坏性后果无法使用传统的标准给予衡量，故学生对重复性和权力失衡方面的考虑和传统

---

① Belsey, B., "Cyberbullying: A Real and Growing Threat," *ATA Magazine*, Vol. 88, No. 1, 2007, pp. 14-21.

② Willard, N. E., *Cyberbullying and Cyberthreats: Responding to the Challenge of Online Social Aggression, Threats, and Distress*, Champaign, IL, US: Research Press, 2007, pp. 10-47.

③ Byrne, H., Dooley, B., Fitzgerald, A., & Dolphin, L., "Adolescents' Definitions of Bullying: the Contribution of Age, Gender, and Experience of Bullying," *European Journal of Psychology of Education*, Vol. 31, No. 3, 2016, pp. 403-418.

④ Guerin, S., & Hennessy, E., "Pupils' Definitions of Bullying," *European Journal of Psychology of Education*, Vol. 17, No. 3, September 2002, pp. 249-261.

欺凌有所区别。① Cheng 等调查了中国台湾地区 591 名教师与 967 名学生（537 名旁观者、217 名欺凌者和 213 名受害者），采用扎根理论方法收集分析数据，围绕"什么是校园欺凌"进行质性访谈，结果表明，台湾地区教师和学生主要关注欺凌中的蓄意、力量不平衡、攻击和负面影响。其中，教师更强调"重复"特征，但学生却很少提及。该研究把欺凌分为三种模式：开玩笑、欺凌、严重欺凌，结果发现欺凌者多将他们的欺凌行为视为一种玩笑，但旁观者和受害者却多将其视为一种欺凌行为。② 瓦扬古（Vaillancourt）等对 3—12 年级的学生进行的调查发现，校园欺凌中的重复和力量不平衡要素较少被学生提到，92%的学生认为欺凌是一种负面攻击。③ 盖琳与轩尼诗发现超过 50%的儿童没有考虑欺凌发生的频率，40%以上的儿童相信一次或两次发生的行为仍然可能是欺凌行为。④ 此外，蒙克斯与史密斯（Monks & Smith）调查也发现，学生在阐释欺凌核心要素时多不会提及"重复"与"蓄意"方面。⑤ 米世娜（Mishna）等调查发现大部分教师认为身体欺凌、言语欺凌、关系排斥是校园欺凌的主要形式，多强调故意伤害及力量不平衡的特征，这与研究者提出的欺凌概念基本一致。⑥ 内勒（Naylor）等调查发现师生均比较重视校园欺凌带来的负面影响，而较少关注"排斥"和"力量不平衡"要素；学生更可能关注直接欺凌（言语欺凌、身体

---

① Hellström, L., Persson. L., Hagquist, C., "Understanding and Defining Bullying-adolescents' Own Views," *Archives of Public Health*, Vol. 73, No. 4, February 2015, pp. 2-9.

② Cheng Ying-Yao, Chen Li-Ming, Hsiao-Chi Ho, et al., "Definitions of Schoolbullying in Taiwan: A Comparison of Multipleperspectives," *School Psychology International*, Vol. 32, No. 3, June 2011, pp. 227-243.

③ Vaillancourt, T., McDougall, P., Krygsman, A., Hymel, S., Miller, J., Stiver, K., & Davis, C., "Bullying: Are Researchers and Children/Youth Talking about the Same Thing?" *International Journal of Behavioral Development*, Vol. 32, No. 6, November 2008, pp. 486-495.

④ Guerin, S., & Hennessy, E., "Pupils' Definitions of Bullying," *European Journal of Psychology of Education*, Vol. 17, No. 6, September 2002, pp. 249-261.

⑤ Monks, C. P., & Smith, P. K., "Definitions of Bullying: Age Differences in Understanding of the Term, and the Role of Experience," *British Journal of Developmental Psychology*, Vol. 24, No. 4, December 2006, pp. 801-821.

⑥ Mishna, F., Scarcello, I., Pepler, D., & Wiener, J., "Teachers' Understanding of Bullying," *Canadian Journal of Education*, Vol. 28, No. 4, 2005, pp. 718-738.

欺凌）方面，而教师对三种欺凌方式的关注均比较多。① 此外，也有研究者提出了不同意见，如蒙内斯（Menesini）等调查发现，关系排斥、性别排斥和言语欺凌被教师提及的次数少于学生。② 黄向阳、顾彬彬、赵东倩对7—8岁小学二年级学生的访谈发现，学生所认为的欺负与成年人观念中的欺负相差较大，学生对欺负的判断多从行为的客观后果及客观原因方面加以考虑，不依据欺负者的主观恶意、力量不平衡方面。③ 总体而言，教师和学生对校园欺凌概念的认知存在较大偏差，如学生更多地强调欺凌带来的消极后果，但教师多强调重复、蓄意、力量平衡要素。

目前由于尚无对校园欺凌概念的统一标准划分，因而相对增加了欺凌预防和治理的难度。米世娜等指出不同学生自我报告的欺凌行为，也可能因对概念了解不清而造成对欺凌事件的高估或低估，继而可能影响欺凌问题的解决。④ 2014 年，美国疾病控制预防中心与美国教育部门共同报告称，若无统一的欺凌定义，将严重阻碍对欺凌发生的真正规模、范围及危害的了解，故在此基础上组织相关专家进行了欺凌概念的确定，认为校园欺凌是"发生于青少年之间的攻击性行为，使得青少年感受到与其他青少年之间（并非兄弟姐妹）因力量不平衡、重复多次发生且有针对性地对其造成包括身体、心理、社会或教育方面的伤害"⑤。校园欺凌具有跨文化的普遍性，立足本国国情，各国政府或机构组织对校园欺

---

① Naylor, P., Cowie, H., Cossin, F., De Bettencourt, R., & Lemme, F., "Teachers' Andpupils' Definitions of Bullying," *British Journal of Educational Psychology*, Vol. 76, No. 3, 2006, pp. 553-576.

② Menesini, E., Fonzi, A., & Smith, P. K., "Attribution of Meanings to Terms Related Tobullying: A Comparison between Teacher's and Pupil's Perspectives In Italy," *European Journal of Psychology of Education*, Vol. 17, No. 4, December 2002, pp. 393-406.

③ 黄向阳、顾彬彬、赵东倩：《孩子心目中的欺负》，《教育科学研究》2016 年第 2 期。

④ Mishna, F., "A Qualitative Study of Bullying from Multiple Perspectives," *Children and Schools*, Vol. 26, No. 26, October 2004, pp. 234-247; Mishna, F., Scarcello, I., Pepler, D., & Wiener, J., "Teachers' Understanding of Bullying," *Canadian Journal of Education*, Vol. 28, No. 4, 2005, pp. 718-738.

⑤ Gladden, R. M., Vivolo-Kantor, A. M., Hamburger, M. E., & Lumpkin, C. D., *Bullying Surveillance among Youths: Uniform Definitions for Public Health and Recommended Data Elements*, Atlanta, GA: National Center for Injury Prevention and Control, Centers for Disease Control and Prevention and US Department of Education, 2014, p. 9.

凌概念也做了相关界定。如英国政府教育与技能部（DFES）对校园欺凌的官方界定是："持续、有意或者反复、故意制造伤害的行为，"但将某些一次或突发的事件也归属为欺凌："个人或群体有目的地施加有害行为；双方力量不平衡并使受害者个体感觉失去了抵抗。"[①] 2007年之前，日本研究部科学省指出，欺凌行为是"单方面比自己弱势的人，并在身体上、心理上施加持续性的攻击，让对方感受到了深重的痛苦"。但在2007年对校园欺凌做了重新定义，弱化了持续攻击和痛苦感受，突出强调"学生遭受与自身保持一定社会关系的人的心理及身体方面的攻击，被害者能感受到精神痛苦，发生地点不分校内或校外"[②]。瑞典将校园欺凌界定为："学生经常对其他同学实施排挤、暴力、歧视、侮辱、嫌弃、破坏持有物品、诽谤、监禁等致使其身体或精神受到损害的行为。" 2017年11月《教育部等十一部门关于印发〈加强中小学生欺凌综合治理方案〉的通知》指出："中小学生欺凌是发生在校园（包括中小学校和中等职业学校）内外、学生之间，一方（个体或群体）单次或多次蓄意或恶意通过肢体、语言及网络等手段实施欺负、侮辱，造成另一方（个体或群体）身体伤害、财产损失或精神损害等的事件。"[③]

国内学者对校园欺凌的概念界定，多以奥维斯和史密斯对校园欺凌的概念为蓝本，根据研究需要做了相关修订。如中国青少年法律援助与研究中心主任佟丽华认为，校园欺凌"是发生在校园内的针对学生身体或精神实施的达到某种严重程度的侵害行为，欺凌行为的实施者可能是老师、同学或校外人员"[④]。陈慈幸将校园欺凌定义为"发生在校园内的为达到特定不法行为的犯罪意图，以强迫威胁为手段，压制被害人的抵抗能力和意图，针对学生、老师、学校以及校外侵入者之间所发生的暴行、破坏以及侵害生命、身体、财产的行为"。叶徐生指出，构成欺凌的

---

① House of Commons Education and Skills Committee, *Bullying: Third Report of Session* 2006-2007: *Report, Together with Formal Minutes, Oral and Written Evidence*, Authority of the House of Commons London: The Stationery Office Limited Stationery Office, March 5, 2007.
② 李燕秋：《校园欺凌研究综述》，《教育科学论坛》2016年第14期。
③ 《教育部等十一部门关于印发〈加强中小学生欺凌综合治理方案〉的通知》，2017年11月23日，http://www.moe.gov.cn/srcsite/A11/moe_1789/201712/t20171226_322701.html，2018年5月24日。
④ 转引自殷伟《让暴力远离校园》，《中国教育报》2002年第4期。

基本要件通常有三种：一是以强凌弱地欺负他人；二是欺负的目的及结果主要是凌辱对方；三是为了实现凌辱的目的和强化其程度，一般需要有围观者存在。[①] 魏重政、刘文利认为："欺凌是一种强势者对弱势者的重复攻击行为，并且这一行为会影响儿童与青少年的身心健康。"[②]

本书所指的校园欺凌是指发生在校园内外、中小学生之间，一方单次或多次蓄意或恶意通过肢体、语言、关系排斥及网络等手段实施欺负、侮辱，造成另一方受到伤害的行为。

二 校园欺凌的类型

依据欺凌方式差异可将校园欺凌划分为不同类型。很多研究者通常把身体欺凌、强行索取等较为明显的欺凌方式定义为直接欺凌，将社会排斥、传播谣言、关系欺凌等定义为间接欺凌。[③] 伴随着互联网的发展和电子通信工具的盛行，校园欺凌扩展至虚拟空间，网络欺凌因此成为新的欺凌形式，常被视为一种间接欺凌。下面将从直接欺凌和间接欺凌两个方面阐释中小学校园欺凌类型。

（一）直接欺凌

直接欺凌主要指欺凌者以较为明显的身体暴力、强行索取等方式对被欺凌者实施的欺凌。基于文献研究发现，中小学生之间的直接欺凌主要是身体欺凌和行为欺凌。身体欺凌（physical bullying），是指以打、踢等为主要实施手段的欺凌。这种方式最为明显，且受到各年龄阶段孩子的"青睐"。[④] 身体欺凌常表现为体格较强壮者对体格弱小者的欺凌，高年级学生对低年级学生的欺凌，或多数人对单个人的欺凌，多为扇耳光、打踢某人身体（包括头部、腹部、四肢等部位）、吐口水、撕拽某人头

---

① 叶徐生：《再谈"欺凌"概念》，《中国德育研究》2016年第9期。

② 魏重政、刘文利：《性少数学生心理健康与遭受校园欺凌之间关系研究》，《中国临床心理学杂志》2015年第4期。

③ Bjorkqvist, K., "Sex Differences in Physical, Verbal, and Indirect Aggression: A Review of Recent Research," *Sex Roles: A Journal of Research*, Vol. 30, No. 3, February 1994, pp. 177-188; Crick, N. R., & Grotpeter, J. K., "Relational Aggression, Gender, and Social-psychological Adjustment," *Child Development*, Vol. 66, No. 3, June 1995, pp. 710-722.

④ Smith, P. K., Cowie, H., Olafsson, R. F., et al., "Definitions of Bullying: A Comparison of Terms Used, and Age and Gender Differences, in a Fourteen Country International Comparison," *Child Development*, Vol. 73, No. 4, January 2002, pp. 1119-1133.

发；更有甚者使用某些器物，如钢管、棍、针等伤害被害者，或采用扒光衣服，用烟头烫身体，强迫吃沙子、头发等异物的方式侮辱被害者。① 与身体欺凌密切相关的另一种欺凌形式为行为欺凌（behavioral bullying），是指欺凌者使用较为卑鄙的方式，如偷午餐，撕坏家庭作业，表现出厌恶某人的动作等。② 曾有报道称，一名芝加哥男孩遭受了一系列的恶意攻击，他的一名同学将巧克力牛奶倒到他最喜欢的T恤衫上，之后，这名男孩不堪忍受其行为而选择了自杀。③ 这种即是较为典型的身体欺凌事件。身体欺凌相对于其他间接欺凌，受欺凌者的外伤较为明显，较易被家长发现（如衣服、书包常弄得较脏，身体上有较为明显的伤痕）。但有研究指出，身体欺凌多发生于低年级学生之间，伴随着学生的年龄增长，更多向关系欺凌、言语欺凌以及网络欺凌转变。④

（二）间接欺凌

间接欺凌常表现为言语辱骂、关系排斥、传播谣言等特征，与直接欺凌相比，多未有明显的身体伤害，被欺凌者更多地受到心理伤害。言语欺凌（verbal bullying）主要指重复地贬低或评论某人，欺凌者常使用言语嘲弄别人，采用嘲笑讥讽、恶意诋毁、起绰号、威胁恐吓、谩骂等方式攻击被害者。特别是随着儿童年龄的增长，儿童的心理发展水平提升，这种方式也更多地取代了身体欺凌。⑤ 有研究指出，言语欺凌比身体欺凌发生的概率多两倍。⑥ 有学者在以色列和洛杉矶的调查发现，在先前一个月里至少遭受过一次"嘲笑、侮辱、羞辱"的学生比遭受踢打或者推搡的学生

---

① 《中国留学生在美绑架凌虐同学获刑》，《新京报》2016年2月19日，http://news.sina.com.cn/o/2016-02-19/doc-ifxprupc9437350.shtml，2018年3月10日。

② Berger, K. S., "Update on Bullying at School: Science Forgotten?," *Developmental Review*, Vol. 27, No. 1, March 2007, pp. 90-126.

③ Ladd, G. W., *Children's Peer Relations and Social Competence: A Century of Progress*, New Haven: Yale University Press, 2005, pp. 37-40.

④ 张文新、王益文、鞠玉翠、林崇德：《儿童欺负行为的类型及其相关因素》，《心理发展与教育》2001年第1期；Björkqvist, K., Lagerspetz, K. M. J., Kaukiainen, A., "Do Girls Manipulate and Boys Fight? Developmental Trends in Regard to Direct and Indirect Aggression," *Aggressive Behavior*, Vol. 18, No. 2, 2010, pp. 117-127.

⑤ Benbenishty, R., & Astor, R. A., *School Violence in Context*, New York: Oxford University Press, 2005.

⑥ Tapper, K., & Boulton, M. J., "Victim and Peer Group Responses to Different Forms of Aggression amongprimary School Children," *Aggressive Behavior*, Vol. 31, No. 3, January 2005, pp. 238-253.

更多（32%—60%的以色列学生，16%—54%的加利福尼亚学生）。① 相较于身体欺凌，言语欺凌常给被欺凌者带来更严重的心理问题，如抑郁、焦虑、自尊心较差等问题。关系欺凌（relational bullying/social bullying），主要指欺凌者破坏受害者与其他同伴之间的关系②，这种欺凌方式常发生在女生之间③，且在青春期更为普遍，原因在于这一时期同伴关系和社会交往技巧变得更为重要。④ 关系欺凌常表现为欺凌者故意挑拨被欺凌者与其他同伴之间的关系，或在背后说被欺凌者的坏话，传播散布被欺凌者的谣言，禁止被欺凌者加入游戏或小组讨论，故意孤立排挤被欺凌者。这种欺凌方式同样给被欺凌者带来了较为严重的心理伤害。相比于身体欺凌这种较为直接粗暴的方式，关系欺凌以其隐蔽性特征吸引了更多学生"加入"。如罗登柏（Rotenberg）针对6岁以上儿童进行的为期12年的跟踪调查发现，关系欺凌在初中更为普遍。⑤ Lagerspetz & Björkqvist 指出，年轻女孩更可能使用直接攻击方式，一旦她们的社会技能增加，就开始转向关系欺凌，而这种行为也常发生在男生之间。⑥ 近年来，网络欺凌（cyberbullying）越来越受到各国专家学者的关注。关于网络欺凌的释义学界尚无统一标准。大多数研究者倾向于采用史密斯等对网络欺凌的界定：网络欺凌是一个或多个人通过与网络连接的形式重复并不断地向受害者实施攻击，致使受害者无法进行反抗的行为。⑦ 也有研究者概括了

---

① Berger, K. S., "Update on Bullying at School: Science Forgotten?" *Developmental Review*, Vol. 27, No. 1, March 2007, pp. 90–126.

② Crick, N. R., & Grotpeter, J. K., "Relational Aggression, Gender and Social-psychological Adjustment," *Child Development*, Vol. 66, No. 3, June 1995, pp. 710–722.

③ Crick, N. R., Ostrov, J. M., Burr, J. E., Cullerton-Sen, C., Jansen-Yeh, E., & Ralston, P., "A Longitudinal Study of Relational and Physical Aggression in Preschool," *Journal of Applied Developmental Psychology*, Vol. 27, No. 3, May-June 2006, pp. 254–268.

④ Xie, H., Swift, D. J., Cairns, B., and Cairns, R. B., "Aggressive Behaviors in Social Interaction and Developmental Adaptation: A Narrative Analysis of Interpersonal Conflicts During Early Adolescence," *Social Development*, Vol. 11, No. 2, May 2002, pp. 205–224.

⑤ Rotenberg, K. J., "Causes, Intensity, Motives, and Consequences of Children's Anger from Self-Reports," *The Journal of Genetic Psychology*, Vol. 146, No. 1, 1985, pp. 101–106.

⑥ Lagerspetz, K. M. J., & Björkqvist, K., *Indirect Aggressionin Boys and Girls*, In L. R. Huesmann (ed.), Aggressive Behaviour: Current Perspectives, New York: Plenum Press, 1994, pp. 131–149.

⑦ Smith, P. K., Mahdavi, J., Carvalho, M., Fisher, S., Russell, S., & Tippett, N., "Cyberbullying: Its Nature and Impact in Secondary School Pupils," *Journal of Child Psychology And Psychiatry*, Vol. 49, No. 4, April 2008, pp. 376–385.

网络欺凌定义的四个组成部分：（1）故意侵犯行为；（2）重复进行；（3）欺凌者和被欺凌者之间的权力不平等；（4）借助电子技术手段。[1]但也有研究者提出异议，如未将重复性纳入网络欺凌的界定范畴。因网络欺凌的重复性难以进行系统规划。有研究者提出，可能在欺凌者创建一个诋毁他人的网站或者将信息发布于网上时，并不清楚有多少人会浏览关注。[2]而一次网络欺凌行为足以被视为网络欺凌，尤其在行为是由一系列线下欺凌行为引起的时候。[3]福曼（Fauman）指出，网上发布的信息可以广泛传播，欺凌者行为的重复性质可能与现实中的欺凌处于不一样的重要地位。[4]目前，关于网络欺凌方法测量的差异仍是一个较难统一界定的难题。[5]网络欺凌常通过邮件、手机短信、互联网、聊天室、网页、电子游戏等形式传播，涉及恐吓威胁、骚扰信息、图片/视频、孤立排挤等方面。[6]贝尔西定义网络欺凌为"个人或团体使用信息和通信技术来支持故意的、重复的和敌对的有意伤害他人的行为"[7]，他并没有将线上力量的不平等纳入其中。另有研究者强调将这种重复的在线侵略行为视为在线骚扰更为精确。[8]总体而言，网络欺凌表现为借助互联网、电子

---

[1] Kowalski, R. M., Giumetti, G. W., Schroeder, A. N., & Lattanner, M. R., "Bullying in the Digital Age: A Critical Review and Meta-Analysis of Cyberbullying Research among Youth," *Psychological Bulletin*, Vol. 140, No. 4, 2012, pp. 1073-1137.

[2] Leishman, J., "Cyber-bullying CBC News Online," http://www.cbc.ca/news/background/bullying/cyber_bullying.html.

[3] Vandebosch, H., & Van Cleemput, K., "Defining Cyberbullying: A Qualitative Research into the Perceptions of Youngsters," *Cyber Psychology & Behavior*, Vol. 11, No. 4, August 2008, pp. 499-503.

[4] Fauman, M. A., "Cyber-bullying: Bullying in the Digital Age (book review)," *The American Journal of Psychiatry*, Vol. 165, No. 3, June 2008, pp. 780-781.

[5] Kowalski, R. M., Limber, S. P., and Agatston, P. W., eds., *Cyberbullying*, Malden, MA: Blackwell, 2008.

[6] Wachs, S., Wolf, K. D., Pan, C. C., "Cybergrooming Risk Factors, Coping Strategies and Associations with Cyberbullying," *Psicothema*, Vol. 24, No. 4, December 2012, pp. 628-633; Tippett, N. & Kwak, K., "Cyberbullying in South Korea," *Cyberbullying in the Global Playground Wiley-Blackwell*, 2012, pp. 202-219.

[7] Belsey, B., www.cyberbullying.ca, 2007.

[8] Wolak, J., Mitchell, K. J., & Finkelhor, D., "Does Online Harassment Constitute Bullying? An Exploration of Online Harassment By Known Peers and Online-Only Contacts," *Journal of Adolescent Health*, Vol. 41, No. 6, December 2007, pp. S51-S58.

通信等设备对受害者实施的欺凌，不受时间、地点等条件的限制，具有匿名性等特点，网络欺凌的主要形式包括网络骚扰、网络盯梢、传播谣言、排斥某人、盗用身份、网络谩骂、网络欺诈、披露个人信息、色情短信等。①

三 校园欺凌的特征

（一）行为的普遍性

据估计，全球每年有2.46亿儿童和青少年遭受了某种形式的学校暴力和欺凌。② 2016年，一项网上民意调查形成的"U-报告"显示，90%的受调查者认为，欺凌是一个需要关注的问题；2/3的受调查者认为曾经遭受了欺凌。③ "U-报告"提供的数据说明，在全球范围内较为普遍地存在着欺凌行为。另一项针对美国青少年的全国性的调查研究发现，在十个年级中几乎有三分之一的学生报告说有过欺凌或被欺凌的经历，且大多为频繁或十分频繁地卷入欺凌事件。④ 北爱尔兰超过40%的青少年声称遭受过欺凌。⑤ 40%的澳大利亚学生报告说他们曾遭受了身体欺凌、关系孤立等。⑥ 37%的德国小学生报告说他们为欺凌受害者。⑦ 在亚洲地区，

---

① Siegle, D., "Cyberbullying and Sexting: Technology Abuses of the 21st Century," *Gifted Child Today*, Vol. 33, No. 2, April 2010, pp. 14-65.

② UNESCO, *Global Education Digest 2011: Comparing Education Statistics across the World*, Institute For Statistics, 2011.

③ United Nations, *Protecting Children from Bullying Report of the Secretary-General*, http://undocs.org/A/71/150, 2016.

④ Nansel, T. R., Overpeck, M., Pilla, R. S., Ruan, W. J., & Scheidt, P., "Bullying Behaviors among Us Youth: Prevalence and Association with Psychosocial Adjustment," *The Journal of the American Medical Association*, Vol. 285, No. 16, April 2001, pp. 2094-2100.

⑤ McGuckin, C., Cummings, P. K., & Lewis, C. A., "Bully/Victim Problems in Northern Ireland's Schools: Data from the 2003 Young Persons' Behavior and Attitude Survey," *Adolescence*, Vol. 174, No. 44, 2009, pp. 347-358.

⑥ Murray-Harvey, R., Slee, P. T., & Taki, M., "Comparative and Cross-Cultural Research on School Bullying," In S. R. Jimerson, S. M. Swearer & D. L. Espelage (Eds.), *Handbook of Bullying in Schools: an International Perspective*, New York: Routledge/Taylor & Francis Group, 2010, pp. 35-47.

⑦ Von Marees, N., & Petermann, F., "Bullying in German Primary Schools: Gender Differences, Age Trends, and Influence of Parents' Migration and Educational Backgrounds," *School Psychology International*, Vol. 31, No. 2, April 2010, pp. 178-198.

10.2%的韩国学生报告说曾欺凌他人，5.8%的学生报告说曾被欺凌。① 针对韩国1756名中学生的调查显示，被欺凌者、欺凌者、欺凌/被欺凌者的比例分别为14%、17%和9%；在调查的1344名小学生中，上述比例分别为5%、12%和7%。② 有研究者对日本9420名中小学生进行的欺凌调查发现，21.9%的小学生和13.2%的初中生自我报告说为欺凌受害者。③ 台湾地区的一项调查发现，约31%的学生报告说被欺凌，24%的学生报告说欺凌过他人。④ 中国青少年研究中心的调查数据显示，32.5%的中小学生表示"偶尔会被欺负，"6.1%的中小学生表示"经常被高年级同学欺负"过。⑤ 姚建龙课题组在全国范围内的调查发现，中小学校园欺凌发生率为33.36%，其中经常被欺凌的比例为4.7%，偶尔被欺凌的比例为28.66%。⑥ 这在很大程度上也反映了我国校园的欺凌情况。

伴随着互联网的发展以及手机、电脑的普及，儿童接触网络的机会越来越多，网络欺凌成为一种新的欺凌形式。有研究表明，全球三分之一的互联网用户不到18岁；儿童上网年龄越来越小，人数越来越多；第一次上网的平均年龄在下降。⑦ 有研究者对西班牙、波兰、荷兰、罗马尼亚、冰岛和希腊6个欧洲国家的10930名14—17岁青少年的调查发现，有21.4%的学生声称，在过去一年中曾遭受了网络欺

---

① Koo, H., Kwak, K., Smith, P. K., "Victimization in Korean Schools: the Nature, Incidence, and Distinctive Features of Korean Bullying or Wang-ta," *Journal of School Violence*, Vol. 7, No. 4, August 2008, pp. 119-139.

② Kim, Y. S., Koh, Y. J., & Leventhal, B. L., "Prevalence of School Bullying in Korean Middle School Students," *Archives of Pediatric & Adolescent Medicine*, Vol. 158, No. 8, August 2004, pp. 737-741; Yang, S-J., Kim, J-M., Kim, S-W., & Yoon, J. S., "Bullying and Victimization Behaviors in Boys and Girls at South Korean Primary Schools," *Journal of The American Academy of Child And Adolescent Psychiatry*, Vol. 45, No. 1, January 2006, pp. 69-77.

③ Morita, Y., Soeda, H., Soeda, K. and Taki, M., "Japan," in Smith, P. K. Morita, Y. J. Junger-Tas, D. Olweus, Catalano, R And Slee, P, eds, *The Nature of School Bullying: A Cross-National Perspective*, New York: Routledge, 1999, pp. 309-323.

④ Wei, H. S., Jonsonreid, M., Tsao, H. L., "Bullying and Victimization among Taiwanese 7th Graders: A Multi-Method Assessment," *School Psychology International*, Vol. 28, No. 4, October 2007, pp. 479-500.

⑤ 陈晓英：《校园欺凌谁来解围》，《法制日报》2015年7月13日第8版。

⑥ 姚建龙：《应对校园欺凌不宜只靠刑罚》，《人民日报》2016年6月14日第5版。

⑦ United Nations General Assembly, *Protecting Children from Bullying Report of the Secretary-General*, New York, 2017.

凌，其中罗马尼亚和希腊遭受网络欺凌的报告率比较高，分别为37.3%和26.8%；冰岛和西班牙的报告率较低，分别为13.5%和13.3%。① 有调查指出，2010—2014年，欧洲青少年网络欺凌报告率从8%上升到12%，在年龄较小的女孩和儿童中增长率尤为明显。② 科瓦尔斯基与林姆（Kowalski & Limber）对美国6所小学和初中共3767名学生的调查发现，表示在最近两个月至少遭受或实施过1次网络欺凌的学生比例分别为11%、4%，网络欺凌他人与被网络欺凌的学生比例约为7%。③ 惠特尼与史密斯对英格兰24所学校的6758名中小学生的调查发现，6%的中学生表示有时或经常欺凌他人。④ 在英国，查尔顿（Charlton）等调查发现，25%的学生报告有过受网络欺凌的经历。⑤ 伊瓦拉和米切尔（Ybarra & Mitchell）对10—17岁的青少年调查结果显示，15%的学生是网络欺凌者，7%的学生是被网络欺凌者。⑥ 蒙克斯等人发现，在伦敦地区7—11岁的小学生中，约5%的是网络欺凌者，23%的是被网络欺凌者，被网络欺凌报告率为15%，网络欺凌他人报告率为11.7%。⑦ 在瑞典，有学者针对360名12—20岁的学生调查发现，分别有9%、16.2%的学生在学校内、学校外遭受过网络欺

---

① Tsitsika, A., Janikiana, M, Wójcik, S. Makaruk, K., Tzavela, E. Tzavara, C., Greydanusc, D., Merrick, J., Richardson, C., "Cyberbullying Victimization Prevalence and Associations with Internalizing and Externalizing Problems among Adolescents in Six European Countries," *Computer Human Behavior*, Vol. 51, No. 10, October 2015, pp. 1-7.

② Livingstone, S., Macheroni, G., Olafsson, K. & Haddon, L., *Children's Online Risks and Opportunities: Comparative Findings from Eu Kids Online and Net Children Go Mobile*, London: London School of Economics and Political Science, 2014.

③ Kowalski, R. M., & Limber, S. P., "Electronic Bullying among Middle School Students," *Journal of Adolescent Health Official Publication of the Society for Adolescent Medicine*, Vol. 41, No. 6, December 2007, pp. 22-30.

④ Whitney, I. & Smith, P. K., "A Survey of the Nature and Extent of Bullying in Junior/Middle and Secondary Schools," *Educational Research*, Vol. 35, No. 1, July 1993, pp. 3-25.

⑤ Charlton, T. Panting, C., Hannan, A., "Mobile Telephone Ownership and Usage among 10- and 11-year-olds," *Emotional and Behavioural Difficulties*, Vol. 7, No. 3, September 2002, pp. 152-163.

⑥ Ybarra, M. L., & Mitchell, K. J., "Youth Engaging in Online Harassment: Associations with Care-giver Relationships, Internet Use, and Personal Characteristics," *Journal of Adolescence*, Vol. 27, No. 3, June 2004, pp. 319-336.

⑦ Monks, C. P., Ortega, R., Robinson, S., & Worlidge, P., "Cyberbullying among Primaryschool-aged Pupils," *Kwartalnik Pedagogiczny*, Vol. 214, No, 4, 2009, pp. 167-181.

凌，分别有9%和10.5%的学生在学校内、学校外实施过网络欺凌。在中国高中的调查结果显示，26.84%的学生为网络欺凌/被欺凌者，37.34%的学生为被网络欺凌者，40.33%的学生为网络欺凌者。① 在中国台北初中的调查发现，34.9%的是被网络欺凌者，20.4%的是网络欺凌者，另有63.4%的学生声称目睹过网络欺凌。② 由此可见，各国虽然调查的网络欺凌发生率还存在一些差异，却反映了各国中小学生遭遇网络欺凌的概况。

（二）场所的隐蔽性

欺凌发生的场所主要集中于操场、上下学路上、宿舍、厕所或其他较为空旷的场所、阴暗的角落，大多避开教师、家长等成人的监视以及学校的监控区域。选取的欺凌地点，一般是欺凌者较为熟悉的地区，确保地点"相对安全"。因传统欺凌是一种面对面的欺凌，欺凌者需要在现实场景中与被欺凌者发生直接接触，常会选择上述比较隐蔽的区域进行。而这也就意味着，大部分欺凌可能并不会被家长、教师知晓。从国外反欺凌计划的措施中，也可以看出有些计划着重强调了某些场所的监控，如芬兰基瓦项目（KIVA Programme）重点加强课间休息及上下学时间的监控，给相关教师配备带有KIVA标志的荧光背心③；加拿大校本干预计划（School-based Programme in Canada）重点加强操场和教室内的监控，并强调要改善操场的环境。④ 这些措施都旨在加大对欺凌多发地或较为隐蔽地方的监控。史密斯等认为："网络欺凌正在作为一种新的娱乐手段被社会大众所采用，网络欺凌相比面对面的传统欺凌有新的特征。"⑤ 网络

---

① Zhou, Z., Tang, H., Tian, Y., Wei, H., & Morrison, C. M., "Cyberbullying and Its Risk Factors among Chinese High School Students," *School Psychology International*, Vol. 34, No. 6, May 2013, pp. 630-647.

② Huang, Y. Y., Chou, C., "An Analysis of Multiple Factors of Cyberbullying among Junior High School Students in Taiwan," *Computers in Human Behavior*, Vol. 26, No. 6, November 2010, pp. 1581-1590.

③ What is Kiva And How Does it Work? http://www.kivaprogram.net/program, 2018.

④ Smith, P. K, Pepler, D., Rigby, K., *Bullying in Schools: How Successful Can Interventions Be?* Cambridge: Cambridge University Press, 2004, p. 133.

⑤ Smith, P. K., Mahdavi, J., Carvalho, M., Fisher, S., Russell, S., & Tippett, N., "Cyber-Bullying: Its Nature and Impact in Secondary School Pupils," *Journal of Child Psychology and Psychiatry*, Vol. 49, No. 4, March 2008, pp. 376-385.

欺凌可能会出现在每一时刻①，并且给欺凌者提供了匿名的便捷。② 网络欺凌者常使用电脑、手机作为传播媒介，只需保持网络通信畅通，即可完成欺凌行为。实施网络欺凌的发生场所不受时间、地点等条件的限制，加之网上身份的匿名性等特征，网络欺凌更不易被觉察。

（三）形式的多样性

校园欺凌既包括一般意义上的传统欺凌，如身体欺凌、言语欺凌、关系欺凌，同时也包括财物欺凌（主要以掠夺被害人的财物为主，在发生时也常伴有肢体欺凌和言语欺凌）、性别欺凌。联合国教科文组织（UNESCO）指出，校园性别欺凌受不同文化及地域的影响，表现形式存在差异，但共同点是基于性与性别认同的刻板印象和角色规范的期望引起，在学校和周边区域关于儿童和青少年的身体、心理和性的暴力。③ 因欺凌类型的不同，欺凌形式也呈现出多元特征。如欺凌者持用某些器物（如棍、棒、绳等）或在言语上对被欺凌者进行恐吓威胁，或使用某些污秽词语故意贬低某人，挑拨被欺凌者与其他人的人际关系。有很多研究指出，发生在学生之间的欺凌主要包括身体攻击、言语骚扰、关系排挤、传播谣言。④ 不同传统欺凌类型可能存在一些差异，如张文新教授（2004）调查发现，在欺负方式上，中小学阶段的儿童总体上受言语欺负的比例最高（35.1%），其次是身体欺负（20.8%），关系欺负的发生率最低（18.3%）。⑤ 里格比指出，学生报告的被言语欺凌情况最多，其次为被身体欺凌和被关系欺凌。⑥ Wang、Iannotti、Nansel 研究发现，言语欺

---

① Patchin, J. W., & Hinduja, S., "Bullies Move Beyond the Schoolyard: A Preliminary Look at Cyber-bullying," *Youth Violence and Juvenile Justice*, Vol. 4, No. 2, April 2006, pp. 148–169.

② Slonje, R, & Smith, P. K., "Cyberbullying: Another Main Type of Bullying?" *Scandinavian Journal of Psychology*, Vol. 49, No. 2, January 2008, pp. 147–154.

③ United Nations Educational, Scientific and Cultural Organization. *From Insult to Inclusion: Asia-Pacific Report on School Bullying, Violence and Discrimination on the Basis of Sexual Orientation and Gender Identity*, http//unesdoc.unesco.org/images/0023/002354/235414e, 2018.

④ Crick, N. R., & Grotpeter, J. K., "Relational Aggression, Gender, and Social-Psychological Adjustment," *Child Development*, Vol. 66, No. 3, June 1995, pp. 710–722; Olweus, D., *Bullying at School What We Know and What We Can Do*, Cambridge, MA: Blackwell, 1993.

⑤ 张文新：《学校欺负及其社会生态分析》，《华南师范大学学报》（社会科学版）2004年第5期。

⑥ Rigby, K., "Children and Bullying: How Parents and Educators Can Reduce Bullying at School," Malden, Ma: Blackwell Publishing, 转引自 Beaudoin, H., Roberge, G., Student Perceptions of School Climate and Lived Bullying Behaviours, *Procedia Social and Behavioral Sciences*, 2015, pp. 321–330.

凌和关系欺凌的发生率高于身体欺凌和网络欺凌。① 网络欺凌形式同样也呈多元化特征，多表现为借助网络媒介对被欺凌者进行恶意攻击。网络欺凌常通过邮件、手机短信、互联网、聊天室、网页、电子游戏等形式传播，涉及恐吓威胁、骚扰、孤立排挤、传播谣言、透露隐私、网络跟踪等方面。②

四　校园欺凌的核心要素

校园欺凌既包括传统欺凌（身体欺凌、言语欺凌、关系欺凌等），也包括网络欺凌。早在20世纪90年代，奥维斯就曾指出，欺凌是一种特殊的、无理由的意图伤害或扰乱的侵略行为，这种行为发生随着时间的推移，权力不断失衡，强大的人开始攻击一个相对弱小的人。③ 网络欺凌同样包括侵略性、故意侵犯、力量不平衡方面。④

（一）故意挑衅

欺凌是一种特殊的攻击行为，攻击的特殊性首先体现为在未受到侵犯/激惹时，欺凌者主动发起对被害对象的攻击。詹德鲁与爱科（Gendreau & Archer）曾指出，并非所有的侵略行为都是欺凌行为，但是欺凌行为总是侵略行为，欺凌被认为是有害的和敌对行为。⑤ 奥维斯在初期研究中明确提

---

① Wang, J., Iannotti, R. J., & Nansel, T. R., "School Bullying among Adolescents in the United States: Physical, Verbal, Relational, and Cyber," *Journal of Adolescent Health*, Vol. 45, No. 4, October 2009, pp. 368-375.

② Willard, N. E., *Cyberbullying and Cyber Threats: Responding to the Challenge of Online Social Aggression, Threats, and Distress*, Research Publishers Llc, 2007; Slonje, R., & Smith, P. K., "Cyberbullying: Another Main Type of Bullying?" *Scandinavian Journal of Psychology*, Vol. 49, No. 2, January 2008, pp. 147-154; Williams, K. R., & Guerra, N. G., "Prevalence and Predictors of Internet Bullying," *Journal of Adolescent Health*, Vol. 41, No. 1, December 2007, pp. S14-S21.

③ Olweus, D., "Bullying among School Children: Intervention and Prevention," In: Smith, P. K., Morita, Y., Junger-Tas, J., Olweus, D., Catalano, R., Slee, P., *The Nature of School Bullying: A Cross National Perspective*, New York: Routledge, 1999, pp. 7-27.

④ Smith, P. K., Mahdavi, J., Carvalho, M., Fisher, S., "Cyberbullying: Its Nature and Impact in Secondary School Pupils," *Journal Of Child Psychology And Psychiatry*, Vol. 49, No. 4, March 2008, pp. 376-385.

⑤ Gendreau, P. L., & Archer, J., "Subtypes of Aggression in Humans and Animals," In R. E. Tremblay, W. W. Hartup, & J. Archer (eds.), *Developmental Origins of Aggression*, New York: Guilford Press, 2005, pp. 25-46.

出欺凌是一种故意行为，而并非意外伤害①，这一观点也被其他研究者所认同②。但是，也不乏研究者对此提出疑问。争议的焦点主要有二：一是如何客观定性欺凌中的"蓄意"要素；二是如何区分攻击（aggression）"蓄意"与欺凌"蓄意"的不同？

1. 欺凌与攻击的"蓄意"内涵释义

奥维斯在早期对欺凌的定义中指出，欺凌在某种意义上被认为是一种攻击行为，或者说是将欺凌的"蓄意"用作攻击性行为的一种形式，这种攻击性行为意在给他人造成伤害或引起不适。③ 这里的"蓄意"是行为个体认识因素和意志因素的双向作用。但后来有许多研究者指出，欺凌是一种更为复杂的群体现象，主要表征为一种目标导向的行为。④ 在这一层面上，"蓄意"和目标导向之间有递进关系。"蓄意"更强调存心、有意，在校园欺凌中具体化为欺凌者有意对受害者施加某种形式的侵害；目标导向更进一步具体化为以目标作为行为的动力，即为了达到某种目标而采取的行动。比如，欺凌者希望通过欺凌获取在同伴中更显著的社会地位或同伴支持，这种目标导向更为具体。若只单纯看待"蓄意"这一层面，欺凌和侵略都可以将其囊括其中，即蓄意也符合侵略的一般定义。⑤ 但是在这种定义之下，似乎增加了对欺凌概念的判定难度，因而使得这种判定蕴含了专业色彩，是否只有研究人员/观察者才能作出客观评判？而这是不是一种二元悖论？如在现实生活中，外（骨）科医生在行医过程中故意对人的某部位加以切割以对其造成"伤害，"且在这个过程

---

① Olweus, D., *Bullying at School: What We Know and What We Can Do*, New York: Wiley-Blackwell, 1993.

② Greene, M. B., "Bullying and Harassment in Schools," In R. S. Moser & C. E. Franz, eds., *Shocking Violence: Youth Perpetrators and Victims: a Multidisciplinary Perspective*, Springfield, IL: Charles C. Thomas, 2000, pp. 72-101.

③ Olweus, D., "School Bullying: Development and Some Important Challenges," *Annual Review of Clinical Psychology*, Vol. 9, No. 1, 2013, pp. 751-780.

④ Olthof, T., Goossens, F. A., Vermande, M. M., Aleva, E. A., & Van, D. M. M., "Bullying as Strategic Behavior: Relations with Desired and Acquired Dominance in the Peer Group," *Journal School of Psychology*, Vol. 49, No. 3, June 2011, pp. 339-359; Reijntjes, A., Vermande, M., eds., "Developmental Trajectories of Bullying and Social Dominance in Youth," *Child Abuse & Neglect*, Vol. 37, No. 4, April 2013, pp. 224-234.

⑤ Dodge, K. A., Coie, J. D., Lynam, D., "Aggression and Antisocial Behavior in Youth," *Handbook of Child Psychology*, John Wiley & Sons, Inc, 2007.

中病人也有痛苦与不适的感觉；家长对孩子进行批评教育甚至采用棍棒惩罚的方式，可能在这一过程中对孩子造成了一定程度的身心伤害，那这种是否也符合攻击的定义？显然，依据常识，我们不会将之简单地归为攻击，但如果单纯紧扣字面含义，似乎也符合概念中对欺凌的基本描述。是故，在进行概念评判时，不能单纯看待某些方面，而应置于现实场域中进行理性思考。"意图造成伤害"这一要素实则与犯罪人实施的故意犯罪行为这一观点类似。"故意犯罪行为是指行为实施时，行为人明知自己的行为会发生危害社会的结果，并希望或者放任这种结果发生"①。其包含两个特征：一是在认识上明知；二是希望发生危害结果。

2. 目标导向性

为使欺凌中的"蓄意"要素更具操作性，有研究者将欺凌具体地定义为目标导向的行为，这也有利于相关实证研究的开展。因目标是动机和欲望的反映，追求目标实际上是意向性的一种表征。欺凌的目标导向性澄清了欺凌和侵略之间的区别。研究者通常将欺凌描述为具有主动性或工具性侵略的特征，因为它是无端的，有预谋和目标导向的。② 如沃克等将欺凌定义为"攻击性、目标导向的伤害其他人的行为，且存在双方力量失衡"③。这个定义既明确了一些力量方面的问题，也消除了通常难以衡量的标准——意向性，并用具体的目标取而代之，从而提高了检验的效度与便捷性。斯维尔（Swearer）等认为，欺凌往往是一种积极主动的行为。④ 也有研究者提出主动/被动的标签也可能并非对欺凌的最合适描述，如果一个人的目标是在社交中欺负弱者来维护自己的暴力声誉，在这一层面即是主动，但同样地，声誉维护也可以是在某一

---

① 许章润主编：《犯罪学》，法律出版社 2016 年版，第 79 页。
② Olweus, D., "Chool Bullying: Development and Some Important Challenges," *Annual Review of Clinical Psychology*, Vol. 9, No. 1, 2013, pp. 751–780; Salmivalli, C., "Bullying and the Peer Group: A Review," *Aggression & Violent Behavior*, Vol. 15, No. 2, March-April 2010, pp. 112–120.
③ Volk, A. A., Dane, A. V., Marini, Z. A., "What is Bullying? A Theoretical Redefinition," *Developmental Review*, Vol. 34, No. 4, December 2014, pp. 327–343.
④ Swearer, S. M., Martin, M., Brackett, M., "Bullying in Tervention In Adolescence: the Intersection of Legislation, Policies, and Behavioral Change," *Adolescent Research Review*, Vol. 2, No. 1, August 2017, pp. 23–35.

状态下的被动攻击。① 但其中的关键要素在于欺凌者使用的攻击是在双方力量失衡的情况下获得他们所期望的目标。总的来说，专注于目标而不是一般意向有助于研究人员避免围绕主动/被动的不一致侵略，识别欺凌的重要结果，并规避围绕意向性度量的杂乱问题。②

以目标为导向的焦点突出表明，主动/反应性标签可能不一定是最适合描述欺凌行为的。在目标获得的过程中，主动和被动都可能成为侵略的一种释义。相比之下，侵略中的反应性侵略已被概念化为一种激起的冲动、防御和情绪引发的威胁事件，而这种侵略并不是一种有意识的目标导向行为。③ 例如，一个多血质的学生常与同学发生口角之争或其他过激反应，但这种表现也是一种被动进攻，而并非欺凌行为。欺凌行为中的目标导向，更多的是针对某些看起来身体较为弱小，被班级同学排斥的人，而这在某种程度上也与欺凌要素中的双方力量不均衡相呼应。根据豪斯的目标导向理论可知，人的行为既是个体对刺激的反应，又是通过一系列的动作实行预定目标的过程。一般而言，所有行为都有动机和目标。动机是激发和维持人们进行某项活动，并导致该活动朝向一定目标的心理倾向或动力。④ 校园欺凌中欺凌者的目标导向多倾向于在同伴中获得较高的地位，期望通过欺凌他人来获得心理上的优越感，但这种优越感并非正常的心理特征，而是一种较为病态的心理。欺凌者视域下的"社会地位"依靠这种所谓的"权势力量"获取，而非依靠在同辈群体中的社会威望获得。

（二）力量不均衡

力量不均衡主要指卷入欺凌事件双方力量的悬殊。奥维斯在欺凌调

---

① Frey, K. S., Pearson, C. R., & Cohen, D., "Revenge is Seductive, if not Sweet: Why Friends Matter for Prevention Efforts," *Journal of Applied Developmental Psychology*, Vol. 37, No. 1, March-April 2015, pp. 25-35.

② Rozemarijn, V. D. P., Steglich, C., Salmivalli, C., & Veenstra, R., "The Intensity of Victimization: Associations with Children's Psychosocial Well-being and Social Standing in the Classroom," *Plos One*, Vol. 10, No. 10, October 2015, pp. 1-15.

③ Berkowitz, L., *Aggression: Its Causes, Consequences, and Control*, NY: McGraw-Hill, 1993; Hubbard, J. A., McAuliffe, M. D., Morrow, M. T., & Romano, L. J., "Reactive and Proactive Aggression in Childhood and Adolescence: Precursors, Outcomes, Processes, Experiences, and Measurement," *Journal of Personality*, Vol. 78, No. 1, January 2010, pp. 95-118.

④ 葛明贵主编：《普通心理学》，合肥工业大学出版社2011年版，第265页。

查问卷中明确强调："当学生感到无力进行反抗的状态属于欺凌……而当两名具有同等力量或权势的学生发生的冲突不属于欺凌。"① 力量不均衡可能是较为复杂的要素，主要源自社会、心理、身体等某方面。② 奥维斯指出，"较弱地"受害者，并不仅仅是身体上的弱势，还包括心理上的弱势。③ 之后，其他研究者在此基础上做了一些更改，比如让学生自我陈述"比自己弱或比自己更不受欢迎人的攻击行为的发生频率，"因欺凌的发生可能在学生自我认知上存在差异。当然，也有研究者采用了自我报告、同伴评定、同伴提名和扎根理论的方法进行相关研究，并未向研究对象指明力量不均衡。④ 在一般意义上，力量不均衡包括两个方面：一方面包括一些明显的外在因素，比如身体体格的强弱差异、人员数量的差异；另一方面涉及一些隐性因素，包括学生的心理素质差异、经济条件、社会地位差异等，如被欺凌者可能自信心不足、较为自卑，家庭经济条件较差，社会地位较低等，在一些国家可能还涉及更为复杂的种族问题。

从另一角度来看，力量不均衡还有两个特征。首先，欺凌作为一种攻击行为的报复因素相比其他攻击行为较弱，因为受害者缺乏和其对抗的能力。⑤ 其次，校园欺凌的旁观者的消极反应会强化双方力量的不均衡。欺凌事件中的旁观者可能比社会上发生的攻击行为有更为

---

① Solberg, M. E., & Olweus, D., "Prevalence Estimation of School Bullying with the Olweus Bully/Victim Questionnaire," *Aggressive Behavior*, Vol. 29, No. 3, 2003, pp. 239-268.

② Monks, C. P., & Smith, P. K., "Definitions of Bullying: Age Differences in Understanding of the Term, and the Role of Experience," *British Journal of Developmental Psychology*, Vol. 24, No. 4, December 2006, pp. 801-821.

③ Olweus, D., "Bully/Victim Problems in School: Facts and Intervention," *European Journal of Psychology of Education*, Vol. 12, No. 4, December 1997, pp. 495-510.

④ Craig, W. M., Pepler, D., & Atlas, R., "Observations of Bullying in the Playground and in the Classroom," *School Psychology International*, Vol. 21, No. 1, February 2000, pp. 22-36; Marini, Z., A., Dane, A. V. & Bosacki, S. L., "Direct and Indirect Bully-victims: Differential Psychosocial Risk Factors Associated with Adolescents Involved in Bullying and Victimization," *Aggressive Behavior*, Vol. 32, No. 6, October 2006, pp. 551-569.

⑤ Veenstra, R., Verlinden, M., Huitsing, G., Verhulst, F. C., & Tiemeier, H., "Behind Bullying and Defending: Same-sex and Other-sex Relations and Their Associations with Acceptance and Rejection," *Aggressive Behavior*, Vol. 39, No. 6, July 2013, pp. 462-471.

消极的反应①；这是因为人们倾向于同那些看起来更具权势的人交往，帮助其间接或直接获得一定的社会地位。② 特别是在当前青年亚文化思潮的影响下，多数旁观者本着明哲保身的思想，不愿过多参与干预欺凌事件。也不乏旁观者转而成为欺凌的直接/间接帮助者，期望能够从欺凌者那里获得某些"好处"或者提高自身的"威望"。但是在具体评判的时候，鉴于"力量的不均衡"这一标准是一种弹性机制，并非一种硬性的条框式参评标准，因此对欺凌中的"不均衡"要素似乎很难作出真正公平的判定。

在网络欺凌中，很难准确界定双方力量是否处于同一水平。或者，双方力量的不对等可以从欺凌者对网络的操作技术优于被欺凌者方面进行解释。但在被广泛传播之后，被欺凌者和欺凌者之间的力量不均衡，更多地演化为心理上的弱势地位以及浏览网络视频的支持人数的不平衡。鉴于网络欺凌的匿名性，被欺凌者可能并不知晓对其实施欺凌的欺凌者的身份而造成双方在辨识度方面的不平等。虽然研究发现，网络欺凌者大多认为，大部分受害者在现实中知道他们（虽然是欺凌者隐瞒了他们的身份），而且受害者基本被认为是力量对等的。③ 但总体来看，这也是一种隐性的不平等。

（三）造成伤害

在校园欺凌事件中的儿童受害者、肇事者或旁观者均受到了不同程度的影响。④ 这种伤害为身心的双重伤害。如蒂芬等（Ttofi）综合分析了许多有关欺凌的跟踪调查研究，发现受欺凌者多有抑郁的后遗症风险。⑤

---

① Gavrilets, S., "On the Evolutionary Origins of the Egalitarian Syndrome," *Proceedings of The National Academy of Sciences*, Vol. 109, No. 35, August 2012, pp. 14069-14074.

② Salmivalli, C., Lagerspetz, K., Björkqvist, K., Österman, K., & Kaukiainen, A., "Bullying as a Group Process: Participant Roles and Their Relations to Social Statuswithin the Group," *Aggressive Behavior*, Vol. 22, No. 4, 1996, pp. 1-15.

③ Vandebosch, H., & Van Cleemput, K., "Defining Cyberbullying: A Qualitative Research into the Perceptions of Youngsters," *Cyber Psychology & Behavior*, Vol. 11, No. 4, August 2008, pp. 499-503.

④ Roman, Marcela, Murillo, F., Javier, "Latin America: School Bullying and Academic Achievement," *Cepal Review*, Vol. 104, No. 8, August 2011, pp. 37-53.

⑤ Ttofi, M. M., Farrington, D. P., & Lösel, F., "Do the Victims of School Bullies Tend to Become Depressed Later in Life? A Systematic Review and Meta-Analysis of Longitudinal Studies," *Journal of Aggression, Conflict and Peace Research*, Vol. 3, No. 2, May 2011, pp. 63-73.

并且这些影响可能是一种长期的持续性影响。① 被欺凌者还常伴有紧张情绪。② 也有研究者指出，被欺凌者与其他欺凌者、欺凌/被欺凌者以及未卷入欺凌事件的学生相比，有更高的抑郁症状和身心失调问题（例如头痛、睡眠问题、腹痛、尿床、感觉疲倦），情况严重者甚至有自杀倾向。③ 虽然自杀情况并不常见，但多是因有被欺凌者经历而产生。④ 欺凌者还可能伴有同情心发展障碍，多有抑郁症风险、破坏规则的倾向和攻击行为，甚至走向犯罪。⑤

这种伤害在不同年龄阶段和不同性别的儿童中可能会产生不同影响，但总体而言，欺凌为各个年龄阶段的儿童带来了较为严重的危害。威廉姆（Williams）等对小学儿童的调查发现，被欺凌者常伴有睡眠障碍，感到悲伤、头痛、肚子疼等。⑥ 邦德（Bond）等对2680名中学生进行调查发现，被欺凌者自我报告有焦虑症状（多在13岁时）或抑郁症状（多在14岁时）。⑦ 网络欺凌可能比传统欺凌更会给中小学学生带来情感方面的创伤⑧，被网络欺凌者多伴有较严重的心理（如重度抑

---

① Wolke, D., & Lereya, S. T., "Long-term Effects of Bullying," *Archives of Disease in Childhood*, Vol. 100, No. 9, 2015, pp. 879-885.

② Salmon, G., "Bullying in Schools: Self Reported Anxiety, Depression, and Selfesteem in Secondary School Children," *British Medical Journal*, Vol. 317, No. 10, May 1998, pp. 348-352.

③ Fekkes, M., Pijpers, F. I. M., & Verloove-Vanhorick, S. P., "Bullying Behavior and Associations with Psychosomatic Complaints and Depression in Victims," *Journal of Pediatrics*, Vol. 144, No. 1, January 2004, pp. 17-22.

④ Kim, Y. S., Leventhal, B., Koh, Y. J., & Boyce, W. T., "Bullying Increased Suicide Risk: Prospective Study of Korean Adolescents," *Archives Journal of Adolescent Mental Health*, Vol. 13, No. 1, January 2009, pp. 133-154.

⑤ Ttofi, M. M., Farrington, D. P., LöSel, F., & Loeber, R., "The Predictive Efficiency of School Bullying Versus Later Offending: A Systematic/Meta-analytic Review of Longitudinal Studies," *Criminal Behavior and Mental Health*, Vol. 21, No. 2, March 2011, pp. 80-89.

⑥ Williams, K., Chambers, M., Logan, S., & Robinson, D., "Association of Common Health Symptoms with Bullying in Primary School Children," *Clinical Research*, Vol. 313, No. 6, July 1996, pp. 17-19.

⑦ Bond, L., Carlin, J. B., Thomas, L., Rubin, K., & Patton, G., "Does Bullying Causee Motional Problems? A Prospective Study of Young Teenagers," *British Medical Journal*, Vol. 323, No. 9, September 2001, pp. 480-484.

⑧ johnson, lin c., *An Examination of the Primary and Secondary Effects of Cyber-bullying: Development and Testing of a Cyber-bullying Moderator/Mediator Mode*, Detroit, Michigan: Wayne State University, 2011.

郁）和行为问题①，情绪低落、焦虑、害怕、难以专心学习。② 也有研究发现网络欺凌会影响学生的幸福感、学校生活、同伴关系、个人情绪以及心理健康等，这些影响甚至会一直持续至成年早期。③

五 校园欺凌卷入者的分类

在传统意义上，欺凌卷入者一般分为三类：欺凌者、被欺凌者、旁观者。各研究者常根据研究需要对欺凌卷入者作不同划分。如史密斯依据问卷调查和同伴提名将欺凌角色划分为欺凌者、受害者、未参与者（既非欺凌者，也非被欺凌者）、欺凌/被欺凌者（既是欺凌者又是被害者）。④ 本书主要将欺凌卷入者分为以下四类。

（一）欺凌者

欺凌者（bully）是欺凌行为的发起者，是欺凌事件的核心领导者。根据欺凌类型不同，欺凌者的攻击行为可分为直接攻击和间接攻击，主要是指通过语言、文字、肢体等方式，或借助互联网通过通信工具、电子邮件、网络游戏等方式，直接或间接对他者进行攻击、恐吓、骚扰、排挤、殴打等。欺凌者一般处于相对优势地位，在体格、力量、权势、人数等方面一般优于被欺凌者，且欺凌者常有直接或间接的追随者。欺凌者通常比较外向，容易冲动，遇事急躁，情绪控制能力和共情能力较差，道德认知水平较低。根据欺凌者的性格特征与欺凌主观意向程度，可分为主动欺凌者与焦虑的欺凌者。早在1978年，奥维斯就指出了欺凌者的一般特征：身体更为强壮，在群体中更有活力和自信。当然也有研

---

① Gámez-Guadix, Manuel, Orue, I., Smith, P. K., & Calvete, E., "Longitudinal and Reciprocal Relations of Cyberbullying with Depression, Substance Use, and Problematic Internet Use among Adolescents," *Journal of Adolescent Health*, Vol. 53, No. 4, October 2013, pp. 446–452.

② Beran, T., Li, Q., "Cyber-harassment: A Study of a New Method for an Old Behavior," *Journal of Educational Computing Research*, Vol. 32, No. 3, July 2005, pp. 265–277; Juvonen, J., Gross, E. F., "Extending the School Grounds? —Bullying Experiences in Cyberspace," *Journal of School Health*, Vol. 78, No. 9, August 2008, pp. 496–506.

③ Price, M., & Dalgleish, J., "Cyberbullying Experiences, Impacts and Coping Strategies as Described by Australian Young People," *Youth Studies Australia*, Vol. 29, No. 2, June 2010, pp. 51–59; Patchin, J. W., Hinduja, S., *Cyberbullying Prevention and Response: Expert Perspectives*, Routledge, 2005, pp. 154–156.

④ Smith, P. K., "Bullying: Recent Developments," *Child & Adolescent Mental Health*, Vol. 9, No. 3, July 2004, pp. 98–103.

究者认为，欺凌者似乎更喜欢冲突和攻击，倾向于寻找同伴来目睹他们攻击的过程。① 奥维斯在早期研究中指出，有些欺凌者并非不受欢迎者，他们常有两三个追随者，但他们常在十几岁的时候会失去原有的人气。斯蒂芬斯与史密斯曾提出焦虑的欺凌者（anxious bullies）概念。他们认为，这类欺凌者不像其他欺凌者那样受欢迎，但是他们在学生群体中却比较有自信，调查发现，这类学生在欺凌者中占18%。② 这类学生似乎是一种被贴上"霸凌"标签的学生。奥维斯与米切尔、摩尔（Mitchel & O'Moore）将此类群体定义为欺凌依附者。③

（二）被欺凌者

被欺凌者（victim），即为欺凌者的攻击对象，多处于弱势地位。一般而言，被欺凌者多有某些不同于常人的身体特征，如过于肥胖、身材瘦弱、矮小或者有某些身体缺陷等。在面对绝对/相对强大的欺凌者时，囿于其自身势单力薄，常无法/无力反抗。被欺凌者通常与欺凌者的关系为比较熟识的同学或同校校友。被欺凌者的性格通常较为内向，孤僻，自尊心较差、行为被动。Besag, Valerie 曾将被欺凌者划分为四种类型。④ 第一种为被动的受害者（Passive victims），这部分被欺凌者通常想要躲避侵害，缺少自信以及支持他们的同伴。他们常常表现得比较害怕，身体常比同伴更弱，小心谨慎，退缩，难以与人交往。当受到攻击的时候，他们表现得非常无助。奥维斯认为，这部分学生有比较显著的协调困难，自尊心比较低。⑤ 从本质上讲，这类学生只是被动地成了欺

---

① Bowers, K. S., "Situationalism in Psychology: An Analysis and a Critique," *Psychological Review*, Vol. 80, No. 5, 1973, pp. 307-336; Wachtel, P. L., "Psychodynamics Behaviour Therapy and the Implacable Experimenter: An Inquiry Into the Consistency of Personality," *Journal of Abnormal Psychology*, Vol. 82, No. 3, 1973, pp. 324-334.

② Stephenson, P., & Smith, D., "Bullying in the Junior School," Tattum, I. and D. Lane, eds., *Bullying in Schools*, Stoke-on-trent: Trent Ham Books, 1988.

③ Mitchel, J. & O'Moore, M., *Report of the European Teachers' Seminar on Bullying In Schools*, Strasbourg: Council For Cultural Cooperation, 1988; Olweus, "Low School Achievement and Aggressive Behaviour in Adolescent Boys," In D. Magnusson And V. Allen (Eds.), *Human Development: An Interactional Perspective*, London and San Diego: Academic Press, 1983.

④ Besag, Valerie E., *Bullies and Victims in Schools: A Guide to Understanding and Management*, Milton Keynes Philadelphia, Open University Press, 1989, p. 14.

⑤ Olweus, D., *Aggression in the Schools: Bullies and Whipping Boys*, Washington, D. C.: Ilemisphere, 1978.

凌对象。第二种为挑衅的受害者（Provocation victims），这部分受欺凌者常试图挑衅他人。如果其他人报复他们，那么他们会迅速就刚才的取笑和辱骂行为进行辩解，试图化解被欺凌的危机。奥维斯指出，大约有七分之一的受害者属于此类。在极端情况下，这些学生通常需要帮助。他们不同于被动受害者是因为他们自身的言行引起了他人的不适，使他们自己成为欺凌对象。换句话说，挑衅的受害者自身是欺凌的刺激因素。第三种为密谋的受害者（Colluding victims）。这些儿童承担着受害者的角色，以期被接纳和欢迎。他们可能扮演着班级中的丑角，也可能加入破坏性的行为，以期能够在群体中稳定生存。这些学生通常会掩饰自己真正的能力，期望在公众面前呈现弱势地位，成为他者欺负的对象，从而避免被群体忽视。可见，这些学生是为了获得同伴群体的认可，在一定程度上成为欺凌者的娱乐工具，而甘愿成为欺凌对象。第四种为假装的受害者（False victims）。有研究者建议，需要界定这样一种受害者，虽然没有对这一群体作出专门研究，但在现实生活中确实存在这样的群体。在这个群体中有一些孩子毫无缘由地抱怨他者，认为自己受到了欺凌。通常而言，这是一种寻求关注的行为，但也可能是有原因的，例如这可能是一种呼喊求助的行为。诚然，在学校中这样的学生较少，但这类学生主动寻求关注，在一定程度上也说明他们是比较容易受忽视的群体。

（三）欺凌/被欺凌者

欺凌/被欺凌者（bully/victims）不同于其他被欺凌者的特征在于，他们在一种情况下是受害者，在另一种情况下是欺凌者。可能这部分学生迫于长期被欺凌的压力，不愿再隐忍欺凌，转而成为欺凌者，或者为了发泄自己的情绪转而成为欺凌者。奥维斯发现，在约6%的严重被欺凌者中，18%的被欺凌的人反过来又欺凌别人。[1] 有研究者发现，这部分学生在同伴群体中并不太受欢迎。[2]

---

[1] Olweus, D., *Bully/Victim Problems among School Children in Scandinavia*, Oslo, Norway: Universitetsforlaget AS, 1987, pp.359-413.

[2] Boulton, M.J., Smith, P.K., "Bully/Victim Problems in Middle-school Children: Stability, Self-perceived Competence, Peer Perceptions and Peer Acceptance," *British Journal of Developmental Psychology*, Vol.12, No.3, September 1994, pp.315-329.

（四）旁观者

土姆洛（Twemlow）等将旁观者（Bystanders）定义为"那些目睹了欺凌和其他暴力行为但本身并未参与欺凌成为受害者的角色，"并基于心理精神动力的视角，具体划分了七种旁观者角色。[1] 奥维斯提出"欺凌圈"概念，认为欺凌卷入者不仅包括欺凌者和欺凌对象，还包括欺凌的追随者、积极支持者、消极支持者、局外的旁观者、潜在的捍卫者、见义勇为的反抗者和捍卫者。[2] 在这个"欺凌圈"中，欺凌者指的是发起欺凌的策划者，并积极参与欺凌事件；欺凌对象就是被欺凌的人；欺凌的追随者是积极参与欺凌但不是发起欺凌的人；积极支持者是为欺凌加油助威并且从中获取、寻求利益的人；消极支持者，是旁观但不公开表示支持的人；局外的旁观者，仅仅是旁观者，他们认为这不关我的事，对欺凌视而不见；潜在的捍卫者，是反对欺凌的人，他们知道应该帮助被欺凌者但并未实施援助；见义勇为的反抗者和捍卫者，对欺凌持否定态度并且帮助或试图帮助欺凌者（见图1.1）。[3] 萨米利亚（Salmivalli）等人曾提出欺凌支持者是通过观看、大笑或使用鼓励的方式使欺凌行为达到积极的关注效果，并在一定程度上激发了欺凌者的欺凌行为的人；欺凌行为的辅助者是指在欺凌开始时并未实施欺凌，但是却加入欺凌行为中来的人；欺凌捍卫者是试图阻止欺凌并安慰受害者的人；局外人是指那些避免欺凌，不偏袒任何一方的参与者。此外，针对旁观者的角色划分问题，萨米利亚编制了欺凌角色参与量表（Participant Role Questionnaire，PRQ），这也是目前系统测量旁观者角色的权威量表，依此可以区分欺凌行为中除欺凌者、受欺凌者以外的四种角色：协助者、附和者、保护者及局外人。[4]

---

[1] Twemlow, S. W., Fonagy, P., Sacco, F. C., "The Role of the Bystander in the Social Architecture of Bullying and Violence in Schools and Communities," *Annals New York Academy of Sciences*, Vol. 1036, No. 1, December 2004, pp. 215-232.

[2] Olweus, D., *Bullying at School: What We Know and What We Can Do*, Oxford, UK: Blackwell, 1993.

[3] Olweus, D., "Peer Harassment: A Critical Analysis and Some Important Issues," Juvonen, J., Graham, S., *Peer Harassment in School: The Plight of the Vulnerable and Victimized*, New York: The Guilford Press, 2001, pp. 5-15.

[4] Salmivalli, C., "Bullying as a Group Process: Participant Roles and Their Relations to Social Status within the Group," *Aggressive Behavior*, Vol. 22, No. 4, 1996, pp. 1-15.

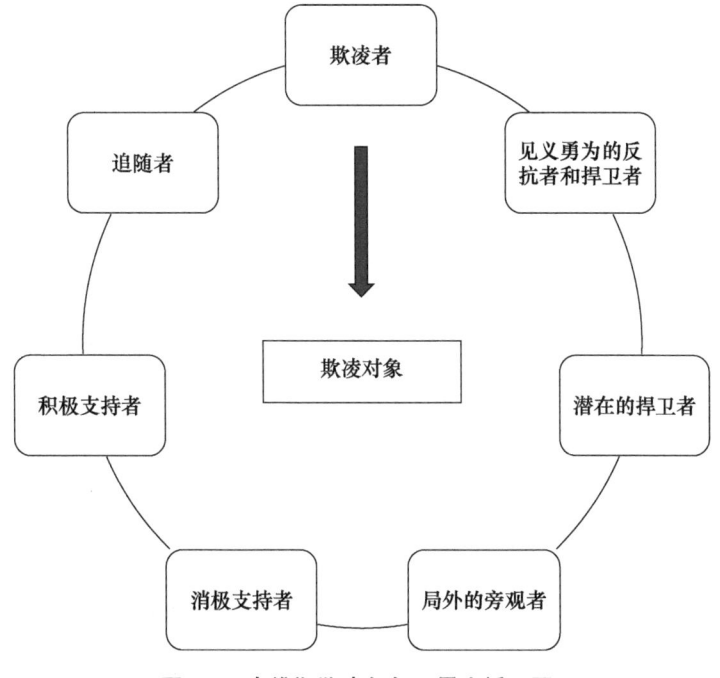

图 1.1　奥维斯欺凌角色"暴力循环图"

第二节　中小学校园欺凌的现状调查

本课题组以山东省为例，对小学生和初中生进行了传统欺凌和网络欺凌方面的抽样调查。结果表明，欺凌不同程度地存在于中小学生中，中小学校园欺凌存在性别、年级等方面的差异，留守儿童、寄宿学生卷入欺凌的情况显著多于非留守儿童、非寄宿学生，同伴关系、旁观者态度、家长及教师对校园欺凌的关注程度等是影响校园欺凌发生的重要因素。

一　小学校园欺凌现状

（一）研究设计与实施
1. 研究对象
采用整群抽样法，抽取山东省14所公立小学的3440名学生，有效被试为3065名，男生为1565人，女生为1500人，有效率为89.1%。其中三年级学生为593名（男生为296名，女生为297名），四年级学生为920名（男生为450名，女生为470名），五年级学生为930名（男生为489名，女生为441名），六年级学生为622名（男生为330名，女生为292名）；寄宿生为631名，非寄宿生为2434名；留守儿童为279人，非留守儿童为2786人。

2. 研究工具

根据奥维斯编制的欺凌/被欺凌问卷（Bully/Victim Question-naire）编制"小学校园欺凌问卷"。除基本的人口统计学变量外，该问卷分为三部分。第一部分为小学生校园欺凌发生率调查，以"本学期你在学校里经常被欺凌吗"和"本学期你在学校里经常参与欺凌他人吗"两个问题测查被试在本学期内（从寒假开始到施测这段时间）被欺凌和欺凌他人的频率；第二部分为小学生欺凌类型的频率调查，主要包括身体欺凌、言语欺凌、关系欺凌三种类型，共12道题，涉及被欺凌、欺凌他人方面，采用李克特（Likert）五点式计分法进行计算，每个问题设五个选项：没有发生、只发生过一两次、一个月两三次、约一周一次、一周好几次，分别用数字1—5表示，被调查对象在各项指标维度上的得分越高，说明被欺凌、欺凌他人情况越严重。第三部分为网络欺凌发生率调查，询问小学生是否还遭受过网络欺凌。

3. 信效度分析

根据信度检测结果，问卷总体信度为0.88，高于Cronbach's α系数的一般标准0.60，问卷总体信度非常理想。被欺凌、欺凌他人层面的信度分别为0.81、0.91，表示问卷内部具有较高的一致性，信度指标非常理想。经效度检验，"小学校园欺凌问卷"的KMO值为0.94，Bartlett's球形度伴随概率值小于0.01，检验达到显著水平，说明问卷结构效度较高。欺凌调查问卷能够较为真实、有效地反映小学校园欺凌现状。

4. 施测过程与统计

研究主试由教育学硕士研究生和班主任担任，施测前统一对主试加以严格培训，主试均熟悉问卷内容、问卷发放与回收程序。由主试将问卷发放给学生，并统一回收问卷。数据收集于2018年6月中旬完成，被试填答问卷题目的主要参照时间是3月学期开始至数据收集时为止。数据处理采用 SPSS 22.0 数据处理软件。

(二) 结果与分析

1. 小学生被欺凌、欺凌他人的总体情况

(1) 小学生被传统欺凌报告率为 28.45%，传统欺凌他人报告率为 23.32%

通过对小学生自我报告的欺凌数据加以统计分析，了解小学生被欺凌、欺凌他人的现状。将"只发生过一两次""一个月两三次"定义为"偶尔"，将"约一周一次""一周好几次"定义为"经常"。有关传统欺凌的调查显示，小学生被传统欺凌报告率为 28.45%，"偶尔""经常"的比例分别为 21.98%、6.47%；传统欺凌他人报告率为 23.32%，"偶尔""经常"的报告率分别为 18.89%、4.43%。据中国青少年研究中心的调查，32.5%的中小学生表示"偶尔会被欺负，"6.1%的中小学生表示"经常会被高年级同学欺负"①。姚建龙课题组在全国范围内的调查发现，中小学校园欺凌发生率为 33.36%，其中"经常"被欺凌的比例为 4.7%，"偶尔"被欺凌的比例为 28.66%。② 本书中传统欺凌检出率高于张文新的调查，略低于中国青少年研究中心与姚建龙课题组在全国范围内开展的调查。产生差异的原因可能源于不同研究者对欺凌定义的差异，如张文新在其调查中并未将学生报告的"只发生过一两次受欺负/欺负他人"列入欺负范围，故测得的发生率相对较低。

为进一步了解小学生报告的不同传统欺凌类型的发生情况，对不同传统欺凌类型进行分析发现，小学生报告的被言语欺凌最多 (43.6%)，其次为被关系欺凌 (35.7%)、被身体欺凌 (31.1%)；报告的言语欺凌他人最多 (27.1%)，其次为身体欺凌他人 (20.6%)、关系欺凌他人 (19.2%)。张文新 (2004) 的调查发现，在欺负方式上，中小学阶段的儿童总体上受言语欺负的比例最高 (35.1%)，其次是身体欺负 (20.8%)，关系欺负的发生率最低 (18.3%)。③ 本书调查结果亦显示出小学生被言语欺凌、被身体欺凌、被关系欺凌的发生率呈逐级降低趋势。

---

① 陈晓英：《校园欺凌谁来解围》，《法制日报》2015年7月13日第8版。
② 姚建龙：《应对校园欺凌不宜只靠刑罚》，《人民日报》2016年6月14日第5版。
③ 张文新：《学校欺负及其社会生态分析》，《华南师范大学学报》(社会科学版) 2004年第5期。

原因可能在于言语欺凌相较于身体欺凌的隐蔽性较高，不易被他人发现；小学生因年龄尚小，处理复杂人际关系的能力有限，难以实施关系欺凌。

（2）小学生被网络欺凌的报告率为15.39%，网络欺凌他人的报告率为12.79%

网络欺凌的调查数据显示，学生被网络欺凌的报告率为15.39%，"偶尔""经常"被网络欺凌的报告率分别为13.73%、1.66%；网络欺凌他人的报告率为12.79%，"偶尔""经常"网络欺凌他人的报告率分别为11.75%、1.04%。反欺凌联盟（ABA）调查发现，20%的10—11岁儿童曾被网络欺凌。[①] Kowalski对美国6所小学和初中共3767名学生的调查发现，在两个月里至少遭受或实施过1次网络欺凌的学生比例分别为11%、4%，网络欺凌他人/被网络欺凌的学生比例约为7%。[②] Monks等人发现，在伦敦地区7—11岁的小学生中，约有5%的网络欺凌者，23%的被网络欺凌者，被网络欺凌的报告率为15%，网络欺凌他人的报告率为11.7%。[③] 本书所调查的小学网络欺凌发生率介于上述调查数据之间，数据差异可能源于不同国家/地区的文化差异。对不同网络欺凌类型进行分析发现，小学生报告的网络欺凌方式中被孤立排挤得最多（20.51%），其次为被嘲笑讥讽（16.42%）、被在线骚扰（10.68%）；报告的孤立排挤他人最多（10.34%），其他网络欺凌的方式报告率介于4%—7%。

2. 小学男生卷入欺凌情况显著多于女生

为了解不同性别学生被欺凌、欺凌他人的情况，分别计算小学男、女生被传统欺凌、传统欺凌他人、被网络欺凌、网络欺凌他人发生频率。发现男、女生卷入传统欺凌的频率均高于其卷入网络欺凌的频率，男生比女生在被传统欺凌、传统欺凌他人、被网络欺凌、网络欺凌他人方面分别高出5.49、5.62、5.32、2.89个百分点（见表1.1）。

---

① ABA, "New Research on Cyberbullying Highlights the Role of Parents in Prevention," http://www.anti-bullyingalliance.org.uk/press_centre/news_archive/new_research_on_cyberbullying.aspx, 2017.

② Kowalski, R. M., Limber, S. P., "Electronic Bullying among Middle School Students," *Journal of Adolescent Health Official Publication of the Society for Adolescent Medicine*, Vol. 41, No. 6, December 2007, pp. 22-30.

③ Monks, C. P., Ortega, R., Robinson, S., Worlidge, P., "Cyberbullying among Primary School-aged Pupils," *Kwartalnik Pedagogiczny*, Vol. 4, No. 214, 2009, pp. 167-181.

表 1.1　　　　　　不同性别学生被欺凌、欺凌他人发生频率

	从来没有		偶尔		经常	
	人数（人）	发生频率（%）	人数（人）	发生频率（%）	人数（人）	发生频率（%）
被传统欺凌						
男生	1040	67.76	366	23.83	129	8.41
女生	1083	73.52	307	20.75	84	5.73
传统欺凌他人						
男生	1154	73.95	309	19.69	99	6.36
女生	1192	79.57	269	18.08	36	2.35
被网络欺凌						
男生	1289	82.35	242	15.35	33	2.20
女生	1314	87.67	175	11.65	9	0.68
网络欺凌他人						
男生	1338	85.67	198	12.67	25	1.56
女生	1327	88.56	162	10.85	7	0.59

根据不同性别学生卷入欺凌的独立样本 t 检验结果可知（见表1.2），在被传统欺凌（$t=3.94$，$p<0.001$）、传统欺凌他人（$t=5.04$，$p<0.001$）、被网络欺凌（$t=5.21$，$p<0.001$）、网络欺凌他人（$t=3.67$，$p<0.001$）方面，小学男生卷入欺凌情况显著多于女生，与以往相关研究结论一致。[1] 但有关网络欺凌调查的发现，不同研究者的调查结果差距较大。如 Qing Li 在加拿大的调查发现，男生比女生更容易成为被网络欺凌者。[2] 也有其他国外研究者调查发现在网络欺凌中没

---

[1] 张文新、谷传华等：《中小学生欺负问题中的性别差异的研究》，《心理科学》2000 年第 4 期；Marina Camodeca, Mark Meerum Terwogt, "Bullying and Victimization among School-age Children: Stability and Links to Proactive and Reactive Aggression," *Social Development*, Vol.11, No.3, July 2002, pp.333-345.

[2] Qing, Li., "Cyberbullying in Schools: Nature and Extent of Canadian Adolescents' Experience," *Online Submission*, No.1, April 2005, pp.1-11.

有性别差异。①

本书调查发现男生卷入网络欺凌情况多于女生。原因可能在于男生相较于女生伴有更多的攻击行为，争强好斗，情绪管理较差②，接触网络更多且更喜欢玩网络游戏，相关研究指出，网络欺凌者用游戏作为实施欺凌（恶意骚扰）的平台③，加之父母、教师等对男生在不影响其自身学习、生活情况下接触网络行为干预较少，这均在一定程度上增加了男生卷入欺凌的风险。

表1.2　　　　　被欺凌、欺凌他人的性别差异（M±SD)

性别	被传统欺凌	传统欺凌他人	被网络欺凌	网络欺凌他人
男	1.58±1.08	1.36±0.69	1.25±0.66	1.20±0.59
女	1.44±0.93	1.24±0.54	1.14±0.44	1.13±0.42
t	3.94***	5.04***	5.21***	3.67***

说明：*** 表示 $p<0.001$。

为进一步了解不同性别学生传统欺凌、网络欺凌类型差异，以学生性别为自变量，以学生被欺凌、欺凌他人情况为因变量进行独立样本 t 检验，发现除"被关系欺凌"（$t=1.47$，$p>0.05$）外，其他传统欺凌类型中的男生均值显著高于女生；男生在所有网络欺凌类型（嘲笑讥讽、恶意诋毁、披露个人信息、在线骚扰、恐吓威胁、孤立排挤）上的均值显著高于女生。本书调查的传统欺凌情况与张文新研究发现"小学生在受直接言语欺负方式上不存在性别差异，但男生在直接身体欺负和间接欺负上显著高于女生"的不同之处在于男生在言语欺凌、身体欺凌方面的均值显著高于女生，在关系欺凌上不存在显著性别差异；网络欺凌情况与 Claire P. Monks 等针对 7—11 岁的 220 名小学生的调查发现"男生报告

---

① Faye Mishna, Mona Khoury-kassabri, Tahany Gadalla etc., "Risk Factors for Involvement in Cyber Bullying: Victims, Bullies and Bully-victims," *Children and Youth Services Review*, Vol.34, No.1, January 2012, pp.63-70; Slonje, R., Smith, P. K., "Cyberbullying: Another Main Type of Bullying?" *Scandinavian Journal of Psychology*, Vol.49, No.2, April 2008, pp.147-154.

② 孙艳、余毅震等：《小学高年级攻击行为与情绪管理关系》，《中国学校卫生》2011年第8期。

③ ［美］芭芭拉·科卢梭：《如何应对校园欺凌》，肖飒译，华东师范大学出版社2017年版，第46页。

的接受恐吓信息显著多于女生，女生收到的关系排挤信息多于男生"① 的不同之处在于男生在各种形式的网络欺凌类型上的均值均显著高于女生，尤以"在网上被孤立排斥"的差距最为显著。

3. 三年级—六年级学生卷入欺凌情况呈曲线波动趋势

(1) 三年级—六年级学生卷入传统欺凌情况呈偏右上倾斜的"Z"形变化趋势

小学生传统欺凌调查结果显示出年级主效应显著，Wilks' Lambda = 0.95, p<0.001（见表2.3）。经进一步事后检验发现，在被传统欺凌方面，三年级显著高于五年级，四年级显著高于五年级、六年级。在传统欺凌他人方面，四年级显著高于五年级，六年级显著高于三年级、四年级、五年级。这与以往研究发现的"年龄小的学生被欺凌的风险更大，随年龄的增长，儿童受欺负比率呈下降趋势"的结果略有差异。②

本书调查的小学生受传统欺凌情况并非呈直线下降趋势，而是随年级的升高呈偏右上倾斜的"Z"形变化趋势。

表1.3　被传统欺凌、传统欺凌他人的年级差异（M±SD）

年级	被传统欺凌	传统欺凌他人
三年级	1.73±0.88	1.42±0.63
四年级	1.75±0.85	1.43±0.58
五年级	1.60±0.68	1.35±0.39
六年级	1.67±0.72	1.50±0.53
F	6.4***	9.62***
事后检验	3>5**	4>5***

---

① Claire P. Monks, Susanne Robinson and Penny Worlidge, "The Emergence of Cyberbullying: A Survey of Primary School Pupils' Perceptions and Experiences," *School Psychology International*, Vol. 33, No. 5, September 2012, pp. 477-491.

② Whitney, I., Smith, P. K., "A Survey of the Nature and Extent of Bullying in Junior/Middle and Secondary Schools," *Educational Research*, Vol. 35, No. 1, July 1993, pp. 3-25; 吴素梅、蔡欣欣：《广西中小学儿童受欺负现象调查研究》，《天津市教科院学报》2006年第1期。

续表

年级	被传统欺凌	传统欺凌他人
	4>5***	6>3**
	4>6*	6>4**
		6>5***

说明：* 表示 $p<0.05$；** 表示 $p<0.01$；*** 表示 $p<0.001$。

进一步对不同传统欺凌类型进行年级差异分析发现，四年级被传统欺凌的均值高于其他年级，五年级传统欺凌他人的均值低于其他年级，具体情况如表 1.4 所示。总体而言，除在"言语欺凌他人"方面不存在显著的年级差异外，其他传统欺凌、网络欺凌类型均存在显著的年级差异。相关研究指出："欺凌存在年级差异，年级越高欺凌他人越多，伴随年龄增长学生欺凌类型由直接欺凌向间接欺凌转变。"[1]

本书调查结果也基本上呈上述趋势，但不同之处在于调查发现的五年级学生关系欺凌他人、身体欺凌他人情况较三年级、四年级少。五年级出现低值的原因可能在于伴随着年龄增长，多数学生自我管控和保护意识增强，且面临着小升初的压力，因而逐渐把主要精力转向课程学习，从而降低了欺凌他人的可能；有些六年级学生反因面临毕业而放松懈怠，凭借年龄和体格优势欺凌他人。

表 1.4　　被传统欺凌、传统欺凌他人类型的年级差异 （M±SD）

年级	被言语欺凌	被关系欺凌	被身体欺凌	言语欺凌他人	关系欺凌他人	身体欺凌他人
三年级	1.51±0.85	1.41±0.78	1.43±0.81	1.24±0.65	1.21±0.63	1.20±0.62
四年级	1.55±0.86	1.41±0.81	1.40±0.78	1.27±0.64	1.18±0.56	1.20±0.57
五年级	1.45±0.67	1.33±0.68	1.27±0.64	1.22±0.48	1.11±0.39	1.11±0.38
六年级	1.45±0.73	1.40±0.74	1.33±0.70	1.27±0.51	1.25±0.55	1.25±0.53

---

[1] 张文新、王益文等：《儿童欺负行为的类型及其相关因素》，《心理发展与教育》2001 年第 1 期；Björkqvist, K., Lagerspetz, K.M., & Kaukianen, A., "Do Girls Manipulate and Boysfight?" *Aggressive Behaviour*, Vol.18, No.2, 1992, pp.117-127.

续表

年级	被言语欺凌	被关系欺凌	被身体欺凌	言语欺凌他人	关系欺凌他人	身体欺凌他人
F	3.00*	2.35	7.34***	1.49	9.73***	9.87***
事后检验	4>5**	3>5*	3>5***		3>5***	3>5**
	4>6*	4>5*	4>5***		4>5**	4>5***
			3>6*		6>4*	6>5***
				6>5***		

说明：* 表示 $p<0.05$；** 表示 $p<0.01$；*** 表示 $p<0.001$。

（2）三年级—六年级学生卷入网络欺凌情况呈"V"形变化趋势

小学生网络欺凌调查结果显示出年级主效应显著，Wilks' Lambda = 0.95，$p<0.001$（见表1.5）。经进一步事后检验发现，在被网络欺凌方面，三年级、四年级均值显著高于五年级，六年级均值显著高于三年级、四年级、五年级。在网络欺凌他人方面，三年级、四年级均值显著高于五年级，六年级均值显著高于四年级、五年级。相关研究针对10—15岁、10—17岁青少年的研究发现，年龄越大，遭受网络欺凌的频率就越高。① 本书调查发现，小学生卷入网络欺凌情况并不呈直线上升趋势，三年级较高，四年级、五年级呈逐级下降趋势，五年级为最低谷，六年级有所回升且为最高峰，总体呈"V"形变化趋势。原因可能在于六年级学生相比其他年级学生接触网络的机会增多，在一定程度上增加了受欺凌和欺凌他人的风险；再者，伴随年龄的增长，学生之间的欺凌开始向更为隐蔽的间接欺凌、网络欺凌转变。有研究也指出，尽管某些形式的攻击行为随着年龄的增长而下降（如学校欺凌），欺凌的其他形式（如网络欺凌、约会暴力）在校外可能更为普遍，更多见于年龄较大的学生中。②

---

① Tokunaga, R. S., "Following You Home from School: Acritical Review and Synthesis of Research on Cyberbullying Victimization," *Computersin Human Behavior*, Vol. 26, No. 3, May 2010, pp. 277-287; Ybarra, M. L., Mitchell, K. J., "Youth Engaging in Online Harassment: Associations with Caregiver-child Relationships, Internet Use, and Personal Characteristics," *Journal of Adolescence*, Vol. 27, No. 3, June 2004, pp. 319-336.

② Khoury Kassabri, M., "The Relationship between Staff Maltreatment of Students and Students' Violent Behavior," *Child Abuse & Neglect*, Vol. 33, 2009, pp. 914-923.

表1.5　被网络欺凌、网络欺凌他人的年级差异（M±SD）

年级	被网络欺凌	网络欺凌他人
三年级	1.39±0.57	1.30±0.56
四年级	1.37±0.51	1.27±0.35
五年级	1.32±0.36	1.22±0.22
六年级	1.48±0.52	1.35±0.54
F	13.03***	10.54***
事后检验	3>5**	3>5***
	4>5*	4>5*
	6>3***	6>4***
	6>4***	6>5***
	6>5***	

说明：* 表示 $p<0.05$；** 表示 $p<0.01$；*** 表示 $p<0.001$。

为了解被网络欺凌、网络欺凌他人类型上的年级差异，以年级为自变量，以被网络欺凌、网络欺凌他人情况为因变量进行单因素方差分析，采用LSD法进行事后检验，发现在被网络欺凌、网络欺凌他人方式上，均存在显著的年级差异，具体分析结果如表1.6所示。由表1.6可知，除"在网上被孤立排挤"和"在网上恐吓威胁他人"外，六年级在其他方面的均值显著高于其他年级，而三年级在上述两方面的均值最高；五年级在各网络欺凌方式中的均值最低。

表1.6　被网络欺凌、网络欺凌他人类型的年级差异

年级	被嘲笑讥讽	被恶意诋毁	被披露个人信息	被在线骚扰	被恐吓威胁	被孤立排挤
三年级	1.19±0.65	1.12±0.58	1.10±0.50	1.13±0.55	1.18±0.68	1.44±1.23
四年级	1.21±0.66	1.11±0.50	1.10±0.48	1.16±0.55	1.14±0.56	1.34±0.82
五年级	1.18±0.50	1.10±0.45	1.08±0.38	1.12±0.46	1.09±0.45	1.33±0.78
六年级	1.34±0.65	1.24±0.56	1.18±0.51	1.20±0.55	1.18±0.55	1.32±0.87
F	8.46***	8.55***	5.21***	2.34*	3.10**	5.97***
事后检验	6>3***	6>3*	6>3*	6>3*	3>5*	3>4*
	6>4***	6>4*	6>4*	6>5*	6>5*	3>5*
	6>5***	6>5*	6>5*			3>6*

续表

年级	被嘲笑讥讽	被恶意诋毁	被披露个人信息	被在线骚扰	被恐吓威胁	被孤立排挤
						4>5* 6>5*

年级	嘲笑讥讽他人	恶意诋毁他人	披露他人信息	在线骚扰他人	恐吓威胁他人	孤立排挤他人
三年级	1.11±0.54	1.10±0.51	1.10±0.52	1.11±0.54	1.12±0.59	1.18±0.60
四年级	1.08±0.38	1.07±0.38	1.07±0.34	1.10±0.45	1.08±0.42	1.18±0.65
五年级	1.07±0.33	1.03±0.23	1.02±0.19	1.03±0.22	1.02±0.21	1.10±0.43
六年级	1.19±0.58	1.12±0.51	1.12±0.50	1.12±0.49	1.09±0.46	1.21±0.65
F	6.38***	4.16**	5.90***	6.55***	4.41***	3.43**
事后检验	6>3**	3>5*	3>5***	3>5***	3>5**	3>5*
	6>4***	6>4*	4>5**	4>5**	4>5**	4>5**
	6>5***	6>5*	6>5*	6>5***	6>5**	6>5***
						4>5* 6>5*

说明：* 表示 $p<0.05$；** 表示 $p<0.01$；*** 表示 $p<0.001$。

4. 寄宿生卷入欺凌情况显著多于非寄宿生

分别对寄宿生与非寄宿生被欺凌、欺凌他人情况所作调查发现，寄宿生卷入传统欺凌、网络欺凌的频率均高于非寄宿生。寄宿生比非寄宿生在被传统欺凌、传统欺凌他人、被网络欺凌、网络欺凌他人方面的比例分别高出 15.18、10.95、24.82、29.49 个百分点（见表 1.7）。

表 1.7　　寄宿生与非寄宿生被欺凌、欺凌他人发生频率

	从来没有		偶尔		经常	
	人数（人）	发生频率（%）	人数（人）	发生频率（%）	人数（人）	发生频率（%）
被传统欺凌						
寄宿	363	58.54	226	36.73	30	4.73
非寄宿	1744	73.72	441	18.55	183	7.73

续表

	从来没有		偶尔		经常	
传统欺凌他人						
寄宿	379	60.09	219	34.67	33	5.24
非寄宿	1951	81.04	356	14.78	101	4.18
被网络欺凌						
寄宿	412	65.35	216	34.23	3	0.42
非寄宿	2175	90.17	198	8.15	38	1.68
网络欺凌他人						
寄宿	402	63.67	221	35.04	8	1.29
非寄宿	2246	93.16	138	5.66	23	1.18

以寄宿生与非寄宿生为自变量，以被欺凌、欺凌他人情况为因变量进行独立样本 t 检验的结果显示（见表1.8），寄宿生与非寄宿生在被欺凌（t=1.70，p<0.05）、欺凌他人（t=7.56，p<0.001）方面均存在显著差异，寄宿生在被传统欺凌、传统欺凌他人、被网络欺凌、网络欺凌他人方面的均分显著高于非寄宿生。相关研究也发现寄宿生被欺凌检出率高于走读生[1]，寄宿学校的学生比非寄宿学校学生的欺凌程度更高[2]。究其原因，可能在于部分寄宿生的自尊、自信不足[3]；寄宿生在校时间较长，较易因生活学习琐事与其他同学发生矛盾冲突而引发欺凌；部分寄宿生因家庭经济条件较差等原因，伴有更多行为问题[4]；同时寄宿生在集体生活中受同伴影响较多，更易出现同伴集体上网现象，从而增加了卷

---

[1] 吴方文、宋映泉等：《校园欺凌：让农村寄宿生更"受伤"——基于17841名农村寄宿制学校学生的实证研究》，《中小学管理》2016年第8期。

[2] Pfeiffer, Jens, P., Pinquart, Martin, "Bullying in German Boarding Schools: A Pilot Study," *School Psychology International*, Vol. 35, No. 6, February 2014, pp. 580-591.

[3] 黄晓婷、吴方文：《农村寄宿制学校同伴侵害对内化行为的影响：一个有调节的中介模型》，《华东师范大学学报》（教育科学版）2017年第1期；陈世平、周海咏：《小学儿童欺负行为与人格倾向的关系》，《心理学探新》2003年第1期。

[4] Monteoliva Sanchez, A., Garcia Martinez, J., "Differences in Educational Attainment and Labor Market Outcomes Reached by Young People Who Have Lived in Two Different Environments: Family Home or Boarding School," *Revista Mexicana de Psicologia*, Vol. 24, No. 1, 2007, pp. 139-148.

入网络欺凌的可能。

表1.8 寄宿生与非寄宿生在被欺凌、欺凌他人上的差异（M±SD）

类型	被传统欺凌	传统欺凌他人	被网络欺凌	网络欺凌他人
寄宿生	1.57±0.89	1.48±0.68	1.37±0.55	1.41±0.63
非寄宿生	1.50±1.04	1.25±0.60	1.15±0.56	1.10±0.45
t	1.70*	7.56**	8.90***	11.48***

说明：* 表示 $p<0.05$；** 表示 $p<0.01$；*** 表示 $p<0.001$。

进一步对寄宿生和非寄宿生被欺凌、欺凌他人类型的独立样本 t 检验进行分析发现，除"网上被孤立排斥"方面非寄宿生高于寄宿生（t=-2.89，$p<0.001$）外，在所有传统欺凌及其他网络欺凌类型中寄宿生均值均高于非寄宿生。

5. 留守儿童卷入欺凌情况显著多于非留守儿童

本书所指的留守儿童指父母双方外出务工或一方外出务工另一方无监护能力、不满16周岁的未成年人。分别对留守儿童与非留守儿童被欺凌、欺凌他人情况所作调查发现，留守儿童卷入传统欺凌、网络欺凌的频率均高于非留守儿童，在被传统欺凌、传统欺凌他人、被网络欺凌、网络欺凌他人方面比非留守儿童分别高出 26.27、27.29、17.63、33.69 个百分点（见表1.9）。2016年《农村寄宿制学校学生发展报告》指出："在留守儿童中，每月至少 2—3 次遭到别人欺负的学生占 36.3%，留守儿童沦为校园霸凌受害者的情况达 20.2%。"[①] 本书调查发现，留守儿童遭受过 1—2 次传统欺凌、网络欺凌的比例分别为 43.5%、36.2%，每月 2—3 次被传统欺凌、网络欺凌的比例分别为 2.2%、1.8%；明显低于上述报告的每月 2—3 次的被欺凌检出率，但上述调查均显示出留守儿童卷入欺凌情况较普遍。

---

① 农村寄宿制学校学生发展报告，http://tongchai.org.cn/wp-content/uploads/2015/09/%E5%86%9C%E6%9D%91%E5%AF%84%E5%AE%BF%E5%88%B6%E5%AD%A6%E6%A0%A1%E5%AD%A6%E7%94%9F%E5%8F%91%E5%B1%95%E6%8A%A5%E5%91%8A-20160420.pdf, 2017.

表1.9　留守儿童与非留守儿童被欺凌、欺凌他人发生频率

	从来没有		偶尔		经常	
	人数（人）	发生频率（%）	人数（人）	发生频率（%）	人数（人）	发生频率（%）
被传统欺凌						
留守	129	46.65	126	45.73	21	7.62
非留守	1994	72.92	548	20.14	193	6.84
传统欺凌他人						
留守	144	51.79	116	41.67	18	6.54
非留守	2202	79.08	463	16.88	118	4.04
被网络欺凌						
留守	167	59.84	106	38.03	6	2.13
非留守	2438	87.47	311	11.09	30	1.44
网络欺凌他人						
留守	157	56.47	119	42.84	2	0.69
非留守	2510	90.16	251	8.72	30	1.12

以留守儿童与非留守儿童为自变量，以被欺凌、欺凌他人为因变量进行独立样本t检验的结果显示（见表1.10），在被传统欺凌（$t=4.09$，$p<0.05$）、传统欺凌他人（$t=6.94$，$p<0.001$）、被网络欺凌（$t=7.10$，$p<0.001$）、网络欺凌他人（$t=9.17$，$p<0.001$）方面，留守儿童均值显著高于非留守儿童。相关调查也指出，"由于父母外出务工减少了对孩子的教育与保护，留守儿童作为弱势群体更易遭受校园暴力"[①]。

表1.10　留守儿童与非留守儿童被欺凌、欺凌他人的差异（M±SD）

类型	被传统欺凌	传统欺凌他人	被网络欺凌	网络欺凌他人
留守	1.75±0.98	1.56±0.67	1.47±0.69	1.47±0.59

---

① 罗静、王薇、高文斌：《中国留守儿童研究述评》，《心理科学进展》2009年第5期。

续表

类型	被传统欺凌	传统欺凌他人	被网络欺凌	网络欺凌他人
非留守	1.49±1.01	1.27±0.61	1.17±0.54	1.13±0.50
t	4.09[*]	6.94[***]	7.10[***]	9.17[***]

说明：[*]表示 $p<0.05$；[**]表示 $p<0.001$。

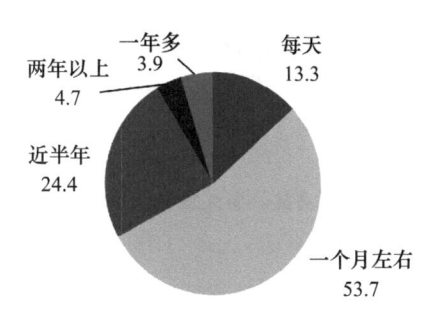

图 1.2　你多久没见到父母了（%）

留守儿童卷入情况较非留守儿童多的原因可能在于父母对其监护不到位[①]，亲子依恋较弱[②]，如本书调研发现（见图 1.2—图 1.4），在与父母联系方面，超过半数的留守儿童表示一个月左右没见到父母，近半年没有见到父母的留守儿童高达 24.4%，一周到一个月联系一次父母的留守儿童占 17.9%；39.2%的留守儿童表示 3 个月以上父母才回来一次。此外，可能源于留守儿童的人际关系较差且自尊、自信心不足[③]，他们更倾向于通过上网消磨时间，加之部分学校对网络欺凌监管不到位，客观上也增加了留守儿童卷入网络欺凌的可能性。

进一步对留守儿童和非留守儿童被欺凌、欺凌他人类型进行独立样本 t 检验显示，"被关系欺凌"（$t=2.02$，$p>0.05$）、"被身体欺凌"

[①] Dehue, F., Bolman, C., Völlink, T., "Cyberbullying: Youngsters' Experiences and Parental Perception," *Cyber Psychology & Behavior*, Vol. 11, No. 2, April 2008, pp. 217-223.

[②] Deborah, J. L., Gustavo, C., Marcela, R., "The Differential Relations of Parent and Peer Attachment to Adolescent Adjustment," *Journal of Youth and Adolescence*, Vol. 29, No. 1, February 2000, pp. 45-59.

[③] 周宗奎、孙晓军、刘亚等：《农村留守儿童心理发展与教育问题》，《北京师范大学学报》（社会科学版）2005 年第 1 期。

（t=1.22，p>0.05）、"网上被孤立排挤"（t=0.96，p>0.05）方面不存在显著差异，其他欺凌类型方面的留守儿童均值显著高于非留守儿童。

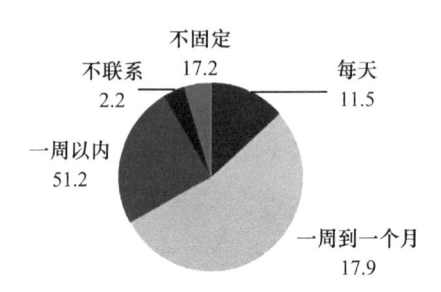

图 1.3　通常父母多久跟你联系一次（%）

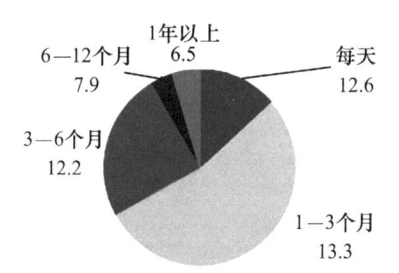

图 1.4　父母一般多长时间回来一次（%）

6. 传统欺凌对网络欺凌具有预测作用

传统欺凌和网络欺凌的异同使一些研究者致力于传统欺凌和网络欺凌的关联研究。研究发现，被网络欺凌者、网络欺凌者与被传统欺凌者、传统欺凌者呈强相关[1]；传统欺凌与网络欺凌之间可能存在联系，传统欺凌中的欺凌者和被欺凌者更容易成为网络欺凌者和被网络欺凌者[2]；传统

---

[1] Kowalski, R. M., Limber, S. P., "Electronic Bullying among Middle School Students," *Journal of Adolescent Health*, Vol. 41, No. 6, December 2007, pp. S22-S30.

[2] Monks, Susanne Robinson, Penny Worlidge., "The Emergence of Cyberbullying: A Survey of Primary School Pupils' Perceptions and Experience," *School Psychology International*, Vol. 33, No. 5, September 2012, pp. 477-491.

欺凌可以在一定程度上作为网络欺凌的预测因素。① 基于此，本书假设传统欺凌能预测网络欺凌，并作相关探讨。通过对被传统欺凌者、传统欺凌者、被网络欺凌者、网络欺凌者四个变量之间的双变量进行相关计算（见表1.11），发现其相关性介于0.30—0.48（均为 $p<0.001$），表明两两变量间呈中度相关，被传统欺凌、传统欺凌他人可一般性地预测被网络欺凌、网络欺凌他人，网络欺凌者与被网络欺凌者相关度在各关系中最高，说明网络欺凌者也是高危被网络欺凌者。与相关研究发现的"网络欺凌者是成为被网络欺凌者的重要风险因素"的结果一致。②

表1.11　　卷入传统欺凌者与卷入网络欺凌者的关系矩阵

	被传统欺凌者	传统欺凌者	被网络欺凌者	网络欺凌者
被传统欺凌者	1			
传统欺凌者	0.418***	1		
被网络欺凌者	0.320***	0.341***	1	
网络欺凌者	0.300***	0.416***	0.475***	1

说明：*** 表示 $p<0.001$。

分别对卷入传统欺凌者以及卷入网络欺凌者的重叠情况进行分析发现（见表1.12），63.2%的被网络欺凌者同为被传统欺凌者，57.7%的被网络欺凌者同为传统欺凌者，65.1%的网络欺凌者同为被传统欺凌者，69.2%的网络欺凌者同为传统欺凌者。这与国外研究者调查发现的"65%的被网络欺凌者同为被传统欺凌者；77%的网络欺凌者同为传统欺凌

---

① Jose, P., "The Joint Development of Traditional Bullying and Victimization with Cyber Bullying and Victimization in Adolescence," *Journal of Research on Adolescence*, Vol. 22, No. 2, October 2011, pp. 301-309; Tokunaga, R., "Following You Home from School: A Critical Review and Synthesis of Research on Cyberbullying Victimization," *Computers in Human Behavior*, Vol. 26, No. 3, May 2010, pp. 277-287.

② Kowalski, R. M., Morgan, C. A., Limber, S. P., "Traditional Bullying as a Potential Warning Sign of Cyberbullying," *School Psychology International*, Vol. 33, No. 5, September 2012, pp. 505-519.

者"① 的结果相似，说明卷入网络欺凌的学生也多卷入了传统欺凌。

表 1.12　　　　　　　　传统欺凌和网络欺凌的重叠情况

传统欺凌身份	被网络欺凌者	网络欺凌者	网络欺凌身份	被传统欺凌者	传统欺凌者
被传统欺凌者	291（32.7%）	253（28.4%）	被网络欺凌者	297（63.2%）	265（57.7%）
传统欺凌者	265（37.1%）	272（38.0%）	网络欺凌者	258（65.1%）	272（69.2%）

二　初中校园欺凌现状

本书选取了山东省 14 所初中的学生为调查对象，分析初中生在不同性别、年级、寄宿、同伴关系等方面的欺凌差异，揭示当前初中校园欺凌的基本情况，以期为下一阶段初中校园欺凌的防治提供更有针对性的现实依据。

（一）研究设计与实施

1. 研究对象

本书采用分层整群抽样法，抽取山东省 14 所初中（农村和城市学校各 7 所）的初一和初二年级 2240 名学生，共发放问卷 2240 份，收回问卷 2240 份，有效问卷为 2161 份，有效率为 96.47%。其中，初一学生为 1121 名（男生为 527 名、女生为 594 名），初二学生为 1035 名（男生为 479 名、女生为 556 名）；寄宿学生为 933 名，非寄宿学生为 1222 名，缺失值为 6 名；男生为 1004 名，女生为 1153 名，性别缺失值为 4 名。

2. 研究工具

本课题组参照奥维斯编制的欺凌/被欺凌问卷（Bully/Victim Questionnaire），设计了"初中校园欺凌问卷"。问卷共 48 个题目，包含四个分量表：学生交友、被欺凌、欺凌他人、对欺凌的态度。分量表"学生交友""被欺凌""欺凌他人"采用李克特（Likert）五点式计分法，范围从"没有发生"到"一周发生好几次，"分别记为数字 1—5。被调查

---

① Hinduja, S., Patchin, J. W., "Bullying, Cyberbullying, and Suicide," *Archives of Suicid Research*, Vol. 14, No. 3, July 2010, pp. 206–221.

对象在各项指标维度上的得分越高，说明交友情况越不乐观；被欺凌、欺凌他人发生的频率就越高，情况越严重。对欺凌的态度，主要测查儿童对被欺凌者的情感态度及对欺凌事件的回应，采用3点计分法，按0、1、2记分，分数越高，说明反欺凌态度越积极。除此之外，该问卷还包括人口统计学信息，教师及家长对欺凌的态度，参与欺凌人数等独立问题。

3. 信效度分析

测得初中欺凌问卷的四个分量表的学生交友、被欺凌、欺凌他人、学生欺凌态度的 Cronbach's α 系数分别为 0.70、0.80、0.89、0.83，均高于 Cronbach's α 系数的一般标准 0.60，且显著性水平均小于 0.001，检验达到显著水平，表明"初中校园欺凌问卷"具有较高的稳定性信度。测得初中欺凌问卷的 KMO 值为 0.86，Bartlett's 球形度伴随概率值小于 0.01，检验达到显著水平，说明适合做因子分析，问卷结构效度较高。欺凌调查问卷能够较为真实、有效地反映初中校园欺凌现状。

4. 数据收集与统计

研究主试主要由教育学博士、硕士研究生及初中班主任担任，在施测前统一对主试进行严格培训，主试均熟悉欺凌问卷内容、问卷发放与回收程序。由主试将问卷发放给学生，并统一回收问卷。采用 SPSS 22.0 数据处理软件，使用卡方检验、单因素方差分析以及回归分析等统计检验方法。

（二）结果与分析

1. 初中生被欺凌发生率为 29.9%，欺凌他人发生率为 14.1%

根据欺凌定义，将"只发生过一两次""一个月发生两三次"定义为"偶尔"的，将"约一周发生一次""一周发生好几次"定义为"经常"。调查结果显示，初中生被欺凌报告率为 29.9%，其中"经常"被欺凌的比例为 5.5%，"偶尔"被欺凌的比例为 24.4%。中国青少年研究中心（2015）的调查数据显示，32.5%的中小学生表示"偶尔会被欺负，"6.1%的中小学生表示"经常被高年级同学欺负"[①]。姚建龙课题组在全国

---

① 陈晓英：《校园欺凌谁来解围》，《法制日报》2015年7月13日第8版。

范围内的调查发现，中小学校园欺凌发生率为33.36%，其中"经常"被欺凌的比例为4.7%，"偶尔"被欺凌的比例为28.66%。[①] 本书调查结果略低于中国青少年研究中心和姚建龙课题组在全国范围内调查的欺凌检出率。

本书调查发现，欺凌他人报告率为14.1%，其中"偶尔"欺凌他人报告率为11.8%，"经常"欺凌他人报告率为2.3%。张文新对山东省9205名城乡儿童的调查发现，2.5%的属于欺负者。[②] Whitney、Smith对英格兰24所学校的6758名中小学生的调查发现，6%的中学生有时或经常欺凌他人。[③] 因在欺凌发生率计算中，上述研究者将"时常"或更频繁地欺负他人定义为欺凌者，在本书中即为"经常"欺凌他人的报告率。故对比发现，本书调查结果（经常欺凌他人的报告率）略低于前期研究者的调查。

2. 初中男生比女生更易卷入欺凌

以学生性别为自变量，以学生被欺凌、欺凌他人情况为因变量进行独立样本t检验，分析男女生差异，发现初中生在被欺凌（$t=5.03$，$p<0.001$）、欺凌他人（$t=3.45$，$p<0.001$）方面均存在显著的性别差异，卷入欺凌的男生多于女生（见表1.13）。这与张文新调查发现的"初中生受欺负的发生率不存在显著的性别差异，男生欺负他人的比率极显著地高于女生"不同。[④] 其他研究者也指出，男生卷入欺负行为的发生率高于女生。[⑤] 这可能源于男、女生之间的性别特征差异，男生的攻击倾向较女生多，自我情绪管控能力差。相关研究也发现，男生问题行为的发生率（如违纪、攻击）显著高于女生。男生的高攻击性等问题行为在一定程度上增加了卷入欺凌的风险。

[①] 姚建龙：《应对校园欺凌不宜只靠刑罚》，《人民日报》2016年6月14日第5版。

[②] 张文新：《中小学生欺负/受欺负的普遍性与基本特点》，《心理学报》2002年第4期。

[③] Whitney, I., Smith, P. K., "A Survey of the Nature and Extent of Bullying in Junior/Middle and Secondary Schools," *Educational Research*, Vol. 35, No. 1, July 1993, pp. 3-25.

[④] 张文新、谷传华等：《中小学生欺负问题中的性别差异的研究》，《心理科学》2000年第4期。

[⑤] 刘丽琼、朱海研等：《初中生欺负行为及其与自尊关系分析》，《中国学校卫生》2013年第7期。

表 1.13　初中生被欺凌/欺凌他人的性别差异（M±SD）

性别	被欺凌	欺凌他人
男生	1.47±0.80	1.18±0.44
女生	1.30±0.53	1.12±0.39
t	5.03***	3.45***

说明：*** 表示 $p<0.001$。

进一步分析不同性别学生各种形式的被欺凌和欺凌他人方式的差异，发现男生各种被欺凌/欺凌他人方式的发生率均高于女生，特别是在被身体欺凌中差异更为显著，男生比女生多13.6个百分点，在言语欺凌他人方面，男生比女生多10.8个百分点，具体情况如表1.14所示。这与张文新的调查结论"初中男生受直接身体欺负的比例显著高于女生，直接言语欺负没有显著的性别差异"[1] 不同，本书调查发现，男生不仅直接身体欺凌多于女生，言语欺凌、关系欺凌也多于女生。

表 1.14　初中生被欺凌/欺凌他人类型的性别差异（M±SD）及发生频率

性别	被言语欺凌	被关系欺凌	被身体欺凌	言语欺凌他人	关系欺凌他人	身体欺凌他人
男生	1.66±0.99 （49.1%）	1.36±0.74 （33.8%）	1.40±1.24 （31.6%）	1.29±0.62 （31.4%）	1.14±0.46 （14.6%）	1.13±0.45 （12.8%）
女生	1.46±0.78 （43.1%）	1.30±0.59 （33.6%）	1.17±0.51 （18.0%）	1.18±0.47 （20.6%）	1.09±0.42 （9.2%）	1.08±0.41 （7.9%）
t	4.93***	2.04***	4.99***	4.28***	2.24***	2.41***

说明：*** 表示 $p<0.001$。

3. 年级之间不存在显著差异

调查结果显示，不同年级初中生在被欺凌、欺凌他人方面不存在年级差异（被欺凌：t=1.29，p>0.05；欺凌他人：t=0.39，p>0.05）（见表1.15）。这与张文新调查发现的"在初中阶段，儿童受三种欺负的比例均不存在显著的年级差异"的结果一致。对不同年级被欺凌、欺凌他人

---

[1] 张文新、王益文：《儿童欺负行为的类型及其相关因素》，《心理发展与教育》2001年第1期。

类型的调查发现，初一、初二学生卷入言语欺凌的情况最多，其次为关系欺凌和身体欺凌（见表 1.16）。这与里格比调查发现"学生报告的被言语欺凌最多，其次为被身体欺凌和被关系欺凌"[①] 的结果一致。初一、初二学生卷入校园欺凌差异较小的原因可能在于初一、初二学生因年龄差距较小，故年级之间的差异并不明显。初中生报告的言语欺凌较多的原因可能在于，言语欺凌相对身体欺凌有隐蔽性的优势，不易被老师发现，相对于关系欺凌更易被操控。

表 1.15　初中生被欺凌/欺凌他人的年级差异（M±SD）

年级	被欺凌	欺凌他人
初一	1.82±2.91	1.14±0.39
初二	1.66±2.45	1.14±0.40
t	1.29	0.39

表 1.16　不同年级学生被欺凌/欺凌他人类型差异（M±SD）及发生频率

年级	被言语欺凌	被关系欺凌	被身体欺凌	言语欺凌他人	关系欺凌他人	身体欺凌他人
初一	1.59±0.90 (48.7%)	1.33±0.62 (35.7%)	1.29±0.66 (27.4%)	1.23±0.53 (25.5%)	1.11±0.41 (11.3%)	1.10±0.29 (10.1%)
初二	1.51±0.87 (43.2%)	1.31±0.67 (31.7%)	1.26±1.08 (21.3%)	1.22±0.53 (25.3%)	1.11±0.42 (11.9%)	1.10±0.42 (9.1%)
t	0.18	-1.92	-0.01	1.99*	0.22	0.73

说明：* 表示 $p<0.05$。

4. 寄宿生比非寄宿生更容易欺凌他人

以寄宿生与非寄宿生为自变量，以学生被欺凌、欺凌他人情况为因变量进行独立样本 t 检验，分析发现，寄宿生与非寄宿生在被欺凌方面不存在显著差异（$t=-0.76$，$p>0.05$），在欺凌他人方面存在显著差异（$t=3.08$，$p<0.001$），寄宿生比非寄宿生欺凌他人情况更多，具体分析结果

[①] Rigby, K., "Children and Bullying: How Parents and Educators Can Reduce Bullying at School," Malden, Ma: Blackwell Publishing, 转引自 Huguette Beaudoin, Ginette Roberge, "Student Perceptions of School Climate and Lived Bullying Behaviours," Procedia - Social and Behavioral Sciences, 2015, pp. 321-330.

如表 1.17 所示。

表 1.17　　寄宿生与非寄宿生被欺凌/欺凌他人差异（M±SD）

类型	被欺凌	欺凌他人
寄宿	1.68±2.37	1.19±0.50
非寄宿	1.77±2.84	1.12±0.35
t	-0.76	3.08***

说明：*** 表示 $p<0.001$。

进一步对寄宿生和非寄宿生被欺凌、欺凌他人类型进行分析发现，寄宿生在被言语欺凌方面不存在显著差异（$t=0.33$，$p>0.05$），在被关系欺凌（$t=1.66$，$p<0.05$）、被身体欺凌（$t=2.45$，$p<0.001$）方面高于非寄宿生；在言语欺凌他人（$t=2.40$，$p<0.001$）、关系欺凌他人（$t=2.82$，$p<0.001$）、身体欺凌他人（$t=2.87$，$p<0.001$）方面均显著高于非寄宿生（见表 1.18）。调查发现，寄宿生遭受言语欺凌、身体欺凌、关系欺凌的检出率分别为 49.1%、28.3%、35.8%。吴方文、宋映泉调查指出，农村寄宿制学校的校园欺凌现象较为严重，学生遭受言语欺凌、身体欺凌、关系欺凌的检出率分别为 24.5%、20.90%、23.90%。[1] 本书调查的寄宿生被欺凌发生率高于上述研究者的调查结果。寄宿生卷入欺凌多于非寄宿生的原因可能在于寄宿生由于在校住宿，与父母之间沟通较少，同伴之间的影响更为显著。依据埃德温·哈丁·萨瑟兰的差异交往理论分析欺凌行为可知，交往过程中不良言语与行为的习得，不良亲密同伴交往易于诱发欺凌；欺凌行为的持续发生源于欺凌得到不恰当的强化；错误的榜样示范会影响欺凌者的行为认知。由欺凌者组成的小群体在一定程度上构成了犯罪亚文化。而在学校环境中，同伴是影响欺凌的最重要因素。[2]

---

[1] 吴方文、宋映泉、黄晓婷：《校园欺凌：让农村寄宿生更"受伤"——基于 17841 名农村寄宿制学校学生的实证研究》，《中小学管理》2016 年第 8 期。

[2] Cook, C. R., Williams, K. R., Guerra, N. G., Kim, T. E., Sadek, S., "Predictors of Bullying and Victimization in Childhood and Adolescence: A Meta-analytic Investigation," *School Psychology Quarterly*, Vol. 25, No. 2, 2010, pp. 65-83.

不良同伴群体成为学生欺凌行为产生的诱因。再者，寄宿生可能因家庭经济条件等原因而有自卑、不自信等心理。

表1.18　寄宿生与非寄宿生被欺凌/欺凌他人类型差异（M±SD）及发生频率

类型	被言语欺凌	被关系欺凌	被身体欺凌	言语欺凌他人	关系欺凌他人	身体欺凌他人
寄宿	1.55±0.88 （49.1%）	1.36±0.73 （35.8%）	1.36±1.32 （26.3%）	1.27±0.61 （28.3%）	1.15±0.52 （15.5%）	1.14±0.51 （13.5%）
非寄宿	1.55±0.90 （43.9%）	1.30±0.62 （32.2%）	1.23±0.57 （22.9%）	1.20±0.49 （23.6%）	1.09±0.38 （19.3%）	1.08±0.37 （7.1%）
t	0.33	1.66*	2.45***	2.40***	2.82***	2.87***

说明：* 表示 $p<0.05$；*** 表示 $p<0.001$。

5. 欺凌者与被欺凌者多在同一班级

在欺凌者与被欺凌者所在年级的调查中发现，欺凌者与被欺凌者多在同一班级，其次为同年级不同班，学生受比自己小的学生欺凌的比例很小，但也有部分学生对此表示不清楚（见表1.19）。这与张文新在山东省的调查结果一致。[①] 对不同性别学生欺凌者与被欺凌者所在年级的调查发现，欺凌者与被欺凌者为同班的男生比例均显著高于女生，男、女生表示在同一班级遭受关系欺凌的比例均最高，且差异最为显著，男生比女生高出约10个百分点。

表1.19　　不同欺凌类型欺凌者的年龄和比例

性别	欺凌类型	人数（人）	同班同年级（%）	不同班同年级（%）	比我年级高（%）	比我年级低（%）	我不知道（%）
男生	言语欺凌	196	46.7	9.2	3.1	2.6	8.7
	关系欺凌	127	51.2	12	4.0	2.4	10.4
	身体欺凌	124	51.2	16.3	4.9	1.6	8.9

---

① 张文新、王益文：《儿童欺负行为的类型及其相关因素》，《心理发展与教育》2001年第1期。

续表

性别	欺凌类型	人数（人）	同班同年级（%）	不同班同年级（%）	比我年级高（%）	比我年级低（%）	我不知道（%）
女生	言语欺凌	179	42.7	9.6	3.9	1.1	5.6
	关系欺凌	93	41.3	8.7	4.3	3.3	5.4
	身体欺凌	58	45.5	9.1	5.5	7.3	5.5

6. 在欺凌事件中多为多人欺凌一人

在欺凌者人数方面，对男生实施言语欺凌的主要为另一个男生，身体欺凌、关系欺凌中一个男生、几个男生参与的比例较高，说明男生之间多为同性之间的欺凌；对女生实施言语欺凌的男生比例高于女生，而在关系欺凌中多为一个、几个女生或男女生共同参与，具体情况如表1.20所示。总体而言，初中生在这三种欺凌类型中，欺凌事件为多人参与的情况显著高于一人。王祈然、陈曦等对2016年媒体文本的实证研究发现，校园欺凌事件中欺凌者人数基本在两人以上，集中分布在3—8人的人数区间。[①] 本书调查结果与之基本一致。这也在一定程度上反映了同伴群体的作用。

表1.20　　　　　　**不同欺凌类型欺凌者的人数和比例**

性别	欺凌类型	人数（人）	一个男生（%）	几个男生（%）	一个女生（%）	几个女生（%）	男女生都有（%）
男生	言语欺凌	196	27	17.3	1.0	7.7	15.8
	关系欺凌	127	26	25.2	1.6	6.3	14.2
	身体欺凌	124	26.6	33.1	3.2	0	12.9
女生	言语欺凌	179	15.1	10.5	8.4	9.5	17.9
	关系欺凌	93	6.5	7.6	14.1	14.1	18.5
	身体欺凌	58	15.8	8.8	14	14	22.8

---

① 王祈然、陈曦等：《我国校园欺凌事件主要特征与治理对策——基于媒体文本的实证研究》，《教育学术月刊》2017年第3期。

7. 初中生被欺凌者的同伴关系较弱

为了解学生的交友状况，对学生朋友数量（"在你们班你有多少好朋友"）进行了调查，发现有12.7%的"经常"被欺凌者认为"一个也没有"，10.2%的"经常"被欺凌者认为"有一个好朋友"，分别有21.2%、15.3%、40.7%的"经常"被欺凌者认为"有两三个、有四五个、有五个甚至更多好朋友"。有3.6%的"偶尔"被欺凌者认为"一个也没有"，分别有7.0%、20.2%、17.1%、51.9%的"偶尔"被欺凌者认为在班里有一个、两三个、三四个、五个及以上好友。2.7%的未被欺凌者表示"一个好友也没有"，分别有3.4%、15%、14.3%、64.5%的未被欺凌者表示在班里有一个、两三个、四五个、五个及以上好友。可见，与未被欺凌者、"偶尔"被欺凌者相比，"经常"被欺凌者没有朋友的情况更多。对"偶尔"被欺凌者、"经常"被欺凌者孤独感及受人喜欢情况的调查发现，未被欺凌者大多认为别人比较喜欢自己，感到孤独的可能性较小；而"经常"被欺凌者认为自己受他人喜欢程度较低，孤独感较强。来自同辈的压力可能会起到遏制欺凌者行为的作用，至少会在一定程度上削弱他们的势力。[①] 被欺凌者的朋友较少，也使其在遭受欺凌时多感到孤立无助，而使欺凌陷入恶性循环中。

8. 旁观者与被欺凌者为朋友关系时多会干预欺凌

对初中生进行了看到他人被欺凌时的态度调查，涉及的被欺凌主体包括朋友、不认识的同学、年龄与你一样大的同学，发现71.9%的学生对朋友被欺凌感到难过，而对看到其他不认识的同学，与自己年龄一样大的同学被欺凌感到难过的比例降低。进行的欺凌干预调查涉及对象包括同龄男生、同龄女生、同龄同学，发现学生对不同性别学生被欺凌的干预欺凌意识差别不大，约一半的学生表示会设法通过各种方式提供帮助，但也有10%左右的学生认为欺凌和自己无关（见图1.5）。这也在一定程度上说明部分学生同情心较差，道德敏感度不高而导致道德冷漠。而学生越是拥有同理和同情的能力——共鸣和回

[①] ［美］芭芭拉·科卢梭：《如何应对校园欺凌》，肖飒译，华东师范大学出版社2017年版，第25页。

```
设法通过各种方式提供帮助    9.10
                          10.50
                          14.10

什么也不做,但认为应该提供帮助  38.40
                             36.10
                             38

什么也不做,认为不关自己的事    52.50
                            5340
                            47.90
```

■同龄同学　■同龄女生　■同龄男生

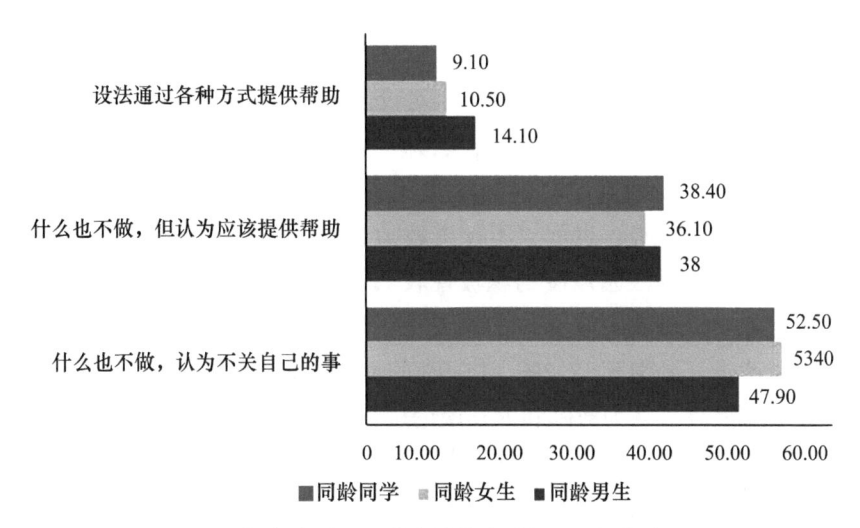

图 1.5　初中生对不同学生被欺凌时想采取的做法（%）

应他人的感受,在同伴受到欺凌时多能以仁慈心来面对。学生道德水平发展相对滞后,一表现为同情心和同理心较弱,学生缺乏仁爱精神;二表现为社会道德不敏感,导致道德冷漠。Marie-Louise Obermann 对丹麦平均年龄为 12.6 岁的 6 年级和 7 年级学生的调查发现,欺凌者、欺凌/受害者比其他学生的自我道德约束力低。[1] Gianluca Gini,Tiziana Pozzoli 等对 17776 名 8—18 岁的青少年学生的调查发现,道德推脱显著影响青少年的攻击行为。[2] Carolien Rieffe,Marina Camodeca 也指出移情与攻击呈强相关,外在行为受同情心的影响。[3] 欺凌是一个有着道德价值判断的现象。[4] 学生道德水平与校园欺凌行为常表现为强相关

---

[1] Marie-Louise Obermann, "Moral Disengagement in Self-Reportedand Peer-nominated School Bullying," *Aggressive Behavior*, Vol. 37, No. 2, November 2011, pp. 133-144.

[2] Gianluca Gini, Tiziana Pozzoli, "Moral Disengagement among Children and Youth: A Meta-Analytic Review of Links to Aggressive Behavior," *Wiley Periodicals*, Vol. 40, No. 1, January 2014, pp. 56-68.

[3] Carolien Rieffe, Marina Camodeca, "Empathy in Adolescence: Relations with Emotionawareness and Social roles," *British Journal of Developmental Psychology*, Vol. 34, No. 3, September 2016, pp. 340-353.

[4] 教育部青少年法治教育协同创新中心:《校园欺凌治理的跨学科对话》,《华东师范大学学报》(教育科学版) 2017 年第 2 期。

性。社会道德不敏感不仅会导致攻击性及固执，还会减少亲社会行为。①

9. 教师和家长对欺凌的关注度相对较低

在"当学生在学校被欺凌时，教师是否经常加以制止"问题上，认为教师"经常""时常""偶尔""几乎从不制止"的分别占56.7%、8.4%、7.9%、4.6%；表示"不知道教师是否制止"的为22.3%，说明初中生认为教师反校园欺凌的积极性较低。在"关于学校教师和家长与自己谈论在学校被欺凌情况"的调查中，65.7%的学生表示自己在学校没有被欺凌过，分别有17.2%、14.9%的学生认为教师、父母没有谈论过自己在校被欺凌，认为教师和家长谈论过一两次的分别占7.7%、10.6%，认为教师和家长谈论过几次的分别占6.8%、9.0%。约有一半的被欺凌学生表示教师和家长没有就欺凌事件和其交流，说明教师和家长对被欺凌学生的关注程度相对较弱。在"你的教师和家长谈论你欺凌其他学生"的问题中，约80%的学生表示没有欺凌过别人，约11%的学生认为教师、家长没有谈论过欺凌他人的事，表示教师、家长谈论过一两次、几次的学生不足10%，说明欺凌者受教师、家长的关注较少。奥维斯研究显示，60%的初中生认为教师只偶尔或从不阻止欺凌行为。② 有学者研究发现，父母缺少情感温暖、理解是影响子女问题行为的首要因素，青少年常伴有攻击、退缩等问题行为。③ 拥有积极、关怀、温暖、支持性的师生关系的学生常伴有更高的心理健康水平。④ 师生关系紧张容易导致学生的反社会行为和辍学。⑤

---

① ［美］George G. Bear：《自律的培养和不良行为的预防与矫正》，黄喜珊译，华中科技大学出版社2016年版，第173页。

② Olweus, D. Annotation, "Bullying at School: Basic Facts and Effects of a School Based Intervention Program," *Journal of Child Psychology and Psychiatry*, Vol. 1, No. 4, September 1994, pp. 27-31.

③ 董会芹：《影响小学生问题行为的家庭因素研究》，《教育研究》2016年第3期。

④ M. Sarkova, M. Bacikova-Sleskova, A. Madarosova Geckova, Z. Katreniakova, W. van den Heuvel, J. P. van Dijk, et al., "Adolescents' Psychological Well-being and Self-esteem in the Context of Relationships at School," *Educational Research*, Vol. 56, No. 4, November 2014, pp. 367-378.

⑤ B. K. Hamre, R. C. Pianta, "Early Teacher-child Relationships and the Trajectory of Children's School Outcomes through Eighth Grade," *Child Development*, Vol. 72, No. 1, March-April 2001, pp. 625-638.

第二章　校园欺凌成因的多学科阐释

要深刻理解校园欺凌这一复杂问题，需将其置于更全面的视域之中。[①] 因任何学科都有其特定的研究对象和探索领域，[②] 依据学科特性，可以对不同问题进行探索和划分。依据学科与研究问题的关联程度进行排序，尽可能选取其中关联程度高的学科，使用相关学科的话语体系作为一种"方法"，将其学科范畴当作分析工具来剖析校园欺凌，作为理解校园欺凌的视域。依此，本章主要依据学科与校园欺凌成因阐释的远近关系，选取了教育学、心理学、社会学、法学四门学科进行分析。但是，各单一学科只能阐释校园欺凌原因的某一方面，无法对校园欺凌成因作出整体解读。因此，多学科视域下的校园欺凌成因阐释需要立足各学科基础，分析各单一学科视角下的校园欺凌成因，并在此基础上进行多元整合，勾勒校园欺凌影响因素之间的相互关系与层次结构。

第一节　教育学视角下的校园欺凌成因

"教育学"一词源自希腊语"pedagogue"（教仆），本义为照看、管理和教育儿童的方法。斯宾塞认为："一个涉及一切其他科目的科目，而

---

① Swearer, S. M., & Doll, B., "Bullying in Schools: An Ecological Framework," *Journal of Emotional Abuse*, Vol. 2, No. 2, 2001, pp. 7–23.

② 车文博：《西方心理学史》，浙江教育出版社1998年版，第2页。

因此是在教育中应该占最高地位的科目，就是教育的理论和实践。"① 本书中所探讨的校园欺凌，主体对象为中小学生，要探寻校园欺凌的成因必然离不开对相关教育问题的考量。基于教育学视角分析校园欺凌即是把教育学学科范畴当作分析工具来剖析校园欺凌，运用教育学的话语体系、思想理论等解析校园欺凌的成因。

一 功利主义教育价值取向的僭越

教育价值问题，是诸多教育问题中最根本的问题。② 叶澜早在1989年就指出，中国教育价值取向偏差的实质是"忽视了教育的特殊性、个体的价值以及人格的培养"③。这也就意味着，价值取向偏差下的教育极有可能走向一种极端，成为"一刀切""齐步走"的教育。教育抹杀了受教育者个体的特殊性而失去了教育的本真意义。囿于教育价值取向的偏差，被固化的教育模式难以再焕发出教育本应有的活力，学生无法得到全面的发展，可能会出现道德发展水平滞后的问题，进而也较容易出现欺负弱小等问题行为。

（一）"过度"竞争教育的负面效应

功利性的教育观念凸显教育的外在目的，期望获得短期效益。这种功利性的价值取向容易促使教师、家长等产生功利心态，秉持"分数至上"的理念。班级之间的评比、学生与学生之间的竞争、家长与家长之间的花式炫娃，无不使学生的学习生活环境充斥着竞争。适当竞争可以激发学生的进取精神，但是，当竞争失去了本应有的合作精神，则容易造成学生的心理扭曲。诚然，学生的集体荣誉感是学生健康心理品质的一个方面，但是竞争若被过度强化，夸大了其本应有的"符码"意蕴，就失去了它应有的价值。学校文化元素中的不良竞争就是影响校园欺凌发生的重要诱因之一。不可否认，竞争在塑造学生创新精神，激发学生潜能方面发挥着重要作用；但当竞争被过度解读为"排他性"竞争时，

---

① ［英］赫·斯宾塞：《教育论：智育、德育和体育》，胡毅译，人民教育出版社1962年版，第85页。
② 周险峰主编：《教育基本问题研究：回顾与反思》，华中科技大学出版社2016年版，第53页。
③ 叶澜：《试论当代中国教育价值取向之偏差》，《教育研究》1989年第8期。

也可能使竞争失败者丧失信心，使竞争胜利者"争强好胜"的欲望膨胀，甚至产生"控制"别人的想法，进而诱发欺凌行为。学校文化中所传递的"竞争"观念被过度解读后甚至成为诱导学生欺凌意识的"元凶"。

（二）教育不允落后的价值诉求诱导

很长一段时间以来，"不要让孩子输在起跑线上"成为教育者奉行的黄金法则与金科玉律，众多家长亦对之"趋之若鹜"。这种观念的由来在很大程度上受制于教育价值的诉求——教育不允落后。虽然，教育部一再强调考试评价方面的问题，如2017年，《教育部关于印发〈义务教育学校管理标准〉的通知》中，再次重申"不能将分数作为评价学生的唯一标准"[①]。但是在现行的教育体制和评价机制下，却难以避免对学生进行优劣划分评定。在教育不允落后的价值诉求诱导下，人们常将学习成绩作为评判中小学生品行的重要依据。虽然已有研究发现，学业成绩与欺凌行为存在较强的联系，[②] 但是也不能将此命题作为绝对律令，学业成绩之于学生不良行为并非充要条件，更不能将学习成绩好作为学生不会有欺凌行为的推诿之词。以往研究表明成绩优劣常被教师、家长作为评判学生的重要依据，且成绩差的学生在受到欺凌后并不敢向教师、家长求助，在一定程度上刺激了欺凌事件的产生。而学习成绩不好也常成为被欺凌者自卑的重要因素，成绩差的被欺凌者在受到欺凌后并不敢多加反抗。

二 教育目的窄化对个体发展的负向功能

教育目的是一种关于教育过程预期结果的价值取向。[③] 校园欺凌的发生，也来源于学校教育目的的窄化。当人的全面发展的教育目的在教育实践中被窄化为"智育，"并进而等同于知识传授时，对学生的教育就很容易衍化为学科知识的熔炉式塑造，失去了教育的"成人"目的。校园欺凌的发生，虽然不能完全归咎于窄化教育目的的结果，但这种窄化的

---

① 《教育部关于印发〈义务教育学校管理标准〉的通知》，2017年12月5日，http://www.moe.gov.cn/srcsite/A06/s3321/201712/t20171211_321026.html，2018年3月10日。

② Woods, S., Wolke, D., "Direct and Relational Bullying among Primary School Children and Academic Achievement," *Journal of School Psychology*, Vol. 42, No. 2, March-April 2004, pp. 135-155.

③ 靳玉乐主编：《教育概论》，重庆出版社2006年版，第99页。

教育目的增加了中小学生不良心理和问题行为产生的可能性，成为诱发欺凌的风险因素。

（一）教育个体社会化功能的异化

教育个体社会化功能的异化是指个体社会化对原有目标手段的割裂、扭曲与背离。教育的本义是促进教育个体社会化正向功能的发挥，以使个体更好地融入社会，实现"个体我"向"社会我"的社会角色转变。然而，也可能存在教育个体社会化功能异化的情况，从这个层面上讲，学校教育反而成了学生个体"反向社会化"的帮凶，个体社会化功能中的"正向社会化"与"反向社会化"的张力开始显现。过分社会化这种极端倾向是忽视学生个体"人性"的一种教育，也有将学生视作被动接受的"工具"之嫌。在此背景下，学生被湮没于社会之中，打破了应有的平衡状态。当教育功能失去了"人"之"个性培养"的功能，对教育采取"过分社会化"的功利性倾向时，就与中小学生全面发展的初衷背道而驰。反观当前学校教育个体社会化的现状，个体社会化并未能维持在合理的阈限内。教育中个体个性化的完全忽视恰如哈贝马斯曾提出的"个体的终结"，教育中的"个体的终结"主要表征为个体自我认同的困难，具体体现在如下方面：教育提供的解释模式与个体感知到的社会现实之间的差异越来越大，个体只能根据自己的角色行为来确定社会地位的普遍基础，学生的人格与个性在青春期发展危机中只能采取退却等态度。[1] 在这种情形下，个体渐趋失去了自我的价值判断。而已有研究也发现，欺凌者个体的社会化水平滞后是校园欺凌发生的重要诱因。[2]

（二）教育个体个性化功能的异化

教育个体个性化功能的异化和教育个体社会化功能的异化类似，也是一种教育育人功能的失调状态。简而言之，教育个体个性化异化是指只关注个体个性的发展，无视个体的社会性发展，不能在促进个体心理健康发展和个体主体性发展方面发挥作用。而过分个性化的结果在于使

---

[1] ［德］尤尔根·哈贝马斯：《合法化危机》，刘北成、曹卫东译，上海人民出版社2009年版，第96—97页。

[2] Greenbaum, S. E., "School Bullying and Victimization, NSSC Resource Paper," *Administrative Policy*, Vol. 29, No. 9, September 1988, pp. 1-25.

个体缺失了赖以生存的社会根基。过分个性化也是社会与个体偏离的一种表现，带来的严重后果是个体因"过度自由"而成为融入社会系统的屏障。[①] 过分个性化实则是对个体自由的一种偏见。对于中小学生而言，对自由的理解可能等同于不受约束，甚至误把"自由"等同于"为所欲为"。例如，有些学生可能因"看到××觉得不爽、"觉得××说话太娘,"继而萌生"就是想揍他"的异常心理。如果对这类学生仍然施以张扬个性的教育，任其行为自由发展，只可能加剧欺凌的发生。

三　教育内容的"结构性失衡"

教育内容是知识技能、思想观点、行为习惯等的综合，在教育活动过程中予以选择并传授给学生。教育本质是一种培养、完善、发展、塑造人的教育活动。若从系统论角度出发，教育人文关怀的内容建构应该是一个系统工程，逻辑起点始于关心人的基本需要，最终指向于人的全面发展，是一个由表及里、由浅入深的推进过程。鲁洁曾指出："教育中对知识的'塑造知识人'成为现代社会根深蒂固的教育信条。"[②] 现阶段的中小学教育仍存在将知识置于"器物"层面的情况，倾向于将物化的知识视作实现教育目的的工具。中小学校存在品德教育中过分强调知，而忽视"情、意、行"的情况。学校教育内容"结构性失衡"的弊端凸显，对学生健全人格的培养以及良好道德品行的养成极为不利，而这也成为中小学校园欺凌发生的诱导因素。

（一）品德结构内容的偏颇

德育目标的实现需要依托于德育内容，而个体道德规范的习得同样需要以道德内容为基础。德育内容的理想状态为实现理论知识与实践知识的协调统一。然而，在实际教育中却存在着将道德教育异化为理论知识传授而忽视实践的问题，只重视品德结构维度中的"知，"相对忽视了"情、意、行"。在中小学阶段，德育知识的学习主要以品德课程形式进行。对中小学生而言，学到的知识多是一种文字符码，未能做到内化于心、外化于行，造成理论知识与实践行为脱离。在某些中小学校里仍存

---

① 李敏：《当前学校教育中个体社会化的异化现象探析》，《江西教育科研》2003年第6期。
② 鲁洁：《教育的一个信条：塑造"知识人"》，《教育研究》2004年第6期。

在教师对于道德教育课程的重视程度偏低，甚至存在德育课被其他主科课程取代的情况。此外，学生虽然已经掌握了基本的道德知识，但对于在实践中如何运用相关知识解决实际问题却可能相对陌生。学生对道德教育内容的知识获取，大多只是停留于"认知"层面，难以将其运用到实践之中，理论与实践呈现为一种脱离状态。在此种教育方式下"知行统一"的德育原则只能成为一种"假设"。也有学者指出："知晓应该怎么做、不应该怎么做的很多道德知识，但不能或不想去实践道德行为。"[1]德育中本应将实践视域融入其中，考虑与现实中"人"的有机联结。教育者试图不通过儿童自我实践的活动去掌握知识、培养品德，却将知识、品德要求强加到儿童身上的做法显然失之偏颇。

（二）法治教育的缺失与滞后

目前，我国青少年法治教育工作在国家、社会、学校等的大力支持下，已然取得了一定的成效，但仍存在一些问题。无论是网络媒体有关欺凌事件的报道还是本书对欺凌者的调查，均反映了我国青少年法治素养的缺失，对未成年人的法治教育滞后与缺失。虽然我国在课程体系设置中涉及了青少年法治教育模块，在中小学普遍开设了《道德与法治》课程，但当前我国很多中小学校对法治教育的重视程度相对不足，学生接受法治教育的学习效果不佳。

四　不当教育方式的掣肘

提高教育质量的关键在于转变育人方式。[2] 2016年发布的《中国学生发展核心素养》对育人方式提出了更高的要求。教育方式是实现教育目标的手段，教育方式运用成功与否，直接影响着教育成效以及目标达成度。我国中小学教育已进入了注重内涵建设、提高质量的新阶段。而不恰当的教育方式却成为学生发展的绊脚石，也是诱发校园欺凌发生的又一危险因素。

（一）"强制灌输"的道德教育方式

"强制灌输"的道德教育方式旨在建立一种权威的规范。道德不

---

[1] 魏贤超：《德育课程论》，黑龙江教育出版社2004年版，第320页。
[2] 张凤华：《试析转变教育方式与提高教育质量》，《中国教育学刊》2012年第1期。

仅仅是约束人的枷锁……道德是一种灌注着人的主体精神的"自由自觉的活动"①。但是，如果权威主义道德教育将外在的服从作为其准则，以强迫作为其实现方式，就很容易引发道德强制状况。道德对个体行为的规范演绎的本该是一种应当逻辑，更多地强调其价值意蕴。然而，权威主义的道德教育遵循的是一种强制性逻辑。"强制灌输"的道德教育方式还可能使学生停滞于他律阶段，而失去了自我判断能力。瑞士著名心理学家皮亚杰曾明确提出儿童道德心理发展的四个阶段，阐释了儿童道德发展从"自我中心"到自律道德阶段的发展过程。道德的权威阶段可以说是中小学生道德发展的一个必经阶段。这种尊重和顺从，一是指绝对遵从父母权威与年长者；二是指对规则本身的顺从。道德判断标准也以"顺从"为唯一标准，而不考虑其他。就其年龄阶段来看，权威与服从阶段恰逢小学低年级阶段，但现实之窘境在于小学中高年级学生甚至初中生仍停滞于此道德发展阶段。而处于此道德发展阶段的学生，多无法做出正确的道德判断，进而可能诱发欺凌等不良行为。

(二) 教育权威与教育惩戒的式微

教师惩戒权是保障教育活动正常开展的基础，意在引导、矫正学生思想与行为，保证教育权威。我们强调赏识教育的价值，但也不能摒弃惩戒教育的功效。奖励和惩罚是一个问题的两个方面，奖励的作用在于增加个体行为发生的可能性，但惩罚的作用却在于降低个体行为的发生频次。② 然而，"惩戒"一度成为现今教师们谈及的敏感话题，一些教师面对学生的问题行为更倾向于采取"视而不管"的态度。出现此种情况，一是源于"惩戒"与"体罚"有时被人们刻意画上了对等符号；二是当前学生心理素质较差，在教师对其批评教育后可能产生一些极端行为。在现实中，诸多教师为了"自保"对惩戒避而不谈、避而不用。加之先前对惩戒手段、惩戒流程等没有加以明确规定，不少教师对惩戒采取了望而却步的态度。2020年12月，教育部出台的《中小学教育惩戒规则（试行）》明确了教师可以采取的教育惩戒方式，但是教师对于怎样惩戒、惩戒程度、惩戒效果等方面依然存在疑虑。从先前欺凌事件的处理方式来看，教师多以说教式的批

---

① 戚万学：《道德教育的实践目的论》，《山东师范大学学报》（人文社会科学版）2001年第1期。
② 檀传宝：《论惩罚的教育意义及实现》，《中国教育学刊》2002年第2期。

评教育方式为主，有时也会辅以罚学生写作业、写检讨书以及通知家长等方式。针对欺凌事件，多数教师也做出了合乎规定的惩戒方式，只是惩戒效果不尽理想。有些学生对这些惩戒方式已经习以为常，甚至产生"逆反"心理。在欺凌事件发生后，教师难免陷入"如何惩"的困惑，面对诸多"压力，"多倾向于采取较为保守的方式对待，但这在一定程度上加剧了学生在欺凌之后的"有恃无恐"。

第二节 心理学视角下的校园欺凌成因

心理学的研究对象主要聚焦个体因素，在社会实践中指向行为主体。主体是一个自控制、自调节的系统，而主体之所以能够发挥自控与调节的功能，源于主体拥有健全、清醒的自我意识。[①] 心理学视角下的校园欺凌成因分析，一方面要剖析个体的年龄、性别、气质特征等生理因素；另一方面要分析个体认知、情感、意志等心理因素。

一 心理过程的发展障碍

一般而言，个体行为的心理过程一般包括三个维度：认知过程、情感过程和意志过程。认知过程是个体对信息的收集过程，也是个体采取行为的心理基础；情感过程是指个体的情绪反应；意志过程是指个体在心理活动之后建立个人的行为目标并准备实现目标的阶段。心理过程的"停滞"或者"异化"是个体出现问题行为、攻击行为、越轨行为、犯罪行为的刺激因素。若将个体行动比拟为齿轮转动，将齿轮的锯齿比作心理过程，那么心理过程的理想状态应当指从接受命令开始，通过不断地调适、控制，实现合乎规范的行动。但是个体在这一过程中可以有不同的转向，欺凌行为显然是一种有"问题"的转向，打破了本应有的系统平衡状态。欺凌行为的发生在很大程度上源于个体在认知、情感、意志方面的发展障碍。

（一）认知信息的偏差与曲解

认知是行为选择的基础与前提。欺凌者在认知方面的偏差与曲解主

---

① 李火林：《论个体主体的功能性结构》，《青海社会科学》1993年第5期。

要是指个体的道德认知偏差以及认知加工过程对信息的曲解。欺凌者实际上持有的是一种"马基雅维利主义"的态度,他们虽然能够知道他人的感受,但却不能够或不想让这些感受影响他们。① 对于欺凌者而言,一方面可能受生物进化论自然选择的影响,操纵他人的意愿较强,但这种行为并未考虑行为的性质(合作性/剥削性);另一方面,它也包含非合作剥削(管理和领导的"黑暗"),并认为利他主义和公平不存在。欺凌者过度关注自我目的,坚持利己主义,坚信只要目的正确,就可以不择手段。欺凌者正如马基雅维利主义所阐释的君主身份,如有许多欺凌者坚信"欺凌是为了让他人长记性""欺凌可以让一些人更加坚强"等。

当欺凌者在信息加工过程中对信息加以曲解时,就容易发生欺凌行为。道奇与派蒂(Dodge & Pettit)曾提出一种儿童攻击行为的社会信息加工模型,认为如果个体在认知的某个环节发生偏差,就有可能引发攻击行为。② 换句话说,欺凌行为的出现源于欺凌者认知阶段中某个环节的"脱链,"多体现于在信息加工过程中对信息理解的偏差,在信息获取过程中对一些信息进行了"偏离改写,"因而产生了敌意性归因。欺凌者常对一些信息进行信息的"敌意"曲解,将普通的争论或者某些偶然事件解读为敌意信息。这实则是在认知过程中对信息进行错误敌意归因的一种表征。欺凌者对信息做了错误解释之后,进而会做出与之相匹配的反应,如与其他人共同谋划欺凌计划、准备开展欺凌行为等,并最终做出了欺凌他人的反应。

(二)道德情感的缺失

一般而言,道德情感包括负罪感、羞耻、冷漠和傲慢四个维度。③ 道德情感与道德行为有着密切的关联性,道德情感在道德行为中起着基

---

① Smorti, A., & Ciucci, E., "Narratives Strategies in Bullies and Victims," *Aggressive Behaviour*, Vol. 26, No. 1, January 2000, pp. 33-48.

② Dodge, K. A., & Pettit, G. S., "Social Competence in Children," *Monographs of the Society for Research in Child Development*, Vol. 51, No. 2, 1986, pp. 1-85.

③ Tangney, J. P., "Recent Advances in the Empirical Study of Shame and Guilt," *American Behavioral Scientist*, Vol. 38, No. 8, August 1995, pp. 1132-1145.

础的调节作用。已有研究发现，有较高负罪感的儿童更乐于尝试修复消极行为。① 负罪感对攻击行为、欺凌行为以及反社会行为有负效应，对同情、亲社会行为有正效应。② 欺凌者在欺凌之后常不会感到有负罪感，这也相对增加了学生再次实施欺凌的可能。与负罪感不同，耻辱感不仅与一件事的道德价值有关，而且与个人拥有的感觉有关。③ 本尼迪克特和其他学者曾对负罪感和羞耻做过以下区分："负罪感是对于自身良知标准的违背，羞耻则是对他人批评的反应。"④ 就欺凌者个体而言，羞耻感的高低可依据个体在实施欺凌行为之后受到批评的自我感知中进行判断。只有少数欺凌者认为自己的行为不当，多数欺凌者认为，"这只是一种玩笑""欺凌并不会给被欺凌者带来较为严重影响等。"这也从一个侧面反映了欺凌者的耻辱感较低。冷漠则是个体同理心缺失、移情能力不足的一种表现。大多数研究认为："同理心在两个维度上是不同的，即认知同理心（识别和理解的能力）以及情感同理心，它涉及对他人情绪状态的唤醒。"⑤ 而同理心是个体规范社会行为的前提条件。已有研究发现同情心是传统欺凌和传统受害的重要预测因子。⑥ 道德情感中的傲慢也是一种极高自尊的表现。但傲慢者多只关注个体的个人利益，并不会多考虑受害者的后果，欺凌者常表现出过分关注自我个人利益的倾向。奥斯福等曾提出道德情感归因的解释模型，认为在道德情感的四个维度中，有关道德责任归因主要源于负罪感与羞耻感，道德脱离归因则受制于冷漠与

---

① Tangney, J. P., "How Does Guilt Differ from Shame?," In: Bybee, J., editor., *Guilt and Children*, San Diego: Academic Press, 1998, pp. 1-17.

② Olthof, T., "Anticipated Feelings of Guilt and Shame as Predictors of Early Adolescents' Antisocial and Prosocial Interpersonal Behaviour," *European Journal of Developmental Psychology*, Vol. 9, No. 3, May 2012, pp. 371-388.

③ Olthof, T., Schouten, A., Kuiper, H., & Jennekens-Schinkel, A., "Shame and Guilt in Children: Differential Situational Antecedents and Experiential Correlates," *British Journal of Developmental Psychology*, Vol. 18, No. 1, December 2000, pp. 51-64.

④ ［澳］布雷思韦特：《犯罪、羞耻与重整》，王平、林乐鸣译，中国人民公安大学出版社2014年版，第72页。

⑤ König, A., Gollwitzer, & Steffgen, G., "Cyberbullying as an Act of Revenge?" *Australian Journal of Guidance & Counselling*, Vol. 20, No. 2, February 2010, pp. 210-224.

⑥ Jolliffe, D., Farrington, D. P., "Examining the Relationship between Low Empathy and Bullying," *Aggressive Behavior*, Vol. 32, No. 6, October 2006, pp. 540-550.

傲慢（见图 2.1）。[①] 由是观之，欺凌者因道德情感缺失而表现得冷漠、傲慢，倾向于道德脱离归因的方式；欺凌者负罪感、羞耻感较低，倾向于推卸道德责任，这均在一定程度上增加了欺凌发生的可能。

负罪感与羞耻感　　　　　　　　　　冷漠与傲慢

道德责任归因　　　　　　　　　　道德脱离归因

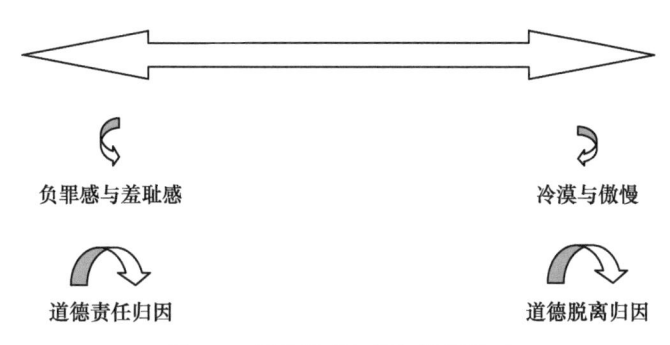

图 2.1　道德情感归因与解释模型

（三）意志品质的缺陷

心理结构的两个层次分别为知与意，知为意的前提和基础，而意是心理结构中更为深层的因素。一种合乎道德的行为是由个体意向、意志、耐性以及能力共同完成的结果。这也说明个体意志品质的缺陷可能会阻碍"道德行为"的进行。欺凌意志影响欺凌者欺凌目的的确立、欺凌方式的选择、控制行为的性质与发展方向，使欺凌目的的内容得以在现实中展开，并得以最终实现。欺凌意志包含三个维度：意志态度、意志选择与意志努力。欺凌者为达成欺凌目的，常表现为一种促成欺凌发生的积极态度。意志选择的过程也是欺凌目的与欺凌方式的定性过程。可以看出，欺凌意志实际上是一种动态的心理活动过程，并以欺凌动机和欺凌目的为基础要件。欺凌意志的产生是内外因素共同作用的结果。校园欺凌的发生既源于社会风气、地点等外部刺激，也受个体的心理发展水平、气质特征等内在制约。一般而言，已经形成的欺凌态度会影响欺凌者的意志努力程度，坚决的意志态度是欺凌者意志努力的一种心理倾向，意志努力的结果最终将会外化于一般的欺凌行为，而稳定的意志努力是欺凌选择的重要依据，决定着欺

[①] Olthof, T., Schouten, A., Kuiper, H., & Jennekens-Schinkel, A., "Shame and Guilt in Children: Differential Situational Antecedents and Experiential Correlates," *British Journal of Developmental Psychology*, Vol.18, No.1, December 2000, pp.51-64.

凌目的实现的可能。意志态度、意志选择与意志努力作为欺凌意志的三个维度，实际上是一种有机联系的关系，它们在欺凌行为选择方面有各自的职能，共同增加了校园欺凌发生的可能。

二 需要匮乏心理的桎梏

基本需要长期缺乏是学生欺凌的内在动力。① 需要是行为动机出现的先决条件，社会行为的选择最终以外化的社会行为表现出来。一般而言，个体的基本需要有一定的阈限，也就是合理的基本需要范围。但是，当欺凌者过度放大自我的基本需要时，容易出现需要的异化。需要是个体或社会的客观要求在头脑中的主观反映，是动机激发的一种前置状态。需要源于一种缺失。匮乏需要或缺失性需要本质上正是由这些有机体身上的赤字所形成的需要。② 需要匮乏是病态行为发生的重要诱因。当基本需要处于匮乏状态时，这些需要的满足能起到治疗作用，得到满足的人便不再做出原先的病态行为。③ 那么，欺凌行为的选择也可能遵循此种理路。如欺凌者过度关注自我需要，忽视社会道德规范要求，个体难以平衡自我需要和他人、社会需要的关系，利己主义或极端个人主义的倾向较为明显。此外，欺凌者在行为选择上可能受外界环境的影响，行为个体无法辨别现实需要与理想需要之间的关系。当主体能力不能很好地对自我能力做出清晰判断时，在行为选择上易倾向于采取某些极端手段。而这些极端手段就满足需要的方式上看，并非一种合理状态，"非法"性质较为凸显。例如，某些欺凌者以欺凌他人为乐，这种取乐型欺凌行为的目的在于获得快乐的期望，但是对于被欺凌者而言，只是充当了欺凌者寻找乐趣的一种工具。

三 个性特质的影响

个性特质是指个体先天固有的生理类型和出生后的各种外界因素长

---

① 罗怡、刘长海：《校园欺凌行为动因的匮乏视角及其启示》，《教育科学研究》2016年第2期。

② [美] A. H. 马斯洛：《存在心理学探索》，李文湉译，云南人民出版社1987年版，第18页。

③ [美] 马斯洛等：《人的潜能和价值——人本主义心理学译文集》，林方主编，华夏出版社1987年版，第73页。

期共同作用所形成的独特而稳定的心理特征,如气质、性格、能力等。①根据已有研究可知,欺凌与学生的性格特征、焦虑、抑郁、自尊、自信水平、孤独感、人际关系等因素有关。

(一)气质特点

奥维斯曾概括了欺凌者的特征:较强的攻击性、较弱的攻击抑制能力,对暴力基本持肯定态度,通常身体较为强壮,精力比较旺盛,具有典型的攻击性人格。汉斯·艾森克认为,特别容易导致越轨行为的个性特征是外向性格。② 谷传华和张文新指出,欺凌可能是由于欺负者较高的精神质,自尊心较低和情绪不稳定等因素共同作用所致。③ 由是观之,欺凌者多为外向性格,倔强固执,粗暴专横,冷酷,缺少同情心,自我优越感较强,自信水平较高。奥维斯也曾指出被欺凌者较为内向,退缩行为显著,常感到焦虑、抑郁、孤独,有被动、消极、服从特性,缺乏自信。斯莉(Slee)的研究发现,受欺凌者具有内向、神经过敏性、情绪性的气质特点,在同伴中的社会地位较低,且在同伴交往中表现出明显的自卑和退缩特征;在受欺凌之后,也可能会降低自我防卫意识,逐渐形成习得性无助心理。④ 国外对欺凌/被欺凌者的调查发现,相较于单纯的欺凌者、被欺凌者,双重身份者具有更高的攻击性,抑郁症状较为明显,学习能力较差,亲社会水平较低,自我控制力不足,自尊水平较低,被社会接纳程度降低。⑤ 统而观之,欺凌者、被欺凌者、欺凌/被欺凌者的气质存在一些差异,被欺凌者与欺凌/被欺凌者在性格气质上有一些共同点,比如性格内向,经常出现消极的自我概念,低自我评价,缺乏安全感等。

---

① 莫洪宪主编:《犯罪学概论》,中国检察出版社2003年版,第258页。
② [美]戴维·波普诺:《社会学》,李强等译,中国人民大学出版社2007年版,第228—245页。
③ 谷传华、张文新:《小学儿童欺负与人格倾向的关系》,《心理学报》2003年第1期。
④ Slee, P. T., "Bullying: A Preliminary Investigation of its Nature and the Effects of Social Cognition," *Early Child Development and Care*, Vol. 87, No. 1, 1993, pp. 47-57.
⑤ Hanish, L. D., & Guerra, N. G., "Aggressive Victims, Passive Victims, and Bullies: Developmental Continuity or Developmental Change?" *Merrill-Palmer Quarterly*, Vol. 50, No. 1, January 2004, pp. 17-38; Nansel, T. R., "Cross-national Consistency in the Relationship between Bullying Behaviors and Psychosocial Adjustment," *Archives of Pediatrics & Adolescent Medicine*, Vol. 158, No. 8, August 2004, pp. 730-736.

（二）能力不足

已有研究发现中小学生的社会技能与间接欺凌和身体欺凌呈负相关。[①] 当前，有关社会技能的概念界定和类型划分尚无统一标准，综合而言，主要集中于行为、认知和情绪技能方面。[②] 对于中小学生而言，学业成绩也是影响学生与学校依恋关系的重要变量，故还应重视学习能力的作用。欺凌者在社会认知能力、反思思维能力、同伴关系处理能力、自我管理能力、学习能力方面均处于能力不足之列。

1. 社会认知能力缺陷

鉴于前文我们已探讨了认知信息加工的过程维度，在此重点阐释组织维度方面。个体对自我的认知是发展社会认知最基本的方面，包括个体对自己的心理特征、价值观念、个性品质等的认知。库利"镜中我"（looking-glass self）理论的主要观点是，个体自我概念的形成受益于与他人的交往互动，个体对自己的理解反映了他人对自己的看法。米德曾提出"符号互动论，"并在此基础上发展了"角色采择"理论，提出个体发展通过自我对他人观点的选择为基础的观点。依此也不难看出，如果没有做好角色定位，容易导致自我认知出现较大的偏差，欺凌行为的发生在很大程度上也源于欺凌者未能获得较好的自我认知，且未能做好与他者的互动，更没能从他人的角色特别是被欺凌者的角色观察自己，这就阻碍了人际交互作用功能的发挥，使得个体与他人的交往出现"闭合"状态，进而引发行为失范。再者，根据皮亚杰三水平六阶段的认知发展理论也可获知，随着年龄的增长，在社会互动作用下，个体的自我认知水平也会随之发生变化，而较低的自我认知水平则成为个体发展的障碍，是个体规范行为践行的绊脚石。从以往欺凌事件中不难看出，欺凌者认知发展水平较低，多低于本年龄阶段的认知发展水平，而较低的认知发展水平成为欺凌发生的危险因素。

---

① Larke, I. D., & Beran, T. N., "The Relationship between Bullying and Social Skills in Primary School Students," *Issues in Educational Research*, Vol. 16, No. 1, 2006, pp. 35–46; Fox, C. L., & Boulton, M. J., "The Social Skills Problems of Victims of Bullying: Self, Peer and Teacher Perceptions," *British Journal of Educational Psychology*, Vol. 75, No. 2, June 2005, pp. 313–328.

② 王美芳等：《儿童社会技能的发展与培养》，华文出版社2003年版，第6页。

2. 反思思维能力缺陷

反思，是思维对存在的一种特殊关系。① 康德在《纯粹理性批判》中指出，"一切判断，乃至一切比较，皆须反省"②。反思的过程也是对思想的澄清、辨析、阐释和选择的过程。在行动过程中，反思思维有着重要的价值和意义，能够促使行为个体提出更为合理的要求。霍克海默指出，"人的行动和目的绝非盲目的必然性的产物"③。这也说明，只有反思才可能促使行为个体保持对自我行动的清醒认识，参照既有的规范标准行动。个体进行的合目的性、合规律性的行动离不开反思思维的调控作用。思想在行动中犹如一个隐形的操纵器，直接规范着个体的想法与行动，反思的作用则在于消除思想的逻辑强制性。由于欺凌者的反思思维匮乏，无法对自我行为做出有效调控，因而做出了与规范标准相悖的行为。因个体思想并不是固定不变的状态，会在发展中不断变化，具有可选择性与可批判性，这也为反思思维能动作用的发挥奠定了现实基础。反思思维在个体行动中的作用实际上是一种思想的前置状态，超越于个体行动。反思维度不仅包括思想所蕴含的内容，还涉及促成思想的原则与依据。欺凌者在实施欺凌时，多依据自己的感性直观进行行为选择，并没有对自我主观感知的思想展开深入的理性批判与思考，也未能依据规范标准做出参照评价。在此境况下，欺凌者实则失去了对自我行为的监控。

3. 同伴关系处理能力缺陷

欺凌反映了青少年人际关系的失调特征。④ 已有研究指出，中小学生的欺凌行为与同伴接纳程度呈显著负相关，与同伴拒绝程度呈显著正相关。⑤ 霍奇（Hodges）等研究发现，友谊的获得能够在一定程度上增加学生的安全感，与没有朋友的学生相比，有朋友的学生多不会担心在学校受到人身攻击或被欺凌。⑥ 欺凌者同样存在同伴关系处理能力缺陷问题，

---

① 孙正聿：《哲学通论》，辽宁人民出版社1998年版，第146页。
② ［德］康德：《纯粹理性批判》，蓝公武译，商务印书馆1960年版，第245页。
③ ［德］马克斯·霍克海默：《批判理论》，李小兵等译，重庆出版社1989年版，第243页。
④ 冯建军：《网络欺凌及其预防教育》，《教育发展研究》2018年第12期。
⑤ 王丽萍：《中小学生受欺负与其社会行为、同伴关系之间的关系》，《中国特殊教育》2011年第11期。
⑥ Hodges, E. V. E., Boivin, M., Vitaro, F., & Bukowski, M., "The Power of Friendship: Protection Against an Escalating Cycle of Peer Victimization," Developmental Psychology, Vol. 35, No. 1, 1999, pp. 94-101.

多表现在不良同伴交往方面，或者称之为同伴关系选择问题。库奇（Cook）等研究也发现，学生之间的不良同伴交往容易诱发欺凌行为，在学校环境中同伴常被作为欺凌行为发生的最重要元素。① 少年群体内部的"同质性"（Homophily）特征可能会影响行为个体的思想意识，使得个体的自我责任意识降低，形成盲目服从心理，甚至片面地认为"法不责众"。同理，欺凌他人的同质性也相应地增加了学生欺凌他人的可能。② 在有些群体欺凌事件中，欺凌者的群体意识较强，遵循着"集体行动、集体负责"的原则，认为"群体中的个体可以免责"。这也正符合古斯塔夫·勒庞提出的"群体精神统一性的心理学定律"（law of the mental unity of crowds）。群体通常总是处于期待注意状态，因此很容易被他者暗示，通过群体的相互感染……群体感情将即刻成为既定事实。③ 从另一个角度来看，若同伴群体中有较为明显的反欺凌倾向，欺凌发生的概率则会大幅度降低。这也说明良好的同伴交往能够较好地抑制欺凌行为的发生。也有研究发现，来自同辈群体的压力可能会起到遏制欺凌行为的作用，并削弱欺凌者的强劲势力。④ 这些都表明同伴关系处理能力缺陷影响欺凌行为的选择。

4. 自我管理能力缺陷

自我管理能力表明个体自我控制能力的大小，自我控制往往是个体规范行为的重要保证。戈特弗雷德森（Gottfredson）指出，犯罪的本质是自我控制能力低下。⑤ 个人自我控制一方面与性别有关，另一方面与个人的自我能力有关。就不同性别的学生而言，欺凌行为可能受制于固有的激素水平，如男性比女性有更多的雄性激素，容易情绪冲动等。再者，

---

① Cook, C. R., Williams, K. R., Guerra, N. G., Kim, T. E., & Sade, S., "Predictors of Bullying and Victimization in Childhood and Adolescence: A Meta-analytic Investigation," *School Psychology Quarterly*, Vol. 25, No. 2, 2010, pp. 65-83.

② Espelage, D. L., & Swearer, S. W., "Research on School Bullying and Victimization: What Have We Learned and Where Do We Go From Here?" *School Psychology Review*, Vol. 32, No. 3, 2003, pp. 365-383.

③ ［法］古斯塔夫·勒庞：《乌合之众：大众心理研究》，冯克利译，中央编译出版社 2014 年版，第 18 页。

④ Hamarus, P., & Kaikkonen, P., "School Bullying as a Creator of Pupil Pressure," *Educational Research*, Vol. 50, No. 4, 2008, pp. 333-345.

⑤ 吴宗宪：《西方犯罪学》，法律出版社 2006 年版，第 469 页。

将欺凌作为一种生理性攻击的解释可能还源于难以控制自身情绪。有的欺凌者因为自身的倔脾气，常会因一点小事而冲动地欺凌他人。这种行为可以在一定程度上解释为一种本能的冲动。此外，情绪管控可能还受情境因素的刺激作用。当人们受到了某些情境刺激时，可能会唤醒人们记忆中的攻击情感，当无法控制这种攻击情感时，欺凌行为便随之产生。

5. 学习能力缺陷

有研究人员指出，学业成绩不佳的人更容易遭受所有类型的欺凌。[1] 这也意味着学业成绩是诱发欺凌发生的一种可能的危险要素，学业成绩不佳者卷入欺凌的可能性较高，且这部分学生通常伴有学习障碍。有研究发现，欺凌者常会遇到学习困难。[2] 也有研究指出，学生被欺负的时间越长，心理问题越严重，学业适应调整也就越困难。[3] 学习成绩常作为评判中小学生的重要指标，当学生学习能力不足时，常会被列为"差"生，相应地增加了其卷入欺凌的风险。

四 生理因素的困囿

生理因素有着较为丰富的内涵，既包括普通人口学变量中的年龄、性别因素，也包括遗传因素、智力水平、体貌特征、生物节律、生理病变等方面。早期在针对犯罪学的研究中，一些研究人员指出，影响个体犯罪的生理因素包括性别、年龄、遗传素质、神经类型和其他异常生物学因素等。[4] 在中小学校园欺凌中，个体生理因素多涉及年龄、性别、样貌特征、遗传素质等方面。

（一）年龄

中小学生正处于身体、心理的发展阶段，其行为受年龄的影响。在通常情况下，随着学生年龄的增长，个体心理水平越高，获得了更多的经验，心智渐趋成熟。生理成熟与经验的获得，有利于个体更好地规范

---

[1] 林进材：《校园欺凌行为的类型与形成及因应策略之探析》，《湖南师范大学教育科学学报》2017年第1期。

[2] O'Moore, A. M., & Hillery, B., "What Do Teachers Need to Know," In M. Elliot (Eds.), *Bullying: A Practical Guide to Coping for Schools*, Harlow: Longman, 1991.

[3] 蔡春凤：《小学儿童的心理行为特征、同伴接纳/拒绝与受欺负的关系研究》，硕士学位论文，华中师范大学，2006年，第28页。

[4] 赵翔、刘贵萍主编：《犯罪学原理》，中国言实出版社2009年版，第265页。

自我行为。欺凌行为还是一个有道德价值判断的问题，道德发展水平是制约欺凌行为发生的重要因素。在发展心理学中，道德发展指个体随着年龄的增长，逐渐掌握是非判断标准以及按照该标准去表现道德行为的历程。① 如皮亚杰的前道德阶段、他律道德阶段以及自律道德阶段和柯尔伯格道德发展的三水平六阶段都阐释了儿童道德发展的年龄趋势。但阶段不受特定观点或判断的限制，而是由道德思维方式和道德选择的基础决定。② 道德发展随着个体年龄的增长，其内在"获得感"增强，个体对道德规范的遵守也实现了由外向内的转化。一般而言，道德发展水平随着个体年龄的增长呈上升趋势，个体社会化水平得以提高，人际冲突解决能力得以提升，有利于抑制欺凌行为的出现。已有调查发现，欺凌者、欺凌/被欺凌者在自我道德约束力方面低于其他学生。③ 也有研究指出"年龄小的学生遭被欺凌的风险更大，随着年龄的增长，儿童受欺负比率呈下降趋势"④。当然，调查可能因受地域、经济发展水平、调查工具等方面的制约而呈现出不同的结果。

（二）性别

根据联合国教科文组织发布的关于《学校暴力和欺凌：全球现状和趋势，驱动因素和后果》（*School Violence and Bullying: Global Status and Trends, Drivers and Consequences*）可知，男生遭受欺凌的可能性多于女生。⑤ 但是因欺凌类型多样，有些研究也指出女生比男生更容易卷入关系欺凌。⑥ 在考虑性别与校园欺凌的关系时，常与男女基本生理结构相联系。如有研究指出，攻击与激素、神经递质和神经系统有关，现有的对

---

① 张文新：《儿童社会性发展》，北京师范大学出版社1999年版，第280页。
② [美] 柯尔伯格：《道德教育的哲学》，魏贤超、柯森等译，浙江教育出版社2000年版，第6页。
③ Obermann, M., "Moral Disengagement in Self-reported and Peer-nominated School Bullying," *Aggressive Behavior*, Vol. 37, No. 2, March-April 2011, pp. 133-144.
④ 吴素梅、蔡欣欣：《广西中小学儿童受欺负现象调查研究》，《天津市教科院学报》2006年第1期。张文新、王益文、鞠玉翠、林崇德：《儿童欺负行为的类型及其相关因素》，《心理发展与教育》2001年第1期。
⑤ UNSCEO, *School Violence and Bullying: Global Status and Trends, Drivers and Consequences*, November 15, 2018.
⑥ UNSCEO, *Protecting Children from Bullying*, A/73/265, July 30, 2016.

攻击行为的生理研究一致证实男性通常比女性更具攻击性。① 当然，在考虑性别与欺凌的关系时，也常会结合年龄、性格等方面进行综合考虑。调查发现，初中男生卷入欺负行为的发生率要高于女生。② 男生卷入欺凌情况多于女生的原因可能在于男生相较于女生伴有更多的攻击行为，争强好斗，情绪管理较差；③ 再者，我国传统文化理念中对男、女两性的行为多持有双重标准，对男性攻击、敌意等问题行为常持宽容的态度，当男生有此类行为问题时，可能会因受到忽视甚至强化而使此类问题增多。④ 此类境况也增加了男生卷入欺凌的风险。可见，性别也是影响校园欺凌发生的重要因素。

（三）样貌特征

人们对欺凌者与被欺凌者的样貌特征多存在一些"刻板效应"，常存在这样的思维定式："欺凌者多为高大魁梧者，被欺凌者多为瘦小病弱者"。当然，这种"思维"遵循的基本是这样一种思路，既然欺凌强调了力量不平衡，那么被欺凌者的"弱势"地位则隐含着难以与之抗衡之意，即"力量"的弱势地位。但是，这种观念实则是对"欺凌概念"认知模糊的一种体现，即"力量的悬殊"是否仅仅指向身体力量方面？事实上，从校园欺凌的概念中可以清楚地看出这个问题的答案。欺凌并非专指身体欺凌，还包括言语欺凌、关系欺凌、网络欺凌等。已有研究指出，随着年龄的增长，学生之间的直接欺凌行为减少，间接欺凌行为增多。⑤ 也就是说，欺凌并非单纯地指力量的大小，还包括心理、地位、权利等方面，这里的"力量"实则是一个多元集合概念，力量的悬殊也就不能单单拘囿于身体方面的力量。根据已有研究和调查也可获

---

① 张蔚、张文新：《攻击行为生理机制的研究进展》，《山东师范大学学报》（自然科学版）2006年第1期。

② 刘丽琼、朱海研、熊晓、王雷萍、刘丽淑、闫岩：《初中生欺负行为及其与自尊关系分析》，《中国学校卫生》2013年第7期。

③ 孙艳、余毅震、罗贻雪、杨奕：《小学高年级攻击行为与情绪管理关系》，《中国学校卫生》2011年第8期。

④ 董会芹：《影响小学生问题行为的家庭因素研究》，《教育研究》2016年第3期。

⑤ Smith, P. K., Cowie, H., Olafsson, R. F., Liefooghe, A. P., Almeida, A., & Araki, H., et al., "Definitions of Bullying: A Comparison of Terms Used, and Age and Gender Differences, in A Fourteen-country International Comparison," *Child Development*, Vol. 73, No. 4, July/August 2002, pp. 1119-1133.

知，校园欺凌就单纯体格力量上的悬殊逐渐呈弱化趋势。国外有研究已发现，肥胖者、过于瘦弱者、身体缺陷者（如口吃、残疾等）成为被欺凌者的可能性较大。① 换言之，这些"不同于常人"的学生成为被欺凌者的概率更高。

（四）遗传素质

遗传是个体发展的前提条件，个体的发展受制于遗传作用。"隔代遗传"曾被龙勃罗梭作为解释天生犯罪人犯罪行为的重要概念。他认为，犯罪人在生物学上是一种倒退到早期进化阶段的人，这种疾病状态阻碍了个体自身的发展，刺激了犯罪行为的产生。同样，"习性学理论"也阐述了遗传的作用，龙勃罗梭还提出了"固定行为模式"概念，认为物种本身就有自我行为，适应环境的能力。发展心理生物学则主张从有机体的生理机能和结构两个维度研究个体行为的发展，强调个体的成熟作用。加罗法洛（Garofalo）在继承龙勃罗梭与菲利天生犯罪人思想的基础上，提出了自然犯罪论思想，指出犯罪是由于缺乏利他情操的缘故，利他情操本是普通大众都应具有的基本情操，包括仁爱情操与正义情操两部分。再如荷兰遗传学家汉·布鲁纳尔曾通过纵向追踪调查的方式，发现了脑神经中暴力倾向较强的家族X染色体上因携带控制一元胺氧化酶复制的密码信息的基因缺陷，而导致脑中一元胺浓度过高，引发人的烦躁情绪，从而增加了个体的暴力倾向，使人常常失去自我控制，形成暴力倾向性格。② 有些欺凌者认为，自己脾气不好，控制不了自己，源于家长的影响。在某种层面上也可以说，这些欺凌者在潜意识中感觉欺凌行为与遗传有关，但是由于我们并未采取科学的推断方法进行检验，也只能在此做一些简要说明。

第三节 社会学视角下的校园欺凌成因

校园欺凌是一种复杂的社会现象。迪尔凯姆曾指出："构成社会现象的是集体信仰、倾向和守则。"③ 社会现象区别于心理现象的单一个

---

① UNSCEO, *Protecting Children from Bullying*, A/73/265, July 30, 2016.
② 转引自皮建华《生理与犯罪简论》，《四川警察学院学报》1998年第1期。
③ [法]迪尔凯姆：《社会学研究方法论》，胡伟译，华夏出版社1988年版，第5页。

体，具有"社会"的属性。换言之，社会现象与个人现象的迥异之处在于社会由多个个体组成，是由复数的人形成的超越单一个体的独特异质。"人是个体的，但人更是社会的存在。"① 校园欺凌作为一种社会现象，源于含有"社会现象"的基本要素，受制于人的意识、行为等，且其发生至少由两人（欺凌者、被欺凌者）以上参与。因此，从社会学视角解析校园欺凌的成因尤为必要和必需。"社会结构"是社会学理论和分析的一个核心概念。② 那么，从社会学的角度看校园欺凌的原因就绕不开对社会结构的探讨。虽然关于"社会结构"的概念并未达成统一的认知，但是从社会学的历史来看，它表明了两种不同社会结构概念的长期共存：制度结构（institutional structure）的观念与关系结构（relational structure）的观念。③ 由是观之，解析校园欺凌的社会因素，不仅要诠释校园欺凌行为本身的行为，揭示其蕴含的要素成分，特别要解析行为的非合理性成分，而且要置于社会结构中进行理性思考，并将其视为一种动态的发展过程，思考社会文化、社会规则、社会交往等对个体的作用。

一 不良"亚文化"的冲击

文化的价值体现在思想上的引导功能，文化的发展脉络或多或少也存有时代沿革的烙印，遵循着扬弃继承、发展创新的理路。处于社会大环境的个体很难完全处在"精粹文化"的保护圈下，或多或少地会受到其他非主流文化的冲击。如在社会变迁过程中，个体也不可避免地会受到暴力亚文化、丧文化、二次元、宅文化等不同于主流文化的亚文化的影响。这些亚文化虽然并非全都会为个体带来负面影响，但因中小学生年龄较小，可能难以甄别其优劣，无法抵御不良文化的侵蚀。

---

① ［美］斯蒂芬·E. 巴坎：《犯罪学：社会学的理解》，秦晨等译，上海人民出版社2011年版，第6页。
② ［英］杰西·洛佩兹、约翰·斯科特：《社会结构》，允春喜译，吉林人民出版社2007年版，第1页。
③ ［英］杰西·洛佩兹、约翰·斯科特：《社会结构》，允春喜译，吉林人民出版社2007年版，第4页。

（一）暴力亚文化的影响

一些校园暴力受暴力文化的刺激而产生，暴力行为成为暴力文化的一种物化表征。攻击和欺负都属于学校暴力的类别范畴，是学校暴力的常见形式。① 暴力文化对学生的影响主要体现在诱导和强化个体的暴力心理方面。暴力亚文化作为"亚文化"思潮中的一种文化思潮，宣扬的是"崇尚暴力"的价值理念。暴力亚文化理论最早在20世纪60年代由马文·尤金·沃尔夫冈和弗朗哥·费拉柯蒂提出，基本观点为"暴力是一些群体亚文化中的一个重要组成部分，并被这些群体成员所标榜，提倡使用暴力手段来解决日常生活问题"②。在暴力亚文化视域下，"暴力"已经成为个体的一种习得性反映，受暴力亚文化思想影响的个体更倾向于甚至惯常会选择用暴力去解决问题。这也正如"街头守则"所秉持的理念，准予或默认有侵略倾向的人采用暴力手段解决问题。受此影响，中小学生可能会对暴力文化做出错误判断，认为暴力是解决问题的适当方式。例如，有些欺凌者并不认为使用"暴力"解决问题是错误的，甚至认为攻击别人是保护自己的一种方式。可以说，欺凌者的这种错误认知也是暴力亚文化思想的一种表征。

（二）不良亚文化的传播

有学者指出，青少年在模仿学习过程中通过媒体与暴力文化形成了一定程度的契合，初步产生了暴力犯罪的心理取向。③ 传播效果理论认为，媒介传播是影响人的情绪唤醒、行为实施的重要因素。学生欺凌行为的习得也避免不了受媒介传播效应的影响。国内外研究已证实玩暴力游戏是助长攻击的风险因素④，观看暴力电视节目的儿童多有较强的攻击

---

① 张文新：《学校欺负及其社会生态分析》，《华南师范大学学报》（社会科学版）2004年第5期。
② 吴宗宪：《西方犯罪学》，法律出版社2006年版，第369页。
③ 潘登：《"暴力文化"对青少年犯罪的影响》，《预防青少年犯罪研究》2004年第2期。
④ 靳宇倡、李俊一：《暴力游戏对青少年攻击性认知影响的文化差异：基于元分析视角》，《心理科学进展》2014年第8期；Anderson, C. A., Shibuya, A., Ihori, N., Swing, E. L., Bushman, B. J., Skamoto, A., Saleem, M., "Violent Video Game Effects on Aggression, Empathy, and Prosocial," *Psychological Bulletin*, Vol. 136, No. 2, 2010, pp. 151-173.

倾向。① 即是说，原本应当在中小学生群体中被阻截的暴力文化未能从源头上被阻止，这实则暗含了媒介传播"把关人"的缺位。"把关人"指的是在信息传播过程中可以"管理"和"抑制"行为的关键人物。② 目前，我国对青少年媒介内容的"把关"仍较为薄弱，在电视节目、网络游戏等方面尚未确立严格的分级管理制度。然而，美、英、澳、加等诸多西方发达国家从保护儿童和青少年的视角出发，早已对影视媒体资料和网络游戏进行了层级划分。"把关人"的缺失增加了青少年学生受到暴力影视侵蚀的可能性，也相应地增加了学生欺凌行为发生的风险。

二 社会规范功能的弱化与角色冲突

社会规范在调节行为上的重要性及其运作的直接动力机制已经得到了人们较好的理解。③ 社会规范的作用在于规范个体行为，使个体行为符合道德规范、纪律规范、法律规范等的要求。社会规范的本意在于通过外在强制力作用实现行为个体的内在约束力。遗憾的是，目前社会规范功能在对欺凌者的"控制力"方面仍相对薄弱。如在法律规范方面对欺凌事件责任人的外在控制力较弱（比如未出台国家层面的校园欺凌立法，在欺凌事件处理上对欺凌者采取"宽容"处置甚至"放任"对待的态度等）；在纪律规范方面对欺凌者的外在控制力不足（比如中小学校针对校园欺凌的纪律规范较为模糊，惩戒制度不够明确，学生对纪律规范的掌握情况并不理想；家庭中多未有明确的家教家训，家长对子女的欺凌行为并未有效管控等）；在道德规范方面对欺凌者的内在制约乏力（如道德规范对个体的形塑力不足，欺凌者在情感、信念、意志、习惯等方面未能达到道德规范的基本要求，欺凌者并未能自觉遵守道德规范等）。这也说明，社会规范在对欺凌者个体的内外控制力方面均未能发挥出其应有的价值，成为欺凌发生的潜在危险因素。

社会学领域对"角色"概念的使用较为广泛。无论是以林顿、默顿、帕森斯等为代表的结构主义传统流派，还是以米德、布鲁默、戈夫曼等

---

① ［美］戴维·波普诺：《社会学》，李强等译，中国人民大学出版社1999年版，第161页。
② 袁凯锋、刘敏：《公共关系学》，东北大学出版社2004年版，第137页。
③ ［美］乔恩·埃尔斯特：《解释社会行为：社会科学的机制视角》，刘骥等译，重庆大学出版社2019年版，第350页。

为代表的互动论流派都关注到了"角色"问题。角色理论结构主义的代表者默顿认为,"角色丛"是社会结构的基础,指出"任何占据某一地位的人都具有该角色位置的结构特征"①。中小学生想做好父母眼中的好孩子角色,教师眼中的好学生角色,同伴中的好朋友角色,但是却因受其他方面的影响,难以完成他者对自己的角色期待。在诸多压力下,可能会出现矛盾心理,甚至焦虑、抑郁、自卑等。角色失败主要体现在角色转换失败方面。例如,某学生成绩虽然较差却有较强的提升成绩的欲望,然而,当个体付诸努力之后,仍然遭遇了失败,在多次失败之后个体容易放弃最初的想法,引发"角色崩溃"。同样,一些欺凌者本想转变自我身份,但是却因为觉得教师、家长对自己有偏见,在尝试改变后仍经常受到讽刺,无故被冤枉,从而出现角色崩溃心理。

三 家庭结构与家庭经济背景的影响

家庭结构与家庭经济背景是社会结构关注的重要构件,家庭结构不健全以及家庭经济的弱势地位是影响校园欺凌发生的重要诱因。

(一)不健全的家庭结构

家庭成员之间的关系反映了家庭结构的一个侧面。有研究指出,单亲或重组家庭的子女成为被欺凌对象的可能性更大②,生活在再婚家庭和离异单亲家庭中学生的问题行为更多。③ 随着家庭结构的改变,父母对孩子的态度多会发生相应改变。如欺凌卷入者多感觉父母再婚后冷落、忽视了自己,有部分学生甚至直接被交由祖父母代为监护,父母并未真正履行抚养子女的义务,成了一种"形式"上的父母;也有孩子表示对继父的管教不满甚至抵触,认为其要求过于严厉,教育方式过于暴力;破裂家庭的子女多表示父母经常争吵甚至打架,感觉不到家庭温暖。总体而言,结构不完整的家庭(包括再婚家庭、离异家庭、单亲家庭等)的

---

① [美]罗伯特·K.默顿:《社会理论和社会结构》,唐少杰、齐心译,译林出版社2006年版,第568页。
② 乔毅娟、星一、季成叶、张琳:《中国18省市城市中学生欺侮行为流行现状分析》,《中华流行病学杂志》2009年第5期。
③ 董会芹:《影响小学生问题行为的家庭因素研究》,《教育研究》2016年第3期。

子女缺乏家庭的情感支持与安全感，情绪比较低落，甚至伴有发展障碍，这均成为诱发欺凌的危险因素。

(二) 家庭经济水平的制约

校园欺凌的发生也受到家庭经济水平的影响。已有研究指出，家庭经济地位较低增加了儿童成为欺凌者、被欺凌者的风险。① 家庭社会经济背景较低的儿童成为被欺凌者、欺凌者的概率更高，父母多为低技能从业者或者所受的教育水平较低，生活的物质资源较为匮乏。② 家庭收入低的子女可能会有自卑心理，家庭收入高的子女可能遭受一些同学言语上的攻击而感觉心里不适。也有研究指出父母受教育程度越低，学生问题行为越多。③ 这也可能源于父母因工作太忙而无暇顾及子女，导致了亲子之间关系疏远。亲子之间缺乏有效沟通，相对增加了子女卷入欺凌的可能。

四 关系结构紧张的症结

关于关系结构，涂尔干、布朗、帕森斯、马利诺斯基、齐美尔等诸多社会学家都做过相关探讨。奥尔曼（Ollman, B.）指出："在马克思关于现实的概念中，关系是所有单位中都不可化约的最小单位。"④ 在社会实践中，需要从"关系性"的角度认识与解读社会。在此，我们意在探究与校园欺凌相关的关系结构要素问题。就中小学生而言，与他们密切相关的"关系"主要涉及父母之间关系、亲子关系、学校关系、师生关系、同伴关系。

(一) 父母之间关系融洽度不高

已有研究指出，儿童的心理和行为问题较多地受到了婚姻和家庭

---

① Jansen, P. W., Marina, V., Dommisse-Van, B. A., Cathelijne, M., Jan, V. D. E., & Veenstra, René, et al., "Prevalence of Bullying and Victimization among Children in Early Elementary School: Do Family and School Neighbourhood Socioeconomic Status Matter?" *Bmc Public Health*, Vol. 12, No. 1, July 2012, pp. 494-517.

② Kennedy, B. P., Kawachi, I., Prothrow-Stith, D., "Income Distribution and Mortality: Cross-sectional Ecological Study of the Robin Hood Index in the United States," *British Medical Journal*, Vol. 312, No. 7037, April 1996, pp. 1004-1007; Pickett, K. E., Wilkinson, R. G., "Child Well-being and Income Inequality in Rich Societies: Ecological Cross Sectional Study," *British Medical Journal*, Vol. 34, No. 2, November 2007, pp. 280-281.

③ 董会芹：《影响小学生问题行为的家庭因素研究》，《教育研究》2016年第3期。

④ ［法］皮埃尔·布迪厄、［美］华康德：《实践与反思：反思社会学导引》，李猛、李康译，中央编译局出版社2004年版，第70页。

特征的影响,如婚姻质量,父母和儿童的关系,获得的社会支持,家庭成员的社会认知等。① 父母之间的不和谐关系意味着家庭内部矛盾较为凸显,儿童可能获得的家庭支持较少,家庭凝聚力较差。而发生在父母之间的争吵甚至更为严重的家庭暴力行为,可能会被子女作为模仿的主要素材。父母之间的不和谐关系也是病态家庭结构中的"纠缠与疏离"状态。病态家庭结构通常有纠缠(enmeshment)、疏离(disengagement)、联合抵抗(coalition)、三角缠(triangulation)和倒三角(per-verse triangle)等几种。② 父母之间的纠缠与疏离,会导致家庭角色的混乱,容易诱发家庭成员的问题行为,增加学生卷入欺凌事件的可能性。

(二)亲子之间关系较为紧张

积极的亲子关系和家庭功能可以在保护处于高风险环境中的儿童方面发挥重要作用。③ 高攻击性的青少年相比低攻击性的青少年,其家庭有更多的紧张气氛。④ 不和谐的亲子关系造成了家庭氛围的紧张,儿童多被忽视,亲子沟通不足,家长也未对子女做出有效指导。其后果是儿童对家庭的不满和不安全感程度提升,情感需要得不到满足。欺凌卷入者的父母提供的需求多只停留于满足基本的物质需求层面,即马斯洛需求层次理论中提到的基本生理需求。有研究指出,心理需求不能获得满足的青少年易患心理失衡问题,倾向于采用不友好甚至敌对的方式与外在环境相处,有较为明显的攻击行为。⑤ 父母对子女

---

① Essex, M. J., Kraemer, H. C., Armstrong, J. M., Boyce, W. T., Goldsmith, H. H., & Klein, M. H., et al., "Exploring Risk Factors for the Emergence of Children's Mental Health Problems," *Archives of General Psychiatry*, Vol. 63, No. 11, November 2006, pp. 1246-1256.

② 高刘宝慈:《个案工作与家庭治疗理论与案例》,香港中文大学出版社1997年版,第184—185页。

③ El-Sheikh, M., Buckhalt, J. A., "Parental Problem Drinking and Children's Adjustment: Attachment and Family Functioning as Moderators and Mediators of Risk," *Journal of Family Psychology*, Vol. 17, No. 17, 2003, pp. 510-520.

④ Biswas, P. C., "Directions of Aggression of School-going Adolescents as Related to Family Tension, Area of Residence and Sex: A Comparative Study," *Manas*, Vol. 36, No. 1, 1989, pp. 1-2.

⑤ Kuzucu, Y., Şimşek, Ö. F., "Self-Determined Choices and Consequences: The Relationship between Basic Psychological Needs Satisfactions and Aggression in Late Adolescents," *Journal of General Psychology*, Vol. 140, No. 2, January 2013, pp. 110-129.

的强制性压制，发生在家庭的冲突以及虐待情况，与欺凌有着较强的关联。①

（三）与学校关系的疏离

赫希在社会控制理论中提到，青少年不犯罪的原因之一为青少年与学校有着较强的依恋情感，在学校内参与传统活动所花费的时间与精力较多，从而减少了犯罪的空闲时间，消耗了犯罪的精力。国外有研究也发现，学校关系与卷入欺凌呈强相关性。② 学生与学校的关系反映了学生与学校的依恋关系以及参与的情况，与学校关系的疏离意味着与学校依恋关系的降低，相应地增加了学生卷入欺凌的可能性。欺凌卷入者常感到与学校关系一般或不好，主要表现在学生对学校、班级的归属感较低，在学校里感到压抑、烦闷、焦虑，不喜欢上学，不喜欢参加学校集体活动等。

（四）师生关系的疏离

中小学生的师生关系常被简单地定性为"教学关系"。教师和学生之间的关系被困囿于教育体制内，即是说，师生之间的教学关系被过度放大，而忽略了教师对学生的情感交流、道德影响等方面的功能。欺凌者、被欺凌者、欺凌/被欺凌者多认为与教师的关系为单一的教学关系，与教师在情感方面的交流甚少。若褪去教学关系这层外衣，学生与教师的联系较少。在此背景下，师生关系被视为一种主客二元的关系，教师为"灌输者"，学生为学习的"容器"。这种"病态"师生关系导致的直接结果即为学生获得的教师支持较少，在受到欺凌后并不愿主动向教师报告，认为教师并不会给予其帮助与支持。而已有研究发现，教师支持能够较好地减少欺凌的发生。③

---

① Espelage, D. L., Holt, M. K., Henkel, R. R., "Examination of Peer-group Contextual Effects on Aggression During Early Adolescence," *Child Development*, Vol. 74, No. 1, February 2003, pp. 205-220.

② Spriggs, A. L., Iannotti, R. J., Nansel, T. R., & Haynie, D. L., "Adolescent Bullying Involvement and Perceived Family, Peer and School Relations: Commonalities and Differences Across Race/Ethnicity," *Journal of Adolescent Health*, Vol. 41, No. 3, September 2007, pp. 283-293.

③ Flaspohler, P. D., Elfstrom, J. L., Vanderzee, K. L., Sink, H. E., & Birchmeier, Z., "Stand by Me: The Effects of Peer and Teacher Support in Mitigating the Impact of Bullying on Quality of Life," *Psychology in the Schools*, Vol. 46, No. 7, August 2009, pp. 636-649.

（五）同伴关系的紧张

社会中的"人"不是单独地存在，必须与其他个体进行交往互动。在社会学视角下，同伴关系的紧张多被视为社会行动中的"交往行为"问题。在校园欺凌行为中，欺凌者、被欺凌者以及其他旁观者等的相互作用关系也体现了人与人之间的一种交往互动，而这种交往互动也是在社会环境中完成的。

1. 非主体间性交往：单子式的利益主体

马克思认为，人应该"意识到必须和周围的人们来往，也就是开始意识到人总是生活在社会中的"①。个体在社会实践活动中，只有通过与他人交往才可能发展自我。但是，交往具有较为鲜明的逻辑层次，只有主体间性的交往关系才是公共利益的交往，非主体间性交往则可能出现侵犯他人利益，个体成为单子式的利益主体。欺凌者与同伴的关系并非一种平等关系。有些欺凌者在欺凌群体中有位次排名，多以个人威望、年龄等为划分依据，而欺凌他人的原因有些是捍卫自我地位；也有班干部滥用"权威，"采取恐吓、故意打小报告等方式对其他同学实施欺凌。这些欺凌者并没有理解自我与他者之间的正确联系，未能在交往中尊重其他个体，甚至为获取自我利益而损害他人利益，宣扬权利观念，违背与他人平等交往的原则，把自我地位抬高，打压他人的地位。内在主体间性关系是内心的、情感上的，主体间性体现着移情、对话、理解、关怀等。然而，欺凌者与他者的交往违背了主体间性交往的真谛，欺凌者与他者只是一种表面上的交往关系，欺凌者并没有实现主体之间的相互关怀与理解，也没有在更深层面上接纳对方，关闭了与他者进行平等交流、对话沟通的通道，否定了绝对他性的地位。与此同时，也逃避了对他人负责的责任。

2. 欺凌者"目的行为"的非社会性

欺凌者常通过命令式语言以及打、推搡等肢体动作迫使被欺凌者"服从自己，"显然这种行为并不是一种双向沟通方式，而更多的是欺凌者自身的一种权威式话语独白。正常交往行为应符合社会行动的基本要

---

① 《马克思恩格斯选集》（第一卷），中共中央编译局译，人民出版社1995年版，第56页。

素，不能只关注自己，也应考虑到他人。目的行为对应客观世界，主要关注两个方面：一是"行为者是否能够把客观存在的事物与他自身的感知和意见相统一"；二是"行为者是否能够让客观世界中存在的事物与他的愿景相吻合"①。目的行为以行为抉择为中心，实质上是非社会的，缺失"考虑他人"这一构成社会行动的重要因素。在校园欺凌行为中，目的行为的认知—意志可视为欺凌者对欺凌的实际态度；意图是把原有的欺凌设想在生活中加以实践。虽然欺凌者个体也希冀他人对其行为做出"合理化"评判，但这种想法往往只是一种很浅显的认识，多数仍为"一个世界"的概念。欺凌者多以自我为中心，试图"控制"他人，保护自己，很少顾及他人的感受，与哈贝马斯目的行为所描述的"一个世界"基本吻合。

3. 欺凌者对规范的"虚假接受"

规范行为是指社会个体与其他个体或群体之间遵循共同价值规范取向的行为，以遵循规范为中心，开始期望实现一种一般化的行为。哈贝马斯认为，符合规范行为的出发点是行为者将行为背景下的实际内容与规范内容区分开来，即将条件和手段与价值分开。② 实则，在欺凌行为中，欺凌者并不愿承认自己的"越轨者"身份，而多把这种行为定性为嬉笑玩闹的一种方式，或者将之视为一种正当的人际关系建立途径。在"规范行为"视域下，欺凌者可能也在尝试由原来的客观世界向社会世界转变——向规范接受者的角色转变，表现为欺凌者并不认为自身行为是有目的地对被欺凌者施加压力，否认对规范条例的破坏以及对被欺凌者造成的伤害，或者有意"美化"欺凌行为，将欺凌行为的发生归咎于被欺凌者或迫于其他方面的压力等方面。"社会规范存在于每个人的意识中，而不是难以实现的理想或强制性命令。"③ 欺凌者常认为"无知者无罪""欺凌对其他人没影响""大家都欺凌他，自己也应该这样做"等，这实则是欺凌者对规范的"虚假接受"。

---

① ［德］尤尔根·哈贝马斯：《交往行为理论：行为合理性与社会合理化》，曹卫东译，上海人民出版社2004年版，第86页。
② ［德］尤尔根·哈贝马斯：《交往行为理论：行为合理性与社会合理化》，曹卫东译，上海人民出版社2004年版，第89页。
③ ［美］戴维·斯沃茨：《文化与权力：布尔迪厄的社会学》，陶东风译，上海译文出版社2012年版，第113—114页。

4. 欺凌行为与交往行为内涵要素的偏差

哈贝马斯认为，真正的"交往行为"应该建立在相互理解的基础上，交往行为的有效性体现在三个方面：真实性、正确性和真诚性。交往行为是建立在双方平等地位的基础上，以共同价值规范遵守为指导，以理解为导向的行为。欺凌者和被欺凌者之间的严重力量失衡，有违交往行为中的合理性要素，也脱离了真实性。欺凌者与被欺凌者在人员数量、身体特征、自我认知心理等方面常存在差异，欺凌者与被欺凌者之间存在明显的力量不均衡，违背了"交往行为"中的平等要素。欺凌者与被欺凌者之间可能并不存在真正意义上的言语交往，也可能这种交往会被一些手势、动作等符号所取代，出现双方交流失真的情况。交往行为强调以理解为导向，衡量交往行为的合理化需要以主体间的相互理解为参照标准。在欺凌过程中，被欺凌者因处于弱势地位，只能被动地迎合欺凌者，而欺凌者并不期望获得被欺凌者的理解，仅以达成自我目的为愿景。这一层面与目的行为中强调的"自我中心"要素类似，即并未达成理解向度。不难看出，校园欺凌行为与交往行为的内涵要素背道而驰。置于"交往行为"范式下，校园欺凌行为存在着欺凌者与被欺凌者的力量失衡、交流失真、理解沟通错位等问题。

第四节 法学视角下的校园欺凌成因

法学是以法律、法律现象及其规律性为研究内容的科学；法律的直接目的是通过建立和维护社会秩序来实现社会公正。① 法律对不同主体提供了强制性规范要求，各行为主体需要依据法律标准规约个体行为。校园欺凌行为显然打破了既有的秩序规范，损害了社会公正。有学者指出，在全面依法治国的当下，校园欺凌这一问题最终仍需通过法治的手段予以解决。② 在法学视角下，对校园欺凌的成因探讨需要考虑相关法治问题。遗憾的是，当前我国有关校园欺凌的专项立法仍处于"空缺"

---

① 童广运主编：《人文社会科学概论》，北京师范大学出版社 2015 年版，第 220 页。
② 任海涛：《我国校园欺凌法治体系的反思与重构——兼评 11 部门〈加强中小学生欺凌综合治理方案〉》，《东方法学》2019 年第 1 期。

与滞后状态,与之相关的法律法规在防治校园欺凌问题上较为乏力,在执法方面还存在诸多困局,不健全的法制体系成为诱发校园欺凌的危险因素。

一 校园欺凌防治法律滞后与缺位

当前,我国校园欺凌形势严峻,亟待防控治理。法治治理作为校园欺凌治理的基本构件,在校园欺凌防治工作中具有重要作用。健全的法制体系也是防治校园欺凌的重要前提。然而,我国目前仍未出台专门的校园欺凌专项立法,现有法律对校园欺凌的解决效力有限。

(一) 法治观念淡薄

法治观念是谋划法治战略的基准……也是理解并遵守法律的参照。① 人们应以法治观念武装头脑,并以此作为个人行动的指引,在此基础上完成合乎规范的实践活动。而行为个体的法治观念缺位,容易造成个体行为失范。校园欺凌法治观念淡薄说明人们对校园欺凌法律法规的本质、内涵等认识模糊,未能将法治观念渗透到校园欺凌防治实践中。

法治观念淡薄突出表现在以下三方面。一是人们对与校园欺凌相关的法律法规重视程度不够,学习积极性不高,中小学校开展的相关法律法规教育工作不足。二是个体对校园欺凌相关的法律法规运用能力欠佳,当个体受到侵害时,应学会运用法律武器维护自己的权益。在校园欺凌事件中,当欺凌者侵犯了被欺凌者的人身自由、人格尊严时,被欺凌者多未意识到自己的权利被他人所侵犯,并未能积极采取措施抵御侵害,避免欺凌再次发生。三是在校园欺凌案件处理中,处理依据多会脱离相关法律法规,难以发挥法律应有的威慑效力。这也从另一方面反映了法律法规仅存留于理论层面,尚未能真正运用到实践之中,也就难以有效解决校园欺凌问题。

(二) 反校园欺凌专项立法缺位

反校园欺凌实践效果不佳的原因在于立法的缺失。② 目前,我国除台

---

① 范进学:《认真对待"社会主义法治理念"》,《山东社会科学》2011年第2期。
② 李祥、艾浩、韦卫:《论我国反校园欺凌的实践困惑与立法构想》,《基础教育》2017年第1期。

湾地区外，尚未出台反校园欺凌专项立法。近年来，我国对校园欺凌专项立法的呼声渐涨。现今，一是依靠《中华人民共和国义务教育法》《中华人民共和国未成年人保护法》《中华人民共和国预防未成年人犯罪法》《中华人民共和国刑法》《中华人民共和国民法典》等法律作为校园欺凌案件的处理依据；二是依据《未成年人学校保护规定》《学生伤害事故处理办法》《中小学幼儿园安全管理办法》《学校安全工作条例》等行政法规、部门规章作为制度依据，以期起到保障预防作用。这些法规或直接或间接地涉及校园欺凌的惩戒，其中《未成年人学校保护规定》还将校园欺凌防控作为专项保护单独列出，相比于从前有关校园欺凌防控立法近乎零涉及的现象进步已经很大。但相比于设有专门反校园欺凌立法的国家，仍然显得温和有余，严厉不足。反欺凌专项立法是未成年人法律体系建设的重要组成部分，其优势在于相关条款的规制在校园欺凌问题解决上有更强的针对性与操作性，并能较好地发挥法律的威慑作用。而我国未成年人法律体系建设尚不完善，反校园欺凌立法推进工作还有待进一步加强。

（三）治理主体责任划分不清

近年来，国家层面下发的校园欺凌专项治理文件多是以教育部为主导联合其他各部委提出专项治理或指导性意见。文件虽明确了防治校园欺凌的理念，但多为文件式的宣言。这些规定没有对欺凌事件造成的具体伤害程度再做划分，对不同类型欺凌所造成的责任划分问题也没有做出解释说明，而是以修饰性的程度副词作为判定责任大小的依据，虽呼吁加强学校管理以及学校的惩戒，但由于说明较为笼统，在实际操作层面的具体指导作用有限。再者，文件政策只是对校园欺凌做了一个概念意义上的说明，虽然也划分了关系欺凌、言语欺凌、网络欺凌等欺凌类型，但对被害者心理造成明显伤害的情形却没有做详细描述。加之被欺凌者可能在受到伤害时多认为是自我心理问题而不敢/不愿向他人求助，这也增加了对被害者保护不力的风险。

（四）受欺凌者法律救济缺位

现行法律对未成年人犯罪的处罚要求秉持"教育为主，惩戒为辅"的原则。同样，在校园欺凌案件处理中，对于欺凌者的处罚同样也倾向于采取"教育疏导为主，惩罚警戒为辅"的原则。但对于欺凌者的"宽容"政策却为校园欺凌的有效防治埋下了隐患。有些欺凌者可能因欺凌所受惩罚的成本较小，而不收敛自己的欺凌行为，采取放任自我的方式。就现有可依据的处理未成年人欺凌案件的法律来看，欺凌者承担的法律责任多以被欺凌者所受伤害程度作为评判依据，但在评判中以对被欺凌者造成的物理伤害为主，对于被欺凌者造成的精神伤害关注较少。也有研究者指出，"现行的法律既不能有效惩罚施暴者，更忽视了对被害人的保护"①。现今，我国对被欺凌者的心理疏导制度尚未形成，仅在《中小学心理健康教育指导纲要》等文件中对学生心理健康教育做了一些说明。在对被欺凌者的法律救济层面，现有的司法制度更多地关注到的是受欺凌者的医疗费用、营养费用等方面的经济赔偿，对这部分学生的精神与心理方面的补偿关注相对不足。

二 追责机制乏力

犯罪是三个因素混合作用的结果：具有某种动机的犯罪人、适合的目标以及有效管束的缺失。② 校园欺凌的发生同样遵循着这样一种理路，即具有欺凌动机的欺凌者、合适的被欺凌对象以及有效管控的缺失。对于相关责任人的追责不仅要考虑欺凌者的主体责任，还要考虑相关"管控者"的责任。

(一) 对欺凌者的追责

根据《中华人民共和国刑法》规定可知，当欺凌行为主体不满14周岁时不用担负刑事责任；当欺凌行为主体为未成年人，还应当从轻或减轻处罚。欺凌行为主体需要负刑事责任的条件是涉及严重的人身伤害和暴力犯罪情况；而当欺凌行为主体并不具备刑事处罚的程度时，可让其家长或者其他监护人进行严加管教，或者由政府进行收容教养。因中小学欺凌者的年龄一般都低于法律规定的刑事处罚年龄，甚至未满14周岁。校园欺凌的实施者，不论是负刑事责任的"边缘人"还是尚不足负任何刑事责任的"圈外人，"均享受到了法律宽容的"优

---

① 尹力：《我国校园欺凌治理的制度缺失与完善》，《清华大学教育研究》2017年第4期。
② [美] 玛格丽特·K. 罗森海姆等编：《少年司法的一个世纪》，高维俭译，商务印书馆2008年版，第218页。

待,"对欺凌行为需承担的后果未达到令青少年畏惧的程度。从某种程度上可以说,校园欺凌的发生源于法治"宽容"与"惩罚"的模糊界限。赫希在社会控制理论的投入层面曾指出,青少年会遵循收益效应权衡利益,当因违规/犯罪受到的惩罚与其所获收益相比受罚较轻时,可能会选择实施越轨/犯罪行为。因此,当欺凌行为并不会给欺凌行为主体带来过多的负面影响和惩罚时,也会相应地增加其欺凌行为的可能性。

(二)对学校、教职人员的追责

校长是学校的直接负责人与责任人,校长对欺凌的态度关乎整个学校欺凌防治工作的开展与进行。教师是学生在学校里的直接监护人,若校长、教师未对学生给予必要的反欺凌教育,或者在发生欺凌事件后未能及时上报、处理不当等,也属于责任失职,造成严重后果的还应追究民事责任、刑事责任等。但现有政策文件没有提及相关人员的追责问题。当前,我国颁布的有关校园欺凌的治理文件,虽意在明确学校与教职人员的责任,但却未以国家立法的形式颁布。如就当前已有的关于学校、教职人员等方面的法律文件来看,主要集中于行政责任、民事责任方面。从这些规定中不难得知,公办、民办学校的相关责任人及教师根据欺凌事件造成的危害、失职情况要承担一定的责任,受到一定的惩处。当校园欺凌造成了特别严重影响时,还应当追究相关责任人的刑事责任。但总体来看,这些处罚规定相对笼统,对于相关责任人应具体履行哪些责任未作出说明,未明确校长、班主任、辅导员、教职工的具体职责。在国家加强校园欺凌治理的背后,也暴露了一些问题,如诸多学校倾向于选择瞒报校园欺凌。这种做法的本意虽在于维持学校声誉,却也可能加剧欺凌事件的发生。如教职人员隐瞒不报的现象,多数时候可能未被发现,即使因隐瞒不报而受到责罚,也多是以批评教育为主,情节严重的可能会涉及警告、记过、撤职或者解聘等处分,但总体来看惩罚力度相对较轻。统而观之,对学校、教职人员等责任追责的缺位也成为校园欺凌发生的危险因素。

(三)对相关监护人的追责

鉴于中小学校园欺凌事件中的欺凌行为主体尚处于未成年阶段,故对未成年人的监护责任划定也至关重要。父母对子女疏于照顾是少年不良行为发生的原因。① 未成年人监护人制度是一项重要的民事法律制度，旨在监督和保护未成年人的人身、财产和其他合法权益。关于监护的本质虽略有争议，但均承认监护人除对未成年人提供基本的物质生活保障外，还需承担教育、管理、保护等监护责任。监护人失职，主要指监护人监护责任不当或未履行监护职责。关于监护人责任，我国在法律中虽作了相关规定，但内容过于笼统、强制责任不足。例如，民法典强调了监护人的监护责任，监护主要针对无民事行为能力或者限制民事行为能力的成年人。限制民事行为能力人涉及两种情况：一种是8周岁以上的未成年人；另一种是成年人无法辨认自己的行为。中小学校园欺凌事件中的情况主要涉及第一种情况。但对如何定性并监管监护人的监护权，被监护人如何判断其是否享受到了应有的监护保护，当其合法权益被侵害时如何申诉等尚未给予具体说明。

三 "宽—严"界限下的执法困局

目前，我国尚未形成完整的少年司法体系。对欺凌者的处理主要秉持"保护为主，惩罚为辅"的原则。然而，这种"保护性惩处"方式，能否真正起到警示教育作用？"请加原宥"的做法是否失之偏颇？虽不能对此做出绝对性的判断，但也不难发现少年司法保护和惩戒的困惑是影响校园欺凌发生的因素之一。

（一）"宽—严"限定的疑虑

对校园欺凌事件的惩处，人们存在"是否惩""如何惩"等的困惑，关于"宽—严"界限的疑虑较为凸显。"宽—严"的区分可视作刑罚理论的"报应刑论"与"教育刑论"的一个缩影。黑格尔曾用否定之否定的辩证逻辑来证明刑罚存在的合理性，认为刑罚的基础是不法，前提是犯罪，标准是报复法和正义，对不法的绝对否定和对犯罪的等值报复，是以客观精神为哲学基础的报应刑论。教育刑论以人本主义为理论基础，更多的是以犯罪人为主体，肯定人的自我教育能力，崇尚人性之善的复归，意在通过教育使犯罪者改恶从善。在校园欺凌案件的处理中同样遇

---

① [美] 玛格丽特·K. 罗森海姆等编：《少年司法的一个世纪》，高维俭译，商务印书馆2008年版，第132页。

到了类似报应刑论与教育刑论近乎二元对立价值理念的困惑。一方面，本着"威慑"效应的观点，人们倾向于对违规者严加惩戒，以期减少其欺凌行为。适当地"严管"政策有利于提升青少年的行为规范程度。但若这个"度"没有把握好，超出了预期限度，却可能引发青少年的叛逆心理，未能理解教师、家长对其严格管教的意图，反而激起他们挑战"权威"的意识。以简单批评教育为主的"宽"式惩戒方式有时也无法起到较好的威慑与警戒作用。在宽松的惩戒方式下，欺凌者、欺凌/被欺凌者可能仅仅以一种"无所谓"的心态对待自我欺凌行为，并没有对自我行为进行深刻反思。由此可见，对校园欺凌事件惩处的"宽—严"限度情况影响着欺凌者的行为选择。

（二）"教育引导"与"惩罚警戒"的割裂

"宽—严"界限的标准，也是校园欺凌执法的依据。追责重在增强法律的威慑力，提高欺凌者、教职人员、家长等的责任意识。但盲目强化追责也可能引发一系列问题，过分抬高"法治"地位，将惩罚警戒与教育引导完全割裂，忽视学校教育、社会教育、家庭教育、个体自我教育。虽然通过法治的严惩可以起到减缓校园欺凌发生率的作用，但是过于强调惩戒而割裂"教育引导"与"惩罚警戒"的做法可能只是一种治标不治本的方式。惩罚警戒意在通过外在强制力达到防治校园欺凌的目的，却难以保障个体对法律规制的自觉认同、内化。盲目强化追责还有可能增加某些学生的逆反心理，拒不服从管制、挑战法治权威，反而带来适得其反的效果。此外，盲目强化追责重在"罚"，而相对弱化了"教"。但在惩戒中让学生形成自觉抵制校园欺凌的意识才是防治校园欺凌的根本之道，只有建立教育引导与惩罚警戒的有机联系，才能更好地防治校园欺凌，减少校园欺凌的发生。

四 欺凌身份的标定与罪错身份确立的"标签效应"

坦南鲍姆（Tannenbaum）、利默特（Lemert）在标签理论中曾提出了"邪恶的戏剧化"思想。少年犯罪者的产生也是一个社会制造的过程，违法犯罪的青少年实际上是在被少年司法系统处理时发生的。由于这些不合时宜地标定，在某种程度上"诱导"了青少年不良行为的发生。当这些青少年被标定了不良少年的身份时，说明他们已经被排斥在正常儿童的范畴之列。但他们为提升自我获得感，渴望获得其他同伴的支持，而催生了帮派团伙的建立。校园欺凌的发生可能也同样遵从这样的逻辑演变。有些欺凌者只是有初次越轨（如犯了一次错误）行为，但被教师、家长标定了"差生"或者"坏孩子"身份，这种身份逐渐在学校、家庭中弥散，成为大家公认的身份。这部分学生身份被"污名化，"甚至有老师多次告诫其他学生不要和这些同学接触，家长不断地对其灌输"你就是最坏的孩子"思想。学校与家庭在此充当了原有标签理论中所述及的"社区"角色，而教师与家长则象征着"社区中的权威身份者，"当欺凌者被排除在正常学生之外时，在多重压力下，他们可能不得不同其他有"问题行为"的学生一起活动，形成"问题学生的团伙帮派，"或者开始认同自己的"坏"孩子身份，进一步加重自己的问题行为。这种标签身份的确立在很大程度上成为欺凌者、欺凌/被欺凌者转变其身份的阻碍，影响学生的人格发展。

第五节 校园欺凌成因的多元整合

虽然在各单一学科视角下可以找到一些校园欺凌成因的合理解释，但是囿于学科自身固有属性的局限，各单一学科视角下的校园欺凌成因分析尚不足以勾勒出校园欺凌成因的全景图式；未实现学科整合的多学科仍存有单一学科"自说自话"问题，即"它似乎超越了固有的学科，但在实践中常常只是强化了固有的学科存在"①。从单一学科视角向多学科整合视域的转变实际上是一种思维方式的革新，在一定程度上可视作从传统分析思维向系统思维转变的过程。系统思维是一种新特征的复合体，旨在将事物整体视作由部分组成但又在本质和功能上有新的体现。② 依此，整合视角也应当是整体思维与系统思维的综合表征。但是，已有的单一学科视角强调"深度"认知，相对忽视了对"广度"的关注，而要对校园欺凌获得更全

---

① ［美］华勒斯坦等：《学科·知识·权力》，刘健芝译，生活·读书·新知三联书店1999年版，第222页。
② 么加利：《反思与超越——走向复杂的西方教育变革》，山东教育出版社2011年版，第19页。

面系统的认识还应当兼顾"广度"与"深度"这两个方面,多学科视域下的校园欺凌成因分析也应打破学科的自我束缚,突破原有的学科隔阂与壁垒,秉持整合论与系统论的理念,对各单一学科视域下的校园欺凌成因要素进行归纳统整、划分结构、明确关系、突出重心。

一 多维聚类的综合影响

整合有其独特的优势,也是一种肯定的存在。① 整合的研究范式可以较好地弥补单一学科的不足。整合意在通过以某种方式实现有机体的衔接,有协调重新组合之意。如有学者指出:"一维层面的理论很难解释复杂的犯罪现象,而多层次的整合更加实用,在成果的形成和转化中也比较节省时间,有助于形成更有说服力的理论。"② 维拉(Vila,B.)指出:"如果一个理论是普遍的并且可以解释所有犯罪,它必须满足四个条件,这个理论必须是生态的、综合的和发展的,必须能涵盖微观与宏观的解释。"③ 但是,维拉也指出,迄今为止的任何理论都不符合上述所有条件,他将现有的犯罪学理论称为一种不完全理论,认为他自己提出的只是一种解释犯罪的一般范式。这也说明整合虽然意在实现要素的统整,以实现对某一事物/现象的一般意义解释,但在整合中必然受到部分条件的限制,绝对地整合在现实中不可能完全实现。诚然,多学科视域下的校园欺凌成因,也难以包罗万象,无法做到面面俱到,只能称之为解释校园欺凌的一般范式探索。那么如何实现整合?有学者指出,整合就是找到最能解释因变量的几个关键自变量的组合,能够最大限度地解释因变量。④ 易于问题解决是整合的优点之一,整合应当坚持兼容并包原则,尽可能构建全面系统的体系。整合是将原来分化所导致的处于孤立分离甚至矛盾冲突状况的诸对象纳入共同框架中,加强各对象物之间的联系,使各种新问题易于暴露,在一个共同框架下得到解决。⑤ 在本书中,多学

---

① [英]怀特海:《过程与实在》,李步楼译,商务印书馆2011年版,第348页。
② 李波:《论多层面犯罪理论整合模型——以科学发展观为视角》,《犯罪研究》2011年第4期。
③ Vila, B., "A General Paradigm for Understanding Criminal Behavior: Extending Evolutionary Ecological Theory," *Criminology*, Vol. 32, No. 3, August 1994, pp. 311-359.
④ 曹立群、周愫娴:《犯罪学理论与实证》,群众出版社2007年版,第249页。
⑤ 褚宏启:《教育现代化的路径》,教育科学出版社2000年版,第61—62页。

科视域下的校园欺凌成因整合构架需基于教育学、心理学、社会学、法学视角下的成因，对各学科所探讨的因素进行整合聚类分析，秉持整体性、系统性、全局性理念对各成因要素进行多维聚类。

（一）心理因素与生理因素

校园欺凌是以人为主体的行为，多学科视域下的校园欺凌成因分析固然离不开对行为主体因素的探讨。个体功能在校园欺凌中表征为个体行动的需求动机产出、行为控制的调解以及信息中介的反馈等方面。主体之所以能够发挥自控、自调节的功能，首先就是因为主体拥有健全、清醒的自我意识。① 个体属性是影响自我意识的重要参考，可分为自然属性和社会属性。个体主体的认知机制是认识的自然机制和社会机制的完美统一。② 其中，自然属性指人的基本生理机制，外界信息作用需要以个体的生理条件为基础；社会属性是人区别于动物的最根本条件，也是人能够接受教育的本质要求，主要指认知机制方面。在社会实践活动中，个体主体的自然属性和社会属性是调控个体行为的重要舵手，调控掌握着个体的实践活动趋向。从前文心理学视角下的校园欺凌成因中可知，欺凌行为的产生一方面受制于个体心理因素的影响，同时又受个体生理因素的困囿。心理因素简单来说就是个体的心理状态，涉及个体的认知、情感、意志、态度、性格、气质、能力等方面，而生理因素则关乎个体的年龄、性别、样貌特征、遗传因素等。

（二）家庭硬环境与家庭软环境

家庭是影响校园欺凌发生的重要因素。家庭功能发挥越好的家庭，青少年的问题行为越少③，心理健康水平就越高④。家庭系统由家庭成员

---

① 李火林：《论个体主体的功能性结构》，《青海社会科学》1993年第5期。
② 李世家：《微观主体的基本属性及其被揭示的意义》，《探索》1990年第4期。
③ Shek, D. T., "Family Functioning and Psychological Well-being, School Adjustment, and Problem Behavior in Chinese Adolescents with and Without Economic Disadvantage," *Journal of Genetic Psychology*, Vol. 163, No. 4, September 2002, pp. 497-500；胡宁、邓林园、张锦涛、方晓义、陈蕾、梅海燕：《家庭功能与青少年问题行为关系的追踪研究》，《心理发展与教育》2009年第4期。
④ Shek, D. T., "A Longitudinal Study of the Relations of Family Functioning to Adolescent Psychological Well Being," *Journal of the Youth Study*, Vol. 1, No. 2, November 1998, pp. 195-209；叶苑、邹泓、李彩娜、柯锐：《青少年家庭功能的发展特点及其与心理健康的关系》，《中国心理卫生杂志》2006年第6期。

组成，家庭成员在家庭中具有自己的特定角色和职能，彼此依赖。在前文社会学视角、教育学视角下的校园欺凌成因分析中，已系统阐释了家庭结构、家庭经济地位、家庭教养方式等因素对校园欺凌的影响。应当对多学科视域下的校园欺凌成因做系统加工，进行更上位层次的思考与概括。影响青少年犯罪的家庭因素主要是家庭环境因素，包括硬环境和软环境。① 家庭硬环境主要考察家庭结构、父母职业、父母受教育水平和家庭经济状况等因素；家庭软环境主要涉及家庭中的人际关系和家庭教养方式等。② 家庭教养方式是影响校园欺凌发生的家庭软环境因素，而家庭结构、父母职业、学历、家庭经济地位等是影响校园欺凌发生的家庭硬环境因素。

（三）育人理念与育人实践

校园欺凌的发生亦受到学校教育影响。学校是教育者有目的、有计划、有组织地对受教育者进行系统教育活动的一种组织机构。教育是育人的教育，"培养什么样的人，怎样培养人"是教育的根本性问题。基于对教育价值取向、教育目的等问题的分析可知，校园欺凌的发生受教育价值取向的现实困囿、教育目的窄化的桎梏。这也说明了育人理念对校园欺凌的制约作用。"怎样培养人"这一命题更多的是对教育实践的一种叩问。《易经·系辞》载："形而下者谓之器"。若理念是超脱于"器"的一种形而上的层面，那么实践则要回归"器"之原本样态，反映的是一种真实的存在。"器"之本意指向教育内容、教育方式、学校管理等。谈及育人实践必须关注到"人，"涉及教育者以及受教育者的问题，也反映了师生关系问题。由是观之，前文中我们所探讨的教育价值取向、教育目的、教育内容、教育方式等问题实则探讨的也是育人理念与育人实践问题。

（四）习性、角色资本与场域

校园欺凌是一个复杂的社会问题，受制于社会因素的影响。前文述及的社会文化、社会规范、社会交往等因素虽隶属于社会学视角，但是

---

① 吴宗宪主编：《中国犯罪心理学研究综述》，中国检察出版社2009年版，第170页。
② 屈智勇、邹泓：《家庭环境、父母监控与青少年犯罪》，《中国青年研究》2008年第4期。

在多元整合中还应对之做出上位的思考。多学科视域下的校园欺凌成因意在探寻解释校园欺凌发生的一般范式，但相对具体的下位概念难以摆脱自身"点"之层面的僭越。是故，还需要完成以下位"点"为基础的上层"面"的建构，以此贯彻实现一般解释意义的基调。布尔迪厄曾探索了一套概念工具和方法论方法，它可以消除客观主义与主观主义之间的二元对立，并逐渐抛弃占据理论讨论中心的两对二元对立——结构与能动作用、微观分析与宏观分析。[①] 他提出了诸多概念性工具用以阐释其社会学思想，如习性、场域、资本、利益、幻象、反思性、实践等。结合前文对影响校园欺凌的社会交往、社会规则、社会文化等因素的探讨，以相关概念作为分析工具，对影响校园欺凌的因素展开进一步归纳阐释。

依据布尔迪厄的观点，习性是"持久的、可变换的一些性情系统，是一些被建构的结构，这些结构倾向于作为建构性结构而起作用，也就是作为这样一些原则而起作用"[②]。习性在意识和语言以下的层面发挥作用，超越了内省的审慎和意志掌控的范围。[③] 布尔迪厄将习性作为个体对游戏反映的一种本性，认为个体之所以能够顺利进行游戏活动是因为对游戏的一种内在感觉，能够理解游戏的规则并在游戏中较好地执行。游戏是布尔迪厄对实践活动的喻称，习性在个体实践活动中起着控制中枢的作用，习性掌控着个体行为，决定着个体行动的方向。在实践中，个体亦遵循实践的逻辑理路，以实践活动时间为轴，以每一次实践活动在运动中留下的轨迹为实践经验的来源。习性在发展中被赋予预见未来的功能，指导个体在习性的背景资源中依据经验与资源做出与既往类似的反馈。在校园欺凌事件中，个体亦受自身交往方式、言谈方式、思维方式等方面的影响，在特定境遇下，惯于采用曾使用的方法做出即兴反应。例如，某些欺凌者惯于让别人服从自己的意愿，并通过欺凌达成目的，

[①] [法]布尔迪厄、[美]华康德：《反思社会学导引》，李猛、李康译，商务印书馆2015年版，第2页。

[②] Pierre Bourdieu ed., *The Logic of Practice*, Stanford: Standford University, 1990；转引自朱国华《习性与资本：略论布迪厄的主要概念工具》（上），《东南大学学报》（哲学社会科学版）2004年第1期。

[③] 于海：《西方社会思想史》，复旦大学出版社2010年版，第423页。

当再次遇到类似境况时，会依据原有经验做出即时反应，多倾向于再次实施欺凌。在这一过程中，对个体行为起着关键决定作用的即个体习惯采用的方式。被欺凌者在受欺凌之后惯于逆来顺受，认为被欺凌是一种正常样态，逐渐接受被欺凌的事实；而欺凌者在欺凌他人后并没有受到严惩，于是更惯于欺凌他人；旁观者在发现欺凌时也倾向于漠然对待，这些均加剧了欺凌的严峻态势。可以说，这些"经验性"的沉淀也是习性的一种表征，个体的思维方式、交往方式、言谈方式等具体形式均可归属为习性方面。

资本是一种在客体或主体结构中的力量，强调社会世界的内在规律性原则。[①] 在校园欺凌事件中，角色资本是影响校园欺凌发生的重要因素。欺凌者的占有欲较强，多将自己定性为"老大""大哥"的角色，过分强调自我角色的权利与利益，但又淡化自己在角色中应履行的义务，甚至为获取自我利益而损害他人利益。这实则是欺凌者对角色权利的一种误解，反映的是角色资本问题。社会关系的有效联结需要以个体对不同角色的权利和义务的平衡处理来实现。角色权利若离开义务，则容易出现畸形膨胀与失衡，进而发生异化。[②] 欺凌者过分强调权利的享用与获取，降低义务的履行，也就打破了权利与义务对等的格局，导致了行为异化。欺凌者、旁观者等在责任承担中更倾向于将自我角色做虚一化处理，这实则是逃避责任的一种表现。权力为权利的特殊表现形式，在校园欺凌中欺凌者对自己权利的高估，容易进一步演化为对权力的滥用，萌生出控制他人、让他人服从自己的意图，进而诱发欺凌行为。例如，某些欺凌者依凭班干部身份为自己赋予了过多的管理权，以管理为借口欺凌同学。校园欺凌的发生也可能源于个体对自我角色意识的不清，没能理解在不同情境下自己的角色权力，导致在情境变化中出现角色转换问题。例如，某些欺凌者将在家庭的角色带到同伴交往中，忽略了同伴交往的平等原则，当他人没有达到自我预期时而倾向于采取欺凌他人的方式。

---

① [法] 布尔迪厄：《文化资本与社会炼金术：布尔迪厄访谈录》，包亚明译，上海人民出版社1997年版，第189页。
② 齐世泽：《角色理论：一个亟待拓展的哲学空间》，《北京交通大学学报》（社会科学版）2014年第4期。

布尔迪厄指出："一个场域可以被定义为在不同位置之间存在的客观关系的一个网络或者一个构架。"① 其所指的场域虽指向空间位置的结构，但是却更加突出场域与他者的关系。个体进驻场域，则必然处在场域的某一位置，个体占有的资本情况决定着个体的位置。个体在实践活动中进入不同场域，处于不同位置。同一对象在不同场域下感知不同，进而导致诱发行为动机的差异。场域与习性之间是一种"双向关系，"主要表现为制约关系以及知识的认识或认知建构的关系。② 习性是场域功能发挥的条件，而习性受场域的影响呈现为不同的结果。场域边界划分具有动态性，在发展中会随之发生变化。良好的场域能够对行为个体起到较好的形塑作用。根据前文分析可知，社会环境、社会规则、情境因素等是影响校园欺凌发生的重要因素，而这些因素又对个体产生作用关系。例如，不良社会亚文化易对个体产生负面影响，当个体不足以抵御外界不良信息的渗透时，容易形成错误的价值观与思维方式，进而诱发欺凌行为；欺凌者在有旁观者围观的情境下，可能更容易加剧实施欺凌行为。这也说明校园欺凌的发生受场域因素（包括环境、施压对象、情境因素、理解的社会规则、获得的感知）的影响。

（五）国家立法与行政执法

校园欺凌相关法律条例存在的价值，一是体现在事前预防上，二是体现在对不同行为个体的惩戒威慑与法律保护上。近年来虽然对校园欺凌专项立法的呼声高涨，但是立法需基于严谨调研论证基础之上并经过严格审核与审议。遗憾的是，国家层面的校园欺凌专项立法仍然处于缺位状态。法治理念的缺位、治理主体的责任划分不清等均反映了立法缺位问题。此外，现有对欺凌责任主体的法律规约还有一定的缺陷，存在执法不严的情况。因没有明确的国家层面的校园欺凌立法，对相关欺凌主体的责任认定缺少相应的评判依据，这也造成了责任认定的僵局以及执法困境。

统而观之，导致校园欺凌的成因是一个多要素构成的矛盾复合体，

---

① ［法］皮埃尔·布迪厄、［美］华康德：《实践与反思：反思社会学导引》，李猛等译，中央编译出版社 1998 年版，第 133—134 页。

② 于海：《西方社会思想史》，复旦大学出版社 2010 年版，第 428 页。

它至少涉及个体心理因素、个体生理因素、家庭硬环境、家庭软环境、育人理念、育人实践、习性、场域、角色资本、国家立法、行政执法11项关键要素（见表2.1）。

表2.1　　　　　　　　校园欺凌成因要素的多维聚类

具体影响因素	成因代码	要素描述
心理因素	A1	学生个体的认知、情感、意志、态度、性格、气质、能力等
生理因素	A2	学生个体的年龄、性别、样貌特征、遗传因素等
家庭硬环境	B1	家庭结构、父母职业、父母文化水平程度、家庭经济状况等
家庭软环境	B2	家庭关系、家庭教养方式等
育人理念	C1	学校教育的价值取向、教育目的、学校文化等
育人实践	C2	教育内容、教育方法、学校管理、师生关系等
习性	D1	交往方式、言谈方式、思维方式等
场域	D2	社会规则、社会环境、情境等
角色资本	D3	权利与义务、社会关系、责任、利益等
国家立法	D4	治理校园欺凌的专项立法、对责任主体惩戒的立法、未成年人保护法等
行政执法	D5	对校园欺凌直接/间接参与者的追责、对校园欺凌相关责任人的追责等

二　立体架构的递阶作用

多元整合不仅要求以整体性思维构建校园欺凌成因的平面图式，也需要坚持系统论的思想了解各因素之间的层次结构以及相互关系。现今，诸多学者基于不同视角采用理论思辨、问卷调查等方式研究校园欺凌的影响因素，对校园欺凌的产生给予了合理阐释，为校园欺凌防治提供了一定的理论指导。但这些研究多局限于对影响因素泛泛列举及理论推演层面，缺少对影响中小学校园欺凌因素间结构的探究，未揭示出各影响因素之间的关系以及对校园欺凌的影响程度，因而对防治校园欺凌实践的指导作用有限。要从整体上探索校园欺凌发生规律，还应结合其他研究方法从结构层次上厘清时空关系、矢量向度,找到引发校园欺凌发生因素的结构层次。

在此背景下,还需要借助科学方法确立影响校园欺凌发生的各因素之间的关系。而解释结构模型在厘清校园欺凌成因要素的结构层级、展现各因素之间的逻辑关系方面具有很大优势,有利于实现多因素的条理化和层次化。解释结构模型法的显著特点是能将复杂系统进行分解,依凭人们的经验并辅以计算机的帮助,将系统最终构建为多级分层结构模型。通过解释结构模型可以将校园欺凌的成因区分为不同层级的影响因素,并呈现出各因素之间的相互关系,鉴于此,本书以解释结构模型法为分析工具,建构校园欺凌成因的多级递阶结构模型。

(一) 中小学校园欺凌影响因素的解释结构模型建构

校园欺凌影响因素之间有向关系的确立是搭建邻接矩阵的前提和基础。若矩阵中的行元素直接影响对应列元素,结果记为 1,否则为 0,结合专家建议,据此得到校园欺凌成因的邻接矩阵 N。可达矩阵(reach ability matrix)指的是用矩阵方式描述有向连接图各节点之间经过一定长度的通路后可到达的程度,并且具有推移律的特征。[①] 邻接矩阵 N 与单位矩阵 I 求和,即 N+I,并对 N+I 做幂运算,采用布尔矩阵运算法则计算,直到当 $(N+I)^{k-1} \neq (N+I)^k = (N+I)^{k+1}$ 时,即得到矩阵 $R = (N+I)^k$。

为方便运算,通过 MATLAB 2012a 计算出校园欺凌成因的可达矩阵。

根据运算结果,对校园欺凌成因要素进行逐层分离,以明确各因素之间的关联性以及对校园欺凌成因的影响层次。首先,根据可达矩阵计算要素可达集 $R(N_i)$ 和前因集 $A(N_j)$,再算出共同集 $C(N_i) = R(N_i) \cap A(N_j)$。而后,划分要素的层级,当 $C(N_i) = R(N_i) \cap A(N_j)$ 或者 $C(N_i) = R(N_i)$ 时,进行层级抽取。根据结果可知,第一级可达集与前因集满足 $R(N_i) \cap A(N_j)$ 条件的是 {A1, D1} 的集合,因此得到校园欺凌成因的第一级因素 L_1 = {A1, D1}。这也说明,心理因素与场域因素是直接影响校园欺凌发生的原因。基于此,将可达矩阵 R

---

① 贺毓辛:《计算轧制工程学》,冶金工业出版社 2015 年版,第 173 页。

中分别去除 A1 行与 A1 列、D1 行与 D1 列，得出第二级的可达集与前因集，从而确定校园欺凌成因的第二级 $L_2 = \{D5\}$。依此重复进行，直至划分出最底层的成因要素。去掉要素自身的反身关系，可构建如图 2.2 所示的校园成因要素的解释结构模型。

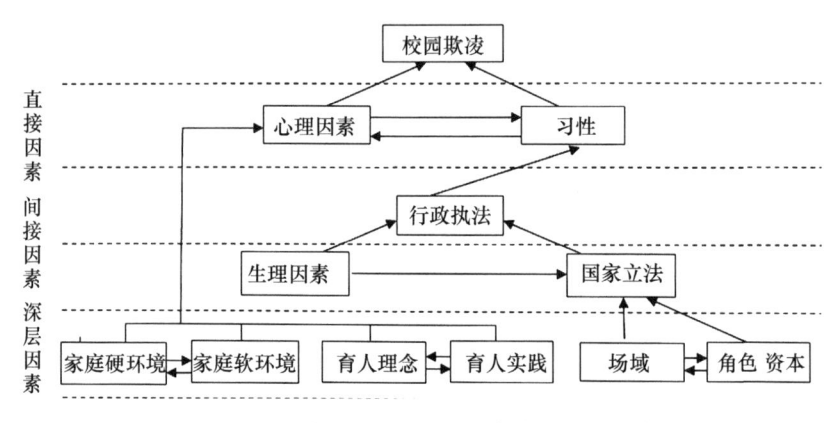

图 2.2　中小学校园欺凌影响因素的解释结构模型

由图 2.2 可知，影响欺凌发生的因素可划分为直接因素、间接因素与深层因素。直接因素是影响校园欺凌发生的表层因素，直接影响校园欺凌的发生，间接因素被深层因素影响的同时也影响着表层因素，发挥着中介传导作用，深层因素既可能通过间接因素作用于表层因素，也可能直接影响校园欺凌的表层因素。引起校园欺凌发生的矛盾因素众多，但间接因素和深层因素均要通过对直接因素的影响产生校园欺凌。这也说明，校园欺凌的主要矛盾为心理因素、习性与间接因素和深层因素之间的矛盾。

（二）影响校园欺凌发生的因素结构

1. 直接因素

心理因素与习性是中小学校园欺凌发生的最直接因素，也是影响校园欺凌发生的主要矛盾，且二者相互制约。即是说，学生个体的认知、情感、意志、性格、交往方式、言谈方式等因素直接影响其行为选择。个体认知的敌意性偏向、道德情感落寞、意志缺陷、不良交往方式等是校园欺凌发生的直接诱因。根据布尔迪厄的观点——"习性在意识和语言以下的层面发挥作用,超越了内省的审慎和意志掌控的范围"①,心理因素影响习性,习性同样影响个体的心理因素。欺凌者个体常存在道德认知偏差,容易在认知加工过程中曲解信息。在某种程度上可以说,欺凌者实际上持有的是一种"马基雅维利主义"的态度,虽然能够知道他人的感受,但却不能够或不想让这些感受影响他们。② 欺凌者在欺凌之后常没有负罪感。而负罪感对攻击行为、欺凌行为以及反社会行为有负效应,对同情、亲社会行为有正效应。③ 不良心理因素也是影响个体交往的重要因素,如与道德情感发展水平较低、有较多攻击行为的学生交往也会影响个体的心理健康发展,增加欺凌行为发生的可能性。

2. 间接因素

校园欺凌的间接因素由二级、三级两个级别的影响因素构成,处于相互关系的焦点。二级因素主要指当前我国针对中小学校园欺凌案件的执法力度问题以及对相关责任人追责机制乏力问题。因中小学生群体主要为未成年人,对于校园欺凌事件的追责,不能只盲目追究欺凌者个体责任,还应关注其他责任主体,包括欺凌者的家长、教师、学校等。在校园欺凌事件处理中存在淡化对中小学欺凌者的责任追究,对学校、相关教师、家长的责任追责不明。这也成为导致校园欺凌发生的重要诱因。三级因素反映的是生理因素以及国家立法问题,其中个体生理因素又影响立法的确立。在法律政策贯彻中对部分低龄未成年人只能"养大了再打,养肥了再杀"④。这种传统刑事责任的年龄认定框架表明我国采取的是宽缓化的处分原则。但是,对中小学欺凌者的过度容忍可能会加剧中小学校园欺凌案件的治理难度,降低欺凌者受到司法惩戒的可能,相对增加欺凌的发生率。

---

① 于海:《西方社会思想史》,复旦大学出版社 2010 年版,第 423 页。
② Smorti, A., Ciucci, E., "Narratives Strategies in Bullies and Victims," *Aggress Behaviour*, Vol. 26, No. 1, January 2000, pp. 33–48.
③ Olthof, T., "Anticipated Feelings of Guilt and Shame as Predictors of Early Adolescents' Antisocial and Prosocial Interpersonal Behavior," *European Journal of Developmental Psychology*, Vol. 9, No. 3, May 2012, pp. 371–388.
④ 姚建龙、孙鉴:《触法行为干预与二元结构少年司法制度之设计》,《浙江社会科学》2017 年第 4 期。

3. 深层因素

校园欺凌的深层因素主要集中于家庭硬环境、家庭软环境、育人理念、育人实践、场域和角色资本上，且家庭硬环境与家庭软环境之间、育人理念与育人实践之间、场域和角色资本要素之间均有回路。深层因素既可能通过间接因素作用于表层因素，表现为场域与角色资本影响国家立法，国家立法影响行政执法情况，进而对习性产生影响；深层因素也可能直接影响校园欺凌的表层因素，表现为家庭硬环境、家庭软环境、育人理念、育人实践直接影响个体的心理因素。

家庭硬环境与家庭软环境二者相互影响、相互制约。有研究指出，经济困难家庭增加了儿童行为问题的出现，包括学业失败、道德认知发展水平滞后、心理障碍等[1]；受教育程度低的父母因收入较低，多伴有挫败感，婚姻关系恶化，家庭成员之间容易发生冲突[2]。此外，家庭经济地位与父母使用体罚情况有较为密切的联系，社会经济地位（包括教育水平、家庭收入、工作地位）与父母体罚呈负相关。[3] 相反，父母受教育程度较高者的职业相对较好，收入比较稳定，较少发生家庭矛盾冲突，对子女的学习设施投资较多，与子女互动的投入时间也较多。[4] 这部分家长给子女成长营造了良好的家庭环境，注重培养子女的创造性、积极情感，且在子女好奇心的满足以及自控力的教育方面多采用较为科学的教育方法。

育人理念与育人实践之间也相互影响。育人理念可谓是一种价值理念的"形而上"问题，发挥着重要的导向功能和主导实践的作用。实践反映的是一种真实存在。"器"在此主要指向教育方式、学校管理等。育人实践也影响着育人理念的发展。当前教育不允落后的价值诉求诱导、

---

[1] Seccombe, K., "Families in Poverty in the 1990s: Trends, Causes, Consequences, and Lessons Learned," *Journal of Marriage and Family*, Vol. 62, No. 4, November 2000, pp. 1094-1113.

[2] Sobolewski, J. M., Amato, P. R., "Economic Hardship in the Family of Origin and Children's Psychological Well-being in Adulthood," *Journal of Marriage and Family*, Vol. 67, No. 1, February 2005, pp. 141-156.

[3] Onwuegbuzie, A. J., "Academic Procrastinators and Perfectionistic Tendencies among Graduate Students," *Journal of Social Behavior and Personality*, Vol. 15, No. 2, January 2000, pp. 103-109.

[4] 祁翔：《父母受教育程度与子女人力资本投资——来自中国农村家庭的调查研究》，《教育学术月刊》2013 年第 10 期。

功利主义教育价值取向的僭越、教育个体社会化与个体个性化功能的式微、学校教育目的窄化的桎梏等教育理念问题，均构成了校园欺凌发生的危险因素。中小学教育内容的结构性失衡突出地表现在德育结构内容偏颇、法制教育缺失与滞后等方面，弊端在于不利于学生健全人格培养以及良好道德品行的养成。学校强制灌输的教育方式、教师对教育惩戒权的困惑与不当运用等也加剧了校园欺凌的发生。例如，对有暴力行为的学生采取粗暴或者简单的体罚方式，不但无法减少学生的暴力行为，而且会让学生感到与学校疏远。①

场域和角色资本相互影响，共同构成了影响中小学校园欺凌发生的根源因素。例如，场域中的社会规范因素意在规范个体行为，使个体行为符合道德规范、纪律规范、法律规范等的要求。社会规范在调节行为上的重要性及其运作的直接动力机制已经得到了人们较好的理解。② 可以说，社会规范功能的良好发挥，能够制约个体的不道德行为、违反纪律的行为、触犯法律的行为，而社会规范功能的弱化促进了个体的"越轨"行为。目前社会规范功能在对欺凌者的"控制力"方面仍相对薄弱。例如，道德规范对欺凌者的内在制约乏力，对个体的形塑力不足，法律规范对欺凌事件责任人的外在控制力较弱等。社会规范是形塑个体行为的重要因素，而个体的行为特征也是其接受认同规则的一种反映。以社会文化要素为例，在社会变迁过程中，衍生了暴力亚文化、丧文化、屌丝文化、二次元文化、宅文化等不同于主流文化的亚文化。在多元文化冲击下，中小学生可能无法甄别其优劣，难以抵御不良亚文化的侵蚀。欺凌者常认为，使用"暴力"解决问题具有合理性，欺凌者的这种错误认知源于对暴力亚文化思想的盲从，片面地认为暴力是解决问题的适当方式。

4. 因素层级关系

从模型图中可以看出，直接导致校园欺凌发生的因素主要有两种：一种是个体心理作用，主要囿于个体道德情感的缺失、意志品质的缺陷、

---

① Baker, J. A., "Are We Missing the Forest through the Trees? Considering the Social Context of School Violence," *Journal of School Psychology*, Vol. 36, No. 1, 1998, pp. 29-44.

② ［美］乔恩·埃尔斯特：《解释社会行为：社会科学的机制视角》，刘骥等译，重庆大学出版社2019年版，第350页。

不合适的自尊自信水平、较强的攻击性等方面;另一种是习性作用,主要通过个体不良的交往方式、言谈方式、思维方式引发校园欺凌。有研究者也提出,青少年是否会犯罪的最终防线还在于其自身。①

一般而言,校园欺凌的发生路径主要有以下四类:家庭软环境/家庭硬环境→心理因素→校园欺凌;育人理念/育人实践→心理因素→校园欺凌;生理因素→行政执法→习性→校园欺凌;场域/角色资本→国家立法→行政执法→习性→校园欺凌。以资本影响校园欺凌的发生路径为例,场域在一定程度上影响国家立法的规范程度、适用范围等;国家立法缺位易造成执法不严的问题,如目前我国有关校园欺凌的专项立法仍处于相对缺位的状态,可能致使欺凌事件后的惩戒处罚"无法可依,"被动地陷入执法不严的僵局;中小学欺凌者一般都低于法律规定的刑事处罚年龄,在某种程度上享受到了法律宽容的"优待";这一"宽缓"处置的结果较易诱发学生的不良习性,进而导致校园欺凌的发生。这也说明,这是一条"深层因素→间接因素→直接因素→校园欺凌"的路径。

要从根本上防治校园欺凌,应着眼于深层因素。深层因素既包含家庭软环境和家庭硬环境,也包括学校育人理念和育人实践,还涉及社会因素中的场域和角色资本。根据布朗芬布伦纳的生态系统理论可知,微观系统是个体活动与交往的直接环境,学校是除家庭以外对其影响最大的微系统。中小学生在校时间相对较长,故对学校这一微观系统因素提出了较高的要求。遗传、环境和教育是影响学生身心发展的三大因素,其中,学校教育相对人的身心发展起着决定作用。新修订颁布的《中华人民共和国未成年人保护法》第三十九条规定:"学校应当建立学生欺凌防控工作制度,对教职员工、学生等开展防治学生欺凌的教育和培训。"学校是校园欺凌防治的重要责任主体,理应成为预防校园欺凌的首要关口和第一道防线。

---

① 毕宪顺:《多学科视角的问题青少年教育矫正研究》,科学出版社 2018 年版,第 5 页。

第二部分 校园欺凌预防教育的域外镜鉴

校园欺凌具有跨文化的普遍性,是困扰世界各国的难题。面对校园欺凌的严峻形势,各国积极探寻缓解校园欺凌的干预策略。为提高校园欺凌防治成效,更好地建构循证欺凌预防教育模式,需要积极借鉴域外的欺凌预防经验。从域外干预项目情况来看,既有针对全校干预的项目,也有着重于教师个体、学生个体等的项目。本书选取了域外具有较大规模且取得较好成效的干预项目,涉及全校干预、班级预防、教师技能培训、学生情感学习等,重点挖掘其中可以借鉴的优秀经验,以期为我国循证欺凌预防教育模式的制定提供借鉴与参考。

第三章　校园欺凌预防教育的国际视野

放眼校园欺凌预防的全球视野，可以发现校园欺凌预防的决策和实践是基于证据、以项目形式展开的。国外针对校园欺凌预防与干预开发出众多项目，这些项目有的已在全球范围内多个国家实施，比如闻名全世界的奥维斯欺凌预防计划（OBPP）、芬兰的 KIVA 反欺凌项目、社会情感能力学习（Social and Emotional Learning，SEL）项目等。有的经过评估在减少欺凌侵害和受害方面均有着较好的效果，如 OBPP 被评估为最有效的预防项目，在 12 次评估中，OBPP 减少了大约 26% 的欺凌行为，KIVA 虽然效应值小于 OBPP，对减少欺凌行为和受害也有显著效应。学校欺凌防控项目（BPYS）对减少欺凌行为（OR = 1.07）的效应值虽然小于 OBPP（Overall：OR = 1.49））和 KIVA（OR = 1.14），但在减少受害（OR = 1.35）方面均大于 OBPP（Overall：OR = 1.26）和 KIVA（OR = 1.16）。[①]

本书对奥维斯欺凌预防项目、芬兰 KIVA 项目、美国学校欺凌防控项目，以及越来越受到广泛关注的社会情感学习项目，西班牙塞维利亚项目等进行详细分析，总结其经验，为构建我国校园欺凌预防教育模式提供借鉴。

---

① Gaffney, H., David, P., Farrington, et al., "Examining the Effectiveness of School-Bullying Intervention Programs Globally: A Meta-analysis," *International Journal of Bullying Prevention*, Vol. 1, No. 1, February 2019, pp. 14-31.

第一节　挪威奥维斯校园欺凌预防项目

奥维斯校园欺凌预防项目（Olweus Bullying Prevention Program，OBPP）是目前受国际公认且被广泛接受的"基于全校"的健康促进项目，旨在解决校园欺凌问题，是全世界规模最大和最全面的校园欺凌预防项目。

一　产生背景

世界上第一次系统地防止校园欺凌的尝试始于斯堪的纳维亚半岛。[①] 1983年，挪威教育部发起了一项由挪威卑尔根大学的心理学教授丹·奥维斯主持的、基于全国范围的运动以解决学校中的欺凌行为。这项运动后来被称为奥维斯欺凌预防项目的最初版本。[②] OBPP作为全世界第一个被政府正式大规模实施的欺凌预防项目，它的成功获得了世界范围的广泛认可。20世纪90年代，挪威又发起新一轮校园反欺凌运动。1996年，在挪威形成的校园欺凌预防方案中，开始既关注校园欺凌行为本身，同时又重视班级管理的预防作用以及教师相应的班级管理能力的提升问题。2000年前后，挪威又在新形势下实施了第三轮全国反校园欺凌方案。不但关注校园欺凌行为本身，还关注学生其他相关行为问题，比如学习障碍问题，在一定程度上提高了校园欺凌干预的预防性和全面性。

OBPP旨在通过培养全校范围的欺凌意识来改善同伴关系并促进安全和积极的学校环境。[③] 目标是通过使用已建立的计划和标准化的测量工具，在校园氛围中产生可量化的变化来减少欺凌。主要目标有三项：一是减少学生当前的欺凌事件（干预），旨在通过科学、规范的有效干预措

---

① 史高岩等：《校园欺负行为研究进展》，《精神医学杂志》2010年第1期。
② Dan Olweus, "Bully/Victim Problems in School: Facts and Intervention," *European Journal of Psychology of Education*, Vol. 12, No. 4, December 1997, pp. 495-510.
③ Olweus, D., "Bullying at School: Basic Facts and Effects of a School Based Intervention Program," *Journal of Child Psychology and Psychiatry*, Vol. 35, No. 7, 1994, pp. 1171-1190.

施，减少当前发生的校园欺凌；二是防止新欺凌的发生（防范），旨在立足将来，通过一系列常规举措，防止新的校园欺凌发生；三是在学校建设更好的同伴关系（改善），旨在通过建立更为积极有效的、亲社会方式，形成建设性同伴关系。该项目的核心是针对学校、班级、个人和社区四个层面开展活动，包括定期讨论反欺凌规则和吸引学生参加的其他活动。

二 核心内容

OBPP核心内容主要体现在"四位一体"的结构设置和相关配套保障上。

（一）"四位一体"综合模式

奥维斯校园欺凌预防项目以其专门手册为基础，涵盖四个层面：学校、班级、个人、社区（在条件不允许的情况下，可舍弃），另外还有非官方的"家长参与"层面，彰显了该计划综合性的特色。这四个层面主要基于四个重要原则：设定兼具一定权威与榜样作用的成人角色；教师（或专门人员）需对学生表现出温和及积极的兴趣；对不可接受的行为进行明令禁止；在规则被打破后，采取非体罚及非敌对方式对待学生。

1. 学校层面

这是一项立足于全校范围的欺凌预防计划，其重点在于培训包括欺凌预防协调委员会（Bullying Prevention Coordination Committee，BPCC）在内的全校工作人员，旨在推动该计划落实到学校各处，同时在整个学校范围内发布反欺凌的各项规定，并规定每学年定期使用奥维斯问卷（Olweus Bullying Questionnaire，OBQ）对学生进行欺凌情况调查。[①] 具体措施如下：

（1）建立欺凌预防协调委员会（BPCC）。

（2）对BPCC和所有员工进行培训。

（3）管理奥维斯欺凌调查问卷（3—12级）。

（4）召开员工讨论小组会议。

[①] Olweus, D., Limber, S. P., "The Olweus Bullying Prevention Program: Implementation and Evaluation over Two Decades," Jimerson, S. R., Swearer, S. M., Espelage, D. L., *The Handbook of School Bullying: An International Perspective*, New York: Routledge, 2010, pp. 277-402.

(5) 介绍反对欺凌的学校规则。

(6) 审查并完善学校的监督系统。

(7) 举行全校活动以强调该计划。

(8) 让父母参与进来。

2. 班级层面

班级层面指在教室实行的班级管理措施,其中包括小组或集体讨论、班级会议、欺凌事件中角色扮演以及执行反对欺凌的学校规则等。需要提出的是,在"班级会议"部分,出席者不仅仅只有教职工与学生,还会邀请学生家长出席,就欺凌相关问题进行讨论。班级会议一般每次持续20—40分钟。具体如下:

(1) 发布并执行针对欺凌的全校规定。

(2) 每周定期举行班级会议,围绕欺凌和相关主题进行讨论。

(3) 与学生家长举行班级会议。

3. 个人层面

这一层面主要强调以个人为单位,且落实到位,即无论是学校教职工、专门培训人员、学生还是家长,都需要把反欺凌计划的规定明确到个人,正确认识欺凌到个人,干预计划实施到个人(全校范围内的工作人员),家长会面到个人等。在该层面上,教师(或其他工作人员)的首要职责是对学生活动进行"监督",尤其是在欺凌事件易发区域,以更及时地发现与干预欺凌事件,后续还需要与学生家长及欺凌双方单独会面并实施干预措施。具体如下:

(1) 监督学生的活动。

(2) 与卷入欺凌的学生进行交谈(交谈时要注意把欺凌者与被欺凌者分开进行)。

(3) 与涉及欺凌事件的学生家长会面。

(4) 根据需要为相关学生制订个人干预计划。

4. 社区层面

社区参与包括学校所在地的政府、执法部门、社区机构、媒体和其他社区合作伙伴(含学生家长)的参与,他们为计划的成功实行提供宝贵资源,并将反欺凌讯息及干预欺凌的实施原理传播到学校以外,这一层面是 OBPP 的重要组成部分。① 具体如下：

(1) 让社区成员参与欺凌预防。

(2) 成立协调委员会。

(3) 通过建立和发展有效的学校—社区伙伴关系，为学校欺凌预防计划实施提供支持。

(4) 在社区中帮助传播相关反欺凌讯息，宣传最有效的反欺凌实践原理。

5. 非官方"家长层面"

家长参与是 OBPP 非官方的"第五"组成部分，该计划鼓励家长参与全校、班级和社区活动，以及个人干预。家长参与对 OBPP 的成功至关重要②，各个层面的成功实施也都离不开家长参与，家长参与作为反欺凌计划中的一个重要部分需要予以重视，家长的早期参与与学校规划和实施欺凌预防计划的最终成功密不可分。

(二) 配套保障

1. 问卷

一套完整的奥维斯欺凌问卷（Olweus Bullying Questionnaire，OBQ）由 42 个问题构成，划分成多个模块，包括认识欺凌模块、对待欺凌的态度模块、基于全校的体验模块等，以便能够有针对性地收集欺凌问题的相关数据。可以了解学生是否被欺凌、学生是否参与欺凌、学生对欺凌的态度、学生对学校整体氛围的体验感，以及学生对教师（指成人）或其他学生对待欺凌反应的看法。③ 该问卷主要针对 3—12 年级的学生进行。

该问卷的选项以单项选择为主，不过，选项数量则根据模块不同而有变化，表述方式也不尽相同。比如在"是否受欺凌"模块上，选项表述为：

---

① Olweus, D., "Bullying in School: Evaluation and Dissemination of the Olweus Bullying Prevention Program," *American Journal of Orthopsychiatry*, Vol. 80, No. 1, 2010, pp. 124-134.

② Olweus, D., & Limber, S. P., "The Olweus Bullying Prevention Program: Implementation and Evaluation over Two Decades", In Jimerson, S. R., Swearer, S. M., & Espelage, D. L., eds., *The Handbook of School Bullying: An International Perspective*, New York: Routledge, 2010, pp. 377-402.

③ Schroeder, B. A., "The Implementation of a Statewide Bullying Prevention Program: Preliminary Findings from the Field and the Importance of Coalitions," *Health Promotion Practice*, Vol. 13, No. 4, March 2012, pp. 489-495.

A. 在过去数月内没有发生；B. 一共发生过一至两次；C. 一个月 2—3 次；D. 一周一次；E. 一周数次。在"对受欺凌者态度"模块上，选项表述为：A. 他/她是活该的（应得的）；B. 我没什么感觉；C. 我对他/她的遭遇感到有一点点难受；D. 我对他/她的遭遇感到很难受且我想帮助他/她。在"他人对于欺凌态度"模块［这里的"他人"主要指学校教职工（成人）及其他学生，即他们对于正在发生的欺凌事件是否尝试去干预］上，选项表述为：A. 几乎不；B. 偶尔一次；C. 有时；D. 经常；E. 总是。而在"学校整体体验"模块上，选项则较为简单，只需回答是与否即可。这类问题往往题干表述相当完整，如：A. 我觉得校园是安全的；B. 学校中的学生彼此相互关心；C. 学校里的每一个成人对待学生都很公平；D. 学校提供了许多机会以便教师与学生进行一对一交流，等等。①

2. 手册与指导书（handbook and guidebook）

这里的手册主要是指《教师手册》，指导书为《校园欺凌：我们知道什么，我们怎么做》（*Bullying at School：What We Know and What We Can Do*），指导书详细介绍了如何识别和判断校园欺凌、校园欺凌的相关防治措施、校园欺凌防治的一般原则等。

3. 培训师（trainer）

纵观整个奥维斯项目的设计与实施，培训师认证工作起到了关键作用。培训师主要有两类：一类是项目培训师，由奥维斯欺凌防治项目所认证的培训师担任，获得这一资格要经过至少一年的专业培训。另一类是认证培训师，认证培训师资格可以通过两条途径获得：一是由奥维斯研究中心直接指派到各学校，二是由经过专业培训并获得相应资质认证的学校教师来担任。项目培训师的任务有：在项目正式开始实施时与学校代表进行第一次交流；组织和参与接下来的相关会议；作为指导教师，其任务主要是为学校提供有效的欺凌行为干预活动；在连续 10 个月内保证每月提供至少 1 小时的咨询服务。②

---

① Bauer, N. S., "The Effectiveness of the Olweus Bullying Prevention Program in Public Middle Schools: A Controlled Trial," *Journal of Adolescent Health*, Vol. 40, No. 3, March 2007, pp. 266 - 274.

② Losey, R. A., "An Evaluation of Olweus Bulling Prevention Program's Effectiveness in a High School Setting," Ph. D. dissertation, University of Cincinnati, 2009.

三 项目实施

奥维斯欺凌预防计划是第一个大规模实施并进行系统评估的综合性"全校"反欺凌计划①,在挪威实施几年后,经过权威评估检测开始推广至全球,尤其是美国、英国、韩国、日本等多个国家。此外,还有多个国家以该模式为基础衍生出适合本国国情的反欺凌计划。

(一) 实施方案与目的

基于"全校"的奥维斯欺凌预防计划方案具体包括以下内容:(1)收集并核实欺凌学校工作人员和家长的个人信息;(2)传达清楚全校统一认可的反欺凌政策;(3)鼓励反欺凌并开展以亲社会(prosocial)的方式解决冲突的课堂活动;(4)为欺凌事件双方的相关者提供专门的干预措施。②这实际上是对四大核心内容的充分展开和落实。

OBPP 最初是挪威全国反欺凌运动的一部分,该计划目的明确——减少和防止欺凌,并在学校促进形成良好的同伴关系。这是通过重组学校环境以在学校中建立学生和成人之间的良好关系来实现的。③

(二) 实施内容

该计划实施内容主要涉及四个核心层面:

1. 基于整个校园在全校范围内实施该学校级别的八个配套措施,包括建立欺凌预防协调委员会(BPCC,一个由不同人员组成的校级协调小组,具体包括学校任课教师、心理辅导教师、教辅人员、学生家长以及所在社区代表等);奥维斯欺凌问卷的年度管理;为协调小组成员和所有学校工作人员提供培训和持续咨询;制定有关欺凌的明确规则和政策;对学校监督系统加以审查和完善,等等。

2. 该计划的班级内容包括定期举行班级会议,通过讨论和角色扮演建立对欺凌及相关问题的理解,形成班级凝聚力;及时发布和积极执行面向全校范围的反欺凌规章制度;与家长定期开展班级会议;鼓励教师

---

① Olweus, D., "Bullying at School: What We Know and What We Can Do," *British Journal of Educational Studies*, Vol. 42, No. 4, December 1994, pp. 403-406.

② Dan Olweus, "Bully/Victimproblems Inschool: Facts and Intervention," *European Journal of Psychology of Education*, Vol. 12, No. 4, December 1997, pp. 495-510.

③ Rigby, K., *Bullying in Schools: and What to Do About It*, Australia: Ken Rigby, 2007, pp. 356-362.

在课程中渗透欺凌预防信息和反欺凌策略。

3. OBPP 的个人层面包括监督学生的活动，特别是在已知的欺凌事件发生重点地区；为所有员工提供培训，帮助他们在发生或怀疑欺凌时进行现场干预；对涉及欺凌的儿童和青少年进行后续干预。

4. 鼓励 BPCC 成员动员一个或多个社区成员参与他们的团队，探索社区成员可以支持学校计划的方式并开展合作，将欺凌预防策略和信息传播到涉及儿童和青少年的其他社区中。[①]

（三）操作流程

第一步：在该项目正式实施前一年时间里，采用奥维斯欺凌问卷对学校的所有学生进行详细调查。在此后的每一年都要采取该欺凌问卷对所有学生进行调查，并及时将问卷所得全部数据交由挪威欺凌防治项目研究中心进行专业处理。在数据处理后由中心以报告形式向学校反馈，便于学校了解本校欺凌问题现状，采取专业的有效针对措施。

第二步：认证培训师（见本节培训师部分）。

第三步：充分结合项目所在学校、班级、个人、社区这四大核心层进行积极系统的干预，并明确每项具体内容的责任分工。

第四步：形成项目运作模式。奥维斯校园欺凌预防项目的运作有其自身逻辑，每个核心层面内容既有自身的明确分工和相对独立性，又需要和其他层面内容相互合作、共同努力，方可达成目标。

以上四个步骤并没有严格的先后之分，有时会协同进行，四个核心层面的内容是一个系统连贯的整体。在整个过程中，有四个要点需特别注意：一是加强校园环境的创设改善，这里的环境既包括物理环境，也包括校园气氛等社会心理环境。二是各项规章制度的制定，尤其要明晰校园欺凌的底线，惩罚红线要非常明确。三是欺凌后果与惩罚。欺凌一旦发生，必须在第一时间采取制裁措施，但并非进行体罚。四是必须明确责任，防治校园欺凌是每位职工的责任。

---

① Limber S., ed., *Implementation of the Olweus Bullying Prevention Program in American Schools: Lessons Learned from the Field*, New York: Routledge, 2004, pp.351-365.

四 项目效果

（一）项目直接效果

OBPP 自实施以来，历经多次反馈、检测、评估、修改，通过了多次大规模调查。大量事实证明，该项目对减少和预防校园欺凌行为发挥了重要作用。从 1983 年到 1985 年，挪威卑尔根市针对 2500 名 5—8 年级学生实施了该反欺凌项目，并持续了两年半之久。根据这项追踪调查，发现项目实施的效果显著：在实施该项目 8 个月后，发现被欺凌学生人数下降了 62%，而欺负者人数也下降了 33%；在项目实施 20 个月之后，被欺凌者下降了 64%，欺负者下降了 53%。校园欺凌事件发生率明显减少，学生欺凌行为得到了较为积极的矫正，同时校园氛围和环境也得到了有效改善。[①] 2001—2003 年，在教育部门的支持下，OBPP 成员对挪威 58 所中小学进行了为期 3 年的大规模调查与评估，涉及 4—7 年级的学生样本 8000 多名，前后进行了 5 次，并设置了对照组。结果表明，在实施 OBPP 后，无论是校园欺凌事件中的受害者还是欺凌事件中的施暴者，其比例都出现了下降，而且，随着时限的延长，OBPP 使得涉及校园欺凌的学生人数呈现出连续下降趋势。[②] 在全国范围推广 OBPP 之后，项目组又先后组织了 6 次面向全国范围的大型评估，共有 15 所学校参与其中，涉及学生达到了 4 万多人，发现该项目对 4—7 年级学生有持续性的影响。除此以外，其他相关调查发现，在引入这一项目的学校里，在项目实施的两年内，校园欺凌现象出现直线下降，减少了 50%。同时发现，欺凌事件中的直接暴力行为和非直接暴力欺凌行为均有所下降。而且，随着项目的推进，累积效果越发明显。同时，学生的反社会行为和逃学现象也出现了明显减少，学生之间的关系有了较好改善，对学校和班级环境、秩序所抱持的态度也有了明显改善，对校园生活的满意度得到了明显提升。

（二）项目成本—收益效果

到目前为止，多数研究已对 OBPP 进行了效果评估，这在一定程度上

[①] Olweus, D., "Bullying at School: Tackling the Problem," *The OECD Observer*, Vol. 225, No. 3, March 2001, pp. 24-26.

[②] 黄向阳：《孩子心目中的欺负》，《教育科学研究》2016 年第 2 期。

证实了该项目的有效性。然而，在一个国家的一所学校想要引入或实施某一项目时，需意识到所有欺凌预防计划都有成本，且在大多数情况下是直接成本（例如项目计划、项目材料、项目监督者）和间接成本（教师、其他主管和学生所花费的时间等）同时投入。这也意味着各级决策者（学校、教育部门甚至是政府）在考虑引入欺凌预防计划的同时不可忽略项目实施所带来的收益与投入成本的占比。因此，有研究者于2013年提出了一份专门针对奥维斯欺凌防治计划的成本效益评估，该研究通过瑞典中学的决策环境中心评估了OBPP。该研究团队使用了队列模拟，假设一个由300名、从7年级（12—13岁）到9年级（15—16岁）学生组成的队列，根据已发表文献的模型输入，估计增量成本效益比并与之公布的相关阈值相比，通过敏感性分析显示，OBPP在阈值下具有成本效益的可能性约为97%。① 这说明运转成熟的OBPP物有所值，投入取得了良好的效益。

第二节　芬兰基瓦（KiVa）反欺凌项目

芬兰KiVa反欺凌项目（Kiva anti-bullying program）中的"KiVa"一词由Kiusaamista Vastaan缩写而来，有抵制欺凌和"美好"的意思。该项目由图尔库大学心理学系与学习研究中心合作完成，它的开发者是世界著名欺凌研究专家Christina Salmivalli教授和特殊研究员Elisa Poskiparta博士。该项目建基于同伴群体互动理论之上，认为欺凌行为的产生是同伴群体互动过程中的一种不良人际互动。② 欺凌者在同伴互动中为了获得权力和社会地位而选择采取攻击这种反社会方式（而非助人的亲社会方式），欺凌事件的发生通常伴随攻击者与受害者的力量较量、损益评估以及危害程度不断加剧的恶性循环。③ 在欺凌事件发生时，大多数同伴群体

---

① Politi Eleni, "School Bullying: The Phenomenon, the Prevention and the Intervention," *Procedia - Social and Behavioral Sciences*, Vol. 152, October 2014, pp. 268-271.

② 陈光辉、杨晓霞、张文新：《芬兰反校园欺凌项目KiVa及其实践启示》，《中国特殊教育》2018年第9期。

③ Farrington, D. P., "Understanding and Preventing Bullying," *Crime and Justice*, Vol. 17, 1993, pp. 381-458.

成员会以不同的参与者角色卷入事件之中,即欺凌者、协助欺凌者、附和欺凌者、受欺凌者、受欺凌的保护者、围观者以及置身事外者。[①] 由于校园欺凌事件的发生涉及同伴群体互动过程中的每个成员,因此 KiVa 反欺凌项目在构建之初就致力于针对整个同伴群体进行干预,也即实施对象为中小学校全体在校学生。实施人员包括项目团队的培训人员、全体教职员工、家长、有亲社会行为的同学等。

一 项目构成

(一) 项目目的

1. 提高学生、教职工和家长的欺凌认识

降低欺凌发生率的前提是让学生群体意识到"何为欺凌"。提升对于欺凌的认识是项目中的先行部分。针对学生、家长、学校教职工研发了专门的课程、手册与培训内容,以清晰明了、通俗易懂的形式让学生、家长及校内教职员工首先认识"何为欺凌"。

2. 降低欺凌动机

实施欺凌的个体往往有以下三种动机,针对不同类型动机实施相应的破解策略。

第一种,欺凌行为本身对于欺凌者来说具有吸引力,这种孩子本身具有攻击型人格特征。破解之策在于转换思路,即"相比改变欺凌者富有侵略性的性格或行为,不如使受欺凌者不那么脆弱"[②]。第二种,欺凌者在欺凌过程中从围观者的态度中收获一种满足感。此类动机的破解之道在于通过减少欺凌有关的所谓"奖励"与"回报"来降低欺凌动机。第三种,欺凌者通过实施欺凌行为并取胜获得在同伴群体中的高"社会地位"。干预方案是通过全校层面对待欺凌的零容忍态度,让每一名学生意识到欺凌行为是被禁止的。

[①] Salmivalli, C., Lagerspetz, K., Bjrkqvist, K., et al., "Bullying as a Group Process: Participant Roles and Their Relations to Social Status within the Group," *Aggressive Behavior*, Vol. 22, No. 1, 1996, pp. 1–15.

[②] Christina Salmivalli, Elisa Poskiparta, "Making Bullying Prevention a Priority in Finnish Schools: The Kiva Antibullying Program," *New Directions for Youth Development*, Vol. 2012, No. 133, April 2012, pp. 41–53.

3. 缓解受欺凌危害

在 KiVa 反欺凌方案中,缓解受欺者的情绪可以通过对受欺凌者的单独交流、沟通,或者通过亲社会频率高且人缘好的同伴来给予其一定的认可与支持。与此同时,KiVa 课程与游戏的设计也在一定程度上提升了社交技能训练、同理心培养、团队合作等。这些特质的培养需要学生群体之间积极互动,一方面可以缓解受欺凌者的内心痛苦并培养其开朗的性格,积极面对受欺凌之后的生活;另一方面也有利于提升学生在学校中的幸福感,在潜移默化中降低一定的欺凌发生率。

4. 转变围观者角色

多数研究表明,欺凌与被欺凌双方的"快感"和"痛苦,"在一定程度上均因"围观者"的存在而被放大。Salmivalli 及其研究团队认为,欺凌作为一种同伴互动的形式出现,欺凌者与被欺凌者并不是孤立存在而是在同伴互动中找到自己的角色,且一旦欺凌行为发生,其所涉及的角色并非只有欺凌与被欺凌双方,大多数的同伴群体都会涉及其中(见图 3.1),这些旁观者角色包括协助欺凌者(assistants)、欺凌强化者(reinforcers)、保护欺凌者(defenders)、旁观中立者(outsiders)以及置身事外者(no-role)。[①] 在欺凌行为发生时,同伴之间越倾向于强化欺凌者,后续学校课堂上或校园其他角落发生欺凌的频率就越高,而支持和保护受害者的同伴增多则会产生相反的效果。[②] KiVa 反欺凌项目研发的初衷是想减少围观者对欺凌行为的强化,同时增加围观者对欺凌受害者的支持。

(二)项目实施内容

项目实施既有面向全体的普遍行动,也有针对个案的指示行动(见表 3.1)。

[①] 热孜万古丽·阿巴斯:《芬兰预防校园欺凌项目对我国的启示》,《现代教育管理》,2018 年第 7 期。

[②] Antti Kärnä, "Vulnerable Childrenin Varying Classroom Contexts: Bystanders' Behaviors Moderate the Effects of Risk Factorson Victimization," *Merrill-Palmer Quarterly*, Vol. 56, No. 3, July 2010, pp. 261-282.

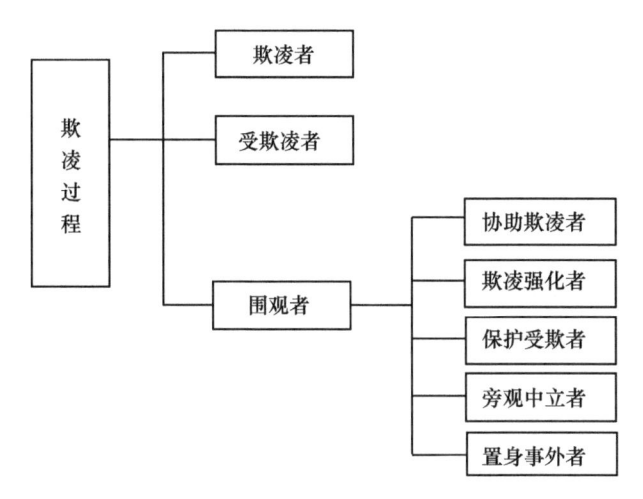

第三章 校园欺凌预防教育的国际视野 123

图 3.1 欺凌行为中涉及的三类角色

```
           ┌── 欺凌者
           │
欺凌过程 ──┼── 受欺凌者
           │
           │           ┌── 协助欺凌者
           │           ├── 欺凌强化者
           └── 围观者 ──┼── 保护受欺者
                       ├── 旁观中立者
                       └── 置身事外者
```

表 3.1　KiVa 反欺凌计划的核心部分（普遍行动与指示行动）[①]

	普遍行动	指示行动	
目标学生	全体学生	欺凌者与被欺凌者	具有亲社会性且受欢迎程度高的同班同学
目的	1. 减少支持欺凌的行为 2. 增加对受欺凌同学的支持 3. 影响课堂氛围	1. 结束正在发生的欺凌 2. 支持被欺凌者	提升同伴对于受欺凌者的同理心
途径	1. 加强欺凌认识与同理心 2. 提升立即干预欺凌的效率	1. 明确对于欺凌的零容忍态度 2. 强调欺凌必须停止	将受欢迎程度高的同学作为保护性的朋友并使其成为其他人的榜样
方法	1. 学生课程 2. 反欺凌游戏 3. 家长手册	个体及小组讨论 后续讨论	更小范围的讨论
执行者	班级教师	学校项目小组	班级教师

---

① Christina Salmivalli, Elisa Poskiparta, "Making Bullying Prevention a Priority in Finnish Schools: the Kiva Antibullying Program," *New Directions for Youth Development*, Vol. 2012, No. 133, April 2012, pp. 41-53.

1. 面向全体的预防性措施——普遍行动

（1）项目培训与教师手册

每一所实施 KiVa 反欺凌项目的学校，在开始实施之前，学校教职工需接受两天的面对面培训，培训时间是秋季开始实施项目前的春季学期。参加培训的员工将学到的知识和技能再传授给学校的其他人。除了面对面培训外，KiVa 还为那些无法参加面对面培训的人、已经实施 KiVa 的学校新人员以及采用该方案的新学校提供在线培训包。在线培训内容与面对面培训相似，只是需要建立专门的学校小组网络，每个网络由三个学校小组（即 9 名教师或其他学校工作人员）组成。在每个学年里，网络成员将举行三次会议，其中需有一人在 KiVa 反欺凌项目做专业人员，担任"关键人物"，指导网络会议进行。此外，KiVa 项目还申请建立了专门讨论论坛，实施 KiVa 项目的学校工作人员可以在这里分享有关项目实施的想法、经验和所遇到的问题。[①]

KiVa 包括全面和详细的教师（程序）手册，分别适用于相对应的年级（1—3 年级、4—6 年级和 7—9 年级）。这些手册详细介绍了 KiVa 计划的内容（包括普遍行动和指示行动），即使没有经过专业项目人员培训，教师也可以忠实地执行这些手册的要求。在编写手册期间，就手册的结构和布局征求教师们的意见，以确保执行者认为它们便于使用。

除方案手册外，所有注册学校都有一份实施手册，其中描述了 KiVa 的核心组成部分，并有助于了解该方案和整个方案的实施过程。该手册还提供了准备使用该项目的具体步骤。[②]

（2）反欺凌课程与在线游戏

在 KiVa 初步进行的评估研究中（2007 年以前），KiVa 反欺凌项目学生课程在每个参与调研学校各个年级试行。当课程得到更广泛的推广时（2007 年之后），KiVa 试行学校针对在基础教育阶段的学生课程分三个阶

[①] Christina Salmivalli and Elisa Poskiparta, "Making Bullying Prevention a Priority in Finnish Schools: The Kiva Antibullying Program," *New Directions for Youth Development*, Vol. 2012, No. 133, April 2012, pp. 41-53.

[②] Salmivalli, C., Kärnä, A., & Poskiparta, E., "Development, Evaluation, and Diffusion of a National Anti-bullying Program, Kiva," In Doll, B., Pfohl, W., & Yoon, J., eds., *Handbook of Youth Prevention Science*, New York: Routledge, 2010, pp. 238-252.

段进行：第一阶段（1—3年级的课程版本），第二阶段（4—6年级的课程版本），第三阶段（7—9年级的主题版本）。为了更好地实施KiVa课程以及增强课堂效果，KiVa反欺凌项目研发团队建议KiVa学校的学生在义务教育期间进行三次课程和主题训练：先是在学校生涯开始时，而后是在四年级，最后一次是在中学过渡阶段的七年级。①

在小学版本（阶段一、阶段二）中，普遍行动中的KiVa课程在一个学年内开设约20小时的学生课程，包含10次90分钟的双节课程（详见表3.2）。课程由班主任在课堂上实施，包括讨论、小组合作、观看欺凌短片和角色扮演练习等。例如，在一起观看和讨论的短片中，小时候被欺负的成年人讲述了他们学生生活，以及几十年后他们的经历是如何影响他们的生活的。此外，还会涉及一些观点，如围观者在维持欺凌或结束欺凌方面的作用。小组角色扮演，除了按照视频进行表演外，还包括集思广益、临场发挥或者按个人意愿支持和帮助欺负受害者，一些值得表扬与推广的方式会重复演习与讲解。

课程主题一般从普遍话题出发，如同伴关系和群体沟通以及群体压力中尊重的重要性，而后到欺凌及其干预机制和后果，逐步加深。课程及主题的中心目标是：(1)提高群体对维持欺凌方面作用的认识；(2)增加对受害者的同情；(3)促进儿童支持受害者的战略，提升其自我效能；(4)提高受害儿童的应对技能。从本质上讲，这些课程试图帮助孩子们解决他们所面临的社会困境，即做他们认为正确的事情，或者做一些在群体中被认为是规范的事情。

表3.2　　　　　　　　三个阶段中KiVa学生课程所含内容

阶段一（10次课程）	阶段二（10次课程）	阶段三（4个学习主题）
1. 互相认识并熟悉	1. 学会尊重	1. 铭记在心：抵抗压力
2. 角色扮演（体验不同情绪）	2. 加入小组	

---

① Christina Salmivalli and Elisa Poskiparta, "Making Bullying Prevention a Priority in Finnish Schools: The Kiva Antibullying Program," *New Directions for Youth Development*, Vol. 2012, No. 133, April 2012, pp. 41-53.

续表

阶段一（10 次课程）	阶段二（10 次课程）	阶段三（4 个学习主题）
3. 我们的班级：一个都不能少	3. 了解什么是欺凌	2. 我与他人：我+你+你们=我们
4. 探讨多样性	4. 欺凌的隐藏形式	
5. 向欺凌说"不"	5. 欺凌行为的后果	3. 欺凌的形式：没有人应该被欺凌
6. 我们不会加入欺凌	6. 团伙欺凌	
7. 你的支持很重要	7. 共同面对欺凌	4. 欺凌的后果取决于我们
8. 我不会被欺凌	8. 遭遇欺凌，我该怎么办	
9. 资料研读	9. KiVa 学校：我们一起面对	
10. KiVa 的约定	10. 我们的感受	

KiVa 的独特功能之一是在小学版本（4—6 年级）课程中的反欺凌电脑游戏，学生可以在欺凌课堂中或课间玩游戏（家中接入网络也可以玩，增加与父母的互动）。数字 KiVa 游戏包含五个级别，其主题与 10 个学生课程内容相匹配。每个级别都包含三个模块："我知道""我可以"和"我愿意"。在"我知道"模块中，学生学习有关欺凌的新知识，还测试他们在课程中学到了什么。例如，我能抵抗群体压力吗？我是否可以用恰当方式支持受害同伴？在"我可以"模块中，学生练习他们在课程中学到的技能。学生在虚拟学校里四处走动，面对操场、午餐室和学校走廊等具有挑战性的场景，他们需要做出决定，回答如何应对这些情况，并根据他们的选择获得反馈。在叙述的某些部分，玩家有机会涉及其他角色（即受害者或围观者），了解他们的思想和感受。第三个模块"我愿意，"旨在鼓励学生在现实生活中利用他们所掌握的知识和技能。例如，他们是否尊重他人，是否抵制团体压力，或是否支持被欺凌者。最后，他们可以得到自己表现的反馈。[①]

对于 7—9 年级中学阶段的学生来说，KiVa 反欺凌项目为他们设立了

---

① Garandeau, C. F., Poskiparta, E., Salmivalli, C., "Tackling Acute Cases of School Bullying in the Kiva Anti-bullying Program: A Comparison of Two Approaches," *Journal of Abnormal Child Psychology*, Vol. 42, No. 6, March 2014, pp. 981-991.

一个与 KiVa 游戏不同的虚拟学习环境——"KiVa 街"（KiVa Street）。这是一个互联网论坛，学生可以在这里通过唯一的 id 账号登录，并在 KiVa 街内四处走动，参观不同的地方并发现有关欺凌的内容。例如，他们可以去图书馆寻找有关欺凌的信息，也可以进入电影院观看关于欺凌的短片。KiVa 街与 KiVa 网络游戏类似，其目的是提供知识、技能与动力，以改变中学生对于欺凌行为的认识，或促使其改变他们有关欺凌的行为。

（3）家长指南

在每学年伊始，芬兰基础教育阶段会在开学日进行"返校之夜"活动，活动会邀请学生家长参与，每所实施 KiVa 的学校都会向在场的家长演示有关反校园欺凌内容的幻灯片。这些幻灯片是由 KiVa 团队事先准备好，由专门人员对家长进行讲解。此外，学校还会为每个学生家庭发送一份家长指南宣传册，其中包括有关欺凌的介绍，以及有关家长可以采取哪些措施来预防和减少欺凌的建议。

（4）学校氛围

为了防止校园里的欺凌行为，KiVa 反欺凌项目团队为已注册 KiVa 学校监督课间休息的教师提供带有明显 KiVa 标识的黄色背心，提高他们的能见度，以表明欺凌行为在学校受到重视。此外，还有海报等其他方式的宣传，提醒学生和学校全体员工。KiVa 反欺凌项目团队还为 KiVa 学校提供专门的幻灯片，用于向全体员工介绍该计划的使用。[1]

KiVa 通过各种途径（课程、电脑游戏、挂在学校墙上的海报与巡逻背心等）告诉学生，学校全体教职工都在认真地对待欺凌行为，对欺凌行为持零容忍态度并无比关心受欺凌者的内心感受与后续反馈，受欺凌者会立即得到帮助。

2. 针对欺凌事件当事人的干预性措施——指示行动

指示行动（indicated action），不刻意针对某年级学生，该行动针对已发生或正在发生的欺凌事件，无论是学校教职工发现的，还是被围观者目击或学生报告的，会立即对欺凌事件当事人进行单独干预。

---

[1] Noland, B. J., "Effects of the Kiva Anti-bullying Program on Adolescents' Perception of Peers, Depression, and Anxiety," *Journal of Abnormal Child Psychology*, Vol. 40, No. 2, August 2011, pp. 289-300.

每所实施 KiVa 反欺凌项目的学校，由三名教师（或其他的学校工作人员）组成小组与班主任一起处理每一起欺凌案例。处理流程是通过一系列与受害者和欺凌者的个人及小组讨论，再进行系统的后续会见。班主任先进行干预，识别欺凌属性，判断是否属于第一次发生，又或是否属于持续有目的的系统性（systematic）恶性欺凌。如果是，则移交学校专门的 KiVa 反欺凌项目小组。该方案包括 KiVa 小组和班主任在发现欺凌事件时采取的详细的指示行动。KiVa 小组可以包括教师、学校工作人员、教育心理学家和其他人员。引起工作人员注意的事件将对照 KiVa 关于欺凌的定义进行筛选。符合标准的案件（更强壮或地位较高的儿童对地位较低的儿童的行为以及故意和重复的行为）由 KiVa 小组处理。在芬兰随机控制实验中有接近 60% 的案件由 KiVa 团队受理，每学年每学校平均有九个这类案例。[1]

指示操作有文本指导，经过简短讨论最终形成解决方案。[2] KiVa 团队的一名成员首先与受害者见面，在了解基本情况的前提下对受欺凌学生表示理解与支持。之后，KiVa 小组成员会分别与欺凌者及受欺凌者单独见面。在会见过程中，欺凌者被要求做出承诺，采取行动帮助受害者，并安排双方进行后续会见。班主任还安排一两个由受害者认定没有参与欺凌的受欢迎程度较高的同班学生给予受欺凌者以支持。[3] 在进行多次谈话与讨论后，明确欺凌者的动机并缓解受害者的情绪，鼓励同伴群体支持受欺凌者，主要目的是及时阻止欺凌事件的扩大。其流程如图 3.2 所示。

二 项目实施效果

KiVa 反欺凌项目针对芬兰的综合教育学校（芬兰学校系统 1—9 年

---

[1] Salmivalli, C., Garandeau, C., and Veenstra, R. eds., "Kiva Anti-bullying Program: Implications for School Adjustment," In G. Ladd & A. Ryan eds., *Peer Relationships and Adjustment at School*, Charlotte, NC: Information Age Publishing, 2012, pp. 280-298.

[2] Salmivalli, C., Peets, K., eds., "Bullies, Victims, and Bully-bictim Relationships in Middle Childhood and Early Adolescence," In rubin, K. H., Bukowski, W. M., Laursen, B., eds., *Handbook of Peer Interactions, Relationship*, New York: Guilford Press, 2009, pp. 322-340.

[3] Judy Hutchings, Susan Clarkson, "Introducing and Piloting the Kiva Bullying Prevention Programme in the UK," *Educational & Child Psychology*, Vol. 32, No. 1, 2015, pp. 49-62.

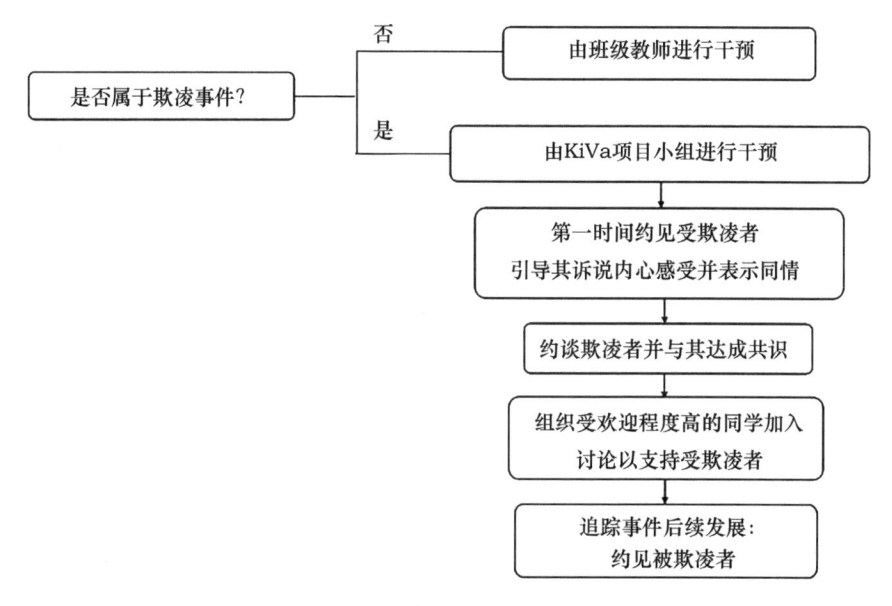

```
是否属于欺凌事件? ──否──→ 由班级教师进行干预
              └─是──→ 由KiVa项目小组进行干预
                          ↓
                  第一时间约见受欺凌者
                  引导其诉说内心感受并表示同情
                          ↓
                  约谈欺凌者并与其达成共识
                          ↓
                  组织受欢迎程度高的同学加入
                  讨论以支持受欺凌者
                          ↓
                  追踪事件后续发展:
                  约见被欺凌者
```

图 3.2　KiVa 反欺凌项目指示行动的实施流程

级,学生年龄在 7—15 岁)。2006 年至 2009 年属于 KiVa 项目的初始试点阶段,这三年中针对不同年级制定了三个不同版本的方案,在试点期间培训学校人员并进行大规模评估。2009 年之后 KiVa 项目在芬兰一般学校推广,目前芬兰约 82%的综合学校正在实施该方案。①

2007—2008 年,由图尔库大学的 Antti Kärnä, Christina Salmivalli 等人针对 KiVa 项目 4—6 年级学生进行了首次大规模评估。共有来自 78 所学校的 8237 名 4—6 年级的学生作为被试,其中 39 所学校的 4030 名学生被随机分为控制组,另外 39 所学校的 4207 名学生被随机分为干预组。历时 9 个月的实验评估结果表明,KiVa 反欺凌项目对于降低欺凌发生率效果显著。② 2008—2009 年,Antti Kärnä 等人继续对 1—3 年级与 7—9 年级两个学段的学生进行了大规模的实验研究,被试来自 74 所学校的 1—3 年

---

① Salmivalli, C., Poskiparta, E., "Making Bullying Prevention a Priority in Finnish Schools: The Kiva Antibullying Program," *New Directions for Student Leadership*, Vol. 2012, No. 133, April 2012, p. 42.

② Antti Kärnä, "A Large-Scale Evaluation of the KiVa Antibullying Program: Grades 4-6. Child Development," *Raising Healthy Children*, Vol. 82, No. 1, February 2011, pp. 311-329.

级学生与73所学校的7—9年级学生,共6927名。结果表明,KiVa反欺凌项目对减少1—3年级与7—9年级的欺凌和受害有效。① 不仅如此,实施KiVa项目学校的学生,对于学校的喜欢程度、学习动机,甚至学习成绩都有提升;② 还在一定程度上降低了学生某些问题行为和消极的同伴认知,增加了同理心,并能够增强自我效能,从而更愿意保护受欺凌的同龄人以及采取更加积极正面的旁观者行为。③

KiVa反欺凌项目于2008年、2010年、2011年和2012年分别获得四项国家大奖,如于2009年获得"欧洲预防犯罪奖,"2012年获得"社会政策奖之最佳文章"称号等。KiVa在芬兰国内取得显著成效之后开始向境外广泛宣传,并得到快速推广。目前,KiVa在以下国家或地区都拥有经过认证的合作伙伴,如比利时、智利、爱沙尼亚、意大利、英国威尔士、瑞典、荷兰、西班牙等。目前正在对KiVa进行评估的国家还有智利、南非、希腊、美国等。经过评估表明,该项目在芬兰境外同样行之有效。

第三节 美国学校欺凌防控项目

学校欺凌防控项目(Bully-proofing Your School,BPYS)自1999年以来已经在美国35个州以及加拿大等多个国家和地区实施,逐渐发展成为影响广泛的有效反欺凌项目。

一 产生背景

1999年,科罗拉多州为了解决各级公立学校的校园欺凌问题,明确

---

① Antti Kärnä, "Effectiveness of the KiVa Antibullying Program: Grades 1-3 and 7-9," *Journal of Educational Psychology*, Vol. 105, No. 2, 2013, pp. 535-551.

② Salmivalli, C., Garandeau, C., & Veenstra, R., eds., "Kiva Antibullying Program: Implications for School Adjustment," In Ladd, G., & Ryan, A., eds., *Peer Relationships and Adjustment at School*, Charlotte, NC: Information Age Publishing, 2012, pp. 279-307.

③ Williford, A., "Effects of the KiVa Antibullying Program on Adolescents' Perception of Peers, Depression, and Anxiety," *Journal of Abnormal Child Psychology*, Vol. 40, No. 2, 2011, pp. 289-300.

要求学校实施预防欺凌的教育项目,并为其提供了"学校欺凌防控项目"。之后,各州陆续出现一系列新的干预项目来应对校园欺凌,旨在减少校园欺凌行为或减轻其影响。

学校欺凌防控项目由 Garrity 和她的同事开发,在模仿奥维斯欺凌预防项目(OBPP)基础上修改而成。20 世纪 90 年代,奥维斯与其美国同事 Garrity 等密切合作,共同实施和评估了美国的奥维斯欺凌预防计划,而后根据美国文化环境和政策要求改编了学校欺凌防控项目。它以学校为基础,以学生为主体,多方位协同,旨在阻止学校环境中的欺凌行为,为所有人创造一个更安全的学校环境。

二 项目实施框架

学校欺凌防控项目是一个以学校为基础的综合性预防项目,其实施框架包括四个主要部分:关注微场域中的环境氛围、发布学校反欺凌规章与制度、教授应对欺凌的相关技能、强调旁观者的建设性作用。

(一) 关注微场域中的环境氛围

学校欺凌防控项目认为,学校内所有人,包括教师、学生和其他工作人员,都在造成或促进校园欺凌行为中发挥了作用。在班级、操场、厕所、办公室等微场域中,环境氛围与学生、老师等相关主体有明确相关性,相关主体对欺凌的积极反馈提供了一个允许欺凌行为发生的场域环境。[①] 当环境氛围不健康时,当学生认为他们的学校环境充满了冲突、不公平和不友好时,当攻击和撒谎现象为学校所默许时,他们与学校的联系就会减弱或破裂,他们更有可能采取欺凌行为,而不太可能采取有益的旁观者行为。因此,学校欺凌防控项目注重在学校环境中的每个人之间建立积极关系,及时关注每个场域中不健康的环境氛围,并为学生提供社会、情感和道德教育,从而在全校范围内形成安全、关爱的学校环境。

(二) 发布学校反欺凌行为规则

学校欺凌防控项目在学校中发布明确的行为规则来应对校园欺凌,

---

① Epstein, L., Plog, A. E., & Porter, W., "Bully-proofing Your School: Results of a Four-Year Intervention," *Report on Emotional and Behavioral Disorders in Youth*, Vol. 2, No. 3, 2002, pp. 55-56, 73-77.

行为规则是建立在整个学校（包括成年人和学生）都能理解和执行的基础上的，实施恢复性非惩罚性规则。主要包括：（1）不欺凌别人，创造整体关怀的学校氛围；（2）如果知道有人被欺凌，要告诉学校和家里的成年人；（3）尽力帮助被欺凌的学生；（4）接纳被孤立的学生。将这些行为规则张贴在学校公告栏中并传达给学生与教师，明确对欺凌零容忍的态度。规则强调不允许学生对其他学生产生欺凌行为，即使是小事件也不可以。这种态度有利于老师与学生积极预防与干预更严重的事件和长期的欺凌行为。这也意味着老师与学生必须把自己看作班上真正的领导者，有权做出决定。权威的行为规章与制度有助于赋予教师与学生权威，使他们敢于防治欺凌。这不能与独裁相混淆。在一个良好的班级里，这是一个很好的前提，有利于形成良好的日常学习氛围和积极的反欺凌态度。

（三）教授应对欺凌的相关技能

首先要发展针对防欺凌的个体策略，这些策略更普遍地适用于避免人际暴力伤害。主要包含六种策略：（1）寻求帮助。知道何时以及如何从他人那里获得帮助；（2）坚持自己的立场。知道何时应坚持自己的立场，比如，在遭遇严重欺凌或有很大受伤风险的情况下，是勇敢地面对欺凌者还是寻求成人帮助，这是一种选择的智慧；（3）幽默化解。这是试图把一个困难的情况变成一个有趣、惊喜的事件的策略，这种方式对于一个受惊的孩子来说可能是困难的，但可以逐渐通过后天练习习得；（4）逃离现场。知道离开的时间及方式；（5）接纳自我。这指的是在即使自己被别人贬低，也要积极地看待自己；（6）轻视羞辱。接受侮辱是在与欺凌者达成协议的同时轻视侮辱。这是一种适合于外表侮辱（例如衣服或发型）的策略。[1]

（四）强调旁观者的建设性作用

学校欺凌防控项目不仅强调个人对欺凌的反应，还强调群体对欺凌的反应，项目提出"大多数人的关爱"干预策略。大多数学生既不是欺凌者也不是受害者，而是旁观者，是在同学被殴打时无助地站在一旁的

---

[1] Menard, S., Grotpeter, J., Gianola, D., et al., *Evaluation of Bullyproofing Your School*, *National Criminal Justice Reference Service*, Document No. 221078, January 2008.

群体。如果学生知道工作人员会有效地干预，他们就会报告欺负行为，这些学生占学校人数的85%，因此被称为"沉默的大多数"①。这些学生通常具有良好的亲社会技能，是创造安全、关心他人的校园环境最可靠的力量，对学校形成积极正面的校园氛围至关重要。有效干预需要多主体协同治理，而非只注重具体的个人技能。因此，除了教授特定的个人和群体技能外，还要掌握在更广泛的群体范围内适用于帮助受害者或潜在受害者的策略。这些策略包括：（1）不参与；（2）寻求成年人的帮助；（3）动员整个群体；（4）站在个人的立场上和受害者成为朋友。②"大多数人的关爱"能有效支持这些学生给予受害者力量和支持，消解欺凌者的力量。沉默的大多数人的影响力是一个强大的资源，也是该项目成功的关键，因为他们为受害者提供了力量和支持，而这反过来又削弱了欺凌者的力量。③当大多数学生承担起创造和维护学校氛围的责任时，防治欺凌的工作将轻松得多，从而会培养一个有爱心的多数学生群体，创造一个积极的、亲社会的校园氛围，使得学校里的所有成员感到安全。

三 项目实施的关键环节

学校欺凌防控项目自实施以来取得了显著成效，该项目的关键环节主要包括五点。

（一）重视教师及其他相关人员

项目提出要建立一个有凝聚力的学校团队。教授教师对校园欺凌的认知与应对能力，是成功实施反欺凌教学的关键环节。

1. 发挥教师应对欺凌事件的主体性

不同的教师对冲突的处理方式与个人技能是不同的，只有将不同的冲突处理方式结合起来，才能创建一个高效的团队。例如，许多教师对

---

① Garrity, C., Jens, K., Porter, W. W., Sager, N., & Short-Camilli, C., "Bully Proofing Your School: Creating a Positive Climate," *Intervention in School and Clinic*, Vol. 32, No. 4, March 1997, pp. 235-243.

② Garrity, C., Baris, M., & Porter, W., *Bully-proofing Your Child: First Aid for Hurt Feelings*, Longmont, CO: Sopris West, 2000, p. 21.

③ Toner, B. K., The Implementation of the Bully Prevention Program: Bully Proofing Your School and Its Effect on Bullying and School Climate on Sixth Grade Suburban Students, Doctoral Dissertation, UMI, 2010.

受欺凌者采用舒缓、安慰的方式，而对欺凌者采取严厉的惩罚方式；有的教师会明确告诉学生怎样解决问题，而有的教师介入却会使情况变得更糟。因此，需要对教师及相关人员进行干预培训。对教师进行应对欺凌方式的调查，使教师确定自己处理欺凌的主要风格，并了解其他教师处理欺凌的方式，确定各工作人员擅长处理干预的方法，即利用彼此的主体优势处理欺凌事件。项目表明，利用不同教师提供的冲突解决方式，会有利于发展教师之间的友谊，增加教师之间的有效合作。

2. 提升教师的反欺凌认知与应对能力

学校欺凌防控项目主要通过两个步骤来提升教师的反欺凌认知与应对能力。第一步是培训教职工。每个员工（包括图书管理员、厨房员工、负责走廊监视器员工、校车司机和操场管理者）都应该参与培训。校园欺凌经常发生在教室外面，所以这些人员对项目的成功至关重要。培训课程为半天或一天，主要通过案例或实践练习来消除关于欺凌的常见错误观念，讲解正常的同伴冲突和校园欺凌之间的区别。同时鼓励工作人员公开讨论他们对干预欺凌的感受和态度，对具体欺凌行为和同伴冲突等场景进行讲解分析，教授干预的时间和方式。第二步是培训全体教师及研究人员制定简单的防欺凌策略。为学校防治欺凌制定明确的治理规程，包括反欺凌项目的开始时间以及项目实施者，跟进及审视学生对欺凌问题的反应和态度，对每位教师在处理冲突情况时采取的应急措施进行分析与反思，提升工作人员分析反欺凌问题的水平，诸如加强理解行事风格、学校组织、社区的社会经济和种族构成等问题，培养专业的干预团队。

3. 注重教师课堂干预

学校欺凌防控项目要求每个学校都有一位辅导者（心理咨询师、社会工作者、教师、家长志愿者）与教师共同讲授反欺凌课程。当教师觉得他们得到了研究人员的支持而不是额外的要求时，他们更有可能接受这个项目。一旦计划实施，往往会有三个积极的结果。首先，教师发现他们的纪律负担减轻了，培养了一群更快乐的学生，因此他们很容易承担项目的主动权；其次，许多小学欺凌者转化成了同龄人中积极关爱的领导者，当情境中的偶发事件发生时，一些欺凌者会改变他们的行为，通过关心和帮助其他学生来获得权力；最后，反欺凌课程促进了所有学生的道德发展,许多孩子开始将这些概念应用到其他事件中,并以更复杂的方式思考正义和对生命的尊重。总之,教师通过反欺凌课程加强关爱行为,并提醒学生遵守防欺凌规则,是成功实施反欺凌项目的关键环节。

（二）关注同伴对抗

学校欺凌防控项目强调有效的同伴对抗。最初,人们认为,培训教师对抗欺凌者,并让受害者在同伴支持的背景下尝试更多的改变策略,就足以改变欺凌者。但事实并非如此。改变欺凌行为会占用学校大量时间、精力和员工资源,且与欺凌者进行权力斗争根本不起作用。然而,有效的同伴对抗可以将欺凌者对力量和权力的需求重新引导到亲社会的方向。教授大多数学生如何利用他们的优势来支持或反抗欺凌者,利用小团体进行有效的同伴对抗教育,可以改变欺凌者隐形道德思维认知,使其以积极的方式重新满足他们对权力的需求,以替代他们的无意义的权力需求,从而纠正他们的欺凌行为。

（三）强调受欺凌者改变自身

受欺凌者需要支持、保护和增加其社会和人际交往技能的手段。他们必须停止责备自己,始终相信自己如果做出改变,就不会发生欺凌。大多数受欺凌者的情况可以通过工作人员的指导、课堂干预、教学干预、营造安全和关爱的环境等方式产生有效改变,通过有针对性地指导和课程教学来帮助受欺凌者学习、获取和实践个人技能,了解冲突是如何产生的,如何在日常生活中规避冲突,如何在不使用欺凌和暴力的情况下解决问题。对受欺凌者态度、情感、价值观进行整合,提升其自信心。某些经常遭受欺凌的学生还需要更深入的支持和干预,以教会他们如何应对欺凌行为。

（四）鼓励家长参与

父母是保障孩子安全需要、树立积极行为示范、促进良好同伴关系的关键成员和参与者,他们承担着在家庭中为孩子提供个性化技能培训的职责。当父母知道他们的孩子是安全的,或者知道当问题发生时的干预方法,家长多会产生较大的安全感。这个项目也因此得到了家长的大力支持。家长和学生在报告欺凌受害问题的频率方面常常高于教师。在欺凌事件发生时通知父母,使家长明确事件的过程和结果,主动参与并积极配合欺凌、犯罪和受害过程的调查。工作人员会向家长提供学生欺凌行为的相关信息,让父母知道欺凌和正常冲突之间的区别,以及他们的同伴与孩子的关系。父母对孩子同伴关系的了解和成功干预的能力将给受害儿童带来巨大支持,从而降低受害者的焦虑和恐惧,使家庭成为学生安全感的保护地。当父母参照项目的具体活动和引导技巧来改善日常家庭氛围时,会大大减少青少年的欺凌行为。

(五)强调课程干预

课程干预是学校欺凌防控项目的一个重要组成部分,是区别于奥维斯欺凌干预项目的一个主要特征,具有相对完整的课程体系。课程首先明确欺凌的概念,其次是关于学生在学校的安全感情况调查,最后通过多主体协同治理减少校园欺凌的发生。与该项目的其他组成部分一样,课堂教学与全校范围的综合干预相结合的效果最佳。该课程由学校的教师或心理咨询人员讲授,每周一次,课程时间依据学生年龄在30—45分钟浮动。在课程完成后,继续强化学生的不容忍欺凌的关爱行为。鼓励教师奖励学生关心他人的行为,而且每周举行课程会议,讨论和分享前一周所发生的行为,在课程内建立安全关系。

学校欺凌防控项目实施时须遵循以下几个原则:第一,向学生传达一个重要的信息,即成年人需要他们的帮助来处理因权力不平衡而产生的欺凌问题;第二,成年人需要给学生树立这样的信心——欺凌可以改变,受害者可以保护自己,欺凌者可以改变他们的想法;第三,成年人应该保持一种非惩罚性的态度,即欺凌者和受害者永远不应该在课堂讨论中被点名,因为这可能是一种羞辱;第四,制定明确的反欺凌规则,并期望所有学生都为受害者挺身而出,将权力从欺凌者手中转移;第五,发挥学生的主体性、积极性、主动性,让学生在学校里张贴反欺凌海报、在角色扮演的环境中练习,等等,增加他们参与项目的实践机会,从中学会抵御欺凌所需要的社交技巧。

四 实施效果

学校欺凌防控项目于1995年在美国科罗拉多州恩格尔伍德的一所郊区小学首次实施,历时三年,第一年致力于实施完整的课程,第二年和第三年不断加强课程教学,以巩固提高第一年实施的效果。在项目实施学校与上下学的路上，学生的安全感有显著提高，欺凌行为也随着时间的推移而有所减少。此外，还对实施 BPYS 的学校安全数据进行了评估，结果显示，和谐、积极、友爱的校园氛围能够减少学生不良行为的发生率、增加学生的安全感、提升学生的社交技能、提高学生的学习成绩，降低欺凌等攻击性行为的发生率是欺凌防控中极为重要的成就。

在短期实施学校欺凌防控项目后，欺凌事件有所减少，证明项目能有效减少校园欺凌。① 项目持续时间较长学校的学生欺凌认知明显好于项目持续时间较短的学校。

在小学阶段，与不实施学校欺凌防控项目学校的学生相比，实施项目学校的学生对欺凌的容忍度更低，包括认识到欺凌行为、减少欺凌行为和有关的攻击行为。学生更有可能认识到规则是明确的，纪律在总体上是公平的，他们有较低的被害率、施害率、目睹身体和非身体攻击事件，学生感到安全的比例更高，以及对学校安全有更大的认识。② 此外，学校欺凌防控项目似乎会影响已知的攻击和暴力的危险因素，比如同伴环境和自己对攻击行为的态度。至少其中的一些影响，比如在对待欺凌的态度等方面，在项目提供者终止参与干预之后仍然存在。在小学阶段，与实施力度较弱的学校相比，实施速度快、实施范围广、实施时间长的学校有更明显的积极效果；但即使在执行力度较弱的地方，该计划也有一些积极的影响。评估结果还表明，当学校没有很好地实施项目时，主要是因为校长没有完全参与计划项目，没有培养来自学校工作人员的强烈认同，在实际运作中会出现一系列的困难情况。但总体而言，在小学阶段，有明确的证据表明学校欺凌防控项目在减少校园欺凌行为、普遍的校园暴力以及改变学生对欺凌和校园暴力的态度等方面具有预期的有益效果，在有效减少校园欺凌上是很有价值的项目。③

在中学阶段，项目实施效果没有小学明显，且忠实执行的程度低于

---

① Beran, T. N, Tutty, L., "An Evaluation of the Dare to Care: Bully Proofing Your School Program," Unpublished, Calgary, Alberta: RESOLVE Alberta, 2002.

② Menard, S., Daniella, J. G., Gianola Maura O'neal, et al., *Evaluation of Bully-proofing Your School: Final Report*, Bureau of Justice Statistics Document No. 221078, January 2008.

③ Gaffney, H., Farrington, D. P., Ttofi, M. M., "Examining the Effectiveness of School-bullying Intervention Programs Globally: A Meta-analysis," *International Journal of Bullying Prevention*, Vol. 1, No. 1, February 2019, pp. 14-31.

小学。因实施力度相比小学而言更薄弱，所以中学阶段的评价结果较小学较低，但该项目依旧会带来其他一些好处。首先，该项目在中学也成功地创造了一种氛围，让学生知道了学校并不鼓励欺凌。但由于实施过程中存在的各种问题而导致其有效性很弱，大部分同意参加评价的学校由于主客观原因在项目实施进程的早期或中期就退出了。从目前的实验结果来看，学校欺凌防控项目对中学生的人际关系、学习态度、对攻击和暴力的态度等方面有积极影响。项目产生的部分影响是间接的，它能对一个人的人际关系和他自己对攻击性和暴力的态度产生积极影响，这种影响尤其出现在中学实施的后期。因此也间接证明了学校欺凌防控项目可以减少欺凌。

在对学校欺凌防控项目的评价中，有研究认为其独特之处在于，它强调以个人和团体咨询的形式向受害者和欺凌者提供支持，并与社区服务机构合作；强调关注学校的文化环境变化和发展关爱的学校文化；对学校人员和家长提供培训和支持，以确保该项目的实施在整体环境中得到反映。有研究强调项目最有价值的部分是"关心他人的大多数，"对学生欺凌行为的态度以及欺凌行为的减少产生了积极影响。学校欺凌防控项目培养关心他人的干预技能，对在学校形成积极的氛围至关重要。这些学生能够给予受害者力量和支持，削减欺凌者气焰。这不仅提高了学生对欺凌的认识，而且鼓励在所有涉及者之间制定解决方案，使干预学校的学生对学校氛围的感知达到了统计学意义上的水平。

学校欺凌防控项目以其独特的课程设置为基础，以全校参与、全员共治为前提，以改善校园氛围为防治根本，以家校社区配合为工作指导，在反欺凌实践中保持着较高的欺凌干预水平，在预防校园欺凌、促进关爱氛围、鼓励安全的环境并提高反欺凌意识等方面发挥了巨大作用。这些都使得其在欺凌防治项目中脱颖而出，成为受到普遍认可的综合性欺凌预防与干预项目。

第四节　美国社会情感学习项目

20世纪末期，美国学者开发了一系列以教授学生情感和社会生活技能为主要任务的社会情感课程项目，对降低学生问题行为与校园欺凌的发生率、提高学生学习兴趣和培养学生社会技能等具有较强的实效性。

1994年，戈尔曼和格罗沃尔德创建了非营利性的"学业、社会和情感学习协同"组织（Collaborative for Academic, Social, and Emotional Learning, CASEL），发起"社会情感学习"（Social and Emotional Learning, SEL）项目。CASEL 希望通过一系列的研究和实施，使 SEL 项目成为美国中小学校教育内容的重要组成部分，并致力于将 SEL 项目列为从幼儿园到高中的各个年级的学校教育必修课程，提升学生的社会技能和情绪管理能力，进而培养更多有责任感、有关怀心、社会交往良好和对社会有贡献的优秀公民。①

一　项目背景

（一）日益加重的校园危机和青少年社会情感淡漠所引起的社会问题是 SEL 项目产生的直接原因

2003年，美国疾病控制中心报告显示，28%的青少年持续两周以上每天感到悲伤和无助，以至于无法进行正常活动；约16%的青少年在过去一年里有过自杀的想法；在过去一个月里有28%的青少年会连续五天以上喝酒。还有多项调查表明，部分学生有吸毒、酗酒、暴力、持枪、辍学等问题行为，青少年群体中开始滋生一些利己主义和对他人、对社会的冷漠心态。他们缺乏基本的社会情感技能来预防问题行为的产生，一般会有严重的社交、情感和健康问题，容易出现社会情感失衡，进而可能对社会产生疏离感，有的甚至脱离社会。

（二）社会认知中情绪的核心作用被认可为 SEL 项目提供了心理依据

有研究者发现，社会认知中的情绪过程对儿童社会能力发展有明显的影响，它在一个人的社会决策活动中处于核心地位。在这一研究成果的基础上，研究者从实证和理论层面，把培养儿童社会认知中的情绪管理能力与发展其社会交往能力有机结合起来。② 儿童对情绪的理解和其在

---

① CASEL, "Fundamentals of SEL," https://casel.org/fundamentals-of-sel/, April 23, 2019.
② 王沛、胡成林：《儿童社会信息加工的情绪——认知整合模型》，《心理科学进展》2003年第4期。

同伴中的受欢迎程度，与其亲社会行为和与同理心相关的行为存在很大关联。能够用感知情绪的方式来缓解与同伴冲突的儿童，往往更受同龄人的欢迎，且比其他儿童有更积极的人际关系。一个人在人生初期情绪调节水平过低往往预示着他将来更可能出现问题行为。

（三）教学改革计划的颁布奠定了 SEL 项目的推广基础

在基础教育改革历程中，教育者产生了把儿童的学习分为倾向情绪和倾向学业两个领域的争论。在对教育认知的传统思维方式中，人们普遍强调儿童的学业成就，但站在未来社会成员的角度上，有一些人强调学生情绪管理能力及其所带来的社会认知、社会适应、社会交往能力的培养。实际上，个人发展倾向和社会发展倾向所引发的两种学习方式在本质上是紧密相连的。学生是在人际关系的实践中逐渐获得社会情感技能的，这一技能包含了提高学业成就所需的重要品质，如有效地处置问题、能在困难面前坚持不懈。2001 年，美国正式颁布教育改革法案——《不让一个孩子掉队》，全美 50 个州和华盛顿特区开始实施这一法案，为社会情感课程的开发与推广提供了强有力的支持。

二 项目的内容与目标

（一）社会情感学习的内涵

哥伦比亚大学的学者把社会情感学习视为引导儿童情商发展的一个过程。在这个过程中，学生知道了自己的情感对自己的选择、自己与他人的关系、自己的生活的影响，对自己的情感状态产生了正确的认知并学会管理它们的技能。在新加坡，通过社会情感学习，儿童能够在社会认知过程中有效地认识、管理自己的情绪，能够做出负责任的决定，并发展出对他人的关爱、关心，从而与人建立起良好的关系。澳大利亚昆士兰市政府认为，SEL 正是一种教学生应对困难、认识自我、管理情绪、表达情感、社会适应的方法。英国的教育研究组织认为，SEL 是一个成长的过程，带给儿童的是一系列与生活、学习有关的、优秀的基础品质和技能，包括自我认知、内部驱动力、移情体验、社会交往和情绪管理。CASEL 对"社会情感学习"的解释是，儿童能够认识和管理自己的情绪和情感，并且能够主动关心和照顾他人，建立并维持良好的人际关系，能做出负责任的决定，有效地处理和解决问题的学习过程。社会情感学习是帮助儿童掌握适应社会生活和获得个人发展所必需的基本技能的过程。在社会化的进程中，儿童需要知道面对冲突如何冷静思考，需要学会融入社会群体与更多的人做朋友，需要对自己的行为做出理智的、道德的选择。

（二）社会情感学习的维度

2003 年，CASEL 从社会情感学习的定义出发，根据"最佳状态的学习是需要社会人际关系支持才使学习有意义"的观点，界定了社会情感学习的维度，即五种核心能力。[1]

1. 自我认知（Self-awareness）

自我认知能力包括准确地认知和评价自己的兴趣、感受、价值和能力；保持自信和乐观，正确认识自己的情绪状态、思想观念及其对行为的影响力。按不同年龄段来说，具备自我认知能力的小学生能够准确地识别出简单的情绪，如高兴、生气、伤心，初中生能够分析自己产生这些情绪的原因，高中生能够理解各种情绪对他人产生的实际影响。

2. 自我管理（Self-management）

自我管理能力包括能够主动调节自己的情绪来控制冲动、应对焦虑，能根据实际情形的不同采取相应有效的行动方式，能在失败与困难面前锲而不舍、持之以恒；能恰当地表达情感；能根据实际情况设定学业目标和人生目标，并付出努力，能监督自己的进步、进展。按不同年龄段来说，具备自我管理能力的小学生能够表述自己的学业目标，并基本明确达成目标的过程；初中生能够确立个人的生活目标、学业目标，并能制订相应的实施计划；高中生则能够确立比较长远的目标，并能够选择恰当的方法、策略，能利用学校和社区周边的可利用资源，并克服困难、冲破障碍以达成目标。

3. 社会认知（Social-awareness）

社会认知能力包括能够设身处地为他人着想，进而理解他人的生活境遇、经历并产生同情感；能够正确认识并接受多元文化背景，学会理解、悦纳集体，了解他人、自己的个性与共性；正确识别和理解他人的

---

[1] CASEL, "Fundamentals of SEL," https：//casel.org/fundamentals-of-sel/, April 23, 2019.

情感，对人友善；能够辨别并有效利用家庭、学校、社会的各种资源。具有社会认知能力的小学生能够借助语言或非语言手段，甚至是环境线索来正确体察他人感受，初中生能够预判他人在不同情境中的内心期待和切身感受，高中生能够适当共情并判断自己的共情能力。

4. 人际关系技能（Relationship-skills）

掌握人际关系技能的儿童善于倾听，能运用语言及非语言的方法与人进行有效沟通；能自觉抵挡不良社会风气的负面影响；在遇到障碍的时候，能积极主动求助；愿意并有能力借助交流协商来最大限度地降低发生冲突的概率，且冲突一旦发生也能妥善解决；能与人建立积极健康的人际关系并有合作意识与能力。按不同年龄段来说，小学生知道该如何与人建立并维持友谊关系；初中生能够与人合作，通过小组协作来达成团队目标；高中生能够根据交往对象的不同选择、评估恰当的交流技巧。

5. 做负责任的决策（Responsible decision-making）

能够负责任地做出决策意味着儿童所做的远期、近期规划，是在其对社会规范、道德原则、人际关系、行为后果进行充分权衡下的选择；意味着儿童能灵活运用决策技巧解决社会情境或学习过程中的实际问题；意味着儿童会为自己具有给他人、家庭、学校、社会做出贡献的能力而感受并确认自己的价值。按不同年龄段来说，小学生将有能力做出符合其意愿的决策；初中生能够正确判断活动的危险性、道德性，并具有抵抗来自群体的不良压力的方法与能力；高中生可以评估自己的决策对未来学业、职业产生的影响。

（三）社会情感学习的目标

2004年，CASEL以对SEL技能的界定为基础，提出学生必须掌握的三个学习目标。

第一，掌握自我认知和管理能力，能识别和管理自己的情绪和行为，能认识到自己的优缺点，能觉察他人和外界环境的反应；能恰当地表达自己的情绪情感；能合理地对抗压力，克服困难。第二，能够灵活运用沟通技巧与他人进行有效交流，能识别他人的感受；能与人建立并保持积极良好的关系；能积极主动、有效地预防或建设性地解决人际交往中的冲突矛盾；能尊重他人，与人合作。第三，能在现实情境中，在综合考量社会因素的基础上，做出负责任的行为选择，愿意为学校、社区贡献个人力量。

CASEL 提出的 SEL 能力目标体系内容全面清晰，为 SEL 项目教学实践提供了明确的依据，美国中小学将其作为 SEL 项目实施指南。伊利诺伊州把 SEL 标准作为法律的一部分，要求所有学校必须将其纳入教育计划中去，这是第一份将学生发展与 SEL 相联系的政策文件。在伊利诺伊州之后，俄亥俄州、威斯康星州和新泽西州也陆续加入 SEL 项目，社会情感学习的目标及其教育价值得到了更大范围的认可。

三 项目实施

通过对诸多 SEL 项目实施情况的考察和评估，借助多年来学校合作项目的实施经验，CASEL 总结出了贯穿 SEL 项目整个实施周期的 10 个步骤，以及影响 SEL 项目质量和效果的六个重要因素。

（一）实施步骤

SEL 项目执行周期分为三个阶段——准备阶段（步骤 1—2）、规划阶段（步骤 3—6）、执行阶段（步骤 7—10）。

1. 校长承诺在学校实施 SEL 项目

校长是一所学校的最高行政管理者，校长掌握着学校教育改革的领导权，要想发挥 SEL 项目在人才培养方面的教育价值，SEL 项目首先要获得校长的认可和支持。校长在 SEL 项目实施过程中的领导力和执行力是学校这项改革成功与否的关键要素。

2. 学校成立 SEL 项目指导委员会

学校组织校长、教师、家长、社区成员及相关领域研究者、工作者组建 SEL 项目指导委员会，并鼓励其他重要的项目相关者参与进来。通过拥有 SEL 项目最高决策权的 SEL 项目指导委员会，学校可以将项目、课程、教学、实践的相关信息和知识进行分享，指导委员会通过协商确保决策权力共享。

3. 形成共同愿景并达成共识

要想使 SEL 项目发挥其在培养健全人格儿童，减少儿童问题行为，帮助儿童建立正确学习和生活目标方面的优势，管理者、教育者、引导者、学习者、支持者的利益都要凝聚到项目里去，且注重融合不同利益方对项目的期待。项目指导委员会为项目实施制定一个共同愿景是项目顺利实施的基本保障。愿景的主要设想是关于学生在社交、情感和学业方面所能获得的发展状况。项目全体成员对愿景达成共识之后，愿景将为项目团队的运作提供精准的目标和长期的支持。

4. 进行需求调查并评估项目的可利用资源

项目指导委员会在开发项目之前，首先要对学生发展状况和发展需求进行调查，以找准项目研发方向；然后还要对学校可利用资源进行全面的评估，其中包括对当地政策、资源的分析，以及学校、家庭、社区所能提供资源支持的判断；再者，还要对管理者、教育者、实施者、家长等项目参与人员进行调查，以明确教育导向；最后，从学校的角度，在学校范围内进行校园文化氛围的调查，尽早发现可能遇到的困难，评价学校自身条件，模拟项目实施。

5. 开发项目的行动方案

前期调查完成后，根据调查结果，项目指导委员会开始着手设计具体的项目实施方案。为确保后续的项目实施有章可循，在制定实施方案时，须对项目目标、学生发展水平、进度表、人员、地理位置、资源、社会关系等因素进行评估。项目行动方案的制定意味着项目委员会下一步可以深入考虑项目筛选和项目实践的具体方法、途径。

6. 整理、选择项目实施策略

SEL 项目行动方案确定之后，项目指导委员会将依据筛选标准和筛选评价表对符合 SEL 目标的、已有的项目实施策略进行筛选与整理。通过对教学活动、课程、渗透教育活动特征的审视，选择符合程序规范的、有证据支持的有效策略，构建以学生为中心的 SEL 课堂教学模式，在和谐的学习环境和小组合作解决问题的过程中帮助学生获得社会情感技能。

7. 执行阶段初期的师资培训

优良的师资队伍是 SEL 项目顺利且有效实施的重要保障。基于已有的 SEL 项目实施经验，有针对性地对项目实施相关教师、家长、管理者、社区成员进行知识、能力、方法、态度方面的培训。初期培训的目标紧紧围绕项目目标来设定，并依据项目方案、进度计划设计培训计划。在培训结束后，为确保参训人员能够充分认识到项目的价值、理解项目的理念、掌握项目的执行方法，要对培训效果进行实证研究。

8. 以课堂教学为核心开展 SEL

课堂教学是社会情感学习的核心，是教师对照方案具体地实施 SEL 项目的过程。教师应组织各种形式的学习活动，提高学生的积极性与参与度，并运用多种教学方法为学生获得和巩固社会情感技能提供实践支持与学习反馈。在教学和实施过程中，要为全体相关人员提供有关项目进展的信息，以便了解、沟通，并在必要时获得协助。项目实施者对项目进程进行监控，及时反思，为项目在全校范围内实施与推广做好准备。

9. 在全校范围内推广 SEL 的课堂教学

项目指导委员会组织人员对项目实施初期阶段的效果进行实证研究，对项目存在的问题进行反思并进一步调整和完善实施方案。在此基础上，学校全体教师开始尝试在课堂教学中通过渗透或整合推进项目的深入实施。经过全体教师的努力，为学生掌握社会情感技能创造出一个平等、和谐、沟通顺畅的校园氛围，SEL 项目被继续整合、扩展到学校的其他活动中。

10. 在实施中不断改进项目

随着项目的实施，原先制定的项目方案会出现需要改变和调整的地方，及时的过程监控能为方案调整提供了有效的参考。项目指导委员会定期对所有项目规划和执行状态进行总结、检查，督促实施者实施调整课堂教学策略、活动组织形式，以保证项目质量。

(二) 实施要求

经过多年的推广和实验，SEL 项目受到越来越大的重视，在美国的学校教育中取得了重要的地位。在几百种基于班集体和学校的 SEL 训练项目里，有的项目致力于改变学校整体氛围，有的项目集中于改进个体的学习方式。总的来说，在 SEL 项目实施的过程中，学校为全体教职人员提供的专业发展支持、项目实施和结果的评估、物质基础和管理体制，组织全体参与者共同制定项目框架和实践规划，不断巩固学校—家庭—社区之间的关系并确保项目成员之间信息沟通与交流的顺畅性。以学校为基础的社会情感干预项目渐渐有了很多的成功案例，从这些案例中，SEL 项目实施具有以下几项要求：

第一，适当设置独立的技能课程与学科整合课程。CASEL 主要是通过课程来推进 SEL 项目的，通过课堂教学和课程管理来实现促进学生社会与情感能力发展的目标。由专家、研究者专门设计开发，以促进学生社会与情感能力某一方面或某些方面的发展为目标的技能课程，面向现实问题的解决，有明确的目标和实施计划，通过社会情感知识的学习和积极性为目的的演练，帮助学生掌握一些运用广泛的一般社会情感技能，掌握处理问题的策略和在特殊情境下做出负责任行动的决定。教师在学科教学内容中渗透 SEL 知识和技能，既注意了学科的核心领域，又发展了学生的社会情感。学科整合课程有效地避免了学生社会情感能力培养和学科教育之间的割裂状况，避免了单一社会情感技能培养与学生整体成长相脱离的情形。

第二，学校、家庭、社区的广泛参与。CASEL 认为，学校全员必须参与为学生创造支持性学习环境。同教学人员一样，学校的非教学人员参与学生的日常学习生活，也会对学生产生一定程度的积极影响。学校环境的创造离不开全体学校成员的积极参与和努力，非教学人员的参与使 SEL 项目的实施更加完整。

第三，创设良好的学校环境与交往氛围。学校环境具有教育性和可控性。学生置身于友好、平等、关怀、优美的校园环境之中，将倍感愉悦，环境本身就在陶冶情操，就在体现 SEL 所提倡的合作、帮助、鼓励等积极社会情感。优化物质环境、调整作息时间、面对困难及时帮助并提供令其能够理解的解决策略等学校的这些外部支持对于社会情感教育很重要。

第四，设立行之有效的 SEL 框架。SEL 课程不能简单地等同于问题行为的干预训练或矫正指导，它不是针对某一个体某一具体问题的短期辅导。实践证明，短期干预比九个月以上的长期训练的效果要弱很多。SEL 项目采用全面的、整合的方法，动员全体相关人员来为学生提供更协调、持久、系统的教育指导框架，促进全体学生的社会情感发展。

四 项目效果

为了评估 SEL 在学生学习中所扮演的角色与价值，CASEL 于 2012 年末与咨询公司公民事业（Civic Enterprises）和调查研究机构哈特研究联合公司（Hart Research Associates）合作，共同组织了一项关于 SEL 的研究。这项研究主要是通过电话访谈对教师和学生进行调查，了解学生对学校环境和 SEL 的观点与看法。研究表明，接受了高质量 SEL 教学的学生更加自信，且具有更稳固的内部学习动机、更端正的学校行为、更优秀的学业成绩、更好的出勤率、更灵活的交往技巧，从而更容易获得教师的支持与认可。①

（一）培养学习兴趣，改善课堂表现，提高学业水平

由于缺乏自信，或者对学习氛围缺乏安全感，部分学生学习兴趣缺乏、课堂表现较差。SEL 项目使学生的学习态度与行为发生了明显的、积极的改变，校内人际关系得以改善，学生与学校的联系得以加强，还使得他们乐学、好学、会学。学生社会情感能力的提升有助于他们对学业的理解，使其更愿意在学习上付出努力，学习目标明确，动机坚定，使他们能够更好地调整压力和不良情绪，面对挑战能做出负责任的选择。

（二）创设良好的校园文化，减少学生问题行为，提高学生社会适应能力

SEL 项目能够在凝聚力、挑战性、民主性、支持性的人际关系和安全的学习环境五个方面营造积极的学校氛围。SEL 项目使更多学生积极主动地参与学习活动，更多学生被学校、教师、同学所接纳，他们能得到老师更多的指导和正反馈，这会预防许多可能会在学校发生的应激事件、冲突事件。从更广泛意义上看，SEL 课程能够帮助学生掌握认知、调整情绪的能力有利于提高学生处理社会交往困难、压力等负面问题的能力，在增加良好行为的同时减少问题行为，如药物滥用、抽烟、酗酒、暴力、偷窃、抢劫等，促进分享、合作、帮助等亲社会行为的产生。加利福尼亚州的圣马特奥和圣克拉拉的学生在参与社会情感学习项目后，问题行为大大减少，人际交往和情绪管理技能显著提高。

第五节　西班牙塞维利亚反校园欺凌计划

西班牙为了推进校园欺凌干预工作，推出了塞维利亚反校园欺凌计

---

① CASEL, The Missing Piece: A National Teacher Survey on How Social and Emotional Learning Can Empower Children and Transform Schools, https://casel.org/the-missing-piece/, January 1, 2013.

划（The Seville Anti-Bullying in School Project），取得了较好的成效。

一　产生背景

西班牙公立学校过于注重学生文化课程的学习，语言、科学、数学课程的学习年限为6—14年，学校教育重点放在基础学科的学习上，很少考虑学生的人际关系以及内部出现的欺凌问题，相对忽视学生的社会情感发展。更为严峻的事实是长期以来鲜有人关注西班牙的"校园欺凌"问题。有关西班牙的校园欺凌研究始于20世纪80年代末。1989年，维埃拉（Vieira）等人对马德里10所学校的1200名8—12岁学生的问卷调查结果显示，17%的学生自我报告为欺凌者，而且有相同数量的学生认为自己受到了欺凌；最常见的欺凌方式是言语欺凌，其次是财物欺凌和身体欺凌；当被问及如何应对欺凌时，40%的学生表示向其他人（主要为父母和教师）报告欺凌情况，40%的学生给予了抵抗，20%的学生则表示什么都没做；女生相较于男生更有可能向他人报告受欺凌情况；欺凌发生率随着年龄的增长而下降。[①]

这项调查为西班牙开展校园欺凌研究拉开了序幕。在这次调研之后，人们开始广泛关注西班牙的校园欺凌问题。三年后，赛雷索（Cerezo）和埃斯特班（Esteban）针对校园欺凌问题，采用了不同于先前研究的调查方式，尝试让学生自主确认欺凌卷入者。[②] 这一策略被研究人员定义为"动态的欺凌—被欺凌者确认方法，"优势在于可以更好地了解欺凌者、被欺凌者的一些人格特征。研究小组主要对西班牙穆尔西亚地区4所学校的317名10—16岁的学生展开调查。结果显示，分别有11%和6%的调查对象承认实施欺凌和遭受欺凌，年龄主要集中在13—15岁，与之前的研究数据相比，欺凌者与被欺凌者的比例均有所降低；男生比女生更可能成为欺凌者和被欺凌者。在同一年，奥尔特加（Ortega）和史密斯（Smith）等人分别率领塞维利亚大学、谢菲尔德大学的研究团队评估了

[①] Vieira, M., Fernández, I., Quevedo, G., "Violence, Bullying and Counseling in the Iberian Peninsula," in Bullying: An International Perspective, Edited by Roland, E., Munthe, E., London: David Fulton, 1989, p. 18.

[②] Cerezo Fand, Esteban, M., "El FenÓMeno Bully-Victim Entre Escolares: Diversosen Foquesme to DolÓGicos," Revista de Psicología Universitas Tarraconensis, Vol. 14, No. 2, 1992, pp. 131-145.

塞维利亚地区的欺凌情况，抽取该地区5所学校的859名11—16岁的中小学生，采用翻译成西班牙语的奥维斯欺凌/被欺凌问卷进行调查，发现约25%的学生认为自己在上学期间受到了同伴的欺凌，有同样比例的学生声称自己经常欺凌同学；受欺凌和欺凌他人的发生率随着年龄的增长而下降；校园欺凌存在显著的年龄差异，初中生的校园欺凌发生率相对较低，小学高年级的欺凌发生率较高；性别差异也较为明显，男生比女生更容易卷入欺凌。[①] 这些研究均表明西班牙校园欺凌问题较为严峻。

塞维利亚反校园欺凌计划是西班牙首个研究校园欺凌全面干预的项目。该项目由政府出资，主要基于前期调查结果设计预防性行动方案，意在减少中小学的校园欺凌问题。主张让教师参与欺凌干预，帮助教师明确认知校园欺凌，增加对校园欺凌的关注，将欺凌预防列入教育目标，呼吁不再容忍任何形式的校园欺凌。

二 主要内容

塞维利亚反校园欺凌计划以生态系统理论为基础，将学校视为一个大系统，认为学校由教师、学生、家庭以及居住地附近的社区等子系统构成，每一子系统均发挥着不可替代的功能。从干预的角度来看，每个学校都是一个"共存"的单位，将教师、学生和家庭相互联系在一起。教师在学校内指导学生学习，在干预系统中教师需要明确课程目标、教育内容和评估方法。该项目将人际关系改善的起点确立为共存（coexistence）与互动（activity）两个维度。共存强调学校是一个群体而并非单独的个人。共存不仅体现在时间和空间维度上，也不单指宽容他人，而是将团结、博爱、合作、和谐、互惠、与他人友好相处的期望以及与欺凌行为对抗的决心作为系统的基本构件。共存维度与互动维度描绘了一个有关社会共识、个体心理以及学校伦理方面的轮廓。在西班牙教育体系中，教师有自由选择教育内容和评估方法的权力，可以自主决定社交规范、沟通方式以及学生交流分享的内容。教师必须执行具体的目标，在目标达成过程中，教和学可以采用多种方法，允许教师、学生和家长

---

① Ortega, R., "Violence in Schools: Bully-Victims Problems in Spain," Fifth European Conference on Developmental Psychology, Seville, 1992.

采用不同的互动方式。例如，班级内学生的互动可采用社会环境的管理方式，运用情境教学法开展学生情感和价值观的互动教育。

塞维利亚反校园欺凌计划的内容主要分为四个方面：学校生活管理计划，合作小组工作，情感、态度和价值观的学习，改善学校生活的理念和建议的工具包。[①] 这四个方面又可归为两大类：前三项为预防行动，针对所有学生定期开展；后一项为直接干预行动，目标是将欺凌者、被欺凌者的占比控制在4%以内（通过前期调研，确定此比例为"最高风险"）。[②]

（一）学校生活管理计划

学校生活管理计划确立了显性/隐性的惯例、标准和日常活动的"规范框架"。这一框架得以有效运转的先决条件是管理层的建立并派专人负责全程指导，告知学生在各时间节点应当做什么。这一过程以商讨、参与和达成共识为基本要求，倡导适时下放一些权力，以充分保障民主。社会组织原理为班级生活提供了一个可供参考的衡量标准。根据各个班级对社会生活管理的描述和解读，可了解当前的基本情况，并依此预测所有参与者之间的关系——微系统中的师生关系和生生关系。因为集体组织的活动是一把"双刃剑"，既可以增强个人交往的经验，也可能诱发同学之间的冲突，塞维利亚反校园欺凌计划建议班级活动采用民主管理方式，强调参与是班级发展的首要途径，增强班级成员的民主管理意识，提升规则与纪律制定的透明度，成员就可接受的规则达成一致意见，明确可接受以及不可接受的行为，倡导自由、团结和平等。班级管理可以采用议会商讨的方式制定规则、解决冲突、设计具体方案，鼓励学生积极参与学校生活。

（二）合作小组工作

塞维利亚反校园欺凌计划要求教和学采用沟通协商的合作模式。合作是一种促进所有相关人员积极执行任务的常见方式，合作小组工作要求设计并接受有利于更好开展工作的方案。合作也是自我评估的关键，

[①] Ortega, R. and Lera, M. J., "The Seville Anti-bullying in School Project," *Aggressive Behavior*, Vol. 26, No. 1, January 2000, pp. 113-123.

[②] Ortega, R., Del Rey, R., & Mora-Mercan, J. A., eds., "SAVE Model: An Anti-bullying Intervention in Spain," in Smith, P. K., Pepler, D. & Rigby, K., eds., *Bullying in Schools: How Successful Can Interventions Be?* Cambridge University Press, 2004, pp. 167-185.

被确定为有效的干预方式之一。① 班级活动的合作模式需要考虑教师教学和学生学习的互动过程，在共同合作的氛围中，注重个人努力的作用。教师不仅要教授学生知识，还应促进学生身心的健康发展，帮助学生形成正确的价值观。合作的教育环境有利于促进相互支持和同伴团结，过度强调竞争则可能引发不良竞争，影响学生的交往互动。也有研究指出，当合作小组工作有明确的主题或课程任务时，学生能更好地实现与他人的合作。合作模式有利于丰富所有参与者的经验，不仅适用于那些受到别人帮助的人，也适用于能力强的学生帮助能力差的学生。在合作中学生可与同伴讨论问题、商讨寻求解决方案，共同进步。概而言之，合作模式有利于学生感知良好的情感氛围，体验积极的态度和正面价值，并在实际生活中实现这种价值。

（三）情感、态度和价值观的学习

塞维利亚反校园欺凌计划注重对学生情感、态度等方面的积极引导，要求学生必须参与人际关系处理方面的训练或接受心理指导，避免不良的情感、态度等因素对学生社会关系产生负面影响；引导学生学会合理的情感表达，促进相互理解和尊重，避免相互伤害；教给学生控制自我情绪的方法，使学生形成正确的价值观，避免侵犯他人权利；培养学生自尊自信的良好品格，形成对自我的正确认知。该计划鼓励教师在相关教学中采用游戏、故事、角色扮演、影视作品分析、案例研究等多种方式，根据实际情况设计具体方案。

（四）改善学校生活的理念和建议的工具包

"工具包"是参与者可以使用的一系列工具或资源，可用于直接干预可能参与欺凌行为的学生。班级日常生活管理的工具包主要包括设置一系列目标和课程内容，通过提供优化社会关系的策略避免学生之间的冲突，消减潜在的危险因素，指导学生通过讨论来解决冲突问题。塞维利亚反校园欺凌计划强调全面预防，关注个人、家庭和社会等方面的风险因素。工具包涵盖该计划所需的一切工具，合作小组工作鼓励教师运用工具包，让学生通过对话学习等方式增强同辈认同、加强相互合作。工

---

① Ortega, R., & Fernández, V., "Un Proyecto Edu Cativo Para Prevenir La Violencia," *Educar La Convivencia Para Prevenir La Violen Cia*, Madrid, A. Machado Libros, 2000, pp. 95-111.

具包中的教学任务主要涉及情感、态度、价值观等方面，旨在促进学生健康发展，鼓励学生积极感知、及时表达，合理认识自身和他人在日常生活中的情感、态度与价值观。

虽然学生对基本理论知识的学习有利于促进学生形成尊重、公平、团结、自由与和平的观念，但亦不能忽略对学生实践方面的指导。工具包作为一套程序工具，主要着眼于学生的实践。例如，质量小组[1]、冲突调解[2]与同伴支持[3]主要为学生提供社会支持，特别是来自大多数同龄人的支持，以减少他们的不安全感，加强学生之间的交流与经验分享及同伴互助；皮卡斯（Pikas）方法意在优化欺凌社交网络的结构，建立同伴帮助系统[4]；自信心训练通过对受害者的直接干预，帮助他们树立合适的自信、自尊[5]；移情训练要求针对欺凌者设计特殊方案，以培养他们的移情能力。[6] 这些直接干预项目只有通过对教师的培训才能完成。参加课程的教师可借助工具包和根据大学研究团队的建议，改变所在学校的教育实践程序，包括每两个月举行一次咨询会议，讨论发现的问题并分享成功经验；通过培训加深对欺凌问题的理解，减少学校日常生活中引发校园欺凌的风险因素；结合视频记录，根据全体教师的年度总结评估项目的进展情况；对所有教师实施问卷调查，调查教师对校园欺凌的看法，包括对自己作为预防者和干预者角色的认知与作用的评估。

---

[1] Sharp, S., Cowie, H., and Smith, P. K., "Working Directly with Pupils Involved in Bullying Situations," in *School Bullying: Insights and Perspectives*, Edited by P. K. Smith and S. Sharp, London: Routledge, 1994, pp. 193-212.

[2] Fern'andez, I., *Prevenci'on de la Violencia Escolary Resoluci'on de Conflictos: Elclima Escolar Como Factor de Calidad*, Madrid: Narcea Ediciones, 1998.

[3] Cowie, H., Wallace, H., eds., *Peer Support: a Teacher Manual*, London: The Prince's Trust, 1998.

[4] Pikas, A., "The Common Concern Method for the Treatment of Mobbing," in *Bullying: An International Perspective*, Edited by E. Munthe, E. Roland, London: David Fulton, 1989, pp. 91-104.

[5] Ortega, R., "Trabajo conv'ıctimas, Agresores y Espectadores de la Violencia," in *La Convivencia Escolar: Qu'ees y C'omoa Bordarla*, Edited by R., Ortega et al., Seville: Consejer'ıa de Educaci'ony Ciencia de la Junta de Andaluc'ıa, 1998, pp. 10-15.

[6] Ortega, R., "Trabajo conv'ıctimas, Agresores y Espectadores de la Violencia," in *La Convivencia Escolar: Q'uees y C'omoa Bordarla*, Edited by R., Ortega et al., Seville: Consejer'ıa de Educaci'ony Ciencia de la Junta de Andaluc'ıa, 1998, pp. 15-20.

三 项目实施

塞维利亚反校园欺凌计划的实施主要有三大目标：展开更大范围的调查，根据被欺凌者、欺凌者和旁观者角色设计的概念模型判断是否符合现实情况；更新问卷以适应新形势；优化干预方案。

（一）选取学校

1995—1996 年，奥尔特加（Ortega）、雷伊（Rey）[①] 等研究者与当地教育行政部门合作对塞维利亚、安达卢西亚等贫困地区的中小学校展开调查。这些地区具有低收入、高失业率和高社会冲突的社会文化特征。因学校位于较为贫困的地区，预计校园欺凌情况会更为严重，故选取的学校均为国家资助的公立学校。设计的调查问卷涉及学生社交关系的四个维度：学生在家庭生活中的幸福感；学生对同龄人关系的自我满足感；同龄人之间的攻击性（攻击程度、个人性格和发生地点）；学生对欺凌行为的态度以及反抗。其问卷共设计了 30 个问题，在调查中允许学生添加个人认为在问题中没有涉及但与欺凌相关的信息。调查以匿名方式进行，方便所有学生表达真实意见。为了加强各学校之间的联系，研究者举行了一次关于校园欺凌的研讨会，邀请拟被调查学校的校长以及 3 名以上教师/指导顾问参加。在这次会议之后，研究者调查了 26 所学校的 4914 名 8—18 岁的学生，并最后确定 10 所学校为欺凌干预计划的实验学校。这 10 所学校均符合参与计划的两项基本要求：至少有 4 名教师参加过研讨；获得全体教职员工同意并作为一项学校政策执行，保证在反欺凌计划实施中不随意退出。

（二）实施流程

为方便后期评估，采取前后测调查的方式，以调查欺凌者、被欺凌者的数量，以及他们的态度和其他方面的变化。调查采取无记名的自我报告方式，分 1995—1996 学年、1999—2000 学年两个阶段进行，采用等效年龄的方法。26 所学校中只有 5 所学校完成了前测和后测问卷调查，另有 4 所学校只进行了后测。在完成前后测调查的 5 所学校中，有 3 所为

[①] Ortega, R., Rey, R.D., Mora-Merch'an, J., "SAVE Model: An Anti-Bullying Intervention in Spain," *in Bullying in Schools: How Successful Can Interventions Be*? Edited by Smith, P.K., Pepler, D., Rigby, K., Cambridge: Cambridge University Press, 2004, pp.167–185.

小学（学生年龄为8—12岁），2所为中学（学生年龄为12—16岁）；有731名学生参加了前测（小学生占36.5%，中学生占63.5%），有901名学生参加了后测（小学生占25.4%，中学生占74.6%）。对照组学校包括两所小学和两所中学，共440名学生（小学生占45.1%，中学生占54.9%）。上述学校中的学生在年龄和性别方面不存在显著差异。调查结果显示，33%的学生声称偶尔欺凌他人，33%的学生认为自己偶尔被欺凌；5%的学生认为自己经常欺凌他人，8%的学生认为自己经常受到欺凌。对被欺凌者受欺凌时间的调查发现，56%的学生认为在某个时间段受到了欺凌，25%的人声称整个学年都受到了欺凌。

在反欺凌计划实施的第一阶段，主要任务是提升人们的参与意识。研究者联合当地教育局开展相关实验，以便获取教育行政管理部门的支持，提高人们对校园欺凌问题的重视程度，提升教师的干预意识。在此阶段主要进行学校选取工作，商讨计划方案，与校长、教师和指导顾问展开研讨，大约持续3个星期，共计20小时左右。前期调研主要了解各个学校教师的基本情况，并确定他们是否愿意参与欺凌干预计划。

反欺凌计划实施第二阶段的主旨是加强共同合作。因受义务教育改革的影响，学校出现大范围的人员变更，需要重新确定教师参加反欺凌计划的情况，最后确定了10所学校参与反欺凌计划实施的第二阶段。1996—1997学年，研究组为每所学校重新拟定欺凌干预计划。为保障计划的顺利进行，研究者举办了一些研讨会，并得到了谢菲尔德项目研究组的支持。1997年，在计划的最后阶段，研究者再次召开全体会议，75名教师分享了他们在实施计划过程中的经验。虽然干预小组中各教师的进度不同，但是计划推进最慢的教师每周至少也开展了两个小时的讨论，谈论他们在干预中遇到的问题、参与情况和取得的成就。

四 实施效果

塞维利亚反校园欺凌计划的实施使小组的凝聚力得到了较大提升，所有参与者都意识到塞维利亚反欺凌计划是一个长期的项目计划，干预应当循序渐进。这也改变了人们对欺凌问题的认识和态度。民主合作的方式改善了班级风气和人际关系，在这一过程中学生不仅接受了情感和价值观的教育，而且形成了自觉的反欺凌意识。该计划一直遵循以下惯例：每个小组每两周举行一次会议；所有参与欺凌干预计划的工作人员每两个月与研究团队进行一次商讨，并在会议结束时预估下一年的工作进度。对计划实施效果的评估主要采用问卷调查的形式，以了解欺凌发生率，学生对学校的满意度，受欺凌的经历（持续时间和寻求帮助的情况等），对欺凌的态度以及欺凌的类型、地点、发生的原因等。

（一）欺凌发生率

卷入欺凌事件的学生数量常被作为评价干预计划是否成功的一项重要指标。在项目开展4年后的后测调查中发现，欺凌卷入者大幅下降。最后一个学期的调查发现，被欺凌发生率从9.1%下降至3.9%，欺凌/被欺凌发生率从0.7%下降至0.3%，欺凌发生率从4.5%下降至3.8%，旁观者或者没有参与欺凌的学生占比从85.7%上升为92.1%。在后测中，将5所干预学校与4所对照学校进行对比，发现前者的欺凌发生率显著低于后者。需要说明的是，从前测和后测中各类欺凌发生率的对比可以看出，后测的言语欺凌和身体欺凌发生率并没有发生显著变化，恐吓欺凌和关系欺凌的发生率显著上升。前测、后测调查的具体数据如下：言语欺凌（51.8% vs 51.6%）、身体欺凌（27.0% vs 30.6%）、财物欺凌（4.3% vs 5.9%）、恐吓欺凌（21.8% vs 27.8%）、关系欺凌（12.1% vs 17.8%）、其他欺凌（1.7% vs 0.8%）。后测欺凌发生率较高的原因可能在于欺凌干预计划实施后，学生对欺凌有了更全面的理解，认识到了先前没有注意到的欺凌问题。

（二）人际关系质量、学校生活满意度、干预态度及欺凌认知

对与同学和谐相处的感觉，积极回答从66.4%上升至77.2%，消极回答从2.2%下降至1.8%。在对学校生活的满意度方面，积极回答从61.8%上升至66.6%，消极回答由4.8%下降至4.1%。在课间休息时经常感到孤独或被排挤的学生从6.6%下降至3.5%，偶尔发生的比例从31.5%下降至15.2%。在欺凌事件发生后，告诉同伴、家长或亲戚、老师的比例分别为19.1%、17.8%、13.5%，与之前相比没有很大改变。不喜欢欺凌他人的人数从6.7%上升至7.9%，认为欺凌他人是正常的或有原因的学生比例从13%下降至8.8%，表示永远不会欺凌他人的学生比例从43.4%上升至52.5%，认为可能欺凌他人的学生比例从35.8%下降至27.3%。认为教室是欺凌发生的风险因素的学生比例由37.8%下降至

27.6%，认为欺凌是源于挑衅的学生比例由38.9%下降至30.4%，认为欺凌是一种玩笑的学生比例由28%下降至22.5%，认为欺凌是欺凌者想提高其社会地位的学生比例由1.2%上升至15.5%。

（三）欺凌干预方式

对欺凌干预方式的调查发现，学生对大多数欺凌干预方式表示认可，学生最喜欢民主管理的方式，直接对受害者的干预被认为是减少欺凌的最有效方式，情感和价值观教育也受到了较大的认可；但也有部分学生认为工作小组训练等干预方式没有效果。男女生在对欺凌干预方式的认可上存在一些差异，女生相较于男生更认可情感、价值观教育（女生占60.5%，男生占39.5%）以及直接的欺凌干预方式（女生占52.5%，男生占47.5%）。[①]

第六节 校园欺凌预防教育的国际经验

从上述校园欺凌预防项目的内容和实施可以看出，校园欺凌预防教育的有效构成要素为学校、班级、教师、学生、家长几个层面所实施的措施，具体可以概括为以下几个方面。

一 立足于全校预防欺凌

基于全校实施预防是这些项目的共同特征。奥维斯校园欺凌预防项目立足于全校，从防欺凌组织建设到学校反欺凌规则颁布，建立了一套系统性综合预防的体系。芬兰KiVa反欺凌项目从同伴群体互动理论出发，构建了面向中小学校全体学生的一套预防欺凌方案。美国学校欺凌防控项目立足于全校，多方参与，协同预防校园欺凌。美国社会情感学习项目面向中小学全体学生培养其社会情感能力，以预防欺凌及其他问题行为。西班牙塞维利亚反校园欺凌计划则是基于生态系统理论，构建了一个以改善人际关系为基点的全校预防与干预方案。

---

① Ortega, R., Rey, R. D., Mora-Merchén, J., "SAVE Model: An Anti-Bullying Intervention in Spain," in *Bullying in Schools: How Successful can Interventions Be*? Edited by P. K. Smith, D. Pepler, K. Rigby, Cambridge: Cambridge University Press, 2004, pp. 167–185.

立足于全校主要可以概括为两个方面：营造预防校园欺凌的学校氛围和开设反欺凌课程。比如，美国学校欺凌防控项目就是以改善学校氛围为防治根本，营造安全的、积极的校园环境；芬兰基瓦项目通过改善教学设备设施，合理布局校园建筑，给反欺凌课程教师配备带有 KiVa 标志的醒目背心等措施创造一个安全的、加强情境预防的物理环境。奥维斯欺凌预防项目和芬兰基瓦项目都通过建立反欺凌委员会加强欺凌预防的组织建设。芬兰基瓦项目、美国学校欺凌防控项目、美国社会情感学习项目都注重反欺凌课程的开设，培养学生的社会情感能力，以抵御欺凌的发生。

二 班级层面开展欺凌预防

这些项目有的从不同角度强调在班级层面开展欺凌预防。在班级管理中强调反欺凌班规的制定、反欺凌主题班会的开展以及友善的班级氛围的营造。如奥维斯欺凌预防项目有专门班级层面的预防，内容包括定期召开班级会议，通过讨论、角色扮演方式对学生进行防欺凌教育，发布并执行全校的反欺凌规章制度等；塞维利亚反校园欺凌计划通过班级的民主管理，增强学生的民主意识和遵守反欺凌规则的自觉性，营造一个民主、和谐的班级氛围。KiVa 反欺凌项目学生课程由班主任在课堂内实施，包括讨论、小组合作、观看欺凌短片和角色扮演等，以帮助全班同学了解欺凌的内涵、类型、特点等，使之能够学会准确识别欺凌，并树立反欺凌的意识，营造全班反欺凌的氛围。当有疑似欺凌事件发生时，首先是班主任介入干预，判断是否为欺凌。如果不是欺凌事件，就由班主任处理；如果是欺凌事件，就交给学校专门的 KiVa 反欺凌项目小组处理。

三 教师参与预防校园欺凌

每一个项目都强调教师参与，教师在欺凌预防中发挥了主力作用。比如奥维斯欺凌预防项目要求教师监督学生的活动，一旦发现欺凌事件或苗头要予以及时干预，并参与欺凌事件后续的处理，教师还参与学校的反欺凌小组，在课堂教学中渗透欺凌预防内容等；KiVa 反欺凌项目中教师不仅可以接受面对面的反欺凌培训，学校还为教师提供了包含 KiVa

详细内容的教师手册,以指导教师科学地参与欺凌预防。学校欺凌防控项目的关键环节是培训教师认识欺凌、应对欺凌的能力,教会他们制定简单的防欺凌策略。利用每个教师处理欺凌事件的优势,汇聚不同的冲突解决方案,通过教师有效合作处理欺凌事件。社会情感学习项目中教师参与 SEL 项目指导委员会,接受相关知识、能力、方法、态度的培训,通过组织多种多样的教学活动,在课堂教学中渗透 SEL 内容。教师参与是塞维利亚反校园欺凌计划不可缺少的组成部分,教师要明确该项目的内容和实施方法,按照目标要求,采用多种方法在传授知识的同时,还要注意促进学生的身心健康发展。教师通过参加培训加深对欺凌的理解,增强欺凌预防的能力。

四 培养学生的反欺凌素养

学生欺凌是他们人际关系的一种反映,欺凌事件发生时一般没有成人在场。因此,预防欺凌发生的根本措施还是学生的预防,包括预防学生成为欺凌者和被欺凌者,建立起同伴支持系统,鼓励在遇到欺凌事件时勇敢介入。国外反欺凌项目注重发挥学生的主体作用,对全体学生或目标群体进行防欺凌教育,从根源上杜绝欺凌的发生。如奥维斯项目为学生制订个人干预计划;KiVa 反欺凌项目基于群体互动理论,针对全体学生进行反欺凌教育,目的在于提高他们对于反欺凌的认识,降低他们的欺凌动机,教育潜在的旁观者给予欺凌受害者更多的支持,不去强化欺凌行为。为此,分别针对全体学生和卷入欺凌事件者实行普遍行动或指示性行动,鼓励全体学生参与欺凌预防和干预;学校欺凌防控项目面向全体学生传授防欺凌的具体策略,告诉他们遇到欺凌事件时如何应对,同时,面向实行"大多数人的关爱"预防策略,教育潜在旁观者在遇到欺凌事件时采取积极行为为受害者提供支持;美国社会情感学习项目则从优势视角出发,培养学生的自我认知、自我管理、社会认知、人际关系技能及负责的决策等社会情感能力,学会与人正确交往,建立良好的人际关系,以避免欺凌等人际行为的发生;塞维利亚反校园欺凌计划也注重培养学生的情感、态度和价值观,使他们学会处理人际关系。

五 寻求家长支持与合作

这些项目都认识到了家长作为欺凌预防的外援力量在整个欺凌预防

系统中的重要作用，因此在欺凌预防方案中要求家长不同程度地参与其中。奥维斯校园欺凌预防项目将家长参与列为其"第五部分，"鼓励家长参与学校、班级和社区活动；KiVa反欺凌项目为家长提供专门的防欺凌指南，里面包含欺凌知识介绍和家长如何应对欺凌的策略，并邀请家长参与开学日的"返校之夜"活动，学习反欺凌的内容。学校欺凌防控项目鼓励家长积极参与，家长一旦发现自己的孩子或其他孩子遭遇了欺凌，会报告给学校。卷入欺凌事件的家长也会参与欺凌事件的处置，积极配合相关调查，同时会从学校学到防欺凌的知识，为孩子提供保护；社会情感学习项目的参与者并非只限于学校人员，家长代表也是项目指导委员会的成员，为学校的社会情感学习项目的实施提供支持，在欺凌干预中应确立以校长为领导核心，教师为骨干力量，家长、社区人员为辅助支持的反欺凌队伍，并积极引导、培养中小学生成为校园欺凌防治的生力军。

  综合起来看，学校、班级、教师、家长、学生个体都是反欺凌项目有效的不可或缺的元素，并且强调这些元素在欺凌预防中的协同作用。可见，校园欺凌预防教育的核心要素就是学校、班级、教师、家长、学生个体的预防。差异只在于这几个元素在每个项目中所占的比重不同，有的侧重于全体学生，有的侧重于教师，有的侧重于全校等。因此，借鉴这些项目的经验，需以这几个要素为核心构建我国的欺凌预防教育模式。但每个欺凌预防项目所能提供给我们的经验仅是一元层面的预防方案，很难科学地应对复杂的校园欺凌。前文已经述及，影响校园欺凌发生的因素是多元的、复杂的，因而预防其发生的方案也必须是多要素、多层次的，为此需要进行综合、全面的分析，将全球范围内已经取得的有效研究证据加以整合，以图提高预防校园欺凌的科学性。因此，构建我国的欺凌预防教育模式，需要对校园欺凌的学校预防、班级预防、教师预防、家长预防和学生预防进行更加深入、全面、综合、细致的系统化研究。

第三部分

循证欺凌预防教育模式的理论构建

《教育部等九部门关于防治中小学生欺凌和暴力的指导意见》（教基一〔2016〕6号）要求"开展预防欺凌和暴力专题教育""积极有效预防学生欺凌和暴力，"《教育部等十一部门关于印发〈加强中小学生欺凌综合治理方案〉的通知》（教督〔2017〕10号）要求"指导学校切实加强教育，"实现校园欺凌的"积极有效预防"。然而，我国欺凌预防教育实践表明，学校领导者和教师的主观意见和片面经验依然是欺凌预防教育的主要依据。这些意见和经验难免受个人推测、偏见的影响，欺凌预防教育的科学性和有效性因而大打折扣。近年来兴起的循证医学及教育学领域的循证改革，可以为欺凌预防教育的循证实践提供参考。"在卫生保健领域以及其他一些公共政策领域，根据专家意见的决策已经逐渐让位于循证决策，即采用研究的方法，评价高质量的研究证据，来对政策与专业实践作出决定。"① 这种循证实践运动逐渐影响到教育领域，在英美掀起了一场声势浩大的循证教育改革运动，提倡在特殊教育领域、研究生教

---

① 周加仙：《走向循证教育决策与实践》，《外国中小学教育》2017年第6期。

育领域等依据科学证据决策和实践，打破以往仅凭个人或团体的主观意见或经验决策和实践的困局。循证即基于证据、遵循证据，以证据作为决策和实践的基础与核心。本书借鉴循证医学教育的范式，从理论层面建构循证欺凌预防教育模式。该模式在循证实践理念指导下，运用范围综述方法，在全球范围内搜集、筛选、审查、整合欺凌预防教育的最佳证据，结合我国欺凌预防教育实践，依靠客观证据提出中小学校园欺凌预防教育的行动方案。

一 构建循证欺凌预防教育模式的理论依据

有研究者认为，有些反欺凌项目效果不佳的两个重要原因是缺乏好的理论基础与缺少对社会生态的考虑。① 有望缩小、弥合教育理论与实践之间差距的循证教育理论可以增强欺凌预防教育实践、决策及研究的科学性；对欺凌形成机制有较高解释力的社会生态系统理论则有助于确立欺凌预防教育的主体元素，因此，本书将这两种理论作为循证欺凌预防教育模式的理论依据。(具体内容详见前言部分)

二 构建循证欺凌预防教育模式的程序

基于上述两个理论，依据教育模式构建的步骤，明确循证欺凌预防教育模式构建的程序。

(一) 明确循证欺凌预防教育模式的目的

教育模式构建的第一步即必须确立其目标。我国所有校园欺凌防治的政策和文件都指向一个目的，那就是杜绝校园欺凌，建设安全、和谐的校园环境，促进学生健康成长。依据这个终极目标，本书构建的循证欺凌预防教育模式的目的即是降低校园欺凌发生率，减少或遏制校园欺凌的发生。

(二) 确立循证欺凌预防教育模式的核心要素

基于以下三个前提确立学校预防、班级预防、教师预防、家长

---

① Rachel, E., Maundera, Sarah Crafterb, "School Bullying from a Sociocultural Perspective," *Aggression and Violent Behavior*, Vol. 38, January-February 2018, pp. 13-20.

预防、学生个体预防和网络预防是循证欺凌预防教育模式的核心要素。

1. 校园欺凌的成因

本书的第一部分通过多学科分析，发现校园欺凌的成因指向学校、家庭、个人和社会，从欺凌预防教育角度而言，社会因素非学校可以控制，故而将学校、家庭和学生个人视为欺凌预防教育的主要元素。

2. 国外校园欺凌预防项目的证据

由本书的第二部分可知，国外有效的校园欺凌预防项目的构成要素包括学校、班级、教师、学生（包括学生个人及其同伴）、家长。一些研究也表明，这几个方面都是有效反欺凌项目的构成要件。[①] 在一项针对学校预防项目的系统评价中，从44个评估中提炼出的全校反欺凌政策、班规、学校会议、班级管理、教师培训、家长培训、欺凌者、受欺凌者、同伴的工作等项目元素也可以归纳为上述几个方面。[②]

3. 影响学生发展的微观生态系统

学校、班级、家庭、同伴以及作为现实生活世界延伸的网络对中小学生有着直接影响，是其活动的主要场域，构成影响欺凌发生的微观生态系统。该系统对学生欺凌的影响不是静态的，而是在学生与微观环境互动过程中产生的。学生与微观环境的互动不仅体现在学校、班级、家庭这些场域，也表现为与教师、家长、同伴之间的互动。因此，这些要素是循证欺凌预防教育的核心元素。加之，作为生活在网络时代的中小学生，网络是影响他们发展的另一个空间，是他们现实生活在网络空间的延伸，现实生活中的欺凌事件也扩展至网络。因此，网络也将作为循证欺凌预防教育的一个构成要素。

[①] Hannah Gaffney, Maria, M., Ttofi, David, P., "Farrington, What Works in Anti-bullying Programs? Analysis of Effective Intervention Components," *Journal of School Psychology*, Vol. 85, 2021, pp. 37-56.

[②] David, P., Farrington, Maria, M., Ttofi, "School-based Programs to Reduce Bullying and Victimization," *Campbell Systematic Reviews*, Vol. 5, No. 1, 2009, pp. 139-140.

至此，相应地，将学校预防、班级预防、教师预防、家长预防、学生个体预防以及网络预防确立为循证欺凌预防教育模式的核心要素。

（三）获取欺凌预防教育方案的证据

循证欺凌预防教育模式的核心环节是根据最佳的研究证据制定欺凌预防教育方案（策略）。"所谓最佳证据，是指研究者提供的与解决所需问题最为契合的、级别最高的研究证据。"[①] 依据循证教育的发起者戴维斯的观点，欺凌预防教育的最佳证据来源分为两个层次：

第一个层次证据（也称一次证据）是利用来自世界范围内关于欺凌预防与干预的研究和文献中的现有证据，包括通过随机对照试验或其他实验和准实验研究的结果，定性和自然主义研究方法，如民族志、参与观察、各种访谈等方法获得的研究结果。这些研究结果来源于多个学科，不限于教育学领域的研究，还包括心理学、社会学、社会工作、犯罪学等学科的研究，其中，尤以心理学的研究最多。这些研究方法不同，所提供的证据等级也不同。美国教育部教育研究与发展助理秘书 Whitehurst 认为，所有研究的证据并非处于同一水平，而是有等级有层次的，由高到低分为六级：随机实验［真实验，Randomized trial（true experiment）］、对照组实验［准实验，Comparison groups（quasi-experiment）］、前后对照实验（pre-post comparison）、相关研究（correlational studies）、案例研究（Case studies）、轶事（Anecdotes）。其中，随机实验是"黄金标准"。[②] 因轶事的证据力太弱，本书将其剔除后只保留前五个等级的研究证据进行分析，并对这些证据进行整合，得出二次研究的证据，作为欺凌预防教育的直接证据。所采用的整合证据方法是范围综述（scoping review），它是"在一个复杂且没有全面审查过的领域中，

[①] 杨文登：《循证实践：一种新的实践形态?》，《自然辩证法研究》2010 年第 4 期。

[②] Grover, J., (Russ) Whitehurst, Whitehurst, G. J. R., "Evidence-Based Education (EBE)," Student Achievement and School Accountability Conference, United States Department of Education, https://ies.ed.gov/director/pdf/200210.pdf, October 2002.

快速绘制支撑该领域的关键概念及可用证据的主要来源和类型"① 的研究方法，是"一种用来明确某一特定主题或研究领域的文献，从而为临床实践、政策制定和开展研究提供关键概念、研究空白、证据来源与类型指导"的研究方法；② 是一种基于循证实践理念的知识综合和证据识别方法③，包括"确定研究问题、确定相关研究、选择研究、绘制数据图表以及整理、总结和报告结果"④ 五个阶段。

本书之所以采用范围综述方法，而非循证医学的核心方法——系统性综述（systematic review），是因为系统性综述不能完全涵盖教育研究的类型。系统性综述，也被称为系统评价、系统性回顾等，是运用严谨的方法，针对某一研究主题筛选、评估并整合先前那些研究中的证据，获得总结性的、综合性证据的研究方法。该方法对相关研究的偏倚控制严格，能保证所得出的证据是高质量证据，因此成为循证医学的核心方法。也有学者认为应该成为循证教育学的主要方法。但是，教育科学虽然在重要方面与医学相似，如研究对象都是人，都要用理论解决实际问题等。但科学的教育研究特征又受教育特点的影响。教育是一项旨在培养人的人类活动，具有复杂性和多样性，学生成长发展具有不可逆性。这些特点影响着教育研究的伦理性和可控性，决定了教育研究难以像医学研究那样开展双盲随机对照试验，也就无法获得高级别证据，像民族志、行动研究、叙事研究、访谈法、参与观察法等定性的自然主义研究方法也是教育研究的重要方法，所获得的研究结果对教育实践有重要的指导意义。如果应用系统性综述方法来获取欺凌预防教育研究的证据，就会限制像民族志研究、访谈或问卷的调查研究、案例研究类的证据，

---

① Hilary Arksey and Lisa O'Malley, "Scoping Studies: Towards a Methodological Framework," *International Journal of Social Research Methodology*, Vol. 8, No. 1, 2005, p. 21.

② Helena, M. L. Daudt, " Enhancing the Scoping Study Methodology: A Large, Inter-Professional Team's Experience with Arksey and O'Malley's Framework," *BMC Medical Research Methodology*, Vol. 13, No. 1, March 2013, pp. 13-48.

③ Colquhoun, H. L., Levac, D., O'Brien K. K., et al., "Scoping Reviews: Time for Clarity in Definition, Methods, and Reporting," *Clin, J., Epidemiol*, Vol. 67, No. 12, December 2014, pp. 1291-1294.

④ Hilary Arksey and Lisa O'Malley, "Scoping Studies: Towards a Methodological Framework," *International Journal of Social Research Methodology*, Vol. 8, No. 1, 2005, p. 22.

那么证据来源就不完整。范围综述的证据水平高于评述类综述和传统综述，研究结果不仅可以促进某领域知识体系的更新，还对实践、政策制定及研究有着积极意义。① 资料来源不限于随机对照试验，而是来源于多种研究设计和研究方法，可以将教育研究中随机试验之外的更多研究类型纳入其中，因而更适配于教育研究。因此，本书采用范围综述方法，分别围绕学校预防、班级预防、教师预防、家长预防、学生个体预防、网络预防严格筛选证据并进行整合，以获得每一个元素的最佳证据，作为制定我国中小学校园欺凌预防教育方案的客观基础。

第二层次证据（也称二次证据）由本书开展的现状调查获得。我国中小学校园欺凌预防教育方案必须建基于中国欺凌预防实践之上，教师、学生、家长对欺凌的认识及应对的现状都会影响他们参与欺凌预防的程度。而目前这类证据普遍缺乏或存在问题，比较薄弱，因此，为了使得循证欺凌预防教育模式建立在更直接的经验信息之上，必须获得更加可靠的证据。为此，我们开展了中小学教师、中小学学生及家长对校园欺凌认识和应对的调查，将其作为循证欺凌预防教育模式的第二层次证据。

（四）制定欺凌预防教育的行动方案

在对上述两个层次证据的获取、整合基础之上，从全校预防、班级预防、教师参与预防、家长参与预防、学生个体预防以及网络预防六个方面制定出循证欺凌预防教育的方案（第四—九章）。第四章立足全校预防视角，基于创建预防校园欺凌的学校氛围的证据，制定了创建中国校园欺凌预防氛围的行动方案；基于反欺凌课程设计的证据，确立了中国反欺凌课程设计的行动建议；第五章基于校园欺凌班级预防的证据，探讨了中国校园欺凌班级预防的方案；第六章结合中国中小学教师对校园欺凌的认识与应对现状，基于教师参与预防校园欺凌的第一层次研究证据，提出了教师如何参与校园欺凌预防和干预的行动方案；第七章从中小学生对校园欺凌认识与

---

① 王喜益、叶志弘、汤磊雯：《范围综述在护理领域的应用进展》，《中华护理杂志》2019年第8期。

应对现状出发，结合中小学生防欺凌能力培养的研究证据，提出学生个体预防的方案。第八章从中小学家长对校园欺凌认知与应对的现状出发，结合家长参与校园欺凌预防与干预的研究证据，探讨了家长参与预防和干预校园欺凌的行动方案。第九章基于网络欺凌预防的证据，探讨了我国网络欺凌预防的行动方案。

需要说明的是，由范围综述获得的证据不是最终结果，因为一次证据还在不断更新中，二次研究的证据也应不断增加。因此本书提出的循证欺凌预防教育模式是开放的，后面可以根据新的证据进行迭代。但目前来看，本书的两个层次的证据应是当前欺凌预防教育决策和实践的最佳依据。

第四章 校园欺凌的全校预防

本章从预防校园欺凌的学校氛围创建和反欺凌课程设计两个方面，探讨如何立足于全校预防校园欺凌。

第一节 创建预防校园欺凌的学校氛围

从社会生态框架中理解欺凌，讨论学校氛围如何预防校园欺凌，扩大了欺凌预防的选择。[①] 学校氛围是学校生活的质量和特征，基于学生、家长和学校人员对学校生活的经验模式，反映出学校规范、目标、价值观、人际关系、教学实践和组织结构。[②] 积极的学校氛围能增强学生亲社会行为，减少欺凌与受害[③]，消极的学校氛围会对欺凌行为产生

[①] Dorothy L. Espelage and Susan M. Swearer, eds., *Bullying in American Schools: A Social-ecological Perspective on Prevention and intervention*, New Jersey: Lawrence Erlbaum Associates, 2004, p. 192; Dorothy L. Espelage and Susan M. Swearer, eds., "A Social-ecological Model for Bullying Prevention and Intervention: Understanding the Impact of Adults in the Social Ecology of Youngsters," In Shane R. Jimerson, Susan M. Swearer and Dorothy L. Espelage, eds., *Handbook of Bullying in Schools: An International Perspective*, New York: Routledge/Taylor & Francis Group, 2010, pp. 61–72.

[②] National School Climate Council, "School Climate," https://schoolclimate.org/school-climate.htm.

[③] Nancy G. Guerra, Kirk R. Wiliams and Shelly Sadek, "Understanding Bullying and Victimization During Childhood and Adolescence: A Mixed Methods Study," *Child Development*, Vol. 82, No. 1, February 2011, pp. 295–310; Nancy Meyer-Adams and Bradley T. Conner, "School Violence: Bullying Behaviors and Psychosocial School Environment in Middle Schools," *Children and Schools*, Vol. 30, No. 4, October 2008, pp. 211–221; Stephen B. Plank, Catherine P. Bradshaw and Hollie Young, "An Application of 'Broken Windows'and Related Theories to the Study of Disorder, Fear, and Collective Efficacy in Schools," *American Journal of Education*, Vol. 115, No. 2, 2009, pp. 227–247.

负面影响。① Susan M. Swearer 等人发现，合作的学校氛围能够平静学生的攻击情绪，增加他们的安全感和快乐。② 校园欺凌研究专家 Peter K. Smith、Dan Olweus 和 Christina Salmivalli 等认为，开展预防和干预欺凌的行动需要发展"全学校"的方法，建设积极安全的学校环境。③

采用范围综述（scoping review）方法对七个英文数据库中预防校园欺凌的学校氛围研究结果进行审查，旨在明确学校氛围和校园欺凌预防的关系，现有研究中预防校园欺凌的学校氛围的建设措施有哪些，并且在上述研究证据基础上讨论我国建设预防校园欺凌的学校氛围的行动方案。

一 研究方法

此次研究所使用的范围综述方法依据的是 Hilary Arksey 和 Lisa O'Malley 的范围综述框架，即确定研究问题；确定相关研究；研究选择；绘制数据图表；整理、总结和报告结果。④

（一）确定研究问题

此次审查的主要目的是探究什么样的学校氛围能够预防校园欺凌，为此，我们提出以下问题：

1. 为了减少欺凌的发生，全球范围内已经开展了哪些学校氛围与校园欺凌预防的研究？2. 什么样的学校氛围有助于预防欺凌？3. 全球范围

---

① Catherine P. Bradshaw, Anne L. Sawyer and Lindsey M. O'Brennan, "A Social Disorganization Perspective on Bullying-related Attitudes and Behaviors: the Influence of School Context," *American Journal of Community Psychology*, Vol. 43, No. 3-4, 2009, pp. 204-220; Chiaki Konishi, Shelley Hymel, Bruno D. Zumbo and Zhen Li, "Do School Bullying and Student—Teacher Relationships Matter for Academic Achievement? A Multilevel Analysis," *Canadian Journal of School Psychology*, Vol. 25, No. 1, March 2010, pp. 19-39.

② Susan M. Swearer, Dorothy L. Espelage and Scott A. Napolitano, eds., *A Bullying Prevention and Intervention: Realistic Strategies for Schools*, New York: The Guilford Press, 2009.

③ Peter K. Smith, Debra Pepler and Ken Rigby, eds., *Bullying in Schools: How Successful Can Interventions Be*, Cambridge: Cambridge University Press, 2005; Dan Olweus, Susan P. Limber and Sharon F. Mihalic, eds., *Blueprints for Violence Prevention Series: Book 9. Bullying Prevention Program*, Boulder: University of Colorado, Institute of Behavioral Science, Center for the Study and Prevention of Violence, 1999; Jaana Juvonen, Hannah L. Schacter, Miia Sainio and Christina Salmivalli, "Can a School-wide Bullying Prevention Program Improve the Plight of Victims? Evidence for Risk X Intervention Effects," *Journal of Consulting and Clinical Psychology*, Vol. 84, No. 4, 2016, pp. 334-344.

④ Hilary Arksey and Lisa O'Malley, "Scoping Studies: Towards a Methodological Framework," *International Journal of Social Research Methodology*, Vol. 8, No. 1, February 2005, pp. 19-32.

内已探索出的建设预防校园欺凌的学校氛围的措施有哪些？4. 依据上述研究证据，我国中小学应如何建设预防欺凌的学校氛围？

学校氛围与校园欺凌预防研究的审查分为两个阶段：第一阶段运用特定检索词对已知数据库进行检索，从而获得旨在解决欺凌问题的学校氛围的文献资料；第二阶段重点在于通过阅读这部分文献资料，从中选取符合标准的文献并将其纳入研究审查范围（见图 4.1）。

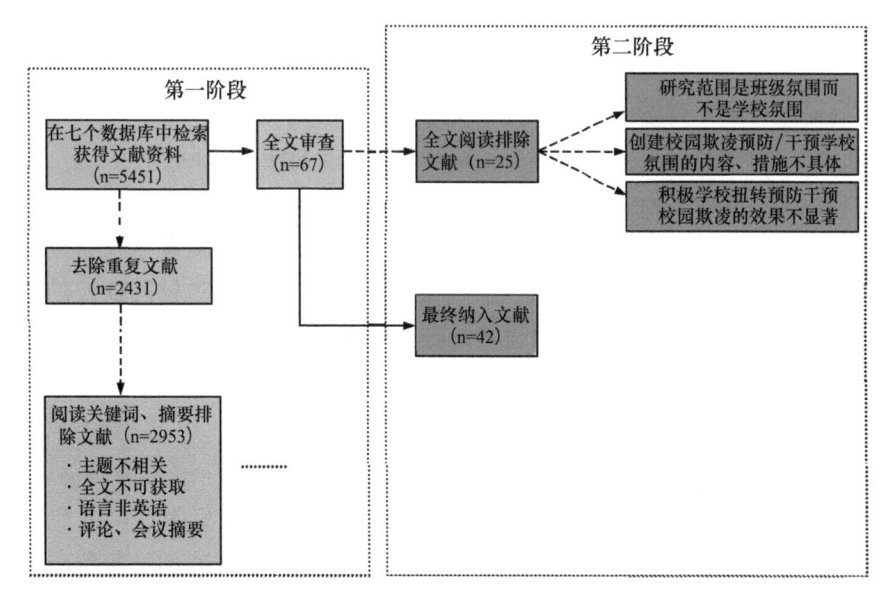

图 4.1　检索流程

（二）确定相关研究

对该领域进行范围界定的重点是尽可能全面地确定适合回答研究问题的主要研究成果（已发表和未发表）。为了实现这一目标，采用了以下检索策略，检索了 Web of Science、Elsevier、Wiley、Springer Link、EBSCO、Proquest、OA Lib 获取开放图书馆七个外文数据库，使用"school climate""school environment""school context""school structure""school safety""school culture""school atmosphere""bullying prevention""bullying intervention"作为检索词在数据库中分别设置"主题词""关键词""标题词"等进行匹配检索，最终使用审查范围尽量广泛的检索办法，确定相关研究范围。在检索时，我们把结果限制在七个数据库中的会议或期刊发表的文章标题和摘要上，但在一些数据库中，由于缺少必要的搜索过滤器而无法实现检索。

最终检索出 5451 篇相关文献，其中在 Web of Science 上检索出 1406 篇，在 Elsevier 上检索出 507 篇，在 Wiley 上检索出 323 篇，在 SpringerLink 上检索出 1687 篇，在 EBSCO 上检索出 538 篇，在 Proquest 上检索出 604 篇，在 OALib 上检索出 386 篇，去除重复文献 2431 篇，确定 3020 篇相关研究成果。

（三）研究选择

研究成果选择由两名研究者根据纳入和排除标准通过阅读文章题目和摘要进行独立初筛，再阅读全文进行二次筛选。在筛选过程中如遇分歧，则与第三名研究者讨论解决，最终确定符合标准的文献。

1. 纳入标准

在对文献进行筛选前建立了纳入标准。首先，文献侧重学校氛围与校园欺凌预防的关系研究；其次，研究中需含有建设预防校园欺凌的学校氛围举措；最后，文章使用语言为英语。搜索范围截至 2022 年 1 月该数据库收录的所有文献。

2. 排除标准

排除标准遵循以下原则：（1）全文不可获取；（2）语言为非英语；（3）评论、会议摘要、书的章节；（4）研究对象非学校氛围；（5）创建预防校园欺凌的学校氛围内容不具体；（6）预防校园欺凌的学校氛围措施效果不显著。

通过阅读 3020 篇文献资料的摘要和关键词，排除与主题不相关的 2953 篇文献，获得 67 篇需全文审查的文献资料。全文阅读 67 篇文献，与制定的纳入与排除标准进行比较，共筛选出 42 篇符合要求的文献，将其纳入研究范围。

（四）数据提取与分析

对纳入研究的文献进行数据提取，提取出审查要素信息，包括作者、年份、国家、研究目的、研究方法、样本、研究内容、研究贡献，并对之进行汇总分析。研究内容侧重学校氛围与校园欺凌预防的关系或者创建预防校园欺凌的学校氛围措施，研究贡献侧重学校氛围预防校园欺凌的效果或未来建设预防校园欺凌学校氛围的方向。文献审查要素概览如表 4.1 所示。

表 4.1　文献审查要素概览

序号	作者（年份/国家）	研究目的	研究方法	样本（学校/年级）	研究内容	研究贡献
1	Bosworth, K. 和 Judkins, M.（2014/美国）[1]	评估全学校积极行为干预支持（School-wide Positive Behavioral Interventions and Supports, SWPBIS）的有效性，创建积极的学校氛围，降低欺凌的发生率	理论研究	—	全校积极行为干预支持的实施内容：（1）确定学校朔望的积极行为如尊重、负责等行为；（2）通过视频等方式教授尊重、负责的积极行为，使学生接受并实施积极行为，关注积极行为，减少不当行为	通过定义、识别、教授、强化学生的积极行为，欺凌事件减少，学校互相尊重的氛围增强
2	Winnaar, L. 等（2018/南非）[2]	探究学校氛围与校园欺凌发生率的关系	问卷调查	292所学校 12514名学生	学生对学校归属感强，学校更重视学业成绩，欺凌发生率低；积极投入学习且对学习有信心的学生未来可能经历欺凌	在强调学业成绩，注重学生安全体验，鼓励学生参与课堂学习的健康学校环境里，欺凌问题的发生率会降低或不存在

---

[1] Kris Bosworth and Maryann Judkins, "Tapping into the Power of School Climate to Prevent Bullying: One Application of School Wide Positive Behavior Interventions and Supports," *Theory into Practice*, Vol. 53, No. 4, October 2014, pp. 300–307.

[2] Lolita Winnaar, Fabian Arends and Unathi Beku, "Reducing Bullying in Schools by Focusing on School Climate and School Socio-economic Status," *South African Journal of Education*, Vol. 38, No. 1, October 2018, pp. S1–S10.

续表

序号	作者（年份/国家）	研究目的	研究方法	样本（学校/年级）	研究内容	研究贡献
3	Storer, H. L. 等（2017/美国）①	探究学校环境中支持青少年干预欺凌行为和约会暴力行为的因素	访谈法	113名青少年（女74人，男39人）	促进旁观者干预的师生关系，约会暴力的因素是积极的师生关系，教师关心学生，教师实施干预欺凌的行为；阻碍旁观者干预的因素有：学生没有干预的"权力"，学生对管理者及同伴的干预能力持悲观态度，学校不重视约会暴力问题，不尊重女性的价值观	学校的反欺凌态度、政策及师生关系等因素会影响学生对旁观者干预有效性的认识，也影响学生干预欺凌的意愿
4	O'Brennan, L. M. 等（2014/美国）②	探究员工联结与欺凌干预意愿之间的关系	问卷调查	2163名教师和2901名工作人员	员工联结与干预特殊群体欺凌的意愿有关。个人与学校的联结，学生—员工的联结，员工间的联结越强，员工更愿意干预基于性取向、残疾、肥胖等特殊人群的欺凌行为	联结性对欺凌预防和学校氛围改进有重要作用。在涉及干预特殊人群的欺凌方面，学校员工联结尤其重要

---

① Heather, L., Storer, Erin, A., Casey and Todd, I., Herrenkohl, "Developing 'Whole School' Bystander Interventions: the Role of School-settings in Influencing Adolescents Responses to Dating Violence and Bullying," *Children and Youth Services Review*, Vol. 74, January 2017, pp. 87-95.

② Lindsey M. O'Brennan, Tracy E. Waasdorp and Catherine P. Bradshaw, "Strengthening Bullying Prevention through School Staff Connectedness," *Journal of Educational Psychology*, Vol. 106, No. 3, February 2014, pp. 870-880.

续表

序号	作者（年份/国家）	研究目的	研究方法	样本（学校/年级）	研究内容	研究贡献
5	Nese, R. N. T.等（2014/美国）[1]	评估期待尊重项目是否能减少欺凌行为	前后测实验	3所中学6—8年级的508名、511名和691名学生	期待尊重（Expect Respect）项目的内容包括：（1）为员工开设"期待尊重"课程，培养成人面对欺凌报告时的反应和支持学生的态度。如教授教师监督和中断不当行为的方法。（2）组织召开学校会议和教职工会议，由学生讨论决定全校"停止"不当行为的信号并加以练习。（3）学生复习不当应用"停止"不当行为、观看视频，列出"寻求帮助"的清单	期待尊重项目实施后，每一所学校的身体和言语攻击率都有所下降。学生被尊重的比例增加，不尊重事件下降。使用全校"停止"不当行为策略的学生人数增加
6	Gerlinger, J.等（2016/美国）[2]	探究两种预防策略——安全措施和权威学校纪律分别对校园欺凌行为的影响	问卷调查	12—18岁23974名青少年	实施安全措施的方法只与关系欺凌有部分关系，而权威欺凌没有关系。言语体欺凌、纪律增强了师生间的凝聚力，提高了学校纪律水平，创建出积极的学校氛围，学生欺凌行为和受害程度降低	严格公正的纪律和为学生提供支持的权威学校纪律是防止校园欺凌的有效途径

[1] Rhonda, N. T. Nese, Robert, H. Horner, Celeste Rossetto Dickey, Brianna Stiller and Anne Tomlanovich, "Decreasing Bullying Behaviors in Middle School: Expect Respect," *School Psychology Quarterly*, Vol. 29, No. 3, May 2014, pp. 272-286.

[2] Julie Gerlinger & James C. Wo, "Preventing School Bullying: Should Schools Prioritize an Authoritative School Discipline Approach over Security Measures?," *Journal of School Violence*, Vol. 15, No. 2, 2016, pp. 133-157.

续表

序号	作者（年份/国家）	研究目的	研究方法	样本（学校/年级）	研究内容	研究贡献
7	Cornell, D. 等（2015）/美国[1]	探讨权威学校氛围与七、八年级学生低受害程度的关系	问卷调查	423所学校七、八年级39364名学生（51.7%为女孩）	学校纪律具备公正严格的特点能够预防欺凌受害，一般为受害和戏弄性欺凌受害。教师关心学生能为学生提供支持，学生在面对戏弄性欺凌受害和一般受害时愿意寻求他人帮助	加强权威学校氛围的策略使预防干预项目更容易接受，也更有效
8	Eliot, M. 等（2010）/美国[2]	支持性学校氛围对学生面临欺凌时寻求帮助态度的影响	问卷调查	291所高中7318名九年级学生（49%为女孩，51%为男孩）	在学校感受到关心和尊重的学生在遭受欺凌、遇见威胁事件时会选择告诉老师。女孩比男孩更倾向于寻求他人帮助	以关心、信任、尊重、公平特点的支持性学校氛围会促使受害者寻求帮助

---

[1] Dewey Cornell, Kathan Shukla and Timothy Konold, "Peer Victimization and Authoritative School Climate: A Multilevel Approach," *Journal of Educational Psychology*, Vol. 107, No. 4, April 2015, pp. 1186–1201.

[2] Megan Eliot, Dewey Cornell, Anne Gregory and Xitao Fan, "Supportive School Climate and Student Willingness to Seek Help for Bullying and Threats of Violence," *Journal of School Psychology*, Vol. 48, No. 6, 2010, pp. 533–553.

续表

序号	作者（年份/国家）	研究目的	研究方法	样本（学校/年级）	研究内容	研究贡献
9	Richard, J. F. 等（2012）/加拿大[1]	确定学校氛围中影响欺凌行为的因素	问卷调查	701名教师、478名校长和18222名学生（8741名男孩和9481名女孩，平均年龄为15.4岁）	积极学校氛围能降低欺凌发生率，学生在积极氛围下学习和行为更友好：教师干预欺凌减少欺凌发生，师生间的积极关系能减少欺凌的行为，同伴接受程度高且友谊质量高的学生较少受侵害，学习好的学生面对言语/关系欺凌的风险更高	那些被认为更安全、学生成绩更好、欺凌行为发生较少的学校，欺凌的举措应促进学生和教师之间、学校所有成员之间的积极社会互动
10	Forber-Pratt, A. J. 等（2014）/美国[2]	描述在有帮派存在的学校，欺凌受害的独特性	访谈法	汤普森中学（匿名）10个学生	有帮派存在的学校，欺凌受害者呈现出四个特点：（1）教师和管理人员因担心问题而忽视学校欺凌问题；（2）学生感到恐惧；（3）学生迫于帮派压力，加入欺凌者的阵营；（4）欺凌受害者陷入绝望的困境	有帮派驻扎的学校，"经常发生的欺凌事件"上升为更严重的事件，帮派加剧了学校不安全的风险

---

[1] Jacques F. Richard, Barry H. Schneider and Pascal Mallet, "Revisiting the Whole-school Approach to Bullying: Really Looking at the Whole School," *School Psychology International*, Vol. 33, No. 3, May 2012, pp. 263-284.

[2] Anjali J. Forber-Pratt, Steven R. Aragon and Dorothy L. Espelage, "The Influence of Gang Presence on Victimization in One Middle School Environment," *Psychology of Violence*, Vol. 4, No. 1, 2014, pp. 8-20.

续表

序号	作者（年份/国家）	研究目的	研究方法	样本（学校/年级）	研究内容	研究贡献
11	Springer, A. E. 等（2016/美国）①	学校社会凝聚力（School Social Cohesion）、学生—学校联结（Student-school Connectedness）与三种欺凌受害类型的关系	问卷调查	11 所学校 774 名 10—19 岁学生	在学校社会凝聚力强时，学生身体受害、言语受害，社会排斥程度低；学生—学校联结只对言语受害有影响：学校联结水平高，女孩同言语受害少	学校凝聚力、学生—学校联结的积极方面能够减轻欺凌受害，基于此可以进行学校社会凝聚力预防欺凌的机制研究
12	Miranda, R. 等（2019/秘鲁）②	探究学校环境、成人—青少年关系如何影响欺凌旁观者行为或旁观者行为	问卷调查	5774 名青少年（平均年龄为 14.19 岁）	关爱支持的学校环境和公正严格的学校规范鼓励成人为青少年提供更大的支持，旁观青少年更愿意帮助受害者；基于暴力骚扰青少年破坏性的学校环境增加了成人采取沉默的消极行为的可能，旁观青少年易实施欺凌	成人支持、彼此信任的学校环境可以保证学生在报告欺凌时不会敌视排斥。同时，规则明确的保护性学校环境也是欺凌预防项目成功的关键

① Andrew E. Springer, Maria Clara Cuevas Jaramillo, Yamileth Ortiz Gómez, Katie Casel and Anna Wilkinson, "School Social Cohesion, Student-school Connectedness, and Bullying in Colombian Adolescents," *Global Health Promotion*, Vol. 23, No. 4, 2016, pp. 37-48.

② Rafael Miranda, Xavier ORiol and Alberto Amutio, "Risk and Protective Factors at School: Reducing Bullies and Promoting Positive Bystanders' Behaviors in Adolescence," *Scandinavian Journal of Psychology*, Vol. 60, No. 2, 2019, pp. 106-115.

续表

序号	作者（年份/国家）	研究目的	研究方法	样本（学校/年级）	研究内容	研究贡献
13	Gage, N. A. 等（2014/美国）①	探究学校氛围与欺凌受害之间的关系	问卷调查	3—12年级4742名学生	在小学、中学、小学—中学过渡的三个阶段，学校对学生差异的尊重态度预测学校安全的共同特征。在小学阶段，成人的支持对降低受害风险的影响更显著，进入过渡阶段和中学后，同伴支持更为重要	根据不同阶段学生特点制定的提高学校环境策略对减少欺凌受害者更有针对性：小学注重培养成年人与学生之间关爱和信赖的关系；中学是注重营造支持的学校环境，建立关心、支持的同伴关系
14	Han, Z. Q. 等（2017/中国）②	探究学校氛围与校园欺凌普遍性的关系	问卷调查	28所学校3777名学生	师生关系、同伴关系，学生学习成绩排名是受害发生的保护因素。与教师关系好的学生很少欺凌他人或冷眼旁观欺凌	学校氛围，如与教师的关系、与同学的关系和学习成绩，能够成为保护欺凌受害者的因素
15	Hong, J. S. 和 Espelage, D. L.（2012/美国）③	探讨生态系统理论中各系统对欺凌事件的影响	文献综述	—	同伴接受度和友谊、学校安全是防治欺凌的保护因素。学生与学校的联结水平高可以降低欺凌发生的风险，联结水平低或无联结，容易参与欺凌或遭受欺凌	生态系统的微系统维度对欺凌事件影响较大，尤其是与学生个体联系紧密的同伴关系、学校联结等因素

① Nicholas A. Gage, Debra A. Prykanowski and Alvin Larson, "School Climate and Bullying Victimization: A Latent Class Growth Model Analysis," *School Psychology Quarterly*, Vol. 29, No. 3, June 2014, pp. 256-271.
② Ziqiang Han, Guirong Zhang and Haibo Zhang, "School Bullying in Urban China: Prevalence and Correlation with School Climate," *International Journal of Environmental Research and Public Health*, Vol. 14, No. 10, September 2017, p. 1116.
③ Jun Sung Hong and Dorothy L. Espelage, "A Review of Research on Bullying and Peer Victimization in School: An Ecological System Analysis," *Aggression and Violent Behavior*, Vol. 17, No. 4, 2012, pp. 311-322.

续表

序号	作者（年份/国家）	研究目的	研究方法	样本（学校/年级）	研究内容	研究贡献
16	Foody, M. 等（2018/爱尔兰）[1]	研究校长对欺凌事件的看法以及他们采取的预防干预策略	问卷调查	918名校长	校园欺凌会导致学生低出勤率和低学业成就，学校有反欺凌政策，教师们具备应对欺凌的知识；学校能为欺凌卷入者提供社会情感教育；1/3的学校有针对欺凌的预防干预项目；学校指定处理欺凌专门人员	反欺凌政策尚不完善，反欺凌项目缺乏对员工的培训，缺乏专门人员和专业人员是欺凌普遍发生的重要原因
17	Saarento, S. 等（2015/芬兰）[2]	探究与欺凌和受害有关的班级、学校层面因素	文献综述	—	（1）学校位置与欺凌普遍性有关，农村学校的欺凌问题比城市学校消极；（2）同伴地位差距大，反欺凌态度支持欺凌行为的反应，欺凌发生的可能性大；（3）教师影响学生之间的欺凌；积极的师生关系可以为学生提供社会支持，缓解冲突。教师对欺凌的信念和态度影响学生对欺凌的干预意愿和行动	欺凌预防的行动要关注学校环境特征，考虑师生间的互动关系，加强同伴群体间的反欺凌态度

[1] Mairéad Foody, Helena Murphy, Paul Downes and James O'Higgins Norman, "Anti-bullying Procedures for Schools in Ireland: Principals' Responses and Perceptions," *Pastoral Care in Education*, Vol. 36, No. 2, March 2018, pp. 126–140.
[2] Silja Saarento, Claire F. Garandeau and Christina Salmivalli, "Classroom- and School-Level Contributions to Bullying and Victimization: A Review," *Journal of Community and Applied Social Psychology*, Vol. 25, No. 3, May/June 2015, pp. 204–218.

续表

序号	作者（年份/国家）	研究目的	研究方法	样本（学校/年级）	研究内容	研究贡献
18	Kyriakides, L. 等（2014/塞浦路斯）[1]	探究改善学校环境的行动计划能否减少欺凌	随机对照实验	52所学校（塞浦路斯30所，希腊22所）1345名六年级学生和596名教师	对实验组学校开展改善学校环境的行动计划，内容包括：对实验组学校开展关于学校学习环境、教学政策和学校评估等层面的培训和指导，收集各层面发挥的功能并确定需改进的事项，最后由学校相关人员制订行动计划并实施	实验组学校通过改善学习环境、教学政策和学校评估减少了欺凌行为
19	Cowie, H.（2011/英国）[2]	运用同伴支持策略应对校园欺凌	文献综述	—	同伴支持是训练同伴支持者如何应对同伴痛苦的一种形式，主要包括三种方法：(1) 交友计划：培训同伴支持者提供友谊支持或非正式支持；(2) 同伴调解：培训同伴支持者解决欺凌者和受害者之间的冲突；(3) 积极倾听：培训同伴支持者咨询技能，为受害者提供情感支持	同伴支持策略是应对欺凌的有效方法，孩子通过分享他们的恐惧、焦虑和痛苦，伴间产生同情，从而厌恶欺凌行为，选择积极的旁观者行动

[1] Leonidas Kyriakides, Bert P. M. Creemers, Dona Papastylianou and Marietta Papadatou-Pastou, "Improving the School Learning Environment to Reduce Bullying: An Experimental Study," *Scandinavian Journal of Educational Research*, Vol. 58, No. 4, 2014, pp. 453-478.
[2] Helen Cowie, "Peer Support as an Intervention to Counteract School Bullying: Listen to the Children," *Children and Society*, Vol. 25, No. 4, 2011, pp. 287-292.

续表

序号	作者（年份/国家）	研究目的	研究方法	样本（学校/年级）	研究内容	研究贡献
20	Bradshaw, C. P. (2013/英国)[1]	使用积极行为干预支持（Positive Behavioral Interventions and Supports, PBIS）预防校园欺凌和改善学校氛围	理论研究	—	积极行为干预支持针对不同群体实施不同措施：（1）普遍性干预：针对所有学生开展社会情感技能发展的课程；（2）选择性干预：针对有卷入欺凌风险的儿童进行社会技能培训；（3）针对性的预防性干预：满足欺凌者或受害者学生以及他们家庭的需要	积极行为干预支持对学校氛围有积极影响，通过改善学校环境，预防欺凌行为
21	Bosworth, K. 等 (2018/美国)[2]	领导力对改善学校氛围和降低欺凌的影响	问卷调查	19所高中学生（人数从370名到3270名不等）	校长领导力影响欺凌行为：校长对全校积极行为干预支持的态度和实施措施，增强了学校联结、师生关系和学校对学业的支持态度	领导力参与有助于积极学校氛围的形成，减少欺凌行为

---

[1] Catherine P. Bradshaw, "Preventing Bullying through Positive Behavioral Interventions and Supports (PBIS): A Multitiered Approach to Prevention and Integration," *Theory into Practice*, Vol. 52, No. 4, October 2013, pp. 288–295.

[2] Kris Bosworth, Rafael Garcia, Maryann Judkins and Mark Saliba, "The Impact of Leadership Involvement in Enhancing High School Climate and Reducing Bullying: An Exploratory Study," *Journal of School Violence*, Vol. 17, No. 3, 2018, pp. 354–366.

第四章 校园欺凌的全校预防

续表

序号	作者（年份/国家）	研究目的	研究方法	样本（学校/年级）	研究内容	研究贡献
22	Riffle, L. N 等（2021/美国）[1]	探究欺凌行为与教师、同学之间的支持之间的关系	问卷调查	631名郊区中学生	教师支持与欺凌行为、协助欺凌的行为和局外人行为呈负相关；同学支持与欺凌他人的行为、保护受害者行为呈负相关；教师支持调节了同学支持与欺凌相关行为的关系	支持的社会关系对与欺凌有关的行为有很大影响。学校欺凌预防的方法可以将为教师提供防治欺凌的知识，为学生提供应对欺凌的建议等内容纳入进来
23	Tofi, M. M. 和 Farrington, D. P.（2012/英国）[2]	探究同伴支持、惩罚方式、年龄特点与欺凌的关系	文献综述	—	同伴支持的方法可能增加欺凌和受害程度；惩罚方式与受害效应大小无关；年龄较大的学生遭受欺凌与欺凌和受害较少	同伴支持性可能采取一种更有攻击性的行为进行干预，加重欺凌和受害。惩罚性和非惩罚性的方法可以根据欺凌事件的具体特征结合起来实施

[1] Logan N. Riffle and Michelle L. Demaray, "Bully Participant Role Behavior and Social Support from Teachers and Classmates: A Mediation Analysis," *International Journal of Bullying Prevention*, Vol. 4, No. 1, 2022, pp. 130–143.
[2] Maria M. Ttofi and David P. Farrington, "Bullying Prevention Programs: The Importance of Peer Intervention, Disciplinary Methods and Age Variations," *Journal of Experimental Criminology*, Vol. 8, No. 4, August 2012, pp. 443–462.

续表

序号	作者（年份/国家）	研究目的	研究方法	样本（学校/年级）	研究内容	研究贡献
24	Greene, M. B.（2003）/美国①	使用改变氛围策略（climate change strategies）和咨询策略（counseling strategies）减少校园欺凌行为	文献综述	—	（1）改变氛围策略包括通过专家讲解、视频展示使学校员工了解欺凌动态及其影响，调查学校中欺凌程度、性质，据此制定针对欺凌的政策、项目和方法；（2）咨询策略包括召开欺凌者和受欺凌者会议，提出建设性解决方案，建立咨询师与学生的积极联系	改变氛围策略促进学生、教师、管理人员和家长之间的亲社会行为，减少对欺凌行为的社会支持，欺凌增强欺凌行为显著减少。咨询策略增强欺凌者和旁观者的心理同理心，为受害者提供心理和社会支持
25	Dorio, N. B. 等（2019）/美国②	调查学校氛围与传统欺凌、网络欺凌的关系	问卷调查	870名中学生（女性占49.7%）	学生的安全感知与受害体验有关，学生不太参与及观察欺凌的行动，感受到安全的学校的安全，内容包括同学间的人际冲突、学校的违纪违法行为，学校成员的联结信任，学生安全感	在安全的学校环境下，传统欺凌和网络欺凌事件小

---

① Michael B. Greene, "Counseling and Climate Change as Treatment Modalities for Bullying in School," *International Journal for the Advancement of Counselling*, Vol. 25, No. 4, 2003, pp. 293-302.

② Nicole B. Dorio, Kelly N. Clark, Michelle K. Demaray and Elyse M. Doll, "School Climate Counts: A Longitudinal Analysis of School Climate and Middle School Bullying Behaviors," *International Journal of Bullying Prevention*, Vol. 2, No. 4, September 2019, pp. 292-308.

续表

序号	作者（年份/国家）	研究目的	研究方法	样本（学校/年级）	研究内容	研究贡献
26	Schultze-Krumbholz, A. 等（2019/德国）①	研究学校氛围对网络欺凌旁观者行为的影响	问卷调查	5所学校36个班的726名7—10年级旁观者（平均年龄为13.37岁，女性占53.3%）	同伴间积极互动少，旁观者更可能选择协助网络欺凌的行为；教师支持高，学校安全同题少，旁观者采取保护受害者行为的意愿强	学校环境因素可以调节学校中的某种联系，形成欺凌预防和干预的学校氛围
27	Juvonen, J. 等（2016/美国）②	KiVa 反欺凌项目能否减少欺凌并降低欺凌带来的伤害	随机对照实验	4—6年级7010名小学生	通过项目实施，对比受害学生对学校氛围、学校态度、抑郁率、自尊水平的变化，发现干预组学生认为学校环境更有爱心，对学校的态度更积极，欺凌带来的伤害会减轻	重在增强教师和同伴支持的欺凌预防项目对经常遭受欺凌的学生更有益

① Anja Schultze-Krumbholz, Pavle Zagorscak, Markus Hess and Herbert Scheithauer, "The Influence of School Climate and Empathy on Cyberbystanders' Intention to Assist or Defend in Cyberbullying," *International Journal of Bullying Prevention*, Vol. 2, No. 1, September 2019, pp. 16-28.
② Jaana Juvonen, Hannah L. Schacter, Miia Sainio and Christina Salmivalli, "Can a School-Wide Bullying Prevention Program Improve the Plight of Victims? Evidence for Risk x Intervention Effects," *Journal of Consulting and Clinical Psychology*, Vol. 84, No. 4, 2016, pp. 334-344.

续表

序号	作者（年份/国家）	研究目的	研究方法	样本（学校/年级）	研究内容	研究贡献
28	Caravita, S. C. S. 等（2021/挪威）①	调查学校氛围与欺凌移民学生之间的联系	问卷调查	16个班的166名非移民的高中学生（平均年龄为16.26岁；56.6%为女性）	在学生感知到文化多样性不被尊重，学校对学生与移民接触的评价消极时，欺凌移民学生的风险增加。与欺凌移民学生行为相关的是与移民接触的质量，而不是相处的时间	学校对多样性文化的尊重缓解了移民学生与非移民学生的矛盾冲突，欺凌移民学生的事件减少
29	Cross, D. 等（2018/澳大利亚）②	友好学校预防（Friendly School Prevention, FSP）对减少过渡时期学生的欺凌和攻击行为的影响	随机对照试验	21所中学3462名8年级学生（平均年龄为13岁）	友好学校预防项目在学校层面开展欺凌预防：增强学生与同伴的支持关系，回顾欺凌相关政策和程序，改善学校文化和物理环境，提供积极行为管理策略，减少惩罚方法的使用，加强家校联系	在友好学校预防项目实施后，干预组学生在受害和欺凌水平方面显著低于对照组，学生感到更安全

---

① Simona C. S. Caravita, Noemi Papotti, Elisa Gutierrez Arvidsson, Robert Thornberg and Giovanni Giulio Valtolina, "Contact with Migrants and Perceived School Climate as Correlates of Bullying Toward Migrants Classmates," *Child and Adolescent Development*, 2021, pp. 1–17.

② Donna Cross, Therese Shaw, Melanie Epstein, Natasha Pearce, Amy Barnes, Sharyn Burns, Stacey Waters, Leanne Lester and Kevin Runions, "Impact of the Friendly Schools Whole-school Intervention on Transition to Secondary School and Adolescent Bullying Behaviour," *European Journal of Education*, Vol. 53, No. 4, December 2018, pp. 495–513.

续表

序号	作者（年份/国家）	研究目的	研究方法	样本（学校/年级）	研究内容	研究贡献
30	Hong, J. S.等（2018/美国）①	介绍与学校氛围有关的欺凌预防干预项目	文献综述	—	奥维斯欺凌预防项目（Olweus Bullying Prevention Program, OBPP）在学校层面成立欺凌预防协调委员会，召开员工小组会议，介绍奥维斯欺凌规则，优化学校管理系统；KiVa反欺凌项目（KiVa Anti-bullying Program, KiVa）中的普遍行动（universal actions）提供欺凌有关的主题课程，如同情感、尊重他人、群体压力；积极行为干预支持（Positive Behavioral Interventions and Supports, PBIS）提出组建PBIS团队；向学生和工作人员传播期望的积极行为；通过课程教授学生积极行为；创建和平的学校学习环境（Creating a Peaceful School Learning Environment, CAPSLE）提出加强纪律管理；同伴和成人合作；教会儿童使用非攻击性策略保护自己和他人；学生通过预防措施取得成功（Student Success Through Prevention, SS-SSTP）：提供课程，内容包括同理心训练，情绪调节、沟通技巧和问题解决策略	这些欺凌预防干预项目都在一定程度上减少了欺凌和受害行为的发生

---

① Jun Sung Hong, Dorothy L. Espelage and Jeoung Min Lee, "School Climate and Bullying Prevention Programs," in Harvey Shapiro, eds., *The Wiley Handbook on Violence in Education*, New Jersey: Wiley Blackwell, 2018, pp. 359-374.

续表

序号	作者（年份/国家）	研究目的	研究方法	样本（学校/年级）	研究内容	研究贡献
31	Konishi, C. 等（2021/加拿大）①	探究旁观者行为与学校氛围的关系	问卷调查	76所学校的8—12年级共26176名学生（13224名女生）	学校氛围中学校安全、纪律公平/规则清晰、成人支持、成人对欺凌的反应、同伴支持、归属感、学生自主性、参与集体活动机会、对多样性的接受度等因素与阻止欺凌的旁观者行为显著相关；但旁观者寻求支持的行为与同伴支持、参与集体活动机会不相关	指出了学校安全、成人支持、对多样性的接受度态度对干预欺凌和暴力的重要性
32	Jeong, S.等（2013/美国）②	解释学校氛围与欺凌受害的关系，探究在某一学校有效的欺凌预防策略能否应用到多个学校	问卷调查	195所学校学生（7001名）以及这些学校的管理者	学校氛围中的同伴支持是欺凌受害的重要预测因素，缺乏同伴支持可能增加受害风险。预防欺凌的策略如帮派预防项目（gang prevention program）能够减少学生情感受害，欺凌预防项目（bullying prevention program）会增加同伴受害风险，安全氛围措施（security climate），安全通道项目（safe passage program）对受害结果没有影响	同伴支持能减少欺凌受害，学校预防欺凌的策略中只有帮派预防项目起到降低学生情感伤害的效果，其他项目无作用或起到反作用，应妥善使用

---

① Chiaki Konishi, Shelley Hymel, Tracy K. Y. Wong and Terry Waterhouse, "School Climate and Bystander Responses to Bullying," *Psychology in the Schools*, Vol. 58, No. 8, 2021, pp. 1557-1574.
② Seokjin Jeong and Byung Hyun Lee, "A Multilevel Examination of Peer Victimization and Bullying Preventions in Schools," *Journal of Criminology*, January 2013, pp. 1-10.

续表

序号	作者（年份/国家）	研究目的	研究方法	样本（学校/年级）	研究内容	研究贡献
33	Johnson, S. L. 等（2013/美国）[1]	探究学校氛围对受害者应对欺凌行为的影响：是采取改击行为报复欺凌者还是寻求成人的支持	问卷调查	6493名在过去一年中遭受过欺凌的受害者	从个体感知层面上看，认为学校不安全的学生，面对欺凌时更易报复欺凌者；认为成人会干预欺凌的学生更愿意寻求成人支持；受害者的报复行为与同伴干预呈负相关，与教师干预没有关系。在学校层面上，性别和学校文化多样特点会影响受害者行为：认为学校安全感知高的女孩，采取报复行为的可能性低；少数群体多的学校受害学生不太寻求成人支持	在更安全的学校环境中，受害者更易寻求他人支持
34	Wang, C. 等（2018/美国）[2]	探究学校氛围是否能调节受害者与心理健康结果之间的关系	问卷调查	5所小学3—6年级的1150名学生（平均年龄为10.27岁）	积极学校氛围如师生关系、公正的规则、明确的期望、尊重多样性等特点与心理健康正相关；学校尊重多样性态度、明确的期望能显著预测受害情况	营造积极的学校氛围对防止校园欺凌和促进小学生积极发展具有重要意义。氛围营造要特别注重建设积极的师生关系，创造公平的规则，营造尊重差异的氛围

[1] Sarah Lindstrom Johnson, Tracy Evian Waasdorp, Katrina Debnam and Catherine P. Bradshaw, "The Role of Bystander Perceptions and School Climate in Influencing Victims' Responses to Bullying: To Retaliate or Seek Support?," *Journal of Criminology*, June 2013, pp. 1–10.

[2] Cixin Wang, Dengting Boyanton, Ana-Sophia M. Ross, Jia Li Liu, Kathryn Sullivan and Kieu Anh Do, "School Climate, Victimization, and Mental Health Outcomes among Elementary School Students in China," *School Psychology International*, Vol. 39, No. 6, 2018, pp. 587–605.

续表

序号	作者（年份/国家）	研究目的	研究方法	样本（学校/年级）	研究内容	研究贡献
35	Cornell, D. 等（2016/美国）①	探讨严格公正的纪律体系和为学生提供支持的权威学校氛围与学生低风险行为的关系	问卷调查	323 所高中 9—12 年级 48027 名学生	学校纪律更公正严格，师生支持性关系越强，学生加入学校帮派的可能性越小，欺凌他人的行为越少	权威学校氛围能够减少学生欺凌他人的行为
36	Cornell, D. 等（2015/美国）②	回顾欺凌预防的成果以及研究重点的转变	文献综述	—	欺凌预防的研究由教授学生、教师认识欺凌的视角转向建立尊重、支持的学校环境的视角，加深了学者对学校氛围、同伴互动在预防欺凌中作用的理解	防治欺凌的研究越来越重视学校氛围的作用
37	Aldridge, J. M. 等（2017/澳大利亚）③	探究与青少年欺凌受害和犯罪行为有关的学校氛围因素	问卷调查	6120 名高中生	教师支持，学校联结，清晰明确的规则与欺凌受害呈负相关，学校对多样性的肯定、报告和寻求帮助的意愿与欺凌受害呈正相关	提高学生与学校的联结水平、明晰学校规则、注重、关心、尊重师生关系的建立能够降低欺凌受害

---

① Dewey Cornell and Francis Huang, "Authoritative School Climate and High School Student Risk Behavior: A Cross-sectional Multi-level Analysis of Student Self-Reports," *Journal of Youth Adolescence*, Vol. 45, No. 11, January 2016, pp. 2246-2259.

② Dewey Cornell and Catherine P. Bradshaw, "From a Culture of Bullying to a Climate of Support the Evolution of Bullying Prevention and Research," *School Psychology Review*, Vol. 44, No. 4, 2015, pp. 499-503.

③ Jill M. Aldridge, Katrina McChesney and Ernest Afari, "Relationships between School Climate, Bullying and Delinquent Behaviours," *Learning Environments Research*, Vol. 21, No. 2, September 2017, pp. 153-172.

续表

序号	作者（年份/国家）	研究目的	研究方法	样本（学校/年级）	研究内容	研究贡献
38	Wang, C. X. 等（2013/美国）[1]	强调学校氛围在欺凌干预中的重要地位	文献综述	—	积极的学校环境是有效防止欺凌行为的必要条件。师生同伴的积极关系，学校教师、心理学家、心理健康咨询师和辅导员等成人的积极行为是营造健康学校氛围的重要因素	与学校氛围相关的欺凌预防干预项目减少了学校欺凌和其他攻击性行为，反过来又促进了学校积极氛围的发展
39	Low, S. 和 Ryzin, M. V.（2014/美国）[2]	探究学校氛围对欺凌预防项目的影响	前后测实验	33所小学的员工和学生	学校成员联结程度更紧密，学生受害者更少；学生在反欺凌政策和策略上的努力能够减少欺凌行为；学生同伴的关心帮助影响旁观者行为，对待欺凌的态度，对待欺凌干预的态度，降低欺凌和受害行为	学校氛围可以预测欺凌态度和行为的积极变化，但似乎没有增强欺凌干预的效果

---

[1] Cixin Wang, Brandi Berry and Susan M. Swearer, "The Critical Role of School Climate in Effective Bullying Prevention," *Theory into Practice*, Vol. 52, No. 4, October 2013, pp. 296–302.
[2] Sabina Low and Mark Van Ryzin, "The Moderating Effects of School Climate on Bullying Prevention Efforts," *School Psychology Quarterly*, Vol. 29, No. 3, August 2014, pp. 306–319.

续表

序号	作者（年份/国家）	研究目的	研究方法	样本（学校/年级）	研究内容	研究贡献
40	Elsaesser, C. 等（2013/美国）[1]	探究学校氛围能否预测关系攻击行为和受害	问卷调查	37所学校5106名中学生	积极的人际关系氛围（师生、生生关系）能够预测较低水平的关系受害；积极的师生关系与暴力受害与关系受害无关；学校对暴力行为的反应能力（对暴力行为的报告和学校安全的关注）与关系攻击行为和受害无关	强调建立安全学校并提高师生、生生关系质量的重要性
41	Llorent, V. J. 等（2021/西班牙）[2]	探究学校氛围的政策文件（School policy document）、学生的社会情感能力、传统欺凌、网络欺凌的两两关系	问卷调查	22所学校2139名学生	在传统欺凌行为、传统欺凌受害、网络欺凌、网络欺凌受害中，只有传统欺凌行为与"促进积极学校氛围的行动"有显著关系	学校落实学校氛围的政策，建设积极学校氛围的行动能够减少学校传统欺凌行为

---

[1] Cailtin Elsaesser, Deborah Gorman-Smith and David Henry, "The Role of the School Environment in Relational Aggression and Victimization," *Journal of Youth Adolescent*, Vol. 42, No. 2, 2013, pp. 235–249.

[2] Vicente J. Llorent, David P. Farrington and Izabela Zych, "School Climate Policy and Its Relations with Social and Emotional Competencies, Bullying and Cyberbullying in Secondary Education," *Revista de Psicodidáctica*, Vol. 26, No. 1, 2021, pp. 35–44.

续表

序号	作者 (年份/国家)	研究目的	研究方法	样本 (学校/年级)	研究内容	研究贡献
42	Voight, A. 等(2016/美国)①	为"基于学校的项目与实践能够改善学校氛围"的研究提供证据	系统综述	—	结果发现,学校氛围中的人际关系、学校安全、纪律环境、尊重多样性、学生参与和物理环境等因素对减小欺凌行为有影响	这些证据让研究者和实践者认识到为学生创造更安全、更有支持性的环境的重要性

① Adam Voight and Maury Nation, "Practices for Improving Secondary School Climate: A Systematic Review of the Research Literature," *American Journal of Community Psychology*, Vol. 58, No. 1-2, August 2016, pp. 174-191.

二 研究结果

(一) 研究特征

通过对研究的各要素进行分析，尝试回答第一个问题：为了减少欺凌的发生，全球范围内已经开展了哪些学校氛围和校园欺凌预防的研究？

在纳入审查的42项研究中，实证取向的研究类型共有31项，采用问卷调查法的研究有24项，实验研究5项，包括3项随机对照实验和两项前后测对照实验，此外使用访谈法的研究有两项；理论取向的研究有11项，采用最多的方法是文献综述的，有8项，通过梳理前人研究综述学校氛围与校园欺凌预防的关系。在研究样本方面，只有6项研究的对象涉及成年人（校长、教师、学校工作人员），剩余研究对象均是中小学生，其中有两项研究对象更加具体：一项调查了欺凌旁观者，另一项调查了欺凌受害者。在研究发表时间方面，2003—2014年共发表18项研究成果，在此期间，关于这一主题的文章发表数量逐年上升，至2014年达到顶峰；2015—2018年共发表17篇文章，2019—2021年发表7篇文章，只2021年发表了4篇文章。在研究区域分布上，60%以上发文量来自美国，共27篇，其次是英国、加拿大、澳大利亚各2篇，剩余包括中国在内的国家各发表1篇。

(二) 预防校园欺凌的学校氛围特征

通过分析文献中学校氛围的特征，尝试回答第二个问题：什么样的学校氛围有助于预防校园欺凌？

1. 严格公正的权威学校氛围

纪律公正严格是权威学校氛围的关键品质，能够帮助学校形成安定有序的环境，促进学生学习和生活健康发展。[①] 此次审查中有3项研究涉及此项内容。

公正严格的权威学校氛围会影响学生欺凌受害和学生风险行为。学校对待"遵纪守法者"或"违法违纪者"一视同仁的态度，增强了学校成员对学校纪律实施的信心。当校园欺凌发生时，学生相信每位成员都

---

① Amrit Thapa, Jonathan Cohen, Shawn Guffey and Ann Higgins-D'Alessandro, "A Review of School Climate Research," *Review of Educational Research*, Vol. 83, No. 3, September 2013, pp. 357–385.

会被公平以待，因此会选择报告教师或采取主动干预的行动；相反，当感知到学校纪律不公时，学生会拒绝学校的规则和价值观，采用沉默或暴力方式解决冲突，增加欺凌和受害状况。① "安全措施"和"权威学校纪律策略"相比，后者在预防校园欺凌方面更具效果，而防御性过强的安全措施只会加剧学生的紧张感和恐惧感，未能对校园欺凌的遏制起到明显效果。②

2. 教师为学生提供支持

越来越多的研究证明学校里积极的社会关系可以作为预防或干预青少年问题行为的有效因素。教师与学生友好相处并为学生提供支持，学校中不当行为、风险行为的概率会降低，欺凌事件减少。③ 教师为学生提供的支持可分为关系支持、行动支持和情感支持。审查中共有15项研究涉及此内容。

教师为学生提供关系支持。教师能够影响学生之间的欺凌动态，积极的师生关系可以为学生提供支持，缓和冲突。学生与教师频繁地交往交谈，在教师反欺凌的信念和态度下学生会采取干预欺凌行动。④ 中国学者韩自强也发现与教师关系好的学生很少欺凌他人或冷眼旁观欺凌行为。⑤ 当师生关系紧张时，学生会感到孤立无援或不安全，从而采取逃避、"以暴制暴"的消极方式应对欺凌，加剧学校暴

---

① Dewey Cornell, Kathan Shukla and Timothy Konold, "Peer Victimization and Authoritative School Climate: A Multilevel Approach," *Journal of Educational Psychology*, Vol. 107, No. 4, April 2015, pp. 1186-1201; Dewey Cornell and Francis Huang, "Authoritative School Climate and High School Student Risk Behavior: A Cross-sectional Multi-level Analysis of Student Self-Reports," *Journal of Youth Adolescence*, Vol. 45, No. 11, January 2016, pp. 2246-2259.

② Julie Gerlinger and James C. Wo, "Preventing School Bullying: Should Schools Prioritize an Authoritative School Discipline Approach over Security Measures?" *Journal of School Violence*, Vol. 15, No. 2, 2016, pp. 133-157.

③ Andrew E. Springer, "School Social Cohesion, Student-School Connectedness, and Bullying In Colombian Adolescents," *Global Health Promotion*, Vol. 23, No. 4, 2016, pp. 37-48.

④ Silja Saarento, Claire F. Garandeau and Christina Salmivalli, "Classroom- and School-level Contributions to Bullying and Victimization: A Review," *Journal of Community and Applied Social Psychology*, Vol. 25, No. 3, May/June 2015, pp. 204-218.

⑤ Ziqiang Han, Guirong Zhang and Haibo Zhang, "School Bullying in Urban China: Prevalence and Correlation with School Climate," *International Journal of Environmental Research and Public Health*, Vol. 14, No. 10, September 2017, p. 1116.

力循环。①

教师为学生提供行动支持指的是教师积极参与反欺凌的行动。教师行为是最能影响旁观者干预欺凌、约会暴力行为的环境因素。教师阻止欺凌行为的行动，为学生树立起反欺凌的模范行为，当遇到同样情景时学生会选择干预欺凌或报告教师。相反，若教师忽视校园中的欺凌行为或仅仅拉开欺凌卷入双方，学生会认为欺凌行为得到老师的认可，而倾向于看低学校控制或监督学生行为的能力，更有可能参与欺凌行为。② 除了主动干预外，教师积极参与欺凌预防策略，例如教师参与欺凌有关的课堂讨论，播放欺凌相关视频、参与小组合作和角色扮演的形式，都能加深师生互动的质量。③

教师为学生提供情感支持指使用倾听、关注、情绪支持、鼓励等方法，给予对方情感上的关怀。学校成人真正地关心学生与阻止欺凌的旁观者行为呈显著相关。④ 当学生认为学校工作人员和老师关心自己时，他们更有可能对欺凌中寻求帮助的行为持积极的态度。当学生认为学校成人不友好、不支持时，他们与学校的联系可能会破裂，因此，他们不太可能遵守学校规则（例如，禁止欺凌的规则）。⑤ 教师公平对待学生和鼓励学生的方式促成了师生积极关系的建立和较少的欺凌受害结果。⑥

---

① Rafael Miranda, Xavier ORiol and Alberto Amutio, "Risk and Protective Factors at School: Reducing Bullies and Promoting Positive Bystanders' Behaviors in Adolescence," *Scandinavian Journal of Psychology*, Vol. 60, No. 2, 2019, pp. 106-115.

② Heather, L., Storer, Erin, A., Casey and Todd, I., Herrenkohl, "Developing 'Whole School' Bystander Interventions: The Role of School-settings in Influencing Adolescents Responses to Dating Violence and Bullying," *Children and Youth Services Review*, Vol. 74, January 2017, pp. 87-95.

③ Jacques, F., Richard, Barry, H., Schneider and Pascal Mallet, "Revisiting the Whole-school Approach to Bullying: Really Looking at the Whole School," *School Psychology International*, Vol. 33, No. 3, May 2012, pp. 263-284.

④ Chiaki Konishi, Shelley Hymel, Tracy K. Y. Wong and Terry Waterhouse, "School Climate and Bystander Responses to Bullying," *Psychology In The Schools*, Vol. 58, No. 8, 2021, pp. 1557-1574.

⑤ Megan Eliot, Dewey Cornell, Anne Gregory and Xitao Fan, "Supportive School Climate and Student Willingness to Seek Help for Bullying and Threats of Violence," *Journal of School Psychology*, Vol. 48, No. 6, 2010, pp. 533-553.

⑥ Caitlin Elsaesser, Deborah Gorman-Smith and David Henry, "The Role of the School Environment in Relational Aggression and Victimization," *Journal of Youth Adolescent*, Vol. 42, No. 2, 2013, pp. 235-249.

3. 支持的同伴关系

学校生活中重要的人际关系除了师生关系外还有生生关系。审查中发现的相关研究有10项。

同伴支持是欺凌受害的重要预测因素，缺乏同伴支持的学生受害风险增加。[①] 处在小学到初中过渡阶段和中学阶段的学生，来自同伴的支持比成人支持更有意义。[②] 这是因为同伴的关心、尊重让学生得到情感上的满足，认为自己被群体认可和接纳，自尊感和幸福感提升，因此不参与欺凌他人。若同伴间的积极互动少，同伴间的亲密关系被割裂，网络欺凌中的旁观者则倾向于选择协助欺凌行为。[③] 此外，同伴间地位悬殊、反欺凌态度消极、旁观者支持欺凌行为的反应等因素也是导致校园欺凌普遍发生的重要原因。[④]

4. 紧密的学校联结

有七项研究提到学校联结对欺凌的影响。学校联结指的是学校成员与学校之间以及学校成员之间联系的紧密程度。

与学校的联结强，被学校成员认同的学生更加依恋和热爱自己的学校，会做出主动阻止欺凌或暴力的行为，维护学校安全。[⑤] 与学校脱节的学生更易发生不良行为，受欺凌者容易采取报复欺凌者的攻击

---

① Jun Sung Hong and Dorothy L. Espelage, "A Review of Research on Bullying and Peer Victimization in School: An Ecological System Analysis," *Aggression And Violent Behavior*, Vol. 17, No. 4, 2012, pp. 311-322; Seokjin Jeong and Byung Hyun Lee, "A Multilevel Examination of Peer Victimization and Bullying Preventions in Schools," *Journal of Criminology*, January 2013, pp. 1-10.

② Nicholas A. Gage, Debra A. Prykanowski and Alvin Larson, "School Climate and Bullying Victimization: A Latent Class Growth Model Analysis," *School Psychology Quarterly*, Vol. 29, No. 3, June 2014, pp. 256-271.

③ Anja Schultze-Krumbholz, Pavle Zagorscak, Markus Hess and Herbert Scheithauer, "The Influence of School Climate and Empathy on Cyberbystanders' Intention to Assist or Defend in Cyberbullying," *International Journal of Bullying Prevention*, Vol. 2, No. 1, September 2019, pp. 16-28.

④ Silja Saarento, Claire F. Garandeau and Christina Salmivalli, "Classroom- and School-level Contributions to Bullying and Victimization: A Review," *Journal of Community and Applied Social Psychology*, Vol. 25, No. 3, May/June 2015, pp. 204-218.

⑤ Lolita Winnaar, Fabian Arends and Unathi Beku, "Reducing Bullying in Schools by Focusing on School Climate and School Socio-economic Status," *South African Journal of Education*, Vol. 38, No. 1, October 2018, pp. S1-S10; Andrew E. Springer, Maria Clara Cuevas Jaramillo, Yamileth Ortiz Gómez, Katie Casel and Anna Wilkinson, "School Social Cohesion, Student-school Connectedness, and Bullying in Colombian Adolescents," *Global Health Promotion*, Vol. 23, No. 4, 2016, pp. 37-48.

性行为。① 员工联结中个人与学校的联结、学生与员工的联结、员工间的联结对特殊群体中的欺凌现象有影响,这种联系越紧密,员工干预特殊人群欺凌行为的意愿就越强。② 学生如果与周围人员的联结程度强,就会接受并认同学校的反欺凌价值观,不太可能实施欺凌他人的行动。随着这种联系的逐渐增强,学生对成人的信任感增加,当欺凌发生时学生会立刻上报或寻求成人的帮助。③

5. 追求优良的学业成绩

积极的学校氛围往往与更好的学业成绩相关。④ 审查结果中涉及学业成绩的研究有两项。

在学业成绩较好的学校里,欺凌的发生率较低。⑤ 一方面,学习成绩好的学生不太可能卷入欺凌,因为对学习的兴趣和信心推动他们投入更多的时间和精力在学习活动上而无暇关注其他;另一方面优异的成绩使他们成为教师呵护的重点和同伴崇拜的对象,因而不会成为欺凌者欺凌的选择目标。⑥

6. 尊重差异的学校环境

尊重差异指的是采取尊重的态度对待不同年龄、性别、外貌、民族、种族、文化等特点,学校文化多样且共存共生。此次审查中有 8 项研究

---

① Jun Sung Hong and Dorothy L. Espelage, "A Review of Research on Bullying and Peer Victimization in School: An Ecological System Analysis," *Aggression And Violent Behavior*, Vol. 17, No. 4, 2012, pp. 311-322; Sarah Lindstrom Johnson, Tracy Evian Waasdorp, Katrina Debnam and Catherine P. Bradshaw, "The Role of Bystander Perceptions and School Climate in Influencing Victims' Responses to Bullying: To Retaliate or Seek Support?" *Journal of Criminology*, June 2013, pp. 1-10.

② Lindsey M. O'Brennan, Tracy E. Waasdorp and Catherine P. Bradshaw, "Strengthening Bullying Prevention through School Staff Connectedness," *Journal of Educational Psychology*, Vol. 106, No. 3, February 2014, pp. 870-880.

③ Sabina Low and Mark Van Ryzin, "The Moderating Effects of School Climate on Bullying Prevention Efforts," *School Psychology Quarterly*, Vol. 29, No. 3, August 2014, pp. 306-319.

④ Rutter, Maughan, Mortimore, Ouston and Smith, *Fifteen Thousand Hours: Secondary Schools and Their Effects on Children*, London: Open Books, 1979.

⑤ Jacques F. Richard, Barry H. Schneider and Pascal Mallet, "Revisiting the Whole-school Approach to Bullying: Really Looking at the Whole School," *School Psychology International*, Vol. 33, No. 3, May 2012, pp. 263-284.

⑥ Lolita Winnaar, "Reducing Bullying in Schools by Focusing on School Climate and School Socio-economic Status," *South African Journal of Education*, Vol. 38, No. 1, October 2018, pp. S1-S10.

涉及此内容。

尊重的学校氛围能影响学生对学校安全的认识，从而改变欺凌行为发生的频次①，在接受和包容差异的学校里，学生在心理上会感觉更安全，面对欺凌时更愿采取干预或寻求帮助的策略。② 学校忽视或贬低移民群体、消极地评价本土学生与移民学生的接触，学校中欺凌移民的行为就会提高。③ 有性别歧视的学校，女性常常被贴上污名化的标签而不被尊重，旁观者认为女性被欺凌是正常的，从而降低干预的意愿。④

7. 浓厚的安全氛围

对学校的安全感知与传统欺凌、网络欺凌都有关。⑤ 涉及此项的有 5 篇文献。

那些认为学校安全的学生面对欺凌时更愿意采取寻求成人支持的方式，而认为学校不安全的学生，更易采取报复欺凌者的攻击行为。⑥ 发现学生有帮派存在的学校感到恐惧，甚至陷入绝望的困境，"经常发生的欺

---

① Nicholas A. Gage, Debra A. Prykanowski and Alvin Larson, "School Climate and Bullying Victimization: A Latent Class Growth Model Analysis," *School Psychology Quarterly*, Vol. 29, No. 3, June 2014, pp. 256-271; Cixin Wang, Dengting Boyanton, Ana-Sophia M. Ross, Jia Li Liu, Kathryn Sullivan and Kieu Anh Do, "School Climate, Victimization, and Mental Health Outcomes among Elementary School Students in China," *School Psychology International*, Vol. 39, No. 6, 2018, pp. 587-605.

② Chiaki Konishi, Shelley Hymel, Tracy K. Y. Wong and Terry Waterhouse, "School Climate and Bystander Responses to Bullying," *Psychology in the Schools*, Vol. 58, No. 8, 2021, pp. 1557-1574.

③ Simona C. S. Caravita, Noemi Papotti, Elisa Gutierrez Arvidsson, Robert Thornberg and Giovanni Giulio Valtolina, "Contact with Migrants and Perceived School Climate as Correlates of Bullying Toward Migrants Classmates," *Child and Adolescent Development*, 2021, pp. 1-17.

④ Heather L. Storer, Erin A. Casey and Todd I. Herrenkohl, "Developing 'Whole School' Bystander Interventions: The Role of School-Settings in Influencing Adolescents Responses to Dating Violence and Bullying," *Children and Youth Services Review*, Vol. 74, January 2017, pp. 87-95.

⑤ Nicole B. Dorio, Kelly N. Clark, Michelle K. Demaray and Elyse M. Doll, "School Climate Counts: A Longitudinal Analysis of School Climate and Middle School Bullying Behaviors," *International Journal of Bullying Prevention*, Vol. 2, No. 4, September 2019, pp. 292-308.

⑥ Sarah Lindstrom Johnson, Tracy Evian Waasdorp, Katrina Debnam and Catherine P. Bradshaw, "The Role of Bystander Perceptions and School Climate in Influencing Victims' Responses to Bullying: To Retaliate or Seek Support?" *Journal of Criminology*, June 2013, pp. 1-10.

凌事件"上升为更严重的事件，帮派加剧了学校不安全的风险。①

(三) 建设预防校园欺凌的学校氛围的措施

我们尝试回答第三个问题：全球范围内已探索出建设预防校园欺凌的学校氛围措施有哪些？

1. 开展全员反欺凌培训

对学校全体成员开展反欺凌培训，能够帮助人们了解欺凌知识，掌握应对欺凌的技巧，妥善处理欺凌问题。反欺凌培训可分为知识培训和技能培训两方面。有八项研究涉及此内容。

开展反欺凌知识培训。了解欺凌相关知识是对欺凌行为做出正确判断和应对的前提。Heather L. Storer 总结影响旁观者干预的因素建议学校针对中学生欺凌认知的现状，开展反欺凌知识专题教育培训，如约会暴力复杂性教育、青少年如何摆脱虐待关系的教育、以性别为基础的社会规范教育等。② 许多针对预防校园欺凌的项目也加入了欺凌知识培训的内容，如 KiVa 项目注重对教师进行欺凌知识培训，帮助教师了解欺凌及其危害，希望借助教师的影响和作用减少欺凌行为并降低欺凌带来的伤害。③

开展反欺凌技能培训。Mairéad Foody 的研究表达了校长对培养教师技能的看法，提出期望员工能获得更多应对欺凌的技能，如指导学生在线行为的技能和掌握与学生建立积极关系的技能。④ 技能的培训方式多种多样，可以通过课程、素材、讨论和角色扮演的形式实现。"期待尊重"项目（Expect Respect）利用课程教授学校员工技能，如监督学生行为、

---

① Anjali J. Forber-Pratt, Steven R. Aragon and Dorothy L. Espelage, "The Influence of Gang Presence on Victimization in One Middle School Environment," *Psychology of Violence*, Vol. 4, No. 1, 2014, pp. 8-20.

② Heather L. Storer, Erin A. Casey and Todd I. Herrenkohl, "Developing 'Whole School' Bystander Interventions: The Role of School-settings in Influencing Adolescents Responses to Dating Violence and Bullying," *Children and Youth Services Review*, Vol. 74, January 2017, pp. 87-95.

③ Jaana Juvonen, Hannah L. Schacter, Miia Sainio and Christina Salmivalli, "Can a School-Wide Bullying Prevention Program Improve the Plight of Victims? Evidence for Risk x Intervention Effects," *Journal of Consulting and Clinical Psychology*, Vol. 84, No. 4, 2016, pp. 334-344.

④ Mairéad Foody, Helena Murphy, Paul Downes and James O'Higgins Norman, "Anti-Bullying Procedures for Schools in Ireland: Principals' Responses and Perceptions," *Pastoral Care in Education*, Vol. 36, No. 2, March 2018, pp. 126-140.

中断不当行为的方法，培养员工反欺凌的反应和支持学生的态度等，积极行为干预支持（Positive Behavioral Interventions and Supports）针对所有学生开展社会情感技能发展的课程。① 友好学校项目（Friendly School Prevention）为了帮助学生顺利由小学过渡到中学，为学生提供了课程和杂志资料，旨在增强学生的亲受害者/远欺凌行为的态度和应对欺凌的能力。② 另外，课堂讨论和角色扮演的方式使学生在情境中锻炼了为受害者提供支持的能力。③

2. 学生参与反欺凌政策制定

学校作为一个组织是因学生而存在的，学生是学校的主体性角色，学校所有的教职员工都是为了促进学生成长和发展而努力着。因此，在制定校园欺凌预防和治理的政策、制度时，要发挥学生的主体性作用，为学生赋权，使其积极参与反欺凌政策的制定。此次审查中有两项研究涉及此内容。

学校层面要注意提高青少年在应对约会暴力和欺凌等问题时的"声音"，打造青少年—成人间伙伴关系，创建学生论坛让其参与学校决策制定。④ Rhonda N. T. Nese 等学者鼓励学生形成焦点小组（focus groups），通过会议讨论的形式，由学生确定全校范围内"停止"欺凌行为的统一信号，运用"停止"信号、遵循"停止流程"、使用"旁观者"和"寻求

---

① Rhonda N. T. Nese, Robert H. Horner, Celeste Rossetto Dickey, Brianna Stiller and Anne Tomlanovich, "Decreasing Bullying Behaviors in Middle School: Expect Respect," *School Psychology Quarterly*, Vol. 29, No. 3, May 2014, pp. 272-286; Catherine P. Bradshaw, "Preventing Bullying through Positive Behavioral Interventions and Supports (PBIS): A Multitiered Approach to Prevention and Integration," *Theory into Practice*, Vol. 52, No. 4, October 2013, pp. 288-295.

② Donna Cross, Therese Shaw, Melanie Epstein, Natasha Pearce, Amy Barnes, Sharyn Burns, Stacey Waters, Leanne Lester and Kevin Runions, "Impact of the Friendly Schools Whole-school Intervention on Transition to Secondary School and Adolescent Bullying Behaviour," *European Journal of Education*, Vol. 53, No. 4, December 2018, pp. 495-513.

③ Jaana Juvonen, Hannah L. Schacter, Miia Sainio and Christina Salmivalli, "Can a School-Wide Bullying Prevention Program Improve the Plight of Victims? Evidence for Risk x Intervention Effects," *Journal of Consulting and Clinical Psychology*, Vol. 84, No. 4, 2016, pp. 334-344.

④ Heather L. Storer, Erin A. Casey and Todd I. Herrenkohl, "Developing 'Whole School' Bystander Interventions: The Role of School-settings in Influencing Adolescents Responses to Dating Violence and Bullying," *Children and Youth Services Review*, Vol. 74, January 2017, pp. 87-95.

支持"的策略，让更多学生感受到来自他人的尊重。①

3. 建立同伴支持体系

在教师、员工监控不到的地方，同伴关系对欺凌的预防显得尤为重要。涉及同伴支持策略的研究有两项。

Helen Cowie 和 Donna Cross 都指出"与同伴合作"的方法是预防干预欺凌问题的有效策略：在同学间开展交友计划可以为朋友提供正式或非正式的支持；当矛盾发生时，同伴可以调解欺凌者与受害者之间的矛盾，也可以通过倾听受害者的内心表达，为其提供情感支持。② 但 David P. Farrington 却指出，这种方法有可能产生反作用，因为同伴支持者可能采取一种更有攻击性的行为进行干预，从而加重欺凌和受害。③

4. 确定专人/专门机构应对欺凌事件

困扰欺凌旁观者及时报告欺凌事件的一个因素是"报告无门"：许多旁观者在发现欺凌现象时因不清楚向谁或什么部门报告而只能选择放弃报告，致使学校无法及时了解欺凌事件发生的情况而错过了最佳处理时机。审查中发现的确定专人/专门部门应对欺凌事件的研究有3篇。

Mairéad Foody 发现，在所调查的学校中已经 1/3 的学校指定专门人员处理欺凌，但是缺乏专门人员和专业人员仍是欺凌普遍发生的重要原因。当学生出现心理情感问题时，需要专业咨询师而不仅仅是教师为学生提供心理支持，进行早期干预。④ 奥维斯欺凌预防项目和 KiVa 反欺凌

---

① Rhonda N. T. Nese, Robert H. Horner, Celeste Rossetto Dickey, Brianna Stiller and Anne Tomlanovich, "Decreasing Bullying Behaviors in Middle School: Expect Respect," *School Psychology Quarterly*, Vol. 29, No. 3, May 2014, pp. 272-286.

② Helen Cowie, "Peer Support as an Intervention to Counteract School Bullying: Listen to the Children," *Children and Society*, Vol. 25, No. 4, 2011, pp. 287-292; Donna Cross, Therese Shaw, Melanie Epstein, Natasha Pearce, Amy Barnes, Sharyn Burns, Stacey Waters, Leanne Lester and Kevin Runions, "Impact of the Friendly Schools Whole-school Intervention on Transition to Secondary School and Adolescent Bullying Behaviour," *European Journal of Education*, Vol. 53, No. 4, December 2018, pp. 495-513.

③ Maria M. Ttofi and David P. Farrington, "Bullying Prevention Programs: The Importance of Peer Intervention, Disciplinary Methods and Age Variations," *Journal of Experimental Criminology*, Vol. 8, No. 4, August 2012, pp. 443-462.

④ Mairéad Foody, Helena Murphy, Paul Downes and James O'Higgins Norman, "Anti-bullying Procedures for Schools in Ireland: Principals' Responses and Perceptions," *Pastoral Care in Education*, Vol. 36, No. 2, March 2018, pp. 126-140.

项目都建议要建立专门的组织或部门管理、应对欺凌事件。比如成立欺凌预防协调委员会（BPCC）或建立至少由三名学校工作人员（通常是教师）组成的欺凌应对团队。[①]

5. 教授并期待积极行为

教授学生体现尊重、负责的积极行为，在全校范围内形成尊重的氛围可以降低欺凌的发生。[②] 此次审查中有4项研究涉及此内容。

"积极行为干预支持"（PBIS）用系统方法调整环境，达到预防和减少个体欺凌行为的目的，对学校氛围的形成有积极影响。[③] 全校的积极行为干预支持项目（SW-PBIS）使用视频、文本、讨论、角色扮演等方式教授学生采取积极行为，促进积极的师生互动，起到预防欺凌的效果。[④]

6. 制定清晰明确的反欺凌规范

学校规则是由学校制定的并应共同遵守的条例和章程，违反学校规则会受到相应处罚。审查中有3项研究涉及此方面。

在奥维斯欺凌预防项目和创建和平的学校学习环境项目中，分别从班级和课堂的管理层面提出要执行学校的反欺凌规定，加强纪律管理，

[①] Jun Sung Hong, Dorothy L. Espelage and Jeoung Min Lee, "School Climate and Bullying Prevention Programs," in Harvey Shapiro, ed., *The Wiley Handbook on Violence in Education*, New Jersey: Wiley Blackwell, 2018, pp. 359–374; Jaana Juvonen, Hannah L. Schacter, Miia Sainio and Christina Salmivalli, "Can a School-wide Bullying Prevention Program Improve the Plight of Victims? Evidence for Risk X Intervention Effects," *Journal of Consulting and Clinical Psychology*, Vol. 84, No. 4, 2016, pp. 334–344.

[②] Kris Bosworth and Maryann Judkins, "Tapping into the Power of School Climate to Prevent Bullying: One Application of School Wide Positive Behavior Interventions and Supports," *Theory into Practice*, Vol. 53, No. 4, October 2014, pp. 300–307.

[③] Catherine P. Bradshaw, "Preventing Bullying through Positive Behavioral Interventions and Supports (PBIS): A Multitiered Approach to Prevention and Integration," *Theory into Practice*, Vol. 52, No. 4, October 2013, pp. 288–295.

[④] Kris Bosworth and Maryann Judkins, "Tapping into the Power of School Climate to Prevent Bullying: One Application of School Wide Positive Behavior Interventions and Supports," *Theory into Practice*, Vol. 53, No. 4, October 2014, pp. 300–307; Kris Bosworth, Rafael Garcia, Maryann Judkins and Mark Saliba, "The Impact of Leadership Involvement in Enhancing High School Climate and Reducing Bullying: An Exploratory Study," *Journal of School Violence*, Vol. 17, No. 3, 2018, pp. 354–366.

约束学生在校的不良行为。① 规则促成习惯的养成，清晰明确的规则能够促成公正严格的学校规范形成，鼓励成人为青少年提供更大的支持。②

7. 发挥校长领导力，做好学校决策和管理

校长领导力就是思考、设计学校发展的能力，是组织、调配各类资源的能力，更是敏锐地发现问题、诊断问题和解决问题的能力。校长领导力影响校长的决策和管理，进而影响学校防治欺凌氛围的创建和发展方向。涉及此方面的有四项研究。

校长领导力影响欺凌行为结果，校长参与在欺凌防治的时间分配、资源调配上有助于积极学校氛围的形成，减少欺凌行为。③ 决策是校长工作的主轴，贯彻关于学校氛围的政策文件，确定并实施符合学校特点的欺凌预防项目是校长治校理念的体现。④ 此外学校的安全管理措施如配备学校警察、实施封闭式管理、不定期检查学生储物柜等能够对学校进行有效的管理和监控，降低欺凌发生的风险。⑤

三 我国中小学创建预防欺凌的学校氛围的行动方案

这一部分尝试回答第四个问题：依据已有研究提供的证据，我国中

---

① Jun Sung Hong, Dorothy L. Espelage and Jeoung Min Lee, "School Climate and Bullying Prevention Programs," in Harvey Shapiro, ed. *The Wiley Handbook on Violence in Education*, New Jersey: Wiley Blackwell, 2018, pp. 359-374.

② Rafael Miranda, Xavier ORiol and Alberto Amutio, "Risk and Protective Factors at School: Reducing Bullies and Promoting Positive Bystanders' Behaviors in Adolescence," *Scandinavian Journal of Psychology*, Vol. 60, No. 2, 2019, pp. 106-115; Jill M. Aldridge, Katrina McChesney and Ernest Afari, "Relationships between School Climate, Bullying and Delinquent Behaviours," *Learning Environments Research*, Vol. 21, No. 2, September 2017, pp. 153-172.

③ Kris Bosworth, Rafael Garcia, Maryann Judkins and Mark Saliba, "The Impact of Leadership Involvement in Enhancing High School Climate and Reducing Bullying: An Exploratory Study," *Journal of School Violence*, Vol. 17, No. 3, 2018, pp. 354-366.

④ Vicente J. Llorent, David P. Farrington and Izabela Zych, "School Climate Policy and Its Relations with Social and Emotional Competencies, Bullying and Cyberbullying in Secondary Education," *Revista de Psicodidáctica*, Vol. 26, No. 1, 2021, pp. 35-44; Seokjin Jeong and Byung Hyun Lee, "A Multilevel Examination of Peer Victimization and Bullying Preventions in Schools," *Journal of Criminology*, January 2013, pp. 1-10.

⑤ Julie Gerlinger and James C. Wo, "Preventing School Bullying: Should Schools Prioritize an Authoritative School Discipline Approach over Security Measures?" *Journal of School Violence*, Vol. 15, No. 2, 2016, pp. 133-157.

小学应如何建设预防欺凌的学校氛围？

《教育部等九部门关于防治中小学生欺凌和暴力的指导意见》（教基一〔2016〕6号）指出，积极有效预防学生欺凌和暴力的措施要严格学校日常安全管理，为学生营造安全环境。《教育部等十一部门关于印发〈加强中小学生欺凌综合治理方案〉的通知》（教督〔2017〕10号）提出通过建设校园视频监控系统、紧急报警装置，建立健全防治学生欺凌工作各项规章制度，成立学生欺凌治理委员会等方式预防校园欺凌。2021年《教育部办公厅关于印发〈防范中小学生欺凌专项治理行动工作方案〉的通知》（教基厅函〔2021〕5号）要求相关部门及时完善有关规章制度、加强日常管理、营造良好氛围，切实防止学生欺凌事件发生。这些政策文件都要求为预防校园欺凌加强学校氛围建设，但是缺乏具体详细的行动方案。本章在范围综述中审查的42篇文献证据表明，学校氛围是减少欺凌行为重要的情境性要素。因此，创建安全、关心支持、追求优秀的学业成绩、尊重差异以及完善的组织管理的学校氛围，会增加学生的安全感、归属感、与教师和同伴的紧密联系感，促使其积极追求学业进步，降低包括欺凌在内的攻击行为。

（一）树立反欺凌价值观，开展全员反欺凌培训

学校价值观是学校用于指导教育教学行为与管理活动的最高价值标准与原则，是每个师生为人处世的基本价值导向。它能够形成一种组织文化氛围，对人产生内在的规范性约束，从而影响和决定其行为。学校管理者应树立反欺凌价值观，对全体师生员工加强反欺凌价值观教育，将其内化为自我意识，并转化成积极预防、主动干预欺凌的行动。

对学校全体人员进行反欺凌培训是国际上反欺凌计划成功的关键因素。大量研究表明，学生、任课教师、学校管理人员以及其他学校的支持人员（如学校食堂工作人员、医护室工作人员等）共同努力才能防止和减少欺凌行为。本书在调查中发现，尽管我们国家、地方和学校都有反欺凌政策，但教师和其他工作人员了解得并不多，遇到学生欺凌事件不知该如何有效处理，对自己的干预能力也缺乏信心。因此，应该对学校全部人员进行反欺凌培训，培训内容包括学校反欺凌的价值观、反欺凌政策和规则、欺凌知识和处理欺凌事件的技能等。

对学生的反欺凌培训也是必不可少的。首先需向学生进行儿童观教

育，使其认识到每个学生都是平等的生命个体，都有在学校接受教育、参与活动的权利，任何人都没有权利随意侵犯其他同学的身体、财务，或阻碍其学习、参与学校活动等；其次，学校里所有人都有被尊重的权利和需要，任何人都没有权利随意侵犯、践踏他人的尊严；最后，学校对欺凌行为零容忍，对暴力、欺凌等攻击行为不可接受。学校可向师生宣传国家及省市颁布的各项反欺凌政策，以及《中华人民共和国未成年人保护法》《中华人民共和国预防未成年人犯罪法》《未成年人学校保护规定》(中华人民共和国教育部令第50号)中有关惩罚欺凌的规定，使师生认识到欺凌所带来的严重惩罚后果。利用惩罚的威慑效应，达到预防校园欺凌的目的。

(二) 师生参与制定反欺凌规章制度，加强权威学校纪律管理

反欺凌规章制度是学校反欺凌价值观最为直接的反映，是反欺凌价值观在行为规范上的具体化，对强化反欺凌意识，创建积极安全的学校氛围至关重要。

反欺凌规章制度内容至少包括：(1) 学生在学校被期待的积极行为是什么，并理解其背后的理由。学生在学校的积极行为包括但不限于追求卓越学业成绩的自我负责行为，对其他学生尊重、友爱、遵守学校纪律等的社会责任行为。(2) 哪些行为是欺凌行为？欺凌行为会受到怎样的处罚？要对欺凌行为的特征、类型等作出界定，并根据我国的《中华人民共和国未成年人保护法》《中华人民共和国预防未成年人犯罪法》《未成年人学校保护规定》(中华人民共和国教育部令第50号)等有关欺凌的处罚规定，遵守"违法必究""错罚一致"的原则，给出适当、理性、具体的惩罚。

学生和教师都应该参与制定反欺凌规章制度。学校管理人员不宜通过专制的理念和手段制定反欺凌规章制度，而是学校全体成员都应参与制定过程。首先，学校管理者必须在指导思想和行动上坚持通过纪律管理建设积极的学校氛围。其次，教师参与反欺凌规章制度制定最为有益，因为他们与学生接触最多。学校其他员工（比如食堂工作人员、校车司机、学校医护人员、心理咨询人员等）有关如何实现反欺凌目标的意见也应该被听到，因为他们常常先发现欺凌事件。"如果学校的工作人员、家长和学生制定共同的规范和处理欺凌行为的方法，那么学校就可以实

现持续的受害减少。"① 最后，也是最为重要的一点，学生要参与制定反欺凌规章制度。学生是校园欺凌事件的主体，他们参与学校反欺凌政策和制度的制定，可以增强其对反欺凌制度的心理认同，更加积极地遵守、执行制度规定。学生可以通过学校信箱投递、学校官网论坛、公众号等多种方式留言，或线下组织学生代表以焦点小组的形式参与讨论，或采用全员参与问卷调查形式，搜集反欺凌的意见和建议。

反欺凌规章制度是全体师生的行为准则，需要切实贯彻执行。在涂尔干看来，纪律就是行为符合规范，纪律精神是道德的首要因素。② 反欺凌规章制度一旦确立，其权威性就不容置疑，就具有强制执行性。大多数学生通过反欺凌制度能够知道并正确行动，但对有些学生来说，会有意或无意地违反该制度。对这部分学生就要严格、公正、一致地执行学校反欺凌规章制度，树立学校纪律的权威性。权威学校纪律向学生传达"学校规则很公平，学校规则被严格执行，违反学校规定对所有学生都一样处罚"的理念，学校会用公正严格的原则来维持学校安全秩序。因为"只有当处罚被那些受到处罚的人认为是公正的时候，才具有道德属性和道德价值"③。

对照反欺凌规章制度，明确判断出某一个或多个学生违反了其中的规定，就要对他们实施处罚。处罚方式可简单分为惩罚性措施和非惩罚性措施，"选择处罚方式的具体范围可以从单纯的惩罚直到有教育意义的劝诫。"④ 惩罚性的处罚方式多种多样，如劳动、写检查、关禁闭、短期停课、长期停课、留校察看、将严重欺凌者转送专门学校接受专门教育，甚至情节严重构成犯罪的需接受刑罚。教育者要明白的是，"惩罚的目的不是取消罪恶，而是使罪犯以及所有看到他受惩罚的人在将来可以不再

---

① American Educational Research Association, Prevention of Bullying in Schools, Colleges, and Universities: Research Report and Recommendations, Washington: AERA, 2013, p.41.
② [法] 爱弥尔·涂尔干：《道德教育》，陈光金等译，上海人民出版社2001年版，第33页。
③ [法] 爱弥尔·涂尔干：《道德教育》，陈光金等译，上海人民出版社2001年版，第150页。
④ [美] 丹尼尔·L.杜克：《创建安全的学校——学校安全工作指南》，唐颖等译，中国轻工业出版社2006年版，第83页。

犯罪，或者至少使大部分人不再陷入如此可怕的状况"[1]。"惩罚的功能本质上是防范性的，这完全可以归结为惩罚的威胁所带来的恐吓作用。"[2]因此，在谨慎使用惩罚时要注意发挥其"杀鸡儆猴"的警示性作用，避免单纯为了惩罚而惩罚。

惩罚依据的是报应刑理论，强调的是"因果报应"，但对欺凌者和被害人关系的修复无益，也不能降低或减轻对受欺凌者的伤害。如果欺凌者对惩罚缺乏畏惧意识，还有可能会成为其变本加厉重复欺凌受害者的催化剂。因此，单纯惩罚并不一定能使欺凌者和受欺凌者从中获益。非惩罚性措施更强调其教育意义，凸显其教育性。如欺凌者与教师一起学习讨论学校反欺凌政策和规章制度，明确积极行为有哪些，欺凌行为会给对方带来什么样的伤害；采取恢复性调解方式，以教育为导向，以发展为目标，着重于修复欺凌者与被欺凌者的关系。欺凌者向受欺凌者道歉，体会被欺凌者的感受，积极赔偿受害方，帮助受害方，并订立契约。此种方式帮助欺凌者从结果中吸取教训，帮助受欺凌者修复受到的伤害。此类非惩罚性处罚方式重点是教会欺凌者正确行为，修复欺凌损害，使欺凌者、受欺凌者和学校重新建立联系，彰显教育性，而非报应性。

(三) 设立学校反欺凌专门组织，完善欺凌防治的全方位管理体系

从全过程管理学角度出发，要想取得战略管理的成功，必须将管理作为一个完整过程，忽视其中任何一个阶段都不可能取得成功。欺凌防治离不开每一个环节、每一个阶段，为建设预防校园欺凌的学校氛围，要实现组织构建、主体管理、措施落实、监督评估四位一体的管理体系。

1. 依据欺凌发生的事件顺序建立相应的组织机构

首先，建立事前反欺凌宣传机构，做好校园欺凌行为的预防工作。定期开展反欺凌宣传教育活动，对学生进行诸如约会暴力复杂性的教育、欺凌知识普及教育、应对欺凌技能教育，帮助师生认识到欺凌事件的危害，掌握准确判断欺凌的标准并学会合理应对欺凌的方式方法。其次，学校设立欺凌举报中心，完善欺凌举报渠道，为发现校园欺凌事件的学

---

[1] 《柏拉图全集》（第一卷），王晓朝译，人民出版社2002年版，第445页。
[2] ［法］爱弥尔·涂尔干：《道德教育》，陈光金等译，上海人民出版社2001年版，第157页。

生或工作人员提供报告途径。设立并公布校园欺凌举报电话、电子邮箱、匿名举报信箱，做到每日一查或多查，确保及时发现学校欺凌事件并做好反馈和处置。再次，设置欺凌事件应急处置机构，确定专门人员，完善欺凌事件"点对点"处置应对流程。欺凌事件应急处置机构要在欺凌事件发生后第一时间、全方位了解事件起因、经过、结果和欺凌卷入者双方情况，依法依规处置，同时与家长沟通解释。最后，依托学校心理健康咨询部门，发挥心理咨询师功能，为欺凌者和受欺凌者做好心理辅导和指导，缓解受害者心理创伤，帮助被欺凌者消除心理伤害，建立自信，同时给予欺凌者改过自新的机会，使他们恢复正常学习生活，防止二次伤害。

2. 实施主体性管理，为学生"赋权"

学校鼓励发挥学生主体作用实现预防欺凌的目标，将治理欺凌的自主权归还学生：制定校园欺凌的预防和治理办法，应该考虑学生的真实想法，倾听"学生声音"。建立学生自治机制和自治中心，使学生参与到校园欺凌的治理目标制定、治理内容确定、治理方案实施和治理评价修改等议程中。对欺凌行为的处置可以通过举办校园欺凌听证会，由学生参与讨论，陈述自己的观点，提高学生在校园欺凌防治中的参与感和责任感。

3. 深化反欺凌政策，落实安全管理措施

学校贯彻国家反欺凌政策文件，学校应将反欺凌政策文件落到实处，借鉴国外欺凌预防项目的成功经验，结合自身特点，选择并改进建设预防欺凌的学校氛围策略。

同时，建立完善的学校安全保护机制，采取安全措施，做好日常管理工作。严格落实安全管理，加强保安、宿管人员的巡查。尤其加强暴力和欺凌多发地点（厕所、走廊、操场等）和多发时段（课间、放学后）的监管，必要时可在校园隐蔽处安装摄像头，对重点范围进行监控。但需要注意的是这种防御性过强的安全措施可能会形成恐惧和负面的学校氛围，强化学生间的攻击行为和暴力态度，因此应妥善使用。安全治理行动还要优化校园周边环境，如校园周边的小摊小贩、失学青年和无业游民聚集等状况容易滋生帮派群体，是引发校园欺凌行为的风险因素。

4. 做好校园欺凌监督工作，设立科学完备的评估机制

学校要做好校园欺凌干预的专项跟踪督导，详细记录校园欺凌发生的时间、地点、过程等数据，清楚把握校园欺凌发生频率、具体类型，据此制订反欺凌计划，安排经费，时刻做好反欺凌方案的调整和完善。[①] 定期开展问卷调查，依据校园欺凌事件发生的特点及校园内各要素相互作用调整干预方案，提炼可信的、具有现实推广价值的经验，制定出科学的评估机制。评估标准要与学校评价、教师评价、学生升学等信息相剥离，确保信息记录的完整真实，实现个性化学校反欺凌方案的效果最大化。

（四）增强校内多方联结，营造积极的学校支持气氛

人是关系性存在。表现为个人与他人、组织、群体的各种联结，这些形态各异的联结构成了个人与社会的纽带。依据特拉维斯·赫希的社会纽带理论，一个人为什么不会有越轨行为，是因为他与家庭、学校、同伴等有着紧密的纽带联系。当这些社会纽带被弱化时，就容易出现越轨或犯罪。紧密的学校联结会增强学生对学校的依恋，学生会获得来自学校在学业上、情感上和社会关系上的支持，有潜在欺凌风险的学生会控制自己不去实施欺凌行为，其他学生则会在遇到欺凌行为时主动站出来加以阻止。因此，校内关系不仅是影响学生学业学习的关键因素，也是影响欺凌发生的根本因素。坚持关系思维，注重校内关系建设，建立一个促进同情和紧密联系的相互依存、合作的学校社区。这种思维侧重于师生关系质量、学生的同伴关系状态以及校内教职员工间的关系质量。

1. 教师为学生提供全方位支持，形成依恋型师生关系

依据师生关系的紧密程度可以将其分为依恋型和疏离型。在依恋型师生关系中学生对教师有较强的依恋，和教师之间是一种强关系，教师会把学生看成独立有尊严、有情感、有意志的个体，学生从中体会到的是温暖、关爱、友善、支持，在学习、活动的决策中会考虑教师的立场和态度；在疏离型师生关系里学生对教师的依恋程度低，和教师之间是一种弱关系，教师把学生视为单纯的教育对象，学习的工具，乃至学习

[①] United Nations Educational, Scientific and Cultural Organization, *School Violence and Bullying Global Status Report*, UNESCO, August 1, 2017.

的机器，缺乏对学生情感、思想上的关照，学生从中感知到的是冷漠、孤立、被工具化，师生关系就是一种冷冰冰的"工作"关系。教师作为学生发展的促进者和引领者，是师生关系类型建构的主要责任方。教师对学生支持程度影响师生关系的依恋程度。教师支持不仅有利于减少学生被欺凌风险①，还可以减少欺凌行为、协助欺凌行为以及旁观者行为。②

教师为学生提供的支持包括态度支持、行动支持和情感支持。态度支持是指教师对欺凌的消极态度，包括对欺凌严重性的认识、对受欺凌者的同情、对欺凌行为的厌恶和反对。当教师认为欺凌行为的性质较为严重，对被欺凌学生较为同情时，欺凌事件发生的可能性会大大降低。③如果学生感知到教师对欺凌漠不关心，不加干预，就会更加肆无忌惮地实施欺凌；如果学生意识到教师对欺凌零容忍，一旦知晓就会果断干预时，行动上会有所收敛，降低欺凌发生概率。教师对学生的行动支持主要表现在教会学生积极的行为上，尽力为学生提供学习、生活、心理等方面的帮助；对学生进行反欺凌教育，旗帜鲜明地表明自己的反欺凌态度，遇到欺凌事件时秉公处置，欺凌者因此会惧怕，受欺凌者因此会感到得到了帮助，也为旁观者树立了反欺凌榜样。教师对学生的情感支持表现为教师对学生的关爱。需要教师坚持以生为本的教育观，杜绝将学生物化为学习工具的错误观念。关注学生的情感需要，满足他们渴望被关怀、被关注、被重视的需要。及时发现学生的情绪表现，并帮助他们及时化解不良情绪。给予学生充分的情感期待，立足于学生的优势视角，给予适当的鼓励，助其树立自信，逐渐形成自主、自信、自强、自尊的品格特征。如此，学生则会对教师形成较强的依恋关系，减少欺凌行为的发生。

2. 建立友爱支持的同伴关系

学生之间的关系（同伴关系）也是预防和干预校园欺凌的重要因素，

---

① 郭俊俏、赵必华：《教师支持对4—9年级学生遭受校园欺凌的影响：学校归属感的中介作用》，《中国特殊教育》2019年第1期。

② Logan N. Riffle and Michelle L. Demaray, "Bully Participant Role Behavior and Social Support from Teachers and Classmates: A Mediation Analysis," *International Journal of Bullying Prevention*, Vol. 4, No. 1, 2022, pp. 130-143.

③ Jina S. Yoon and Karen Kerber, "Bullying: Elementary Teachers' Attitudes and Intervention Strategies," *Research in Education*, Vol. 69, No. 1, January 2003, pp. 27-35.

支持的同伴关系是减少欺凌的重要预测因子，及时的同伴干预是阻止校园欺凌进一步升级的有效策略。

一项实证研究证明同伴关系对降低学生言语欺凌、财物欺凌、身体欺凌的表现有显著影响。[①] 因为随着学段的增加，学生注意力逐渐从家庭转向同伴，同伴成为学生不断发展自己社交能力的重要他人。[②]

支持的同伴关系形成于同伴间有意义的活动。在这类活动中，参与者有着共同的体验，就会形成群体意识和群体团结。如果把这类活动视为一种互动仪式，那么，依据兰德尔·柯林斯的互动仪式链理论，它具有以下要素：

> 1. 两个或两个以上的人聚集在同一场所，不管他们是否会特别有意识地关注对方，都能通过其身体在场而相互影响。2. 对局外人设定了界限，因此参与者知道谁在参加，而谁被排除在外。3. 人们将其注意力集中在共同的对象或活动上，并通过相互传达该关注焦点，而彼此知道了关注的焦点。4. 人们分享共同的情绪或情感体验。[③]

这些有意义的活动包括但不限于学生的合作式课堂学习、合作开展课外活动、合作解决问题等。

合作式课堂学习是指在教师课堂上通过组织学生间互动达到促进学习效果最优化的一种教学组织形式。课堂上的小组合作是最常见的合作学习模式，小组成员有着共同关注的学习活动，并形成共同关注的焦点，在互动中，形成了共同的情感体验。这个过程塑造了各个成员的行动和他们之间的关系，他们学会了如何表达自己、如何妥协、如何接纳别人等与他人交流的技巧，学会了如何帮助他人，如何团结他人，如何维护小组成员不受侵害等。如著名社会心理学家阿伦森及同事设计的拼图法

[①] 何二林、梁凯丽、毛亚庆：《学校氛围对小学生校园欺凌的影响研究——基于东西部实证研究》，《教育学术月刊》2021年第4期。

[②] Charles Zastrow and Karen K Kirst-Ashman, eds., *Understanding Human Behavior and the Social Environment*, Belmont, CA: Brooks/Cole/Thomson Learning, 2004, pp. 72-73.

[③] [美] 兰德尔·柯林斯：《互动仪式链》，林聚任等译，商务印书馆2016年版，第2页。

（Jigsaw）就通过合作学习建立亲近的、支持的同伴关系。

除了课堂上的合作学习外，课堂外的合作活动也能起到形成相互关注、联结情感的作用。课外活动丰富多样，如学校的各种社团活动，歌唱、文艺、科技、电子竞技、动漫文化等，促进不同班级、不同年级学生的兴趣交流，通过社团媒介平台让不同兴趣爱好、不同年龄层次的学生在交往中建立情感纽带，扩展朋友圈的广度和深度，打破以成绩高低、以教师喜欢程度为交往标准的朋友圈藩篱。通过社团活动，强调人际交往能力和团队合作的重要性，鼓励学生之间的接触和互动，崇尚合作共赢、友谊第一的原则，消解同伴间竞争关系和矛盾，有效减少欺凌发生的可能性。

3. 促进全体学校成员的团结互动关系

团结是一种联系状态，涂尔干在论述社会分工的功能和作用时使用了社会团结一词。[①] 社会团结内容广泛，可以指日常生活中人们之间直接的、面对面的交往互动，也可以是在交往过程中相互关心、相互帮助的心理状态和行为模式。学校其他成员的互动关系，如校长与学生、校长与教师、教师以及学校员工间的互动关系对校园欺凌预防学校氛围的形成也至关重要。

学校校长发挥着关键作用，他可以通过加大欺凌预防干预力度，增加时间上、资源上的分配，给予教师和学生更多的尊重，让教师和学生感受到学校的温暖，增强学校成员的归属感和对学校的依恋程度，促使他们像保护自己的家一样维护学校的安全，拥有直面欺凌干预不良行为的勇气。学校其他成员之间的合作交流积极推进了学校反欺凌行动的进展，如教师反欺凌共同体的成立，能够深入探究学校欺凌事件发生的具体原因，并据此提出行之有效的预防和治理措施。

总之，支持性人际关系的建立增强了学校里学生、教职员工、校长等人员的联结程度，营造了一种积极倾听、关心、尊重的氛围，学生的学校归属感和安全感显著提高，校园欺凌事件发生率降低。

（五）重视学生学业成就，追求卓越教学

学业成绩优异是青少年较少卷入校园欺凌的保护因素，反之，学业

[①] 《涂尔干文集（第一卷）·道德社会学卷一·社会分工论》，渠敬东译，商务印书馆2020年版，第156页。

成绩不佳则往往使得青少年更可能成为欺凌者或被欺凌者。① 学业成绩较好者之所以较少遭遇欺凌，是因为他们拥有良好的师生关系，更容易获得教师的积极支持。② 然而，学业成绩不佳的学生与教师的关系疏离，学业地位不安全感较强，对学校规范比较反感，很难从学习经历中获得幸福感，这些都可能诱发他们采取欺凌行为。③ 实践表明，一所重视学生学业成绩、学风浓厚的学校，欺凌发生率也较低。由于学校资源（经济投入、硬件设施、教学水平等）很难做到整齐划一的均衡发展，以及大学生就业压力增大等社会结构性问题，导致有些学校学风淡薄、学生学业散漫、学习动机不足。新的"读书无用论"悄然流行，尤其是农村中小学较为严重。相关学生在课堂内外的学习投入严重不足，大多数孩子上课不听，作业不做，加剧了学生学业失败和实施问题行为的风险。④ 一项实证研究表明，"农村留守儿童更易遭受欺凌"⑤。学业成绩不良是导致农村留守儿童卷入校园欺凌的重要原因。⑥ 在中国，学习成绩通常视为衡量学生发展水平的一个重要指标。因此，成绩差的学生通常会被贴上"差生"的标签，得到的往往是家长和教师的消极评价。长此以往，这部分学生会出现两个极端：一是没自信、自卑怯懦，容易被其他同学忽视、歧视乃至欺凌；二是为了找到自己的存在感和成就感而采取一些极端行为，欺凌他人。⑦ 因此学校营造追求卓越学业的学校氛围，在日常教学中

---

① Anna Alajbeg and Sonja Kovačević, "Contribution of Sociodemographic Factors to Different Engagement of Children in Peer Violence," *Violence and Gender*, Vol. 6, No. 1, August 2018, pp. 1-10; 谢家树、魏宇民、ZHU Zhuorong：《当代中国青少年校园欺凌受害模式探索：基于潜在剖面分析》，《心理发展与教育》2019 年第 1 期。

② 黄亮：《我国 15 岁在校学生遭受校园欺凌的情况及影响因素——基于 PISA2015 我国四省市数据的分析》，《教育科学研究》2017 年第 11 期。

③ Lars Dietrich and Ronald F. Ferguson, "Why Stigmatized Adolescents Bully More: The Role of Self-esteem and Academic-status Insecurity," *International Journal of Adolescence and Youth*, Vol. 25, No. 1, 2019, pp. 305-318.

④ 刘长海、倪嘉欣：《"农村孩子读书无用论"的知识社会学审视》，《吉林师范大学学报》（人文社会科学版）2022 年第 2 期。

⑤ 贾勇宏、吴恩慈：《农村留守儿童更易遭受校园欺凌吗？——基于 1487 份农村中小学生问卷调查的实证分析》，《教育与经济》2022 年第 2 期。

⑥ 冯达飞、张香兰、曹文、王梦亭：《农村留守儿童校园欺凌发生的影响因素探究——基于对欺凌卷入者及中小学教师的访谈》，《青少年研究与实践》2020 年第 1 期。

⑦ 刘京翠、赵福江：《学生个体因素对校园欺凌的影响研究——基于我国十五省（市）的调查和实验学校的访谈数据》，《中国教育学刊》2021 年第 12 期。

要帮助学生确立学业目标，注重培养学生的学业志趣。

学生学业追求首先要有确定的学习目标。目标是学生主动学习的动力，明确而适当的学习目标可以极大地激发学生的学习兴趣，促使学生努力获得知识并积极学习。首先，学校通过主题班会、专题讲座、教师指导的方式帮助学生了解自身特点、兴趣和优势，帮助学生制订出适合自己的学习计划和目标并引导学生为其不懈努力。

其次，利用校园文化墙和宣传栏，传达学校关注学业的价值导向。学校通过在教室、走廊、宣传栏等张贴有关学习重要性的标语和海报、勤奋好学的名人事迹、提高学习效率和培养学习习惯的方法与技巧，培养全体师生喜爱学习主动学习的热情，引导学生自觉将时间和精力投入学习中，而不是参与欺凌等违纪活动。

最后，发挥课堂的主渠道作用，激发学生的学习动机和学习兴趣。学生在校的大部分时间是课堂上度过的，课堂的组织形式和教学内容呈现方式均会影响学生对学习的兴趣和知识的接受程度。采用自主学习、探究式学习、项目式学习等多种组织形式，凸显课堂教学的生命力，增强学生学习的主动性、积极性，在形式多样的活动中获得快乐的学习体验从而爱上学习。在内容的呈现方式上可以选择创设情境的方式，让学生自觉代入角色，利用情境凝聚学生的注意力，唤起学生的好奇心、求知欲和创造力，培养学生的学习兴趣。

（六）尊重差异，营造和谐共生的学校氛围

研究证明，尊重差异与否与欺凌行为发生有关。能够宽容差异的学校，欺凌发生率较低。差异性是学生的基本特征。由于生理基础、家庭背景、生活经历、生长环境等不同，造成每个学生在容貌、身体外形、穿衣偏好、思想方式、价值观念、个性特征等方面的多样性和差异性。如果不能容忍这些差异性和多样性，不能容忍所有异己观念、异己行为，而是对其打击、压制，欺凌行为就会随之出现；而如果将差异视为正常存在，能够加以理解和宽容，与各种异己行为和观念平等共生，就会形成一幅和谐共生的图景。在差异中寻求共生，是每个个体与其赖以生存的社会群体建立依恋的不二法门。但理解多样、宽容差异的品质并非人人生而有之，有些个性强势的学生总想控制他人，不能容忍异己存在。这就需要学校开展尊重差异、宽容差异的教育，坚持"各美其美，美人之美，美美与共，天下大同"的理念，使学生学会尊重他人在性别、肤色、民族、爱好、行为方式、生活方式甚至性取向等方面的差异，在异中求同，发现共性。

尊重差异寻求共性，首先要开展尊重差异的教育，使学生具备平等意识、差异意识和多元意识。学校要教育学生不能以自我为中心，将自己的喜好、思维方式、价值观念等作为唯一正确的标准，要求其他同学与自己一致。而是要教育学生认识到每个学生在学校里都是平等的，有着平等的选择行为、爱好、穿着等的权利，别人相貌不佳、身材矮小、穿着破旧（新奇）、行为怪异、性格内向、不善言辞、异地口音等诸如此类与自己相异的因素，都不能成为被排斥、欺凌的理由。应该认识到种种异己表现背后有着相同的人格尊严需求，从而承认差异、理解差异、接纳差异。教育形式可以是学科渗透、班主任工作、团队活动、学校专题性活动等。

其次，学校里的教职员工要以身示范，做到包容差异。教职员工之间存在学科背景、性别、教学风格、教学资历、个性特征、处世风格等各方面的差异，相互之间也需要信任、宽容。宽容，是一种理性的妥协，对自己即使不赞同的行为也不阻止和干涉。如当教师在处理教学、教育活动、学生问题时，从促进学生发展、维护学校团结的共同目标出发，通过对话、协商、讨论解决矛盾和冲突。这些行为对身边的学生就有示范效应，学生从中也学习到如何理性、冷静地通过谈判解决冲突。

最后，也是最重要的一点，学校要一视同仁地尊重关心所有学生。只有在被尊重和关心中才能学会尊重和关心。尊重关心学生是教育内在的要求，每个人都有被尊重和关心的需要，教育作为使人成其为人的活动，只有充分考虑到上述需要并给予满足方才是教育。因此，尊重学生也成为学校教育的首要原则。首先学校在物理环境比如教室、课桌椅、走廊、操场、食堂、实验室、厕所等学生活动场所的设计中要坚持以学生为本，满足学生身心发展需要和安全需要。尤其是对欺凌常常发生的僻静场所（厕所、操场、楼梯拐角等）需要从情境预防的角度出发加以设计、操控和管理，增加欺凌困难和风险，减少欺凌刺激和强化，以阻绝欺凌的发生。这是因为欺凌者在实施欺凌之前通常会考虑实施欺凌的条件、风险、可能得到的利益等多种因素，经过理性算计，选择欺凌的地点和时间。如果学校将维护学生安全置于办学的首要位置，通过加强情境预防，就可以从侧面增加欺凌者实施欺凌的成本，使其从主观上放弃欺凌行为，也可以在客观上因为防控增强而减少欺凌机会。其次，尊重关心还体现为教育者对学生的尊重和关心。无论学生的出身、家庭经济地位、个人智力状况、有无生理残疾及其他异于大部分学生之处，教师都一视同仁地对待他们，这是对"人是生而平等"的最好注脚。教师具备敏感性、责任心和关怀能力，就能够觉察到学生的需要，并给出他们需要的关心，尤其是特殊群体（如弱小、残疾、肥胖、学困、内向、自卑等）学生更需要特别关怀。教师对待学生不厚此薄彼，包容学生差异，关怀每一个学生，也为学生起到示范作用，学生从教师对待差异的态度和行动中才能学会尊重差异。

第二节 设计反欺凌课程

学校通过设置反欺凌课程，帮助学生提高反欺凌意识、提升学生社交能力，对减少欺凌行为有积极效果。因此，课程是学校实现校园欺凌预防不可或缺的重要因素。但已有反欺凌课程设计的研究往往只关注某个课程或作为全校预防校园欺凌中的一个策略，无法为反欺凌课程开发理论和实践提供科学、全面的证据。

本书运用范围综述（scooping review）方法，对预防欺凌课程的研究进行大范围综述和回顾。目的在于：(1)收集现有欺凌预防课程以及包含课程的欺凌预防和干预项目；(2)探究哪些课程设计和实施可以有效预防和干预欺凌；(3)基于(2)的经验启示，提出我国反欺凌课程开发的建议。

本书旨在解决以下问题：(1)已有研究中有哪些反欺凌课程可用于预防和干预校园欺凌？(2)有哪些内容要素可以帮助解决欺凌问题？学校采用哪种教学方式/手段实施反欺凌课程？(3)依据上述研究证据我国应该如何设计反欺凌课程？

一 研究方法

本书采用 Arksey 和 O'Malley 提出的范围综述研究方法，包括五个阶段，分别是提出研究问题、确定相关研究、使用合适的标准筛选文章、绘制数据图表和整理报告结果。① 两名研究人员在标题和摘要以及全文层面对纳入和排除标准进行了独立评估，对在标题、摘要或全文筛选过程中出现的任何分歧都通过讨论或与第三位评审员讨论解决。

研究资料的选取分两个阶段进行。第一阶段的目的是通过搜索关键词，检索相关文献，在简要阅读关键词、标题、摘要之后，筛选一次文献。第二阶段的目的是通过确定的筛选与纳入标准，经全文审查之后，去除不符合标准的文献，并纳入综述类文献中引用的符合标准的文献，去除重复与相似文献之后，得出最终纳入分析的文献数量。详细检索过程如图4.1所示。

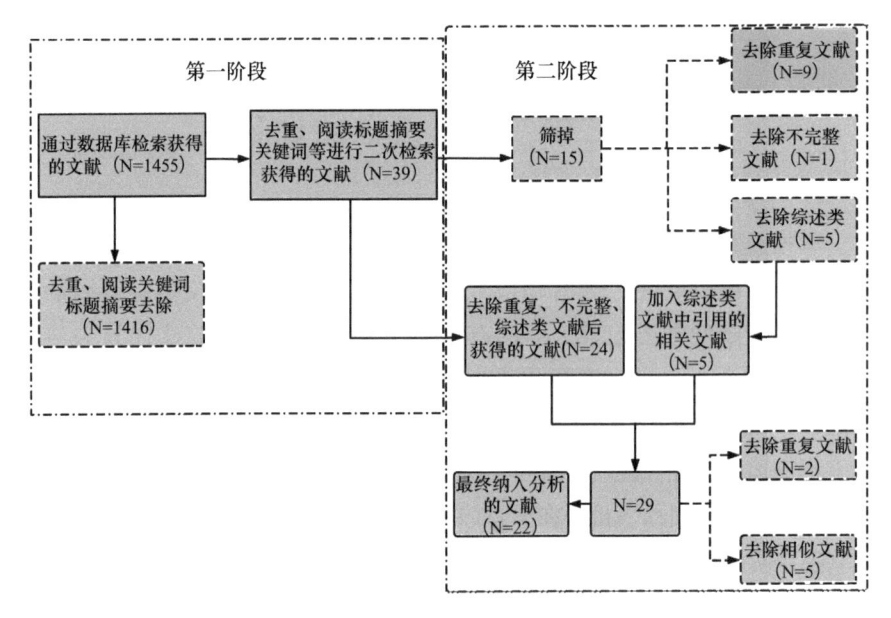

图4.1 检索过程流程

（一）出版物的检索

1. 检索数据库

我们检索了 Web of Science、Elsevier、Wiley、Springerlink、EBSCO、ProQuest、Oalib 七个英文数据库，以及谷歌学术、百度学术两个网站，

---

① Hilary Arksey, "Scoping Studies: Towards a Methodological Framework," *International Journal of Social Research Methodology*, Vol. 8, No. 1, February 2005, pp. 19-32.

检索时限从建库至 2021 年 5 月。

2. 检索词

运用"bullying intervention"or"bullying prevention"作为标题词分别在七个英文数据库中进行检索。在 Web of Science 中，使用"curriculum"为主题词；在 Elsevier 数据库中，使用"curriculum"为关键词；在 OALib、EbSCO、PROQUEST、Wiley 数据库中使用"curriculum"在摘要中进行检索；在 Springerlink 数据库中，使用"curriculum"在所有字段中检索。在谷歌学术网页、百度学术网页中，运用"bullying intervention"or"bullying prevention"and"curriculum"作为标题词进行检索。

3. 研究选择

经过检索，第一轮文献包括 Web of Science 上的 131 篇、Elsevier 上的 253 篇、Wiley 上的 88 篇、Springerlink 上的 216 篇、谷歌学术上的 25 篇、百度学术上的 25 篇、Ebsco 上的 119 篇、PROQUEST 上的 24 篇、OALib 上的 574 篇等，总计 1455 篇。删除重复项后，阅读了所有论文的标题和摘要以及关键词，排除 1416 篇，保留 39 篇。

（1）入选标准

①研究类型：本书对纳入文献的研究类型不作限制，包括质性研究、量化研究等。

②文献语言：英文文献。

③研究主题：围绕欺凌预防的课程。

（2）排除标准

①研究类型：综述类文章。

②文献语言：英文外的其他语种。

③研究主题：非课程的反欺凌措施。

④其他：重复发表、相似文章、无法获取全文的出版物。

（二）分析全文中的反欺凌课程

1. 反欺凌课程的选择

我们对 39 篇文献进行全文审查之后，根据排除标准，去除重复文献 9 篇，不完整文献 1 篇，综述类文献 5 篇，剩余 24 篇。对综述类文献中引用的包含反欺凌课程的相关文献进行搜索、阅读、审查之后，筛选出 5 篇符合标准的文献，纳入本书中，共计获得 29 篇文献。再去除重复文献

2篇，相似文献5篇，最终纳入研究的文献有22篇。

2. 反欺凌课程的分析

从作者（年份/国家）、样本（年级/学校）、研究方法、项目名称、课程目标、课程内容与实施、课程评价等角度对文献进行分析。

二 研究结果

（一）课程要素概览

我们尝试在这一部分回答第一个问题：哪些反欺凌课程被用于预防和干预校园欺凌。在最终纳入分析的22篇文献中，反欺凌课程包括两类：全校性干预项目中的课程与反欺凌专题课程。全校性干预项目主要有四个：挪威Olweus欺凌预防项目（The Olweus Bullying Prevention Program，OBPP）、芬兰KiVa反欺凌项目（The KiVa antibullying program，KiVa）、友好学校项目（Friendly Schools，FS）、逐步尊重项目（Steps To Respect，STR）。其余均为反欺凌专题课程，例如青年事务课程（Youth Matters，YM）、欺凌预防挑战课程（Bully Prevention Challenge Course Curriculum，BPCCC）、"STORIES"项目等。

课程实施的对象包括教师与学生，以教师为对象的有1篇，以学生为对象的有21篇。其中，以中学生为对象的有12篇，以初中生为对象的有10篇，以高中生为对象的有1篇，以初中高中生为对象的有1篇。以小学生为对象的有8篇，以小学生和中学生为对象的有2篇。

这些课程的开发者都是高校心理学、教育学、社会工作等相关领域研究人员（学科专家），导致这些课程产生的背景是各国中小学校长期存在的校园欺凌，降低了学生的安全感和归属感。研究者认识到，为了减少学校欺凌，降低欺凌受害后果，对中小学师生的反欺凌教育必不可少。因此，大量反欺凌课程是对世界各国中小学不断出现欺凌事件的一种回应，并且围绕着社会心理学、教育学中的一系列观点组织课程的决策，这也就意味着要有心理学、教育学研究人员作为课程开发者来主持或参与课程决策。反欺凌课程的开发者决定课程是否应该关注师生反欺凌品质的培养，要清楚哪些个性品质的缺失会导致校园欺凌的发生？这些品质怎样才能获得？

各个课程的目的、内容、实施及评价如表4.2所示。

第四章 校园欺凌的全校预防

表4.2 文献审查要素概览

序号	作者（年份/国家）	研究方法	项目名称	课程目标	课程内容与实施	课程评价
1	Baldry, A. C. 等（2004 英国）①	随机对照实验	Bulli & Pupe	减少学校欺凌和受害学生	1. 课程内容 讨论三个问题：同龄人之间的欺凌、儿童目睹家庭暴力、"暴力循环" 2. 实施方式 采用角色扮演、小组讨论和焦点小组的方式	该计划适合年龄较大的学生，不适用在某些情况下报告干预后受害程度增加的年龄小的学生
2	Espelage, D. L. 等（2015 美国）②	随机对照试验	Second Step-Student Success through Prevention（SS-SSTP）	预防残疾学生攻击和受害	1. 课程内容 包括与侵略和暴力相关的风险和保护因素的直接指导，还包括同理心训练、情绪调节、沟通技巧和解决问题的策略 2. 实施方式 采用小组讨论和活动、课堂讨论、全班教学和个人作业等方式 3. 资源支持 课程通过DVD提供支持，该DVD包含丰富的媒体内容	与对照组学生相比，干预组学生的欺凌行为量表得分在三年的研究中显著下降，SEL计划能够减少残疾学生的欺负行为

① Anna Costanza Baldry, "Evaluation of an Intervention Program for the Reduction of Bullying and Victimization in Schools," *Aggressive Behavior*, Vol. 30, No. 1, February 2004, pp. 1-15.
② Dorothy Espelage, L. , "Social-Emotional Learning Program to Reduce Bullying, Fighting, and Victimization among Middle School Students with Disabilities," *Remedial and Special Education*, Vol. 36, No. 5, March 2015, pp. 299-311.

续表

序号	作者（年份/国家）	样本（学校/年级）	研究方法	项目名称	课程目标	课程内容与实施	课程评价
3	T Noboru 等（2021，日本）[①]	八所公立高中教师与校长	小组讨论和深度访谈	—	预防学生欺凌行为	1. 课程时长 泛天主教和公民教育面向所有年级的学生，每周两小时。宗教教育每周三小时 2. 课程内容 共有九门必修课。泛天主教和公民教育旨在鼓励学生信教、提倡诚实的行为，纪律、责任心、关怀（合作、宽容、和平）、礼貌和回应等价值观。这也促进了一种良好环境的态度，通过与社会和自然环境的有效互动来参与解决各种问题。宗教教育的作用是使学习者成为知识和实践宗教价值观并获得宗教研究专业知识的社区成员	课程和文化活动中的道德教育是预防校园欺凌的途径

[①] Tamaki Noboru, "School-based Education to Prevent Bullying in High Schools in Indonesia," *Pediatrics International*, Vol. 63, No. 4, April 2021, pp. 459-468.

续表

序号	作者(年份/国家)	样本(学校/年级)	研究方法	项目名称	课程目标	课程内容与实施	课程评价
4	Gerald Wurf (2012, 澳大利亚)①	中学七年级 (N=549)	随机对照试验	—	解决高中阶段学校欺凌问题	1. 课程内容 课堂练习旨在让学生了解欺凌的定义、性质(身体、言语和心理/社会),并确定典型的欺凌场景和学校内的不安全区域 2. 实施方式 使用全班式讨论、角色扮演、合作学习活动的学习方式并补充文献或视频材料	结果显示,当使用全校干预时欺凌显著减少
5	K. M. Ingram 等 (2019, 美国)②	中学七、八年级 (N=118)	准实验	VR	课程旨在将虚拟现实体验整合到长期欺凌预防的实践中	1. 课程内容 课程包括六节课。第一节课教授学员如何使用该技术,后面三节课均由教师主导的讨论开始,利用虚拟现实设备体验三个原始的与欺凌相关的场景。指导学生在活动中理解各种角色的想法、感受。之后,学生们分别以书面形式回答几个问题,并进行简短讨论。在最后两节课中,学生们被分成小组,创作与欺凌信息的短视频 2. 实施方式 讨论、虚拟现实体验	在虚拟现实条件下学生产生了更多同理心,实验组与对照组相比,通过移情能力有所提高,组情能力的中介作用,还观察到归属感和作为积极旁观者进行干预的意愿有了理想的变化,但对网络欺凌或攻击没有影响

---

① Gerald Wurf, "High School Anti-bullying Interventions: An Evaluation of Curriculum Approaches and the Method of Shared Concern in Four Hong Kong International Schools," *Australian Journal of Guidance and Counselling*, Vol. 22, No. 1, June 2012, pp. 139-149.

② Katherine M. Ingram, "Evaluation of a Virtual Reality Enhanced Bullying Prevention Curriculum Pilot Trial," *Journal of Adolescence*, Vol. 71, No. 3, February 2019, pp. 72-83.

续表

序号	作者（年份/国家）	样本（学校/年级）	研究方法	项目名称	课程目标	课程内容与实施	课程评价
6	A. D. Farrel 等（2015，美国）①	两所中学（N=141）	访谈	Second step	培养青少年的社会与情感技能	1. 课程时长 课程包括五个单元，15节课 2. 课程内容 课程专注于社会情感能力的三个领域。涵盖的主题包括人际关系冲突、同理心和观点采择、愤怒管理、解决问题和应用技能，帮助减压力与欺凌情况 3. 实施方式 角色扮演	参与者对于干预的总体印象是积极的，大多数人从干预中学到了有价值的知识和技能
7	Donna Cross 等（2019，澳大利亚）②	中学年级7~9（N=950）	随机对照试验	Friendly School (FS)	培养学校领导、教师、家长和学生建立积极关系的能力，以预防和管理欺凌和网络欺凌行为	1. 学生主体 学校为4~14岁学生实施SEL课程 2. 课程时长 学生SEL课程包括每个年级至少七个一小时的学习模块 3. 课程内容 包括自我意识和自我管理、社会意识关系技能和社会决策	在随后的八年级和九年级学生中报告的欺凌行为显著减少，八年级学生的欺凌受害和网络欺凌受害显著减少

① Albert D. Farrell, "Participants' Perceptions of a Violence Prevention Curriculum for Middle School Students: Was It Relevant and Useful?," *Journal of Primary Prevention*, Vol. 36, April 2015, pp. 227–246.
② Donna Cross, "Friendly Schools Universal Bullying Prevention Intervention: Effectiveness with Secondary School Students," *International Journal of Bullying Prevention*, Vol. 1, No. 4, January 2019, pp. 1–13.

第四章 校园欺凌的全校预防 225

续表

序号	作者（年份/国家）	样本（学校/年级）	研究方法	项目名称	课程目标	课程内容与实施	课程评价
8	J. M. Jenson（2007，美国）①	公立小学四、五年级	小组随机试验	Youth Matters (YM)	鼓励学生和学校成年人之间建立积极的关系，促进年轻人的健康发展	由一系列解决问题（主题）和技能的教学模块组成。每个模块包括一个30—40页的故事。每个故事的实质性内容都与课程模块中教授的技能反对反社会行为的同伴和学校规范。在技能模块中，学生学习社交能力和社交抵抗技能，他们可以用它们来避免嗑药、建立积极的关系、做出正确的决定 2. 实施方式 采用交互式教学方法，由学生讨论关键问题	与对照学校相比，实验学校的欺凌受害者和受害分下降，受害率明显下降
9	T. L. Renshaw（2011，美国）②	初中七、八年级（N = 636）	准实验	Promoting Positive Peer Relationships (P3R)	旨在提高对暴力及其负面影响的认识	1. 课程内容 考虑到学生的人际关系动态，促进关于这些电影片段的课堂讨论，识别和处理相关情绪，并采用小组解决问题的策略来制定积极的行为解决方案 2. 实施方式 视频教学：首先观看一名男中学生和一名女中学生发展成欺凌关系的电影片段 课堂讨论和小组合作：关于这些电影片段的课堂讨论，并采用小组解决关系问题的策略来制定积极的行为解决方案	结果表明，与对照组学生相比，干预组学生的亲社会态度在统计学上显著增强，但影响较小

① Jeffrey Jenson, M., "Effects of a Skills-based Prevention Program on Bullying and Bully Victimization among Elementary School Children," *Prevention Science*, Vol. 8, No. 4, October 2007, pp. 285–296.
② Tyler L. Renshaw, "Enhancing Student Attitudes via a Brief, Universal-Level Bullying Prevention Curriculum," *School Mental Health*, Vol. 4, No. 2, December 2012, pp. 115–128.

续表

序号	作者（年份/国家）	样本（学校/年级）	研究方法	项目名称	课程目标	课程内容与实施	课程评价
10	E. Andreou 等（2008，希腊）[1]	小学四—六年级（N = 454）	准实验前后测	—	让学生意识到欺凌问题及其严重性，并意识到自己在欺凌过程中的参与者角色，为学生提供处理冲突情况的新方法	1. 学生主体 该计划在 4—6 年级课程中实施 2. 课程时长 大约在一个月内实施八小时教学 3. 课程内容 课程活动沿着三个主题展开：提高认识，自我反省，对新行为的积极的承诺 4. 实施方式 小组讨论、角色扮演	在学生对欺凌者和受害者的态度、感知欺凌事件的干预效果、干预行为的实际发生率等方面具有积极的短期效果。然而，积极的短期干预效果在长期内无法维持，因此项目影响的程度相当小
11	Maria Sapouna（2010，英国）[2]	小学八、九年级（N = 1129）	准实验	Fear not!	旨在提高儿童的应对技能，降低伤害率	1. 课程时长 孩子们被介绍到一个由 3D 动画学生组成的虚拟学校，每周与软件进行 30 分钟的互动 2. 实施方式 互动学习。通过键入建议与虚拟受害者进行互动	虚拟学习干预对有受欺凌经历的受害者规避再次欺凌有短期影响，对英国儿童具有短期整体预防效果

---

[1] Eleni Andreou, "Outcomes of a Curriculum-based Anti-bullying Intervention Program on Students' Attitudes and Behavior," *Emotional and Behavioural Difficulties*, Vol. 13, No. 4, November 2008, pp. 235-248.

[2] Maria Sapouna, "Virtual Learning Intervention to Reduce Bullying Victimization in Primary School: A Controlled Trial," *Journal of Child Psychology and Psychiatry*, Vol. 51, No. 1, December 2010, pp. 104-112.

续表

序号	作者（年份/国家）	样本（学校/年级）	研究方法	项目名称	课程目标	课程内容与实施	课程评价
12	Glenda J. L. Battey 等（2013, 美国）①	中学七年级（N=120）	焦点小组	Bully Prevention Challenge Course Curriculum（BPCCC）	鼓励学生讨论如何识别和应对欺凌行为以促进自我成长	1. 课程内容 旨在创造一个支持性环境，让学生学会如何信任自己和彼此，以及如何有效沟通以应对欺凌行为 2. 实施方式 讨论法。在活动结束后，围绕活动本身、参与者的感受和情绪以及他们的行为与成为欺负者、受害者或旁观者的关系展开讨论	该计划加强学生之间的沟通和互动，增强对自己和他人的信任，对可能导致欺凌的行为有了更高的认识
13	Agley 等（2020, 美国）②	四年级、七年级、十年级	整群随机实验	ACT! OUT!	旨在培养学生社会情感能力并减少学生的欺凌行为	1. 课程时长 该课程持续约1小时，以适应上课的典型课堂时间。 2. 课程内容 包括介绍、表演和参与三部分。教师呈现适合学生年龄的即兴剧，说明与SEL和欺凌相关的问题，并促进演员之间的讨论 3. 实施方式 戏剧表演；讨论。在即兴互动心理剧表演之后，再进行讨论	ACT! OUT! 心理戏剧干预是支持SEC和减少学校欺凌事件的一种具有成本效益的手段

① Glenda J. L. Battey, "A Qualitative Exploration of an Experiential Education Bully Prevention Curriculum," *Journal of Experiential Education*, Vol. 36, No. 3, August 2013, pp. 203–217.

② Jon Agley, "Effects of the ACT OUT! Social Issue Theater Program on Social-Emotional Competence and Bullying in Youth and Adolescents: Protocol for a Cluster Randomized Controlled Trial," *JMIR Research Protocols*, Vol. 9, No. 4, April 2020, e17900.

续表

序号	作者（年份/国家）	样本（学校/年级）	研究方法	项目名称	课程目标	课程内容与实施	课程评价
14	Nur Eni Lestari 等（2019，印度尼西亚）[1]	小学5年级（N=30）	没有对照组的前后测准实验	—	预防和管理学龄儿童的欺凌行为	1. 课程时长 时间分配为每周25分钟 2. 课程内容 课程的内容包括发展价值观、制定标准、欺凌的定义、原因、形式、类型	欺凌课程的实施对预防和管理学龄儿童的欺凌行为是有效的
15	Hedwig Teglasi 等（2001，美国）[2]	小学四、五年级（N=59）	准实验	STORIES	改善攻击者、受害者和旁观者的社会问题解决能力	1. 课程内容 鼓励通过体验式学习逐步重组社会信息处理和解决问题的模式 2. 实施方式 体验式教学。以体验过程为主要机制，通过体验积极的人际关系，发展社交技能	未被认定为具有攻击性的儿童的外化反社会行为减少，而被认定具有攻击性的儿童则增加

---

[1] Nur Eni Lestari 等, "The Effective of Bullying Curriculum for Prevention and Management of Bullying in School-aged Children," *The Association of Indonesian Nurse Education Center*, Vol. 4, No. 2, January 2020, pp. 99-104.

[2] Hedwig Teglasi, "STORIES: A Classroom-based Program to Reduce Aggressive Behavior," *Journal of School Psychology*, Vol. 39, No. 1, January 2001, pp. 71-94.

续表

序号	作者（年份/国家）	样本（学校/年级）	研究方法	项目名称	课程目标	课程内容与实施	课程评价
16	Melissa E. DeRosier (2013，英国)[1]	公立小学三年级（N=1079）	随机对照实验	Social Skills Group Intervention (SSRIN)	培养基本的行为和社交认知技能，强化亲社会态度和行为，并针对社交问题制定应对策略	1. 课程内容 S.S.GRIN中包含的策略基于已被发现可有效改善儿童的同伴关系和社会行为的策略，包括社会责任培训 2. 实施方式 角色扮演。每节课都包括角色扮演等实践活动	与对照组相比，S.S.GRIN增加了同龄人之间的好感，增强了自尊心和自我效能，减少了社交焦虑。S.S.GRIN对所有类型的同伴问题都同样有效，特别是对于攻击性儿童
17	Theresa Tierney等(2000，爱尔兰)[2]	中学八年级（N=20）	随机对照实验	Social Skills Group	改善学生与同龄人以及老师的关系，提高学生的幸福感水平	1. 课程时长 每节课时长一个小时 2. 课程内容 包括六节课：口语和听力、友谊、欺凌、更好地了解自己、更好地了解彼此、小组选择 3. 实施方式 包括讨论、结对和小组合作	社会技能小组可以为那些受教师关注的女孩的情感发展提供有组织的、短期的有效支持

---

[1] Melissa E. DeRosier, "Building Relationships and Combating Bullying: Effectiveness of a School-Based Social Skills Group Intervention," *Journal of Clinical Child and Adolescent Psychology*, Vol. 33, No. 1, June 2010, pp. 196-201.

[2] Theresa Tierney, "The Use of Social Skills Groups to Support Girls with Emotional Difficulties in Secondary Schools," *Support for Learning*, Vol. 15, No. 2, May 2003, pp. 82-85.

续表

序号	作者（年份/国家）	样本（学校/年级）	研究方法	项目名称	课程目标	课程内容与实施	课程评价
18	Karin S. Frey 等（2005，美国）[1]	小学三—六年级（N=1023）	随机对照实验	Steps to Respect (STR)	纠正欺凌行为并促进健康的人际关系，减少小学校欺凌问题	1. 学生主体 小学三年级到六年级 2. 课程内容 学生课程包括技能和文学课程。技能课程侧重于建立积极的社会情感技能。主题包括加人小组，区分欺凌以及欺凌行为的识别，拒绝和报告欺凌以及成为负责任的旁观者。在完成技能课程后，教师根据现有儿童读物实施了适合年级的文学单元，这为探索与欺凌相关的主题提供了进一步的机会 3. 实施方式 教学策略包括直接教学、大小组讨论、技能练习和游戏	相对于对照组儿童，干预组儿童报告欺凌和争辩行为的减少，愉快的互动增加，破坏性的旁观者行为减少。干预组中的儿童报告旁观者的责任感增强，能够更强烈地感知到成人的反应，对欺凌的接受度更低。自我报告的攻击性在各组之间没有差异

---

[1] Karin S. Frey, "Reducing Playground Bullying and Supporting Beliefs: An Experimental Trial of the Steps to Respect Program," *Developmental Psychology*, Vol. 41, No. 3, May 2005, pp. 479-491.

第四章 校园欺凌的全校预防

续表

序号	作者（年份/国家）	样本（学校/年级）	研究方法	项目名称	课程目标	课程内容与实施	课程评价
19	Christina Salmivalli 等（2012，芬兰）①	Schools (N=234)	随机对照试验	The KiVa Antibullying program	旨在结束持续的欺凌行为，防止新的欺凌关系出现，并将受伤害者的负面后果降至最低	1. 学生主体 KiVa 学生课程和主题的三个版本分别在三、四～六和七～九年级提供 2. 课程内容 课程内容从更一般的主题开始，例如情感，尊重在人际关系中的重要性和群体压力，再到欺凌或结束欺凌的机制和后果。一些课程涉及团体在维持欺凌或结束欺凌方面的作用。小组练习包括采用集思广益的方式来支持和帮助受欺负的受害者并练习这些技能 3. 实施方式 由课堂教师进行的课程和主题包括讨论、小组作业、关于欺凌的短片和角色扮演练习	KiVa 被发现在小学阶段能够显著减少欺凌和受害。效果更加复杂，它们似乎取决于性别（男孩的影响更大）和教室中男孩的比例

① Christina Salmivalli, "Making Bullying Prevention a Priority in Finnish Schools: The KiVa Antibullying Program," *New Directions for Youth Development*, Vol. 2012, No. 133, April 2012, pp. 41-53.

续表

序号	作者 (年份/国家)	样本 (学校/年级)	研究方法	项目名称	课程目标	课程内容与实施	课程评价
20	DAN OLWUS 等(2010 挪威)[①]	—	Summary	The Olweus Bullying Prevention Program (OBPP)	减少学生现有的欺凌问题，防止新的欺凌问题的发生	1. 课程内容 教师和学生讨论欺凌和相关问题的每周班级会议是 OBPP 的重要组成部分。班会的目的是建立班级凝聚力和社区，讨论有关欺凌的积极和消极后果，及遵守或不遵守规则的积极后果，帮助学生了解他们在预防和制止欺凌中的作用，以及欺凌问题的解决策略。学生参与角色扮演，旨在建立同理心和洞察力，针对欺凌情况提出可能的解决方案，并练习在面对欺凌时采取的积极行动 2. 实施方式 班级讨论、角色扮演	20 年的研究，主要是在斯堪的纳维亚半岛和美国进行，证实可以通过系统性的全校努力减少欺凌

---

① Dan Olweus, Susan P. Limber, "The Olweus Bullying Prevention Program: Implementation and Evaluation Over Two Decades", In *The Handbook of School Bullying: An International Perspective*, New York: Routledge, 2010, p. 378.

续表

序号	作者 (年份/国家)	样本 (学校/年级)	研究方法	项目名称	课程目标	课程内容与实施	课程评价
21	C. BAGÈS 等(2020, 法国)[1]	六年级中学 (N=86)	准实验	Role-playing Games (RPGs)	帮助学生发展心理社交技能和社会规则意识	1. 课程时长 实施一个移情训练计划, 一共三周, 每周一次, 每次一小时 2. 课程内容 包括欺凌有关的主要问题: 理解和命名受害者的情绪 (即同理心), 对受害者涉及欺凌的不同方面, 包括心理暴力 (侮辱, 戏弄, 社会排斥等); 身体攻击和战斗, 以及网络欺凌 (即利用互联网、社交网站和短信等电子技术进行欺凌) 3. 实施方式 角色扮演	与对照组相比, 实验组学生具有更高水平的自我报告同理心, 自我报告攻击行为和欺负显著减少

[1] Céline Bagès, "Play to Reduce Bullying! Role-Playing Games Are a Useful Tool for Therapists and Teachers," *Journal of Research in Childhood Education*, Vol. 35, No. 4, September 2020, pp. 631-641.

续表

序号	作者 (年份/国家)	样本 (学校/年级)	研究方法	项目名称	课程目标	课程内容与实施	课程评价
22	K. Joronen 等 (2011, 芬兰)[1]	小学四—五年级 (N = 190)	准实验纵向设计	Drama Program	旨在加强社会关系，减少四—五年级儿童在学校的欺凌行为	1. 课程内容 戏剧课程侧重于提高学生以下能力：同理心、社交能力、师生互动、儿童与家长互动、价值观和情感认同。课堂戏剧是以过往戏剧的世界的，学生和教师共同创造一个虚构的世界 2. 实施方式 戏剧表演 3. 资源支持 老师根据两本分发的戏剧手册实施戏剧课程	研究表明，在教室里使用戏剧的方法可以改善儿童在学校的社会关系，减少受害人数

---

[1] Katja Joronen, "An Evaluation of a Drama Program to Enhance Social Relationships and Anti-bullying at Elementary School: A Controlled Study," *Health Promotion International*, Vol. 27, No. 1, March 2012, pp. 5–14.

(二) 反欺凌课程开发要素分析

1. 课程目标

所有反欺凌课程目标都是将预防欺凌作为整体课程目标，希望减少学校欺凌行为并预防学生受害，进而促进学生健康发展与成长，提升学生幸福感。其中又可以分为培养学生反欺凌技能、帮助学生与周围建立积极关系、提高学生对欺凌的认识、干预现有欺凌关系四个分目标。

(1) 培养学生反欺凌技能

技能目标主要包括社交技能以及社会情感学习技能、欺凌应对技能三种。社交技能小组干预项目（Social Skills Group Intervention，S. S. GRIN）的目标是培养学生基本的行为和认知社交技能，强化亲社会态度和行为，并针对社交问题制定应对策略。[①] 角色扮演游戏项目（Role-playing Games，RPGs）通过角色扮演对学生进行移情训练进而帮助学生发展心理社交技能。[②] "STORIES"项目旨在发展学生的社交技能以及社会问题解决能力。[③] "ACT! OUT!"项目[④]与"Second Step"项目[⑤]的目标都是培养学生的社会情感能力，训练社会情感学习技能，进而减少欺凌行为。"FearNot!"项目目标是让学生在虚拟互动中学习欺凌应对技能。[⑥] 欺凌预防挑战课程（Bully Prevention Challenge Course Curriculum，

[①] Melissa E. DeRosier, "Building Relationships and Combating Bullying: Effectiveness of a School-based Social Skills Group Intervention," *Journal of Clinical Child and Adolescent Psychology*, Vol. 33, No. 1, June 2010, pp. 196-201.

[②] Céline Bagès, "Play to Reduce Bullying! Role-Playing Games Are a Useful Tool for Therapists and Teachers," *Journal of Research in Childhood Education*, Vol. 35, No. 4, September 2020, pp. 631-641.

[③] Hedwig Teglasi, "STORIES: A Classroom-based Program to Reduce Aggressive Behavior," *Journal of School Psychology*, Vol. 39, No. 1, January 2001, pp. 71-94.

[④] Jon Agley, "Effects of the ACT OUT! Social Issue Theater Program on Social-Emotional Competence and Bullying in Youth and Adolescents: Protocol for a Cluster Randomized Controlled Trial," *JMIR Research Protocols*, Vol. 9, No. 4, April 2020, e17900.

[⑤] Albert D. Farrell, "Participants' Perceptions of a Violence Prevention Curriculum for Middle School Students: Was It Relevant and Useful?" *Journal of Primary Prevention*, Vol. 36, April 2015, pp. 227-246.

[⑥] Maria Sapouna, "Virtual Learning Intervention to Reduce Bullying Victimization in Primary School: A Controlled Trial," *Journal of Child Psychology and Psychiatry*, Vol. 51, No. 1, December 2010, pp. 104-112.

BPCCC）旨在让学生通过讨论来识别与应对欺凌行为。[1]

（2）帮助学生建立积极关系

戏剧项目（Drama Program）、逐步尊重项目（Steps to Respect, STR）、社交技能小组项目（Social Skills Group）、"FS"项目、"YM"项目都旨在通过建立积极的社会关系来预防欺凌。戏剧项目旨在改善儿童在学校的社会关系。[2] 逐步尊重项目的目标是纠正欺凌行为并促进健康的人际关系，减少学校欺凌问题。[3] 社交技能小组项目的目的是改善学生与同龄人以及老师的关系，以此提高学生的幸福感水平。[4] "FS"项目旨在培养学校领导、教师、家长与学生建立积极关系的能力来预防和管理欺凌和网络欺凌行为。[5] "YM"项目旨在鼓励学生和学校教职工之间建立积极关系，促进学生健康发展。[6]

（3）提高学生对欺凌的认识

通过反欺凌课程增强学生对欺凌的认识，提高应对欺凌的意识。促进积极的同伴关系课程（Promoting Positive Peer Relationships, P3R）[7] 与希腊小学反欺凌课程[8]旨在提高学生对暴力及其负面影响的认识。

---

[1] Nur Eni Lestari, "The Effective of Bullying Curriculum for Prevention and Management of Bullying in School-aged Children," *The Association of Indonesian Nurse Education Center*, Vol. 4, No. 2, January 2020, pp. 99-104.

[2] Katja Joronen, "An Evaluation of a Drama Program to Enhance Social Relationships and Antibullying at Elementary School: A Controlled Study," *Health Promotion International*, Vol. 27, No. 1, March 2012, pp. 5-14.

[3] Karin S. Frey, "Reducing Playground Bullying and Supporting Beliefs: An Experimental Trial of the Steps to Respect Program," *Developmental Psychology*, Vol. 41, No. 3, May 2005, pp. 479-491.

[4] Theresa Tierney, "The Use of Social Skills Groups to Support Girls with Emotional Difficulties in Secondary Schools," *Support for Learning*, Vol. 15, No. 2, May 2003, pp. 82-85.

[5] Donna Cross, "Friendly Schools Universal Bullying Prevention Intervention: Effectiveness with Secondary School Students," *International Journal of Bullying Prevention*, Vol. 1, No. 4, January 2019, pp. 1-13.

[6] Jeffrey M. Jenson, "Effects of a Skills-based Prevention Program on Bullying and Bully Victimization among Elementary School Children," *Prevention Science*, Vol. 8, No. 4, October 2007, pp. 285-296.

[7] Tyler L. Renshaw, "Enhancing Student Attitudes via a Brief, Universal-Level Bullying Prevention Curriculum," *School Mental Health*, Vol. 4, No. 2, December 2012, pp. 115-128.

[8] Eleni Andreou, "Outcomes of a Curriculum-based Anti-Bullying Intervention Program on Students' Attitudes and Behavior," *Emotional and Behavioural Difficulties*, Vol. 13, No. 4, November 2008, pp. 235-248.

(4) 干预现有欺凌关系

"KiVa"项目①与"OBPP"项目②都致力于减少学生现有的欺凌问题，并防止新的欺凌问题的发生，以求将伤害的负面效果降至最低。

2. 课程内容

依据课程内容大致可以将反欺凌课程划分为反欺凌专题课程、社会情感学习课程、社交技能训练课程、预防暴力课程以及道德教育课程等。

(1) 反欺凌专题课程

有9篇文献涉及反欺凌专题课程预防欺凌，分别从提高学生欺凌认识、培养学生社会情感以及使学生掌握应对策略三个目标出发设计课程。

①欺凌认识

有关欺凌认识的课程普遍从欺凌的定义、性质、危害等角度帮助学生了解欺凌。希腊小学反欺凌课程在大约一个月内实施8节课，通过让学生了解欺凌问题及其严重性、受害类型、参与者角色及机制、欺凌原因、感受、结果、课堂规则等内容来提高学生对欺凌的认识进而减少欺凌行为。③ 印度尼西亚对学龄儿童实施每周25分钟旨在让学生了解欺凌的反欺凌课程也被证明是有效的，课程内容包括发展价值观，制定标准，欺凌的定义、原因、类型、形式、影响等。④ 中国香港特区实施的反欺凌课程旨在让学生正确认识欺凌、了解欺凌性质，并确定典型的欺凌场景和学校内的不安全区域。⑤ "KiVa"项目中学生课程的三个版本分别在1—3年级、4—6年级和7—9年级提供。课程内容从一般的主题开始，到

---

① Christina Salmivalli, "Making Bullying Prevention a Priority in Finnish Schools: The KiVa Antibullying Program," *New Directions for Youth Development*, Vol. 2012, No. 133, April 2012, pp. 41-53.

② Dan Olweus, Susan P. Limber, "The Olweus Bullying Prevention Program: Implementation and Evaluation Over Two Decades," in *The Handbook of School Bullying: An International Perspective*, New York: Routledge, 2010, p. 378.

③ Eleni Andreou, "Outcomes of a Curriculum-based Anti-Bullying Intervention Program on Students' Attitudes and Behavior," *Emotional and Behavioural Difficulties*, Vol. 13, No. 4, November 2008, pp. 235-248.

④ Nur Eni Lestari, "The Effective of Bullying Curriculum for Prevention and Management of Bullying in School-aged Children," *The Association of Indonesian Nurse Education Center*, Vol. 4, No. 2, January 2020, pp. 99-104.

⑤ Gerald Wurf, "High School Anti-Bullying Interventions: An Evaluation of Curriculum Approaches and the Method of Shared Concern in Four Hong Kong International Schools," *Australian Journal of Guidance and Counselling*, Vol. 22, No. 1, June 2012, pp. 139-149.

欺凌及其机制和后果。一些课程涉及团体在维持欺凌或结束欺凌方面的作用。① "OBPP"项目在班级会议中，讨论有关欺凌的规则以及遵守或不遵守规则的积极和消极后果，帮助学生了解他们在预防和制止欺凌中的作用，以及解决欺凌问题的解决策略。②

②情感训练

反欺凌课程通过让学生产生同理心的方式减少欺凌。K. M. Ingram 等人使用虚拟现实设备，让学生体验三个与欺凌相关的情景，指导学生采用各种角色观点进行讨论，使学生产生更多同理心。③ "RPGs"项目通过角色扮演游戏的形式，实施每周一小时共三周的移情训练计划，情景包括心理暴力、身体攻击、网络欺凌。最终帮助学生建立同理心，并找到解决办法。④ 戏剧项目实施每月一次的戏剧课程。课堂戏剧以过程戏剧为基础，学生和教师共同创造一个虚构的世界，可以建立学生的同理心，改善在学校的人际关系。⑤

③反欺凌技能

通过学习欺凌应对策略，进而帮助学生有效应对欺凌。在"FearNot！"反欺凌项目中，学生通过键入建议与虚拟学校中的3D动画进行每周30分钟的互动。旨在帮助儿童体验应对欺凌的有效策略，提高学生的自我效能感并学习应对策略。⑥

---

① Christina Salmivalli, "Making Bullying Prevention a Priority in Finnish Schools: The KiVa Antibullying Program," *New Directions for Youth Development*, Vol. 2012, No. 133, April 2012, pp. 41-53.

② Dan Olweus, "The Olweus Bullying Prevention Program: Implementation and Evaluation Over Two Decades," in *The Handbook of School Bullying: An International Perspective*, New York: Routledge, 2010, p. 378.

③ Katherine M. Ingrama , "Evaluation of a Virtual Reality Enhanced Bullying Prevention Curriculum Pilot Trial," *Journal of Adolescence*, Vol. 71, No. 3, February 2019, pp. 72-83.

④ Céline Bagès, "Play to Reduce Bullying! Role-Playing Games Are a Useful Tool for Therapists and Teachers," *Journal of Research in Childhood Education*, Vol. 35, No. 4, September 2020, pp. 631-641.

⑤ Katja Joronen, "An Evaluation of a Drama Program to Enhance Social Relationships and Antibullying at Elementary School: A Controlled Study," *Health Promotion International*, Vol. 27, No. 1, March 2012, pp. 5-14.

⑥ Maria Sapouna, "Virtual Learning Intervention to Reduce Bullying Victimization in Primary School: A Controlled Trial," *Journal of Child Psychology and Psychiatry*, Vol. 51, No. 1, December 2010, pp. 104-112.

(2) 社会情感学习 (Social-emotional Learning, SEL) 课程

有4篇文献涉及社会情感学习。有社会情感学习框架中有五个相互关联的技能领域：自我意识、社会意识、自我管理和负责任的决策和人际关系技巧。[①] 通过社会情感学习培养相应的社会情感能力 (SEC)。"Second Step"项目、"FS"项目、"第二步：学生通过预防获得成功"项目 (Second Step-Student Success through prevention, SS-SSTP)、"ACT! OUT!"项目都通过提供明确的社会情感学习课程来提高社会情感学习技能进而减少欺凌。校本SEL项目旨在防止欺凌，帮助青少年管理和调节情绪、沟通和解决问题、调节情绪人际冲突。[②] "Second Step"项目是一项以学校为基础的普遍暴力预防计划，其中包括针对小学和中学的课程。重点关注社会情感能力的三个领域：同理心和观点采择、社会问题解决和愤怒管理。中学课程包括五个单元，一共15节课程。[③] "FS"项目是一个全校普遍的欺凌预防计划。教师、家长、学校领导与学生参与建立积极、相互尊重的社会情感学习关系，以防止并管理各种形式的欺凌行为。[④] "SS-SSTP"项目包括两节专门针对欺凌的课程，并且在学生接受同理心和沟通培训之前不会介绍这些课程，这使得学生能够学习小组合作的形式，以最大限度地发挥识别和应对欺凌以及制定班级规则的课程的影响。[⑤] "ACT! OUT!"项目针对小学、初中与高中学生的社会情感能力的学习以及欺凌行为，根据不同年龄的学生呈现不同场景的15分钟即兴戏剧，促进学生之间有关社会情感能力和欺凌的讨论，课程持续大约1

[①] Weissberg, R. P., Durlak, J. A., Domitrovich, C. E., Gullotta, T. P., eds., *Social and Emotional Learning: Past, Present, Future*, New York: The Guilford Press, 2015, pp. 3-19.

[②] Joseph, A., Durlak, "The Impact of Enhancing Students' Social and Emotional Learning: A Meta-analysis of School-based Universal Interventions," *Child Development*, Vol. 82, No. 1, February 2011, pp. 405-432.

[③] Albert D. Farrell, "Participants' Perceptions of a Violence Prevention Curriculum for Middle School Students: Was It Relevant and Useful?" *J. Primary Prevent*, Vol. 36, April 2015, pp. 227-246.

[④] Donna Cross, "Friendly Schools Universal Bullying Prevention Intervention: Effectiveness with Secondary School Students," *International Journal of Bullying Prevention*, Vol. 1, No. 4, January 2019, pp. 1-13.

[⑤] Dorothy, L. Espelage, "Social-Emotional Learning Program to Reduce Bullying, Fighting, and Victimization among Middle School Students with Disabilities," *Remedial and Special Education*, Vol. 36, No. 5, March 2015, pp. 299-311.

小时，包括介绍、表演和参与三个部分。①

（3）社交技能训练课程

有7篇文献研究了通过社交技能训练预防欺凌。教授学生相应的社交技能并进行练习，不仅能够有效预防欺凌，还能促进学生亲社会行为的养成。"YM"项目旨在鼓励学生和学校教职工之间建立积极关系，促进学生健康发展。课程由一系列教学模块组成，涉及多个主题和技能。"每个模块包括一个30—40页的故事，每个故事内容都与课程模块中教授的技能直接相关。在主题模块中，采用互动式教学方法，讨论关键的发展问题，旨在加强对反社会行为的规范。在技能模块中，学生学习社交技能和社交抵抗技能。"②

"S.S. GRIN"项目旨在帮助有同伴问题的儿童学习基本的社交与认知技能。"S.S. GRIN"项目中学生通过加强社交技能和亲社会态度，学习应对策略来减少社交焦虑进而减少欺凌受害。"③该项目中包含的策略基于已被发现可有效改善儿童的同伴关系和社会行为的策略，包括社会责任培训等。"BPCCC"项目旨在通过体验性课程来促进学生社交技能的培养，"通过解决个别学生的问题行为，并且在支持和冒险的环境中促进学生合作、沟通、信任，培养问题解决的技能进而解决欺凌行为。挑战课程的重点是创造一个支持性环境，让学生学会如何信任自己和彼此，以及促进有效沟通来应对欺凌行为"④。"STR"项目是一个全校性干预项目。"班级层面的课程干预包括由三年级到六年级教师在12—14周内教授的技能和文学课程。技能课程侧重于培养积极的同伴关系、情绪管理以及识别、拒绝和报告欺凌行为的社会情感技能。在完成技能课程后，

---

① Jon Agley, "Effects of the ACT OUT! Social Issue Theater Program on Social-Emotional Competence and Bullying in Youth and Adolescents: Protocol for a Cluster Randomized Controlled Trial," *JMIR Research Protocols*, Vol. 9, No. 4, April 2020, e17900.

② Jeffrey, M. Jenson, "Effects of a Skills-based Prevention Program on Bullying and Bully Victimization among Elementary School Children," *Prevention Science*, Vol. 8, No. 4, October 2007, pp. 285-296.

③ Melissa E. DeRosier, "Building Relationships and Combating Bullying: Effectiveness of a School-based Social Skills Group Intervention," *Journal of Clinical Child and Adolescent Psychology*, Vol. 33, No. 1, June 2010, pp. 196-201.

④ Glenda J. L. Battey, "A Qualitative Exploration of an Experiential Education Bully Prevention Curriculum," *Journal of Experiential Education*, Vol. 36, No. 3, August 2013, pp. 203-217.

教师根据现有儿童读物实施了适合学生年龄的文学单元。"① "S. S. GRIN" 项目针对中学女生发展社交技能。该项目分为六节课,每节课一个小时。课程一共包含六个主题,分别是倾听与表达、友谊、欺凌、更好地了解自己、更好地了解他人、小组选择。② "P3R" 项目旨在提高学生对欺凌的认识以及培养解决问题的技能。"利用电影视频及小组讨论形式培养同理心和认知行为技能,以防止与欺凌相关的行为,促进亲社会行为。"③ "STORIES" 项目强调行为技能,而不是认知问题。以体验过程为主要机制,通过体验积极的人际关系,发展社交技能。④

(4) 预防暴力课程

有 1 篇文献涉及通过暴力预防来预防欺凌。"Bulli & Pupe" 项目,不仅旨在解决欺凌问题,而且旨在解决学校和家庭环境中更广泛的暴力问题。"通过三个视频和一本小册子进行讨论,分为三个主题。首先是同龄人之间的欺凌,重点是展示什么形式的欺凌可能导致进一步的攻击性和暴力行为。第二部分是家庭中的暴力,最后一部分是童年期暴力对成年人的长期影响。"⑤

(5) 道德教育课程

有 1 篇文献证明通过实施道德教育课程可以达到预防欺凌的效果。印度尼西亚将 Pancasila(潘查希拉,既是和平共处五项原则的代名词,又是印尼建国原则的代名词,即"信仰神道、人道主义、民族主义、民主和社会公正"五项基本原则)、公民教育以及宗教教育作为必修课来预防欺凌。

---

① Karin S. Frey, "Reducing Playground Bullying and Supporting Beliefs: An Experimental Trial of the Steps to Respect Program," *Developmental Psychology*, Vol. 41, No. 3, May 2005, pp. 479-491.

② Melissa E. DeRosier, "Building Relationships and Combating Bullying: Effectiveness of a School-based Social Skills Group Intervention," *Journal of Clinical Child and Adolescent Psychology*, Vol. 33, No. 1, June 2010, pp. 196-201.

③ Tyler L. Renshaw, "Enhancing Student Attitudes via a Brief, Universal-Level Bullying Prevention Curriculum," *School Mental Health*, Vol. 4, No. 2, December 2012, pp. 115-128.

④ Hedwig Teglasi, "STORIES: A Classroom-based Program to Reduce Aggressive Behavior," *Journal of School Psychology*, Vol. 39, No. 1, January 2001, pp. 71-94.

⑤ Anna Costanza Baldry, "Evaluation of an Intervention Program for the Reduction of Bullying and Victimization in Schools," *Aggressive Behavior*, Vol. 30, No. 1, February 2004, pp. 1-15.

Pancasila和公民教育面向所有年级的学生，每周两小时，宗教教育每周三小时。泛天主教和公民教育侧重人格教育，旨在鼓励学生信教，提倡诚实的行为、纪律、责任心、关怀、礼貌和回应等价值观。这也促进了一种积极主动的态度，让学生通过与社会和自然环境的有效互动来参与解决各种问题。宗教教育的作用是使学习者成为理解和实践宗教价值观并获得宗教研究专业知识的社区成员。[1]

3. 课程实施
（1）情景教学
9篇文献中的反欺凌课程采用情景教学法进行教学，其中情景教学分为角色扮演、戏剧教学、虚拟仿真互动学习三种方式。

①角色扮演

角色扮演是反欺凌课程实施的一种常用方式。"Bulli & Pupe"项目采用角色扮演、小组讨论、焦点小组讨论不同问题，旨在提高学生的反欺凌意识，采取支持性行动预防暴力和欺凌。[2] Gerald Wurf提出的在项目中采用角色扮演与全班讨论合作学习相结合的方式，突出了班级层面课程活动在预防欺凌方面的重要性。[3] "KiVa"项目中的课程采用角色扮演练习与其他方式相结合，目标是防止出现新的欺凌—受害关系，并尽量减少欺凌的负面后果。重点是影响旁观者，使他们表明反对欺凌的态度，支持受害者而非鼓励欺凌者。[4] 社交技能小组干预项目每节课都包括角色扮演等实践活动。[5] "RPGs"项目中学生必须根据其角色设定来行动，

---

[1] Nur Eni Lestari, "The Effective of Bullying Curriculum for Prevention and Management of Bullying in School-aged Children," *The Association of Indonesian Nurse Education Center*, Vol. 4, No. 2, January 2020, pp. 99-104.

[2] Anna Costanza Baldry, "Evaluation of an Intervention Program for the Reduction of Bullying and Victimization in Schools," *Aggressive Behavior*, Vol. 30, No. 1, February 2004, pp. 1-15.

[3] Gerald Wurf, "High School Anti-Bullying Interventions: An Evaluation of Curriculum Approaches and the Method of Shared Concern in Four Hong Kong International Schools," *Australian Journal of Guidance and Counselling*, Vol. 22, No. 1, June 2012, pp. 139-149.

[4] Christina Salmivalli, "Making Bullying Prevention a Priority in Finnish Schools: The KiVa Antibullying Program," *New Directions for Youth Development*, Vol. 2012, No. 133, April 2012, pp. 41-53.

[5] Theresa Tierney, "The Use of Social Skills Groups to Support Girls with Emotional Difficulties in Secondary Schools," *Support for Learning*, Vol. 15, No. 2, May 2003, pp. 82-85.

有时可以扮演多种角色，例如在学校环境中扮演受害者和欺负者。通过扮演受害者角色，观察其他扮演者的反应。因此，角色扮演能让学生了解和感受受害者的负面情绪，并发展他们的移情技能。① "Second Step"项目中的课程包括5个单元，15节课。教师先设置场景并分析角色，引导学生进行讨论，之后布置场景并分配角色，最后由学生进行表演并调整角色。在角色扮演环节之后，教师还会引导学生进行进一步讨论并总结。② 一般来说，在角色扮演互动之后，教师会引导学生讨论，加深对活动主题的认识。

②戏剧教学

戏剧形式可以使学生身临其境，增强同理心。在表演戏剧的过程中，学生可以表达情感，提高自我意识。"ACT！OUT！"项目使用心理戏剧形式，呈现适合学生年龄的即兴剧，说明与社会情感学习和欺凌相关的问题，并对其进行普遍干预。③ 戏剧项目以过程戏剧为基础，教师在课堂上实施项目，学生和教师共同创造一个虚构的世界，在项目中增强学生的同理心、社交能力，增加了师生互动以及儿童与家长的互动。④ "ACT！OUT！"项目与戏剧项目都以戏剧为媒介，但不同的是，"ACT！OUT！"由第三方专业演员进行，并且时间较短，为15分钟。戏剧项目由班主任在自己的班级内组织。

③虚拟仿真互动教学

虚拟现实提供了一种高度沉浸式的体验，利用虚拟现实模拟在真实情境中扮演另一个人。近些年来，虚拟现实技术作为新兴技术逐渐引入

---

① Céline Bagès, "Play to Reduce Bullying! Role-Playing Games Are a Useful Tool for Therapists and Teachers," *Journal of Research in Childhood Education*, Vol. 35, No. 4, September 2020, pp. 631-641.

② Albert D. Farrell, "Participants' Perceptions of a Violence Prevention Curriculum for Middle School Students: Was It Relevant and Useful?" *Journal of Primary Prevention*, Vol. 36, April 2015, pp. 227-246.

③ Jon Agley, "Effects of the ACT OUT! Social Issue Theater Program on Social-Emotional Competence and Bullying in Youth and Adolescents: Protocol for a Cluster Randomized Controlled Trial," *JMIR Research Protocols*, Vol. 9, No. 4, April 2020, e17900.

④ Katja Joronen, "An Evaluation of a Drama Program to Enhance Social Relationships and Antibullying at Elementary School: A Controlled Study," *Health Promotion International*, Vol. 27, No. 1, March 2012, pp. 5-14.

课堂。因其具有交互性、想象性、沉浸性的特点①，能够让学生真实地体验情景。反欺凌课程实施中亦将其作为重要形式，K. M. Ingram 评估的项目通过使用虚拟现实技术（VR），增加学生直观体验。让学生体验欺凌场景之后再指导学生进行讨论，增加学生同理心。②"Fear！Not！"项目也采用沉浸式学习干预措施，学生通过软件与 3D 动画中的学生进行互动，提高自我效能感与应对能力。③

（2）小组讨论

4 篇文献中的反欺凌课程采用小组讨论方式。"BPCCC"课程在体验式活动结束后，围绕活动本身、参与者的感受和情绪以及他们的行为与成为欺负者、受害者或旁观者的关系让学生展开讨论，以加深他们对欺凌的认识，进而产生更积极的情感以减少欺凌。④"STORIES"项目则直接采用故事讨论形式。在故事体验过程中，通过体验积极的人际关系，发展社交技能。⑤"S. S. GRIN"项目中每节课的内容都包括讨论、配对、小组合作。有时结合头脑风暴和角色扮演，集思广益，解决问题。⑥"SS-SSTP"项目让年轻人学会在小组中相互合作，最大限度地发挥课程的影响力。采用小组讨论和活动、课堂讨论与作业相结合的方式实现课程的高度互动，促进反欺凌技能的获得。⑦"YM"项目依赖互动式教学方法，通过讨论关键问题，例如，成为好朋友、调侃与欺凌、建立同理心等，

---

① 刘德建：《虚拟现实技术教育应用的潜力、进展与挑战》，《开放教育研究》2016 年第 4 期。

② Katherine M. Ingrama，"Evaluation of a Virtual Reality Enhanced Bullying Prevention Curriculum Pilot Trial，" *Journal of Adolescence*，Vol. 71，No. 3，February 2019，pp. 72-83.

③ Maria Sapouna，"Virtual Learning Intervention to Reduce Bullying Victimization in Primary School：A Controlled Trial，" *Journal of Child Psychology and Psychiatry*，Vol. 51，No. 1，December 2010，pp. 104-112.

④ Glenda J. L. Battey，"A Qualitative Exploration of an Experiential Education Bully Prevention Curriculum，" *Journal of Experiential Education*，Vol. 36，No. 3，August 2013，pp. 203-217.

⑤ Hedwig Teglasi，"STORIES：A Classroom-based Program to Reduce Aggressive Behavior，" *Journal of School Psychology*，Vol. 39，No. 1，January 2001，pp. 71-94.

⑥ Melissa E. DeRosier，"Building Relationships and Combating Bullying：Effectiveness of a School-based Social Skills Group Intervention，" *Journal of Clinical Child and Adolescent Psychology*，Vol. 33，No. 1，June 2010，pp. 196-201.

⑦ Dorothy L. Espelage，"Social-Emotional Learning Program to Reduce Bullying，Fighting，and Victimization among Middle School Students with Disabilities，" *Remedial and Special Education*，Vol. 36，No. 5，March 2015，pp. 299-311.

让学生了解欺凌并学会适当应对。[1]

(3) 直接教学

2 篇文献中的反欺凌课程采用直接教学的方式。实施类型主要为两种：一种是将直接教学作为唯一的教学形式，例如，印度尼西亚道德教育必修课采用直接教学形式，教授与欺凌相关的价值观。[2] 希腊小学设计了 8 节反欺凌课程，每节课 1 小时，在 4 周内完成，并由任课教师实施。[3] "FS" 项目通过教师的直接教学，学生学习 SEL 课程，每个年级实施至少 7 次 1 小时教学模块。[4] 印度尼西亚针对学龄儿童的反欺凌课程以直接教学为主要方式，时间分配为每周 25 分钟。[5] 另一种为直接教学与其他方式相结合的形式。例如，逐步尊重项目采用直接教学与多种方式相结合的形式，教授预防欺凌的技能。[6]

(4) 游戏教学

2 篇文献中的反欺凌课程采用游戏教学形式。在小学阶段，游戏形式可以增加学生趣味性和主动性。"STR" 项目除了采用直接教学、小组讨论、技能练习等形式之外，还采用游戏方式，教授社会情感技能以对抗欺凌并促进健康的关系。[7] "KiVa" 项目针对一年级和四年级学生设计了

---

[1] Jeffrey M. Jenson, "Effects of a Skills-based Prevention Program on Bullying and Bully Victimization among Elementary School Children," *Prevention Science*, Vol. 8, No. 4, October 2007, pp. 285-296.

[2] Nur Eni Lestari, "The Effective of Bullying Curriculum for Prevention and Management of Bullying in School-aged Children," *The Association of Indonesian Nurse Education Center*, Vol. 4, No. 2, January 2020, pp. 99-104.

[3] Eleni Andreou, "Outcomes of a Curriculum-based Anti-Bullying Intervention Program on Students' Attitudes and Behavior," *Emotional and Behavioural Difficulties*, Vol. 13, No. 4, November 2008, pp. 235-248.

[4] Donna Cross, "Friendly Schools Universal Bullying Prevention Intervention: Effectiveness with Secondary School Students," *International Journal of Bullying Prevention*, Vol. 1, No. 4, January 2019, pp. 1-13.

[5] Nur Eni Lestari, "The Effective of Bullying Curriculum for Prevention and Management of Bullying in School-aged Children," *The Association of Indonesian Nurse Education Center*, Vol. 4, No. 2, January 2020, pp. 99-104.

[6] Karin S. Frey, "Reducing Playground Bullying and Supporting Beliefs: An Experimental Trial of the Steps to Respect Program," *Developmental Psychology*, Vol. 41, No. 3, May 2005, pp. 479-491.

[7] Karin S. Frey, "Reducing Playground Bullying and Supporting Beliefs: An Experimental Trial of the Steps to Respect Program," *Developmental Psychology*, Vol. 41, No. 3, May 2005, pp. 479-491.

适合小学生的反欺凌电脑游戏,以激励学生,强化学习过程。①

(5) 视频教学

由于儿童认知能力的有限性,视频是符合儿童发展特点的有效教学形式。通过观看视频的方式,能够引发儿童兴趣,将儿童带入欺凌情境中。视频中人物形象相较于文字更能引发儿童的共鸣。"P3R"项目以视频为媒介进行欺凌预防,在观看中学环境中一名男生与受害女生之间欺凌关系的电影片段之后,再引导学生进行讨论,采用小组合作方式制定解决问题的策略。②

三 我国中小学反欺凌课程设计的行动方案

在这一部分里,我们尝试回答第四个问题:依据上述研究证据我国应该如何设计反欺凌课程?

这里的反欺凌课程属于"课外课程",即在正规课程外,被纳入学校计划内的经验。③ 已有研究中的反欺凌课程在概念上属于"有计划的经验",超出了一系列文本的内容,通过各种预防欺凌计划(项目)为学生提供预防欺凌的社会情感知识和经验,但又不同于数学、英语、物理、化学等学科课程,旨在杜绝或减少校园欺凌的发生。也即已有研究的反欺凌课程多以项目式核心课程为主,课程的理论视角为行为主义理论。中国的反欺凌课程是"空白课程",也即反欺凌知识、技能还未被系统地教授给学生。④ 其原因在于学校尚未将防欺凌置于与语文、数学、英语等"实际课程"同等重要的地位。基于上文的综述和我国反欺凌课程缺失的现状,我们以培养学生的反欺凌技能、提高学生对欺凌的认识、帮助他们与周围建立积极关系为课程目标,从以下方面开发设计我国的反欺凌

---

① Christina Salmivalli, "Making Bullying Prevention a Priority in Finnish Schools: The KiVa Antibullying Program," *New Directions for Youth Development*, Vol. 2012, No. 133, April 2012, pp. 41-53.

② Tyler L. Renshaw, "Enhancing Student Attitudes via a Brief, Universal-Level Bullying Prevention Curriculum," *School Mental Health*, Vol. 4, No. 2, December 2012, pp. 115-128.

③ [美] 乔治·J. 波斯纳:《课程分析》,仇光鹏等译,华东师范大学出版社2007年版,第14页。

④ [美] 乔治·J. 波斯纳:《课程分析》,仇光鹏等译,华东师范大学出版社2007年版,第14页。

课程。

（一）社会情感学习课程

研究证实，实施和经历欺凌与较差的心理社会适应有关。[①] 关注学生心理健康和人际关系的社会情感学习是当前预防欺凌发生的有效手段。社会情感学习的近期目标是促进五组相互关联的认知、情感、行为能力的发展，其中包括自我意识、自我管理、社会意识、关系技能、负责任的决策。[②] 2011 年一项涉及 270034 名学生，对 213 个以学校为基础的社会情感学习项目进行的元分析显示，这些社交与情感能力的获得能够显著改善人际关系、改变行为问题、增强社交技能、减少情绪困扰与药物滥用，并降低攻击性行为。[③] 而欺凌就属于行为问题中的一种，社会情感学习对预防校园欺凌有着重要作用。[④] 因此可以设置社会情感学习课程来提高学生人际交往与情绪调节控制能力。

通过开设社会情感学习课程，给予学生明确的社会情感学习指导，防止各种形式的欺凌行为。通过社交技能训练，促使学生之间、师生之间、学生与家长之间建立良好的关系。课程目标主要在于学生可以管理和调节情绪、学会沟通和解决问题、调节人际冲突、提高自我意识、培养同理心。课程内容主要包括练习社交技能、如何做出决策、学习与他人合作解决问题、正确认识自我、如何调节情绪。课程类型可以分为专题性课程、团体心理辅导活动、班会等。课程实施采用角色扮演、小组讨论、视频导入、游戏等方式。角色扮演可以作为导入环节，教师先布置场景并分配角色，然后说明角色并进行表演。在表演结束之后，由教师引导学生进行讨论，与小组成员合作讨论解决问题的方法，并引导学生说出自己的角色体验。

---

① Tonja R. Nansel, "Bullying Behaviors among US Youth Prevalence and Association with Psychosocial Adjustment," *Journal of the American Medical Association*, Vol. 285, No. 16, April 2001, pp. 2094-2100.

② Payton, J., Resnik, H., Weissberg, R. P., et al., *Collaborative for Academic, Social and Emotional Learning (CASEL)*, New York: Springer US, 2010, p. 6.

③ Joseph A. Durlak, "The Impact of Enhancing Students' Social and Emotional Learning: A Meta-Analysis of School-based Universal Interventions," *Child Development*, Vol. 82, No. 1, February 2011, pp. 405-432.

④ 杜媛：《社会情感学习对学生欺凌行为的预防机制研究：社会情感能力的中介作用》，《教育科学研究》2018 年第 12 期。

(二) 反欺凌的道德教育课程

通过教授与欺凌预防相关的价值观对学生进行人格教育，并结合文化实践与课外活动，让学生展示他们学到的价值观，能够减少欺凌的发生。[①] 日本的道德教育自第二次世界大战后一直作为非正式课程实施，校园欺凌等一系列道德下滑现象使得日本政府正式将道德教育纳入学校课程。道德教育课程目标是培养学生诚实、遵守纪律、关怀他人的优秀品格，引导学生尊重生命，进行多元文化教育消除文化偏见，建立同理心。课程内容分为"与自身相关"的问题，"与他人相关"的问题，"与自然环境相关"的问题，"与社会集体相关"的问题。课程实施的策略也趋于多样化，不再限于讲授法。[②] 欺凌发生与道德品格有关，欺凌问题实质上是道德问题。欺凌者在实施欺凌时的道德认知偏离、道德责任推脱、道德情感冷漠是"道德推脱"在欺凌行为中的内部作用机制。[③] 课程类型可以分为德育课程、其他学科课程的渗透、主题班会、主题教育活动等。课程实施方式采用直接教学与讨论、戏剧表演、角色扮演等相结合的方式。

(三) 反欺凌专题课程

设计欺凌专题课程的 KiVa、OBPP 等项目已被广泛证明对于减少欺凌是有效的。反欺凌专题课程目标要结合我国特点，从知识与技能，过程与方法、情感态度价值观三方面着手，提高学生对于欺凌的认识，学会应对欺凌的技能，建立同理心，从而主动预防和避免欺凌。课程内容包括欺凌认识、反欺凌态度、应对欺凌技能三个方面。欺凌认识包括欺凌定义、类型、原因、机制，欺凌识别的标准，欺凌的严重危害，欺凌常发生的区域，欺凌类型等有关欺凌的本体性知识。在情感态度价值观方面，建立反欺凌的态度，促进亲社会行为的养成。在技能方面，学习应对欺凌的技巧，例如，作为受害者与旁观者时，如何寻求帮助。课程

[①] Jeffrey M. Jenson, "Effects of a Skills-based Prevention Program on Bullying and Bully Victimization among Elementary School Children," *Prevention Science*, Vol. 8, No. 4, October 2007, pp. 285–296.

[②] 薛博文：《日本德育课程改革新动向——"道德学科化"的背景、发展与启示》，《课程教学研究》2021 年第 3 期。

[③] 仝晓洁：《校园欺凌的"道德推脱"溯源及其改进策略》，《中国教育学刊》2017 年第 11 期。

实施可以采用直接教学与游戏、角色扮演、小组讨论、戏剧表演等多种方式相结合。专题性课程的成果类型可以包括主题班会、专题性讲座、班会、心理剧等形式。

中小学反欺凌课程内容体系的建构对防治欺凌至关重要。本书通过对预防欺凌课程的研究成果进行大范围综述和回顾，为反欺凌课程研究奠定了基础，同时为国内反欺凌课程体系内容设计提供了循证依据。我们可以从设计社会情感学习课程、反欺凌的德育课程以及反欺凌专题课程内容入手设计我国的反欺凌课程来有效预防欺凌的发生。

第五章　校园欺凌的班级预防

在中国基础教育系统中，班级是最微观最重要的教育单元，也是校园欺凌预防的重要单位。前述研究表明，班级预防作为循证欺凌预防教育模式中的核心元素之一，也需要在获得充分证据的基础上，提出适当的行动方案。

第一节　校园欺凌班级预防的综合证据

对预防校园欺凌有效项目的一项系统评价发现，班级是预防欺凌的重要单位。[①] 亦有研究表明，相比学校大环境，班级环境对欺凌预防有更强烈的影响。[②]

班级是中小学生学习和活动的主要场所，作为学生成长的重要微观环境，在预防校园欺凌方面有直接作用。班级主要涉及班级人口统计特征、班级结构、师生关系、同伴关系、秩序纪律、班级氛围等方面的内容。国外有关班级预防校园欺凌研究的元分析，一是由于时间限制，缺乏近十年的研究成果；二是只研究了班级的某几个方面，缺乏全面性；三是所用方法限制了研究的领域，无法全面了解该领域的研究状况和循

[①] Hannah Gaffney, "What Works in Anti-bullying Programs? Analysis of Effective Intervention Components," *Journal of School Psychology*, Vol. 85, April 2021, pp. 37-56.

[②] Noran Fauziah Yaakub, "Examining the Efficacy of the Olweus Prevention Programme in Reducing Bullying: The Malaysian Experience", *Procedia-social and Behavioral Sciences*, Vol. 5. 2010, pp. 595-598; Saarento, S., "Student-, classroom-, and School-level Risk Factors for Victimization," *Journal of School Psychology*, Vol. 51, No. 3, June 2013, pp. 421-434.

证依据。我国关于班级预防校园欺凌的研究成果屈指可数，能为班级预防校园欺凌实践提供实证依据的研究成果更是寥寥无几。因此，本书采用范围综述（scoping review）方法，对七个英文数据库中班级参与校园欺凌预防的研究成果进行审查，以期全面了解该领域的研究概况，为我国班级预防校园欺凌实践提供更广泛、更全面有力的证据支持。

此次审查旨在探究班级与欺凌的关系，确定有效预防校园欺凌的班级因素，明确班级实施预防校园欺凌的有效措施。

依据上述目的，提出以下问题：

为减少欺凌的发生，已经开展了哪些班级层面的校园欺凌预防研究？

相关研究中已探索出哪些班级因素会影响校园欺凌的发生？

相关研究中已探索出班级欺凌预防的有效策略有哪些？

一 研究方法

此次研究使用的范围综述方法依据希拉里·阿克塞（Hilary Arksey）和丽莎·奥马利（Lisa O'Malley）的范围研究框架，主要包括"确定研究问题；确定相关研究；研究选择；绘制数据图表；以及整理、总结和报告结果"[1] 五个阶段。在搜索文献资料时，根据 2020 年 PRISMA 报告，对每个被纳入项目均由一名研究人员进行抽象概括，由第二名研究人员判断其准确性，如果出现分歧则由第三名研究人员进行再分析。[2]

对班级欺凌预防研究的审查由两个阶段组成（见图 5.1）：第一阶段，通过运用特定检索词对已知数据库进行检索，从而获得旨在解决欺凌问题的文献资料；第二阶段，重点在于通过阅读文献资料，从中选取符合标准的研究成果，并将其纳入审查范围。

（一）出版物的检索与分析

1. 检索数据库

本书采用范围综述方法，共检索了 EBSCO、Elsevier、Web of Science、Wiley、OALib 开放获取图书馆、PQDT、Springer Link 七个数据

---

[1] Hilary Arksey, "Scoping Studies: Towards a Methodological Framework," *International Journal of Social Research Methodology*, Vol. 8, No. 1, February 2005, pp. 21-22.

[2] PRISMA 2020 Explanation and Elaboration: Updated Guidance and Exemplars for Reporting Systematic Reviews, BMJ 2021; 372: n160, http://dx.doi.org/10.1136/bmj.n160.

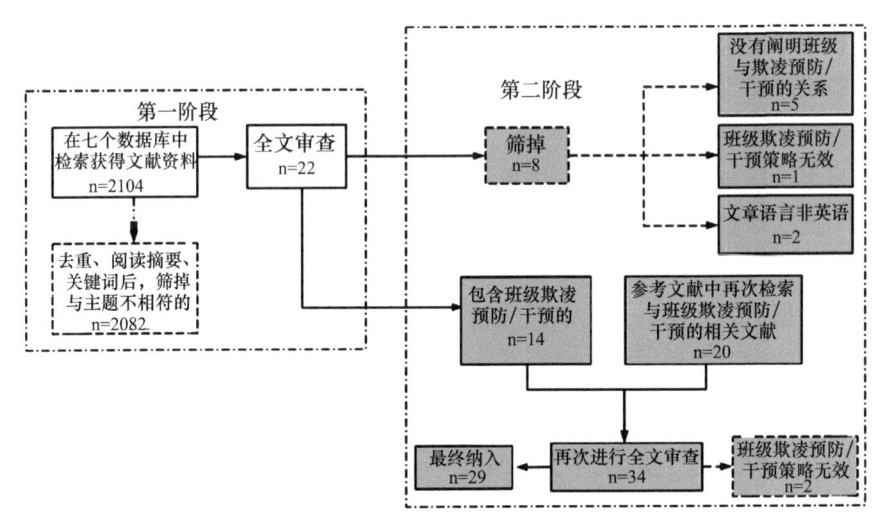

```
                                           ┌─→ 没有阐明班级
                                           │   与欺凌预防/
                                           │   干预的关系
                                           │   n=5
              第一阶段                      │
                                           │   班级欺凌预防/
  ┌─────────────┐    ┌──────┐   第二阶段    │   干预策略无效
  │在七个数据库中│    │全文审│   ┌────┐ ────┤   n=1
  │检索获得文献资料├──→│查    ├──→│筛掉├──┤
  │   n=2104    │    │n=22  │   │n=8 │    │   文章语言非英语
  └──────┬──────┘    └──────┘   └────┘    │   n=2
         │                                 └──→
    ┌────┴───────┐
    │去重、阅读摘要│
    │关键词后，筛掉│            ┌─────────┐   ┌──────────────┐
    │与主题不相符的│            │包含班级  │   │参考文献中再次检索│
    │   n=2082   │            │欺凌预防/ │   │与班级欺凌预防/  │
    └────────────┘            │干预的    │   │干预的相关文献   │
                              │n=14      │   │n=20          │
                              └────┬─────┘   └──────┬───────┘
                                   │                │
                              ┌────┴────┐   ┌──────┴───────┐   ┌──────────┐
                              │最终纳入 │←──│再次进行全文审查├──→│班级欺凌预防/│
                              │n=29     │   │n=34          │   │干预策略无效│
                              └─────────┘   └──────────────┘   │n=2       │
                                                               └──────────┘
```

图 5.1　检索流程

库，检索范围为截至 2022 年 3 月该数据库收录的所有文献。

2. 检索词

因本书的调查对象为班级，所以确定检索词为"class""classroom""bullying prevention""bullying intervention"。为保证检索结果的全面性，我们对七个数据库使用不同的检索策略：

在 EBSCO 中，使用"bullying prevention"or"bullying intervention"作为主题词，用"class""classroom"在所有文本中进行检索；在 Elsevier 中，使用"bullying prevention"or"bullying intervention"作为标题、关键词、摘要，用"class""classroom"作为任意词进行检索；在 Web of Science 中，使用"class""classroom"作为主题词，与"bullying prevention"or"bullying intervention"一起作为主题词进行检索；在 Wiley 中，使用"bullying prevention"or"bullying intervention"作为摘要，"class""classroom"作为任意词进行检索；在 OALib 开放获取图书馆中，使用"bullying prevention"or"bullying intervention"作为标题、关键词，用"class""classroom"作为任意文本进行检索；在 PQDT 中，使用"bullying prevention"or"bullying intervention"作为标题，用"class""classroom"在所有字段中进行检索；在 Springer Link 中，用"bullying prevention""bullying intervention"作为标题,用"class""classroom"在所有文本中进行检索。

我们把检索结果限制在七个数据库中的会议或期刊发表的文章标题或摘要上,但是在一些数据库中,由于缺少必要的检索过滤器而无法实现检索目的。

3. 研究选择

对七个数据库进行检索后,共检索出 2104 篇文献。其中在 EBSCO 中共检索出 482 篇,在 Elsevier 中共检索出 148 篇,在 Web of Science 中共检索出 140 篇,在 Wiley 中共检索出 135 篇,在 OALib 开放获取图书馆中共检索出 712 篇,在 PQDT 中共检索出 421 篇,在 Springer Link 中共检索出 66 篇。去掉重复文献后,我们阅读了所有文献的标题和摘要,根据纳入标准和排除标准对文章进行第一次筛选,共保留 22 篇。

(1) 纳入标准

为保证结果的有效性,筛选出的文献必须含有以下因素:①研究讨论了班级与欺凌的关系;②包含有效预防欺凌的班级因素;③包含班级预防校园欺凌的策略;④文章使用语言为英语。

(2) 排除标准

①重复发表的文献;②无法获取全文的文献;③文章涉及班级与欺凌的关系,但是与班级特征无关(例如学生个人因素、课程设计等);④不符合上述文章纳入标准;⑤图书章节、会议摘要等类型均被排除。

(二) 分析文献中班级预防欺凌的因素

1. 班级预防欺凌要素的选择

对 22 篇文献进行全文审查后,根据纳入和排除标准保留 14 篇。在筛掉的 8 篇文献里,5 篇没有阐明班级与欺凌的关系,1 篇研究结果无效,2 篇文章语言不是英语。

从 2 篇综述型文章的参考文献中筛选出 20 篇与班级和欺凌相关的文献,连同保留的 14 篇文献共计 34 篇,进行再次阅读,筛掉 5 篇文献。最终确定将 29 篇文献纳入研究范围。

2. 班级预防欺凌要素的分析

从 29 篇文献资料中,提取以下数据审查:研究的作者,研究的年份和国家,研究目的,研究方法,研究样本,班级预防校园欺凌策略和研究结果等。

二 研究结果

（一）研究特征

通过对研究的各要素进行分析，尝试回答第一个问题：为了减少欺凌的发生，已经开展了哪些班级层面的校园欺凌预防研究？

在被纳入审查的 29 篇研究文献中，实证研究有 26 篇，包括测验研究 10 篇，问卷调查 6 篇，对照实验 4 篇，前后测对照实验 2 篇，个案研究 1 篇，测量研究 1 篇，问卷调查与观察法共用 1 篇，问卷调查与测量法共用 1 篇；理论研究 3 篇，包括 2 篇文献综述，1 篇系统审查。在研究样本方面，1 篇研究样本既包含学生和班主任，其余研究样本均为中小学生。在研究发表时间方面，4 篇发表于 2003—2008 年，13 篇发表于 2010—2014 年，12 篇发表于 2016—2022 年；在研究区域分布上，9 篇来自美国，5 篇来自芬兰，4 篇来自意大利，3 篇来自瑞典，2 篇来自荷兰，来自英国、塞浦路斯、加拿大、波兰、马来西亚、德国的研究各 1 篇。各个文献审查要素见表 5.1。

（二）影响校园欺凌的班级因素

通过分析研究中涉及的班级因素，尝试回答第二个问题：全球范围内相关研究已探索出哪些班级因素会影响校园欺凌的发生？

1. 班级人口统计学特征

人口统计学特征是班级的基本特征，主要包括班级规模、种族构成、性别比例三个方面。共有 6 篇研究涉及此方面。

班级规模被对欺凌的影响尚无定论。尽管大家普遍认为班级规模越大欺凌越严重，但这一假设缺乏证据支持。西尔贾·萨伦托（Silja Saarento）研究发现班级规模与欺凌无关。[①] 克莱尔·F. 加兰多（Claire F. Garandeau）则指出规模大的班级欺凌事件发生得较少。一方面，班级规模大给学生提供了更多与他人合作、建立友谊的机会，降低了部分学生因社交孤立而被欺凌的风险。另一方面，欺凌者在小班中的影响力更大，

[①] Silja Saarento, "Classroom- and School-level Contributions to Bullying and Victimization: A Review," *Journal of Community & Applied Social Psychology*, Vol. 25, No. 3, May 2015, p. 207.

表 5.1 文献要素概览

序号	作者（年份/国家）	研究目的	研究方法	样本	班级预防校园欺凌	研究结果
1	Ersilia Menesini 等（2003年/意大利）[1]	评估友好干预计划作为欺凌预防措施的有效性	对照试验	两所中学14个班级的293名学生（8—9年级）	(1) 引导学生树立友爱、互助的价值观 (2) 每班选出3—4名"同伴支持者"参与培训，学习倾听、沟通技巧。同伴支持者与欺凌受害者及没有朋友的同学建立友谊，为他们提供情感支持。每周或每两周向班主任反馈班级同伴关系状况 (3) "同伴支持者"引导更多的同学参与友好干预计划	(1) 友好干预计划有助于减少欺凌者和支持欺凌者的欺凌行为 (2) 友好干预计划能够改善旁观者行为，增强学生的责任感和同理心，主动为受害者辩护，减少欺凌 (3) 旁观者对受害者呈现出更关切的态度，有助于营造支持保护受害者的班级氛围，减少班级欺凌事件
2	Nerissa S. Bauer 等（2007年/美国）[2]	评估奥维斯欺凌预防项目的有效性	对照实验	美国西雅图10所中学，其中7所实验组，3所对照组（6—8年级）	(1) 定期开展反欺凌主题班级会议，协商制定与学习反欺凌规则 (2) 学生学习应对欺凌的技巧，提高共情能力 (3) 班主任面对欺凌及时妥善处理欺凌事件，任必要时需上报有关部门	(1) 奥维斯整体欺凌预防项目没有改变实验校整体欺凌受害情况，但下分到种族时，白种人学校欺凌改革明显下降 (2) 实验组学校的学生更相信其他同学阻止欺凌恶化的意愿 (3) 实验组六年级学生更同情受害者并愿意为其提供帮助

---

[1] Ersilia Menesini, "Enhancing Children's Responsibility to Take Action Against Bullying: Evaluation of a Befriending Intervention in Italian Middle Schools," *Aggressive Behavior: Official Journal of the International Society for Research on Aggression*, Vol. 29, No. 1, 2003, pp. 1–14.
[2] Nerissa S. Bauer, "The Effectiveness of the Olweus Bullying Prevention Program in Public Middle Schools: A Controlled Trial," *Journal of Adolescent Health*, Vol. 40, No. 3, 2007, pp. 266–274.

续表

序号	作者（年份/国家）	研究目的	研究方法	样本	班级预防校园欺凌	研究结果
3	Becky Kochenderfer-Ladd 等（2008/美国）[1]	探究班主任对欺凌的信念与班级欺凌管理的关系，以及学生的性别、年龄对班主任欺凌态度的影响	测验法	363 名学生（2 年级和 4 年级）	（1）班主任表明反欺凌态度 （2）妥善处理欺凌事件 班主任采取的方式有： a. 让受害者被忽视，远离欺凌者 b. 让受害者保护自己 c. 让学生自己了解决欺凌问题 d. 将欺凌者与受害者分开 e. 惩罚欺凌者 f. 涉事同学家长参与协商解决问题	（1）班主任对欺凌的态度及处理欺凌的方式受到孩子性别之间发生欺凌的影响（班主任更容易接受男孩子自行了解决欺凌问题） （2）学生成绩不影响班主任对欺凌态度及采取处理措施 （3）班主任欺凌信念的改变会影响班主任采取不同的精施处理欺凌事件 （4）将欺凌者与受害者分开有助于减少欺凌事件的发生
4	Jan Kornelis Dijkstra 等（2008/荷兰）[2]	探究班级中受欢迎学生的欺凌行为是否会影响其他同学对欺凌的接受度	测量法	34 所学校的 172 个班级的 3312 名学生	学生对欺凌的接受/拒绝态度是否受到班级里受欢迎学生欺凌行为的影响	（1）欺凌与同伴接受呈负相关，而与同伴排斥呈正相关 （2）并不是所有学生的欺凌行为都会影响同伴对欺凌的接受度，仅受欢迎学生的欺凌行为决定了班级对欺凌的接受度 （3）受欢迎学生的欺凌被视为提高个人魅力的手段，并被其他学生模仿。其他学生通过欺凌他人拉近与受欢迎学生的关系

[1] Becky Kochenderfer-Ladd, "Teachers' Views and Beliefs about Bullying: Influences on Classroom Management Strategies and Students' Coping with Peer Victimization," *Journal of School Psychology*, Vol. 46, No. 4, 2008, pp. 431-453.

[2] Jan Kornelis Dijkstra, "Beyond the Class Norm: Bullying Behavior of Popular Adolescents and its Relation to Peer Acceptance and Rejection," *Journal of Abnormal Child Psychology*, Vol. 36, No. 8, 2008, pp. 1289-1299.

续表

序号	作者（年份/国家）	研究目的	研究方法	样本	班级预防校园欺凌	研究结果
5	Noran Fauziah Yaakuba 等（2010/马来西亚）①	评估吉隆坡联邦首都中学生欺凌受害者的程度，并评估一些学校奥维斯欺凌预防计划的有效性	前后测对照实验	来自吉隆坡联邦6所中学的3816名学生。实验学校和控制学校都有一所女子学校、一所男子学校和一所男女混合学校	（1）班主任组织开展反欺凌主题班会，制定反欺凌班级规则，引导学生正确认识欺凌，并掌握应对欺凌的技巧（2）在教室张贴反欺凌班级规则，提高学生反欺凌的意识	（1）无论是在男校还是女校，班级干预都有助于减少欺凌（2）班主任了解学校反欺凌政策，明确个人反欺凌态度，制定班级反欺凌规则，课堂上带领学生讨论欺凌，有助于提高学生对欺凌及其危害的认识，减少欺凌事件
6	Claire F. Garandeau 等（2011/美国）②	探究班级特征与欺凌者同伴地位的关系	问卷调查测量法	789名四年级和五年级学生	班级地位结构、班级学业成绩对欺凌者同伴地位的影响	（1）班级地位结构分层是促进学生为地位而欺凌他人的重要因素（2）在重视学业成绩的班级中，欺凌者更不受欢迎，欺凌行为较少

---

① Noran Fauziah Yaakuba, "Examining the Efficacy of the Olweus Prevention Programme in Reducing Bullying: The Malaysian Experience," *Procedia-social and Behavioral Sciences*, Vol. 5, 2010, pp. 595-598.

② Claire F. Garandeau, "The Social Status of aggressive Students across Contexts: The Role of Classroom Status Hierarchy, Academic Achievement, and Grade," *Developmental Psychology*, Vol. 47, No. 6, 2011, p. 1699.

续表

序号	作者（年份/国家）	研究目的	研究方法	样本	班级预防校园欺凌	研究结果
7	Christina Salmivalli 等（2012/芬兰）[1]	探究旁观者的行为是否与班级欺凌率有关	测验法	77 所学校 385 个班中的 6764 名小学生（9—11 岁）	在控制了学生年龄、性别、移民身份、对受害者的同理心、反欺凌态度和班级规模（即班级学生数量）的影响后，调查旁观者行为（欺凌帮凶或保护受害者）与班级欺凌的关系	（1）制定反欺凌规则的班级，欺凌率低。（2）旁观者行为影响班级欺凌率。为欺凌者加油助威则会导致班上的欺凌率提高，而为受害者辩护的行为有助于减少欺凌。（3）班级规模越大，欺凌率越低。（4）比起受害者，旁观者为欺凌者提供的积极反馈更能刺激欺凌者进一步实施欺凌行为
8	Christina Salmivalli 等（2013/芬兰）[2]	调查学生反欺凌态度和班级共识对旁观者行为的影响	问卷调查	来自芬兰 16 所学校 48 个班级的 1220 名小学生（4—6 年级）	学生个体反欺凌态度与班级欺凌共识对班级欺凌率的影响班级共识问卷包括关于班级预期或禁止行为的问题。通过学生对干预欺凌后果的感知来检测班级共识	（1）持反欺凌态度的学生更愿意保护受害者，不参与欺凌事件，更少实施助长欺凌的行为。（2）班级反欺凌共识对欺凌行为的影响因学生性别、年龄不同而有差异。女生和高年级学生更容易受到班级反欺凌共识的影响，从而减少欺凌行为

---

[1] Christina Salmivalli, "Bystanders Matter: Associations between Reinforcing, Defending, and the Frequency of Bullying Behavior in Classrooms," *Journal of Clinical Child & Adolescent Psychology*, Vol. 40, No. 5, September 2011, pp. 668-676.

[2] Christina Salmivalli, "Connections between Attitudes, Group Norms, and Behaviour in Bullying Situations," *International Journal of Behavioral Development*, Vol. 28, No. 3, 2004, pp. 246-258.

续表

序号	作者（年份/国家）	研究目的	研究方法	样本	班级预防校园欺凌	研究结果
9	Leonidas Kyriakides 等（2013/塞浦路斯）①	探究班级师生关系、生生关系对欺凌的影响	问卷调查	塞浦路斯35所小学的1504名六年级学生	(1) 班主任采取不同的教学策略，实现与不同层次学生之间的互动，促进师生关系良好发展（2) 班主任制定班级规则，引导学生尊重并执行规则	(1) 班主任对班中所有学生一视同仁，有助于营造平等的班级氛围，减少班级欺凌（2) 良好的师生关系和生生关系有助于降低班级欺凌受害率（3) 升学前学生欺凌受害情况严重的班级，欺凌受害率更高（4) 学生性别、社会经济地位与欺凌受害无关
10	Todd Migliaccio 等（2013/美国）②	评估课堂上欺凌预防视频讨论活动对减少欺凌的有效性	前后测对照实验	共有81名学生，包括27名四年级学生、28名五年级学生和26名六年级学生	(1) 学生观看有关3—6年级学生遭遇欺凌的视频。视频内容既包括记录欺凌发生过程的片段，也包括学生对欺凌的看法（2) 班主任借助视频与学生讨论什么是欺凌；欺凌的类型有哪些；欺凌的危害；旁观者、欺凌者为什么不干预；受害者、旁观者、班主任可以采取哪些措施有效应对欺凌；预防欺凌的意义又是什么	(1) 学生们提高了对欺凌的认识（2) 学生们提高了对旁观者在防止欺凌方面作用的认识（3) 学生更愿意干预欺凌（4) 学生了解到可以跟老师、校长寻求帮助，并能提出制止欺凌的具体措施（5) 接受关于处理欺凌事件的培训可以增加班主任应对欺凌情况的信心

① Leonidas Kyriakides, "Characteristics of Effective Schools in Facing and Reducing Bullying," *School Psychology International*, Vol. 34, No. 3, June 2013, pp. 348–368.
② Todd Migliaccio, "Small-scale Bullying Prevention Discussion Video for Classrooms: A Preliminary Evaluation," *Children & Schools*, Vol. 35, No. 2, April 2013, pp. 71–81.

续表

序号	作者（年份/国家）	研究目的	研究方法	样本	班级预防校园欺凌	研究结果
11	Silja Saarento 等（2013/芬兰）[1]	探究学生个人、班级和学校层面的欺凌受害风险因素	测验法	来自74所学校358个班级的6731名学生（3—5年级）	班级共识对欺凌受害的影响班级共识包括：a. 学生反欺凌态度；b. 保护受害者的态度（2）学生感知到的班主任反欺凌态度对班级欺凌受害的影响	（1）班级对欺凌的容忍程度越高，学生对于预欺凌后果的预测越消极，班级欺凌率越高（2）班主任明确表态可以接受欺负的风险更小
12	L. Christian Elledge 等（2013/美国）[2]	调查学生亲受害者态度、班主任处理欺凌事件的能力对网络欺凌事件的影响	测验法	146所学校1043个班级的16634名学生（3—5年级，7—8年级）	（1）学生亲受害者态度与网络欺凌的关系（2）学生对班主任干预欺凌能力的感知与网络欺凌的关系（3）班级反欺凌共识与网络欺凌的关系	儿童的亲受害者态度是指儿童认为欺凌是不可接受的，受害者是一种有价值的行为（1）高亲受害者态度与低的网络欺凌率相关（2）同伴群体的支持受害者对学生参与网络欺凌的影响超过了学生个人态度的影响（3）在控制个人对班主任处理欺凌事件能力的感知这个变量后，班主任处理欺凌事件的能力越大，网络欺凌率越高

---

[1] Silja Saarento, "Student -, Classroom -, and School-Level Risk Factors for Victimization," *Journal of School Psychology*, Vol. 51, No. 3, 2013, pp. 421−434.

[2] Christian, Elledge L., "Individual and Contextual Predictors of Cyberbullying: The Influence of Children's Provictim Attitudes and Teachers' Ability to Intervene," *Journal of Youth and Adolescence*, Vol. 42, No. 5, 2013, pp. 698−710.

续表

序号	作者（年份/国家）	研究目的	研究方法	样本	班级预防校园欺凌	研究结果
13	Dorothy L. Espelage（2014/美国）①	从学生个人基因特征的联系与班级地位、班主任态度/同伴生态行为方面探究影响校园欺凌的学校因素	文献综述		（1）班主任管理班级的技巧，努力平衡学生的班级地位 （2）在建设反欺凌班级时，采取保护措施防止具有攻击性的学生成为受害者	（1）班主任对欺凌的态度以及采取措施会影响班级欺凌率。班主任处理欺凌的方式对受害学生性别的影响 （2）拒绝型的，分层严重的班级欺凌率高 （3）当学生受害者有同情心时，他们更愿意为受害者辩护 （4）欺凌受害学生更集中，同伴排斥更严重的班级在受害学期内受害人数有所增加；当班主任努力平衡班级的社会地位时，受害人数较少 （5）具有攻击性遗传倾向的青少年只在班级共识性有利于攻击性改变的班级中表现出攻击性行为
14	Claire F. Garandeau 等（2014/芬兰）②	探究班级地位结构和欺凌之间的联系	对照实验	71所学校583个班级的7923名学生	（1）班级召开反欺凌主题会议 （2）在班级内开展小组合作学习	（1）班级地位分层差距越大，班级欺凌事件越多 （2）规模大的班级欺凌事件较少，学生在小班中更容易受害 （3）小组合作学习有助于构建平等的班级地位，减少欺凌 （4）学生性别对班级结构分层没有影响

① Dorothy L. Espelage, "Taking Peer Victimization Research to the Next Level: Complex Interactions among Genes, Teacher Attitudes/Behaviors, Peer Ecologies, & Classroom Characteristics," *Journal of Abnormal Child Psychology*, Vol. 43, No. 1, 2015, pp. 77-80.
② Claire F. Garandeau, "Inequality Matters: Classroom Status Hierarchy and Adolescents' Bullying," *Journal of Youth and Adolescence*, Vol. 43, No. 7, July 2014, pp. 1123-1133.

续表

序号	作者(年份/国家)	研究目的	研究方法	样本	班级预防校园欺凌	研究结果
15	Ron Scholte 等 (2014/荷兰)[1]	在控制了个人的社会特征后，探究班级反欺凌态度和欺凌行为在多大程度上影响个人欺凌	测验法	荷兰43所学校109个班的2547名学生（中学一年级）	（1）班级全体学生的反欺凌态度对学生个体欺凌行为的影响（2）班级总体欺凌情况是否可以调节或部分调节全体学生的反欺凌态度与学生个人欺凌行为的关系	（1）个人反欺凌态度与欺凌有关，男孩比女孩更容易成为欺凌者（2）班级反欺凌态度共识影响欺凌率。对欺凌特宽容态度的班级欺凌率高（3）欺凌是一种群体效应。班级欺凌行为部分调节了班级反欺凌共识对欺凌事件的影响。表现为班级中欺凌事件频发时，个体欺凌行为增多
16	Silja Saarento 等 (2014/芬兰)[2]	探究班级和学校的人口统计特征、结构，同伴因素以及与班主任相关的因素对欺凌事件的影响	文献综述		分别论述班级的人口统计特征、结构、同伴因素、班主任的关系人口统计特征包括学生性别、种族背景，社会经济地位班级结构包括年级、班级规模同伴因素包括班级地位结构、共识、旁观者行为班主任因素包括师生关系质量、班主任反欺凌素养	（1）班级分层明显、之前参加过欺凌事件和怀有欺凌他人想法的学生越多的班级欺凌率越高（2）积极的师生关系、班主任明确反对欺凌的态度都有助于减少欺凌（3）反对欺凌的班级环境，可以缓解班级内欺凌者干预欺凌事件，人际交往的风险指数，缓解欺凌给受害者带来的伤害（4）少数族裔学生比例高的班级，欺凌现象更为普遍

---

[1] Ron Scholte, "Do Actions Speak Louder than Words? Classroom Attitudes and Behavior in Relation to Bullying in Early Adolescence," *Journal of Clinical Child & Adolescent Psychology*, Vol. 39, No. 6, 2010, pp. 789-799.

[2] Silja Saarento, "Classroom- and School-Level Contributions to Bullying and Victimization: A Review," *Journal of Community & Applied Social Psychology*, Vol. 25, No. 3, May 2015, pp. 204-218.

续表

序号	作者（年份/国家）	研究目的	研究方法	样本	班级预防校园欺凌	研究结果
17	Khaerannisa I. Cortes 等（2014/美国）①	探究影响学生向老师报告欺凌事件意愿的因素	测验法	美国西南部四所学校的278名学生（三年级、五年级）	班主任处理欺凌事件的方式分为五种：a. 让受害者忽视欺凌者；b. 让受害者保护自己；c. 将欺凌者与受害者分开；d. 惩罚欺凌者；e. 让涉事学生家长参与进来	（1）身处积极和支持班级氛围中的学生更愿意向老师报告欺凌事件，有助于降低班级欺凌率。（2）班主任表明自己的反欺凌态度，有助于减少学生欺凌行为。（3）班主任处理欺凌事件中的忽视欺凌、惩罚欺凌者与受害者家长参与、将欺凌者与受害者分开的方法有利于减少欺凌。班主任采取保护被欺凌者或者措施将会降低学生向班主任告诉学生忽视欺凌者，不会降低学生向老师报告的意愿
18	Maria Rosaria Di Stasio 等（2016/加拿大）②	探讨班级特征（即社会比较、合作、互动和师生关系）七、八年级初中生的欺凌和受害有关，社会比较理论认为人在通过与他人比较来判断自己的地位或能力	测验法	魁北克6所初中38个班共678名学生（7—8年级）	（1）处在高水平竞争、较少的合作互动、低质量师生关系班级的学生是否更容易遭受欺凌。（2）欺凌/受害情况是否与学生性别相关	（1）班级里较高水平的社会比较和竞争，较少的合作互动，较低质量师生关系与高水平的欺凌和受害相关。（2）欺凌与学生性别无关。当班级师生关系质量差时，男生更容易成为受害者

① Khaerannisa I. Cortes, "To Tell or Not to Tell: What Influences Children's Decisions to Report Bullying to Their Teachers?" *School Psychology Quarterly*, Vol. 29, No. 3, 2014, pp. 336–348.
② Maria Rosaria Di Stasio, "Social Comparison, Competition and Teacher-student Relationships in Junior High School Classrooms Predicts Bullying and Victimization," *Journal of Adolescence*, Vol. 53, 2016, pp. 207–216.

续表

序号	作者（年份/国家）	研究目的	研究方法	样本	班级预防校园欺凌	研究结果
19	Małgorzata Wójcik 等（2017/波兰）[①]	介绍 Inkla 项目，并评估该项目对减少欺凌的有效性	个案研究	样本包含136人，其中包括来自5所学校的121名研究参与者（学生），10名研究人员和5名大学生	(1) 学生在班主任自主调查学校中的欺凌现象以及旁观者的态度，形成报告上传至网络。在大家对报告结果深入了解的基础上召开班级反欺凌主题会议 (2) 班主任引导学生开展头脑风暴，为帮扶欺凌事件，列出谋献策，共同制定干预欺凌行动清单，鼓励学生实践 (3) 成立反欺凌小组。小组成员共同于预班级欺凌事件，并与班主任共同开展一场讨论会，报告以反班级中的人际关系状况，变化以及新出现的问题，商定干预措施	(1) 由于欺凌事件的隐蔽性，班主任只能了解部分欺凌事件，学生主动预欺凌对报告班级欺凌率效果更明显 (2) 班级建立反欺凌干预措施，有助于减少欺凌 (3) 学生可以列出欺凌干预清单，以便在欺凌发生时及时采取行动 (4) 良好班级氛围有助于衡平学生在班级的地位，减少欺凌 (5) 良好的师生关系、同伴关系有助于减少欺凌
20	Robert Thornberg 等（2017/瑞典）[②]	探究师生关系、生生关系、班级道德脱离与班级欺凌受害率之间的关系	测验法	瑞典15所公立学校43个班级的899名学生（435名女生，464名男生；4—6年级）	(1) 师生关系、班级道德脱离水平同伴关系、班级道德脱离水平 (2) 同伴关系质量是否影响班级道德脱离水平 (3) 同伴关系、班级道德脱离水平是否与班级欺凌受害率相关	(1) 班级受害率在积极（关心、温暖和支持）的师生关系和生生关系以及班级温暖和支持的生生关系水平较低 (2) 拥有更多关怀、温暖和支持的生生关系特征的班级倾向于具有相似的低的道德脱离水平，与之相反这过来又与较低的道德脱离水平相关

---

① Małgorzata Wójcik, "Student Action Research: Preventing Bullying in Secondary School—inkla Project," *Action Research*, Vol. 18, No. 2, September 2020, pp. 251–269.

② Robert Thornberg, "Victim Prevalence in Bullying and its Association with Teacher-student and Student-student Relationships and Class Moral Disengagement: A Class-Level Path Analysis," *Research Papers in Education*, Vol. 33, No. 3, March 2018, pp. 320–335.

续表

序号	作者（年份/国家）	研究目的	研究方法	样本	班级预防校园欺凌	研究结果
21	Robert Thornberg 等（2018/瑞典）①	检验权威的班级气氛是否与校园欺凌中的欺凌受害者和各种旁观者行为（欺凌强化者、消极旁观者和保护者行为）有关	问卷调查	瑞典63所公立学校的104个班级的1540名五年级学生	(1) 班主任喜欢并关心学生，给予学生支持和帮助，当学生有问题时，倾听学生的意见 (2) 班主任营造有秩序的、不受干扰的学习环境，对学生提出明确的要求，密切关注学生，引导学生遵守班级规则 (3) 学生之间互相尊重，友好相处	(1) 在权威的班级氛围中，旁观者更愿意为受害者辩护，减少欺凌强化行为 (2) 在班主任结构差、学生支持较少的班级，男孩比女孩更倾向于采取煽风点火和消极旁观的行为 权威班级氛围量表包含的维度： (1) 班主任支持（老师很关心学生，给予学生支持和帮助，倾听学生的意见，喜欢学生） (2) 班主任结构（老师在课堂上维持秩序和营造不受干扰的学习氛围，对学生提出明确要求，密切关注学生，让学生遵守规则） (3) 学生支持（学生相处融洽，学生都能感到安全，学生都很和善可亲，班级气氛很好，学生互相关心，学生互相尊重）

① Robert Thornberg, "Authoritative Classroom Climate and its Relations to Bullying Victimization and Bystander Behaviors," *School Psychology International*, Vol. 39, No. 6, October 2018, pp. 663-680.

续表

序号	作者（年份/国家）	研究目的	研究方法	样本	班级预防校园欺凌	研究结果
22	Lisa De Luca (2019/意大利)[①]	检验班主任干预欺凌事件以调节个人特征与班级欺凌受害的关系	问卷调查	样本包含120名班主任，1056名学生，年龄在11—17岁	班主任对欺凌的认识及处理欺凌事件的能力、班主任工作满意度、班主任自我效能感、欺凌事件发生后是否处理事件对班级欺凌的影响	(1) 班主任处理欺凌事件的能力越高，班级欺凌率就越低 (2) 班主任工作满意度的提高与较低的班级欺凌率直接相关
23	Mark J. Van Ryzin 等 (2019/美国)[②]	评估合作学习对欺凌的影响，并评估这些影响是否受到同理心和同伴关系的调节	对照试验	15所中学的1890名学生	合作学习包括互助教学、同伴辅导，协作阅读和其他在小组中同伴积极互助彼此学习的方法。小组合作学习要具备以下条件：组内每个学生角色分工不同，但地位是平等的；组内成员具有共同目标，并为之奋斗；组内成员接触的同学机会足够多，尽量在合作中发现彼此的共同点，为发展友谊奠定基础；在活动过程中，班主任发挥监督与指导作用，了解活动进展，必要时提供指导，杜绝组内歧视的发生	(1) 合作学习可以显著减少欺凌行为 (2) 合作学习通过促进学生之间的联系而提高学生共情能力 (3) 认知共情对欺凌没有影响，情感共情有助于减少欺凌

[①] Lisa De Luca, "The Teacher's Role in Preventing Bullying," *Frontiers in Psychology*, Vol. 10, Article 1830, August 2019, pp. 1–9.

[②] Mark J. Van Ryzin, "Effects of Cooperative Learning on Peer Relations, Empathy, and Bullying in Middle School," *Aggressive Behavior*, Vol. 45, No. 6, January 2019, pp. 643–651.

续表

序号	作者（年份/国家）	研究目的	研究方法	样本	班级预防校园欺凌	研究结果
24	Anja Schultze-Krumbholz（2020/德国）①	检验班级文化多样性和班主任支持文化多样性感知对欺凌受害是否有影响，以及这种影响是否受到个人认知共情和情感共情的调节	测验法	德国5所学校36个班级中的897名学生（7—10年级）	(1) 班级文化多样性与欺凌受害率的关系（2) 班级文化多样性对欺凌共情对学生是否通过影响学生对欺凌受害产生影响（3) 学生感知到的班主任支持文化多样性与欺凌受害的关系（4) 学生感知班主任是否通过影响学生共情进而对欺凌受害产生影响	(1) 感知到班主任支持文化多样性的学生不太可能欺负他人，有利于减少班级欺凌事件，但与受害无关（2) 班主任支持文化多样性有助于培养学生共情能力，进而减少欺凌（3) 情感共情与欺凌呈负相关，认知共情与欺凌无关（4) 欺凌和受害与班级的文化构成无关
25	Robert Thornberg等（2021/瑞典）②	探究学龄儿童的道德脱离、班级反欺凌共识以及学生对反欺凌班级的感知与校园欺凌中旁观者为受害者辩护或消极旁观的联系	测验法	18所学校40个班级的789名中学生（5—6年级）	在反欺凌共识度高的班级中，旁观者是否会表现出更多的保护受害者行为和更少的消极回避行为	(1) 感知的班级反欺凌共识与为受害者辩护行为正相关且显著相关，道德脱离与辩护呈负相关，与消极旁观呈正相关（2) 欺凌是一种群体现象。在反欺凌共识度较高的班级中学生更有可能表现出为受害者进行辩护的行为，更不可能出现消极旁观的行为

① Anja Schultze-Krumbholz, "The Association between In-Class Cultural Diversity with Empathy and Bullying on Adolescence: A Multilevel Mediation Analysis," *International Journal of Psychology*, Vol. 55, No. 5, 2020, pp. 769-778.
② Robert Thornberg, "Defending or Remaining Passive as a Bystander of School Bullying in Sweden: The Role of Moral Disengagement and Antibullying Class Norms," *Journal of Interpersonal Violence*, 2021: 08862605211037427.

续表

序号	作者（年份/国家）	研究目的	研究方法	样本	班级预防校园欺凌	研究结果
26	Claudio Longobardi 等（2021/意大利）[1]	调查班主任的反应、师生关系质量、学生在班级喜爱程度和学生在校园欺凌中受害的风险之间的联系	问卷调查课堂观察	包括386名中学生（6—8年级），以及19名班主任	(1) 班主任为学生提供及时的情感/学习支持与班级欺凌受害的关系 (2) 师生关系质量与欺凌受害的关系 (3) 学生个人在同伴中的受欢迎程度与欺凌受害的关系	(1) 班主任为学生提供及时的情感/学习支持与师生亲密关系呈正相关，与师生冲突呈负相关 (2) 在班级支持班级中，班主任为学生提供及时的支持呈正相关；在班主任支持较少的班级中，师生冲突与欺凌受害之间无明显关系 (3) 师生冲突与同伴之间的接受度呈负相关，与欺凌受害呈正相关 (4) 学生在班级中受欢迎程度越高，欺凌受害风险越低
27	Hannah Gaffney 等（2021/英国）[2]	确定影响反欺凌项目有效性的具体干预措施	系统审查		(1) 师生协同制定要求明确的班级规则并严格执行 (2) 班主任参与反欺凌培训 (3) 成立反欺凌小组，讨论反欺凌相关知识 (4) 学生学习社会情感技能，提高共情能力、问题解决能力、自我控制能力和与他人交往的能力	(1) 制定反欺凌班级规则，班主任干预，以班级为单位讨论欺凌，与受害者合作，开展心理健康教育有助于减少欺凌 (2) 涉及学生社会情感技能学习的项目任任都有效

---

[1] Claudio Longobardi, "The Links between Students' Relationships with Teachers, Likeability among Peers, and Bullying Victimization: The Intervening Role of Teacher Responsiveness," *European Journal of Psychology of Education*, 2021, pp. 1–18.

[2] Hannah Gaffney, "What Works in Anti-bullying Programs? Analysis of Effective Intervention Components," *Journal of School Psychology*, Vol. 85, April 2021, pp. 37–56.

续表

序号	作者（年份/国家）	研究目的	研究方法	样本	班级预防校园欺凌	研究结果
28	Lars Dietrich 等（2021/美国）①	探究学生的社会经济地位、种族与欺凌的关系，和班主任教学质量，并进一步明确该关系是否受到师生关系、同伴关系的调节	问卷调查	来自131所学校7247个班的146044名学生（5—12年级）	(1) 班级中的欺凌事件分别与学生社会经济地位、学生种族以及班主任教学质量的关系 (2) 上述关系如何受到师生关系和生生关系的调节	(1) 师生关系越好，学生更愿意支持反欺凌态度，减少欺凌行为 (2) 班主任不使用惩罚作为控制学生的手段，而是不断地采用同情策略来听取学生的观点，不当行为减少 (3) 尽管不能确定欺凌与同伴关系的因果关系，但结果表明，在欺凌事件改善的同时，欺凌事件减少 (4) 社会经济地位低的学校欺凌事件更严重，少数族裔学生群体欺凌更多。班主任教学质量与欺凌无直接联系
29	Samuel Kim 等（2021/意大利、中国）②	研究权威的班级集体氛围如何减轻集体人主义（如中国）和个人主义（如加拿大）社会中学生欺凌参与相关的心理危害	问卷调查	5所学校58个班的2395名中国青年（4—9年级）和意大利5所学校31个班的538名青少年（5—8年级）	(1) 班主任对学生提出明确的期望和要求，制定班级规则并严格执行，公平对待每一位学生 (2) 班主任尊重学生，为学生提供支持与帮助	在中国，要重视班级纪律以及班级反欺凌氛围的作用。要有公平以及明确反对欺凌的纪律。但在加拿大，严格的班级纪律被认为侵犯了学生的权利，对预防欺凌的作用小

① Lars Dietrich, "Understanding Classroom Bullying Climates: The Role of Student Body Composition, Relationships, and Teaching Quality," *International Journal of Bullying Prevention*, Vol. 3, No. 1, 2021, pp. 34-47.
② Samuel Kim, "Disciplinary Structure and Teacher Support in Chinese and Canadian Schools: Examining How Authoritative Disciplinary Practices Protect Youth Involved in Bullying at School," *School Mental Health*, Vol. 13, No. 3, 2021, pp. 501-517.

会号召其他同学加入欺凌队伍中；而在大班中，欺凌者很难实现如此大面积的控制，有助于减少欺凌事件。①

学生种族被视为欺凌的可预测因素，但学者对种族与欺凌的关系暂未达成统一意见。有研究表明，种族构成与欺凌受害无关。② 也有研究指出，少数族裔学生群体欺凌行为更普遍。一方面少数族裔学生通过欺负其他同学来赢得班级主导地位；③ 另一方面班主任和学生都带着先入为主的消极看法组成班级，主要表现为班主任认为来自少数族裔的学生品行不端，当他们做错事的时候，会更多地对之采取惩罚措施，而少数族裔学生的刻板印象认为，班主任一定会不公平及更严厉地对待他们，因此会故意采取违纪行为以反抗这种不公待遇，从而形成恶性循环。④ 不同研究关于学生性别对欺凌事件的影响结果不同。有研究表明性别对班级欺凌事件没有影响，也有研究发现男生比例高的班级欺凌事件更多。L. 克里斯提娜·埃利奇（L. Christian Elledge）则指出女生的网络欺凌行为更普遍。⑤

2. 支持的师生关系

师生关系是教育教学中基本的人际关系，处理好师生关系是促进全班学生积极健康发展的重要手段，对学生是否产生欺凌行为有直接影响。此次文献审查中共有10篇研究涉及此方面。

关心、温暖和支持的师生关系有助于减少欺凌。如果师生关系紧张，班主任可能不会主动关心学生，难以察觉学生的异常行为，会使有欺凌

---

① Claire F. Garandeau, "Inequality Matters: Classroom Status Hierarchy and Adolescents' Bullying," *Journal of Youth and Adolescence*, Vol. 43, No. 7, July 2014, pp. 1123-1133.

② Anja Schultze-Krumbholz, "The Association between In-class Cultural Diversity with Empathy and Bullying in Adolescence: A Multilevel Mediation Analysis," *International Journal of Psychology*, Vol. 55, No. 5, 2020, pp. 769-778.

③ Silja Saarento, "Classroom-and School-level Contributions to Bullying and Victimization: A Review," *Journal of Community & Applied Social Psychology*, Vol. 25, No. 3, May 2015, p. 206.

④ Lars Dietrich, "Understanding Classroom Bullying Climates: The Role of Student Body Composition, Relationships, and Teaching Quality," *International Journal of Bullying Prevention*, Vol. 3, No. 1, 2021, pp. 34-47.

⑤ Christian, Elledge L., "Individual and Contextual Predictors of Cyberbullying: The Influence of Children's Provictim Attitudes and Teachers' Ability to Intervene," *Journal of Youth and Adolescence*, Vol. 42, No. 5, 2013, pp. 698-710.

意向的学生认为自己不会受到惩罚而采取行动。① 当班主任与学生建立积极支持的关系时,学生向老师报告欺凌事件的意愿增强,有助于班主任及时掌握欺凌动态,及时采取行动防止事情发生或阻止事态恶化。②

班主任作为班级的管理者,对班级同伴生态有着重要影响。关心、温暖和支持的师生关系往往会产生同样的同伴关系。③ 罗伯特·索恩伯格(Robert Thornberg)强调与老师有冲突的学生往往不受同伴喜爱,增加了他们成为受害者的风险。④

3. 互助的同伴关系

由于欺凌事件常常发生在班主任监督不到的地方,因此同伴关系格外重要。⑤ 此次文献审查中共有 10 篇研究涉及此方面。

互助、关爱、支持、互相尊重的同伴关系是预防欺凌的有效因素。良好的同伴关系有助于降低学生的道德脱离水平⑥,减少学生主动欺负他人的可能,且在面对欺凌事件时,学生主动减少煽风点火的行为,积极为受害者辩护,并在事后为其提供帮助,减少欺凌带来的伤害。⑦

4. 班主任反欺凌素养

班主任在教学活动中,扮演"首领"角色,发挥带头作用,无论班

---

① Claudio Longobardi, "The Links between Students' Relationships with Teachers, Likeability among Peers, and Bullying Victimization: The Intervening Role of Teacher Responsiveness," *European Journal of Psychology of Education*, 2021, pp. 1–18.

② Khaerannisa I. Cortes, "to Tell or Not to Tell: What Influences Children's Decisions to Report Bullying to Their Teachers?" *School Psychology Quarterly*, Vol. 29, No. 3, 2014, p. 343.

③ Robert Thornberg, "Victim Prevalence in Bullying and Its Association with Teacher-student and Student-student Relationships and Class Moral Disengagement: A Class-Level Path Analysis," *Research Papers in Education*, Vol. 33, No. 3, March 2018, pp. 320–335.

④ Claudio Longobardi, "The Links between Students' Relationships with Teachers, Likeability among Peers, and Bullying Victimization: The Intervening Role of Teacher Responsiveness," *European Journal of Psychology of Education*, 2021. pp. 1–18.

⑤ Małgorzata Wójcik, "Student Action Research: Preventing Bullying in Secondary School—Inkla Project," *Action Research*, Vol. 18, No. 2, September 2020, pp. 251–269.

⑥ Robert Thornberg, "Victim Prevalence in Bullying and Its Association with Teacher-student and Student-student Relationships and Class Moral Disengagement: A Class-Level Path Analysis," *Research Papers in Education*, Vol. 33, No. 3, March 2018, p. 330.

⑦ Robert Thornberg, "Authoritative Classroom Climate and Its Relations to Bullying Victimization and Bystander Behaviors," *School Psychology International*, Vol. 39, No. 6, October 2018, pp. 663–680.

主任采用什么方法来提高学生的热情或能力，都能对学生目标的达成产生影响。① 随着研究的深入，班主任在校园欺凌预防方面的作用越发引人关注。共有 12 篇研究涉及此方面。

班主任对欺凌事件的态度会减轻或加剧校园欺凌问题。班主任向学生明确表示自己的反欺凌态度，可以塑造学生对欺凌的认识，让学生意识到欺凌是不被认可的行为，减少学生欺凌他人的可能性，增强学生报告欺凌事件的意愿②，一部分学生为了赢得老师的喜爱，就不会参与欺凌。③ 当班主任面对欺凌事件不表态、不处理时，学生可能会认为班主任默许欺凌行为，会加剧欺凌问题。④

班主任对欺凌的态度会影响其采取行动，进而影响班级欺凌。首先，当班主任认为欺凌是由外部因素造成的，例如受害者个人行为，超出自己的可控范围时⑤，或班主任个人有欺凌史时⑥，对欺凌的包容性更高，更少采取行动处理欺凌事件，班级欺凌率会更高。其次，部分班主任认为欺凌更容易在男孩中发生，并视为一种正常现象，因此更希望学生自行解决问题，这助长了欺凌行为。认为自己有能力妥善处理欺凌事件的老师更愿意主动干预，能有效阻止欺凌事件恶化。⑦ 但班主任如果高估自己处理欺凌事件的能力或低估事件的复杂性，往往会使事态恶化。⑧

---

① ［日］片冈德雄：《班级社会学》，贺晓星译，北京教育出版社 1993 年版，第 94 页。
② Sarah Pryce, "Bullying Behaviour, Intentions and Classroom Ecology," *Learning Environments Research*, Vol. 16, No. 2, April 2013, pp. 183–199.
③ Khaerannisa I. Cortes, "To Tell or Not to Tell: What Influences Children's Decisions to Report Bullying to Their Teachers?" *School Psychology Quarterly*, Vol. 29, No. 3, 2014, p. 345.
④ Elza Venter, "Bullying in Schools—The Educator's Role," *Koers: Bulletin for Christian Scholarship = Koers: Bulletin vir Christelike Wetenskap*, Vol. 77, No. 1, January 2012, pp. 1–7.
⑤ Dorothy L. Espelage, "Taking Peer Victimization Research to the Next Level: Complex Interactions among Genes, Teacher Attitudes/Behaviors, Peer Ecologies, & Classroom Characteristics," *Journal of Abnormal Child Psychology*, Vol. 43, No. 1, 2015, p. 78; Beau Oldenburg, "Teacher Characteristics and Peer Victimization in Elementary Schools: A Classroom-level Perspective," *Journal of Abnormal Child Psychology*, Vol. 43, No. 1, 2015, pp. 33–44.
⑥ Silja Saarento, "Classroom-and School-level Contributions to Bullying and Victimization: a Review," *Journal of Community & Applied Social Psychology*, Vol. 25, No. 3, May 2015, p. 211.
⑦ Lisa De Luca, "The Teacher's Role in Preventing Bullying," *Frontiers in Psychology*, Vol. 10, Article 1830, August 2019, p. 5.
⑧ Beau Oldenburg, "Teacher Characteristics and Peer Victimization in Elementary Schools: A Classroom-level Perspective," *Journal of Abnormal Child Psychology*, Vol. 43, No. 1, 2015, p. 38.

班主任处理欺凌事件的能力越强，就越有助于减少传统欺凌，但会使班级网络欺凌频率增大。当学生将传统欺凌视为在班级中实现个人目标的一种不可行的选择时，他们可能会采取更复杂的、更隐蔽的欺凌形式。当班主任在班级中打击欺凌行为时，欺凌行为可能会改变形式或转向新的更难监控或较少被班主任监控的环境里进行。①

5. 平等的班级地位

欺凌问题的核心是施暴者与受害者之间的权力失衡。施暴者在学生中往往更受欢迎，在班级中占据更高地位。② 这些受欢迎的欺凌者比起其他受欢迎的学生更能影响班级生态，制造紧张氛围③，加剧欺凌问题。共有5篇研究文献涉及此方面。

地位分层严重的班级欺凌率高。④ 克莱尔·F. 加兰多（Claire F. Garandeau）等人的研究支持了学生地位不平衡导致后续欺凌事件发生的观点。⑤ 在地位分层严重的班级中，学生为赢得更多人的欢迎而参与权力竞争，此时欺凌他人被学生当作竞争获胜的有效工具。此外，受欢迎的学生认为自己的地位很容易受到挑战，为了维持自己的地位，他们更倾向于表现出攻击性行为来强调自己的地位。同时，班级地位高的学生可能会产生精英主义感，物化班级地位低的学生，难以察觉他人痛苦的情绪，极易做出欺凌他人的行为。⑥ 当老师采取小组合作或座位安排等管理措施进行干预时，学生之间的地位结构更平等，欺

---

① Christian, Elledge L., "Individual and Contextual Predictors of Cyberbullying: The Influence of Children's Provictim Attitudes and Teachers' Ability to Intervene," *Journal of Youth and Adolescence*, Vol. 42, No. 5, 2013, p. 706.

② Silja Saarento, "Classroom-and School-level Contributions to Bullying and Victimization: A Review," *Journal of Community & Applied Social Psychology*, Vol. 25, No. 3, May 2015, p. 209.

③ Lydia Laninga-Wijnen, "Who Sets the Aggressive Popularity Norm in Classrooms? It's the Number and Strength of Aggressive, Prosocial, and Bi-strategic Adolescents," *Research on Child and Adolescent Psychopathology*, Vol. 48, No. 1, 2020, pp. 13-27.

④ Dorothy L. Espelage., "Taking Peer Victimization Research to the Next Level: Complex Interactions among Genes, Teacher Attitudes/Behaviors, Peer Ecologies, & Classroom Characteristics," *Journal of Abnormal Child Psychology*, Vol. 43, No. 1, 2015, pp. 77-80.

⑤ Claire F. Garandeau, "Inequality Matters: Classroom Status Hierarchy and Adolescents' Bullying," *Journal of Youth and Adolescence*, Vol. 43, No. 7, July 2014, p. 1130.

⑥ Lydia Laninga-Wijnen, "Classroom Popularity Hierarchy Predicts Prosocial and Aggressive Popularity Norms Across the School Year," *Child Development*, Vol. 90, No. 5, 2019, p. e640.

凌行为减少。①

6. 班级反欺凌行为规范

班级行为规范是在生活中根据学生的需求、好恶、价值判断而逐步形成和确立的，是班级成员在班级活动中所应遵循的标准或原则，由于行为规范是建立在维护班级秩序理念基础之上的，因此对全体成员具有引导、规范和约束的作用。班级行为规范有两种形式：一是班级共识，即班级全体学生所寻求的共同认识，是约定俗成的，没有明文规定；二是班级规则，即由师生共同制定、公认或由班主任制定并通过的，由班集体所有成员一起遵守的条例和章程。共有9篇研究文献涉及此方面。

要求明确的反欺凌班级规则是预防欺凌的重要因素。首先，要求明确的班级规则提高学生反对欺凌并为自己行为负责的意识，降低欺凌他人的意愿。② 其次，师生协同制定班级反欺凌规则，共同参与班级建设，学生体验到归属感，提高班级凝聚力，有助于创造预防欺凌发生的班级环境。此外，Samuel Kim发现，要求明确的反欺凌规范符合中国特色人文文化，不仅有助于减少欺凌，还能让学生体验到安全感。在互惠共存文化背景下，目睹他人受到欺凌而无法施以援手的学生可能会产生自责、焦虑等负面情绪。班级制定要求明确且严格的反欺凌规则有助于实现学生之间的公平、维持同伴和谐关系，也为学生干预欺凌事件提供了依据，学生在目睹欺凌事件时更愿出手相助，既有助于减少欺凌，也减少了事件带来的负面情绪。③

班级反欺凌共识程度是欺凌的可预测因素。西尔贾·萨伦托（Silja Saarento）研究发现，首先，班级反欺凌共识比个人态度更能预测学生的欺凌行为。④ 具有攻击性遗传倾向的青少年只在班级共识有利于攻击行为

---

① Claire F. Garandeau, "Inequality Matters: Classroom Status Hierarchy and Adolescents' Bullying," *Journal of Youth and Adolescence*, Vol. 43, No. 7, July 2014, p. 1131.

② Hannah Gaffney, "What Works in Anti-Bullying Programs? Analysis of Effective Intervention Components," *Journal of School Psychology*, Vol. 85, April 2021, p. 50.

③ Samuel Kim, "Disciplinary Structure and Teacher Support in Chinese and Canadian Schools: Examining How Authoritative Disciplinary Practices Protect Youth Involved in Bullying at School," *School Mental Health*, 2021, Vol. 13, No. 3, pp. 512-513.

④ Silja Saarento, "Classroom-and School-level Contributions to Bullying and Victimization: A Review," *Journal of Community & Applied Social Psychology*, Vol. 25, No. 3, May 2015, p. 210.

实施的班级中才表现出攻击行为。① 其次，班级反欺凌共识通过影响旁观者的态度与行为对预防校园欺凌产生作用。班级反欺凌共识为学生干预欺凌提供了支持和保护，在缺乏反欺凌共识的班级中，学生认为如果自己为受害者提供帮助会加大自己被欺凌的可能。② 当班级中欺凌事件频发时，由于缺少反欺凌共识的约束，学生纷纷效仿欺凌者或用以保护自己，或借此提高自己在班级中的地位③，形成恶性循环。在反欺凌共识程度高的班级中，学生们会意识到欺凌是不被认可的，不会主动欺负别人④，旁观者更有可能为受害者提供帮助，而不是煽风点火或消极旁观。⑤ 学生也更愿意向老师报告欺凌动态，寻求老师帮助。此外，克莱尔·F. 加兰多（Claire F. Garandeau）发现，在支持受害者态度更普遍的班级中网络欺凌事件较少。⑥

7. 支持性班级氛围

支持性班级氛围是预防校园欺凌的重要因素，而防卫性班级氛围会助长欺凌的发生。⑦ 日本社会学家片冈德雄将班级氛围分为支持性班级氛围与防卫性班级氛围。前者具有以下特征：（1）学生之间充满自信、相互信任，能轻松地表达自己的感情和矛盾；（2）班级中充满了宽容和互

---

① Dorothy L. Espelage. "Taking Peer Victimization Research to the Next Level: Complex Interactions among Genes, Teacher Attitudes/Behaviors, Peer Ecologies, & Classroom Characteristics," *Journal of Abnormal Child Psychology*, Vol. 43, No. 1, 2015, p. 78.

② Silja Saarento, "Student -, Classroom -, and School-level Risk Factors for Victimization," *Journal of School Psychology*, Vol. 51, No. 3, 2013, p. 430.

③ Ron Scholte, "Do Actions Speak Louder than Words? Classroom Attitudes and Behavior in Relation to Bullying in Early Adolescence," *Journal of Clinical Child & Adolescent Psychology*, Vol. 39, No. 6, 2010, p. 796.

④ Hannah Gaffney, "What Works in Anti-Bullying Programs? Analysis of Effective Intervention Components," *Journal of School Psychology*, Vol. 85, April 2021, p. 50.

⑤ Robert Thornberg, "Defending or Remaining Passive as a Bystander of School Bullying in Sweden: The Role of Moral Disengagement and Antibullying Class Norms," *Journal of Interpersonal Violence*, 2021, 08862605211037427, p. 15.

⑥ Claire F. Garandeau., "The Social Status of Aggressive Students across Contexts: The Role of Classroom Status Hierarchy, Academic Achievement, and Grade" *Developmental psychology*, Vol. 47, No. 6, 2011, p. 1699.

⑦ Dorothy L. Espelage, "Taking Peer Victimization Research to the Next Level: Complex Interactions among Genes, Teacher Attitudes/Behaviors, Peer Ecologies, & Classroom Characteristics," *Journal of Abnormal Child Psychology*, Vol. 43, No. 1, 2015, pp. 77-80.

相帮助的气氛，极少有潜在性的矛盾；（3）在达成班级目标方面，所选的方法是光明磊落的，学生都主动参加集体活动，积极出谋献策，接受恰当的评价。后者具有以下特点：（1）学生之间关系紧张，互不信任；（2）班级中强调控制与服从，学生一方面表现出对权力的服从，另一方面存在与权力斗争的心理；（3）在达成班级目标方面，充斥着背后操纵和耍阴谋的方法。① 共有6项研究涉及此方面。

班主任在氛围良好的班级中更容易提高工作满意度，对学生的态度更积极和蔼，加强师生间的合作，有效预防欺凌。② 学生在支持性的班级中，更容易对班级产生归属感，体验到幸福，获得自尊，找到自己在班级中的定位③，促进同伴间的友好交往，改善同伴关系，进而减少欺凌。④ 罗伯特·桑伯格（Robert Thornberg）指出，支持性的班级氛围不仅能减少欺凌事件，还能改善旁观者行为。当他们目睹欺凌事件时，更愿意主动为受害者提供帮助，而不是煽风点火或消极旁观。⑤

（三）班级预防校园欺凌的策略

通过分析研究中涉及的班级因素，我们尝试回答第三个问题：全球范围内相关研究中已探索出的班级欺凌预防的有效策略有哪些？

1. 班主任学习反欺凌技能

班主任树立关于欺凌的正确认识，掌握处理欺凌事件的策略是有效解决欺凌问题的基础和前提。此次审查中共有七篇文献涉及班主任学习反欺凌技能。

首先，提高对欺凌类型及其危害的认识。在奥维斯欺凌预防计划中，班主任阅读《班主任手册》《校园欺凌：我们知道什么，我们如何应对》，

---

① ［日］片冈德雄：《班级社会学》，贺晓星译，北京教育出版社1993年版，第33页。
② Dorothy L. Espelage, "Taking Peer Victimization Research to the Next Level: Complex Interactions among Genes, Teacher Attitudes/Behaviors, Peer Ecologies, & Classroom Characteristics," *Journal of Abnormal Child Psychology*, Vol. 43, No. 1, 2015, p. 78.
③ Małgorzata Wójcik, "Student Action Research: Preventing Bullying in Secondary School—Inkla Project," *Action Research*, Vol. 18, No. 2, September 2020, p. 264.
④ Sarah Pryce, "Bullying Behaviour, Intentions and Classroom Ecology," *Learning Environments Research*, Vol. 16, No. 2, April 2013, p. 196.
⑤ Robert Thornberg, "Authoritative Classroom Climate and Its Relations to Bullying Victimization and Bystander Behaviors," *School Psychology International*, Vol. 39, No. 6, October 2018, p. 673.

主动学习欺凌知识，关注学生日常活动，对欺凌动向进行研判。① 在能正确识别欺凌的基础上，班主任需要主动寻找机会练习处理欺凌事件，学习借鉴其他班主任解决欺凌问题的成功经验。② 当遇到难以处理的情况时，班主任可以向其他班主任请教或报告有关部门，而不能置之不理。③

其次，提高获取欺凌信息的能力。了解学生的社交状况，对欺凌行为进行预测、追踪与研判。班主任在处理欺凌事件时，不仅要关注直接涉事者，还要关注旁观者。旁观者的煽风点火、消极旁观或积极阻止等行为会影响欺凌事件的发展，事件的发生也会使旁观者产生心理波动。班主任应知道旁观者是哪些同学，并以欺凌事件为契机，表明自己反对欺凌的立场④，指出学生的错误行为，鼓励学生积极干预，防止事件发生或进一步恶化，严慈相济，妥善处理，恢复班级秩序。⑤

再次，采取恰当措施妥善处理事件。班主任处理欺凌事件时常采取的策略有五种：让学生忘记此事或忽视欺凌者、让学生保护自己、将欺凌者与受害者分开、涉事学生家长参与事件处理、惩罚欺凌者。Khaerannisa I. Cortes 发现，让涉事学生家长参与事件处理、将欺凌者与受害者分开的策略对减少班级欺凌效果显著。让学生忘记此事或忽视欺凌者、让学生保护自己的效果因学生性别而不同。具体来说，该方法对女生更有用。因为女生向班主任报告欺凌事件可能并不仅是为了得到帮助，停止受害，还为了得到情感支持，女孩在向班主任报告的过程中感受到班主任的同情与支持，体验到安全感。⑥ Dorothy L. Espelage 则指出班主任

---

① Nerissa S. Bauer, "The Effectiveness of the Olweus Bullying Prevention Program in Public Middle Schools: A Controlled Trial," *Journal of Adolescent Health*, Vol. 40, No. 3, 2007, p. 269.

② Lisa De Luca, "The Teacher's Role in Preventing Bullying," *Frontiers in Psychology*, Vol. 10, Article 1830, August 2019, p. 8.

③ Beau Oldenburg, "Teacher Characteristics and Peer Victimization in Elementary Schools: A Classroom-level Perspective," *Journal of Abnormal Child Psychology*, Vol. 43, No. 1, 2015, p. 10.

④ Dorothy L. Espelage, "Taking Peer Victimization Research to the Next Level: Complex Interactions among Genes, Teacher Attitudes/Behaviors, Peer Ecologies, & Classroom Characteristics," *Journal of Abnormal Child Psychology*, Vol. 43, No. 1, 2015, p. 79.

⑤ Jan Kornelis Dijkstra, "Beyond the Class Norm: Bullying Behavior of Popular Adolescents and its Relation to Peer Acceptance and Rejection," *Journal of Abnormal Child Psychology*, Vol. 36, No. 8, 2008, p. 1296.

⑥ Khaerannisa I. Cortes, "To Tell or Not to Tell: What Influences Children's Decisions to Report Bullying to Their Teachers?" *School Psychology Quarterly*, Vol. 29, No. 3, 2014, p. 344.

采取这两种方式处理欺凌事件，会加剧班级欺凌受害情况。① 惩罚欺凌者不被认为是一项有效措施，因为班主任通过暴力的方式解决问题，可能会导致欺凌者产生更严重的敌对情绪，使事情恶化。受害者因为担心上述情况发生，向班主任寻求帮助的意愿也会降低。因此，班主任要谨慎采取策略，让学生知道"惩罚欺凌者"这一举措为最后的撒手锏，在不得不采取这一措施时必定要保护报告人的信息。②

最后，班主任需要提高道德修养。罗伯特·索恩伯格（Robert Thornberg）提出班主任由于道德脱离水平的不同而对欺凌行为的接受度、对受害者的同情心以及干预事件的可能性会有所不同。班主任应坚持职业操守，时时反思，提高自己的师德修养，对学生认真负责，妥善处理欺凌事件，主动发展积极支持的师生关系，用行动赢得学生信任。③

2. 开展反欺凌主题教育活动

班级开展反欺凌主题教育活动，为学生提供反欺凌培训，提高学生的反欺凌素养，是有效预防欺凌的重要举措。此次审查文献中共有 3 篇研究涉及此内容。

其一，提高学生对欺凌及其危害的认识，增强干预欺凌的意愿。托德·米格利亚乔（Todd Migliaccio）建议班级内组织学生观看不同的欺凌事件视频，并分主题组织学生讨论：什么是欺凌；欺凌的类型有哪些；欺凌的危害；旁观者为什么不干预；受害者、旁观者、班主任可以采取哪些措施有效应对欺凌；预防欺凌的意义是什么。以此来帮助学生提高对欺凌的认识，肯定自己在干预欺凌中的作用，加强向班主任报告欺凌事件的意愿。④

其二，展开头脑风暴，师生共同商议应对欺凌的策略，提高干预欺

---

① Dorothy L. Espelage, "Taking Peer Victimization Research to the Next Level: Complex Interactions among Genes, Teacher Attitudes/Behaviors, Peer Ecologies, & Classroom Characteristics," *Journal of Abnormal Child Psychology*, Vol. 43, No. 1, 2015, p. 78.

② Khaerannisa I. Cortes, "To Tell or Not To Tell: What Influences Children's Decisions to Report Bullying to Their Teachers?" *School Psychology Quarterly*, Vol. 29, No. 3, 2014, p. 345.

③ Robert Thornberg, "Victim Prevalence in Bullying and Its Association with Teacher-student and Student-student Relationships and Class Moral Disengagement: A Class-level Path Analysis," *Research Papers in Education*, Vol. 33, No. 3, March 2018, p. 325.

④ Todd Migliaccio, "Small-scale Bullying Prevention Discussion Video for Classrooms: A Preliminary Evaluation," *Children & Schools*, Vol. 35, No. 2, April 2013, p. 75.

凌的效果。在 Inkla 项目中，学生在班主任和研究人员的帮助下自主调查学校中的欺凌现象以及旁观者的态度，形成报告上传至网络。在大家对报告结果加以深入了解的基础上召开班级反欺凌主题会议，学生自由表达对欺凌的看法，并认识到反欺凌是集体态度，增强他们干预欺凌的信心。在班会上，班主任引导学生开展头脑风暴，为解决欺凌问题出谋献策，共同制定干预欺凌行动清单，鼓励学生实践。过一段时间后，再次召开班级会议，大家表达自己感受到的班级氛围是否有所改善、欺凌行为是否有所减少、清单中的措施是否经得起实践考验，在原有反欺凌行动清单的基础上形成新的清单。该形式让学生自主认识到欺凌是不被大家认可的，不能简单地将反欺凌认作班主任的意志，有助于激发学生反欺凌的动力，认识到反欺凌关系到每个人的利益，是每个学生都应做的事。① 无独有偶，在奥维斯欺凌预防计划中，班级每周举行 20—30 分钟的反欺凌主题会议，让学生学习应对欺凌的技巧。②

3. 学生学习社交技能

提高学生的社交技能是化解同伴矛盾、提高共情能力、有效预防欺凌的基本保证。此次审查文献中共有 6 篇涉及此方面。

学生学习社交技能，提高责任感与同理心。汉娜·加夫尼（Hannah Gaffney）通过系统审查发现包含培养学生社交技能的项目往往都有效。社交技能项目围绕特定的社交、情感和心理方面进行干预活动，如培养同理心、化解冲突、解决问题、自我控制、做负责的决定和发展健康的人际关系等。③

友好干预计划也被证明是提高学生社交能力，进而减少欺凌的有效策略。该计划基于学生的责任感、移情能力、沟通能力、为他人提供情感支持的能力、日常活动中的同伴相互影响，提供一系列解决人际关系冲突技能的培训，旨在提高学生的亲社会态度与能力。该计划分为五部分：第一，在班级中弘扬关爱互助的价值观，增强学生帮助他人的意愿。

---

① Małgorzata Wójcik, "Student Action Research: Preventing Bullying in Secondary School—Inkla Project," *Action Research*, Vol. 18, No. 2, September 2020, p. 5.

② Nerissa S. Bauer, "The Effectiveness of the Olweus Bullying Prevention Program in Public Middle Schools: A Controlled Trial," *Journal of Adolescent Health*, Vol. 40, No. 3, 2007, p. 269.

③ Hannah Gaffney, "What Works in Anti-Bullying Programs? Analysis of Effective Intervention Components," *Journal of School Psychology*, Vol. 85, April 2021, p. 41.

第二，通过毛遂自荐与同伴提名的方法，在班里选出 3—4 名同伴支持者。第三，同伴支持者参与培训，学习倾听与沟通的技能。第四，同伴支持者在班中实践。班主任组织班级会议，引导学生配合同伴支持者的工作；同伴支持者为欺凌受害者或班级边缘人物提供情感支持，与他们建立友谊；针对不同的帮扶对象，给予不同的同伴支持者不同的任务；同伴支持者需要每周或每两周与活动负责老师举行会议，接受老师的监督与指导。第五，同伴支持者在班级中分享经验，并邀请更多的学生参与到该计划中。[1]

同样，奥维斯欺凌预防计划教授学生社交技能，提高学生对他人的同理心。[2] KiVa 计划对学生进行解决欺凌者与受害者冲突的培训，并鼓励学生为受害者提供支持与帮助。[3]

班主任在处理欺凌事件时不仅要着眼于当下，还要关注未来。除教授社交技能外，班主任还需要对学生进行宽容、尊重、友爱的价值观教育。让学生了解到每个人都是独立的，人与人之间难免存在不同，正是这些不同点促成班级健康发展。[4] 让学生阅读关于欺凌的故事，了解历史和当代的反人类案件，例如纳粹大屠杀、种族歧视等，知晓其中的道德脱离机制，反省日常生活，思考欺凌行为给他人带来的伤害，提高道德能动性、个人责任感、与他人共情的能力。[5]

4. 营造平等支持的班级氛围

班级氛围不仅反映班级成员的集体风貌和个性特点，还引领班级未来的发展方向，是一种无形的教育力量。在处理欺凌问题时，班主任应

---

[1] Ersilia Menesini, "Enhancing Children's Responsibility to Take Action Against Bullying: Evaluation of A Befriending Intervention in Italian Middle Schools," *Aggressive Behavior*: *Official Journal of the International Society for Research on Aggression*, Vol. 29, No. 1, 2003, p. 5.

[2] Nerissa S. Bauer, "The Effectiveness of the Olweus Bullying Prevention Program in Public Middle Schools: A Controlled Trial," *Journal of Adolescent Health*, Vol. 40, No. 3, 2007, p. 269.

[3] Silja Saarento, "Reducing Bullying and Victimization: Student-and Classroom-level Mechanisms of Change," *Journal of Abnormal Child Psychology*, Vol. 43, No. 1, 2015, p. 64.

[4] Elza Venter, "Bullying in Schools-The Educator's Role," *Koers*: *Bulletin for Christian Scholarship=Koers*: *Bulletin vir Christelike Wetenskap*, Vol. 77, No. 1, January 2012, p. 6.

[5] Robert Thornberg, "Defending or Remaining Passive as a Bystander of School Bullying in Sweden: The Role of Moral Disengagement and Antibullying Class Norms," *Journal of Interpersonal Violence*, 2021: 08862605211037427, p. 17.

持发展的眼光看问题，不仅要化解欺凌者与受害者之间的矛盾，还要引领学生共同营造积极关怀的班级氛围，为学生健康成长保驾护航。此次审查文献中共有8篇涉及此方面。

首先，发展积极支持的师生关系。研究表明，班主任为学生提供情感与学习支持，班级的欺凌事件减少。① 班主任与学生在交流对话的过程中要尊重学生，倾听学生想法或意见，给予学生关怀等情感支持。② 在了解学生的基础上，班级管理任务合理分工，让学生感受到班主任的信任，在班级建设过程中发挥自己的力量，体验成就感与归属感。③ 班主任还应该掌握班级动态，了解班级中的边缘学生，识别可能会被欺负的学生，有针对性地给予其更多的关注与支持，引导其建立和谐的同伴关系。④

其次，师生共同制定班级目标。建立因地制宜的评价机制，发现班级存在的问题，确定优先改进事项，有目的、有计划地进行改善。⑤ 在预防欺凌方面，建设反欺凌班级需要每个同学的参与，班主任引导学生协同制定内容明确、条目清晰、结构完善的反欺凌班级规则，使欺凌问题具体化，并为可能出现的欺凌行为提供惩戒依据。当班级有了明确的目标后，学生会主动适应新规范，并倾向于表现出能够获得认可与奖励的行为。⑥

再次，班主任提高班级管理能力。克劳迪奥·朗戈巴尔迪（Claudio Longobardi）指出，班主任班级管理能力和课堂互动能力是营造积极氛围

---

① Leonidas Kyriakides, "Characteristics of Effective Schools in Facing and Reducing Bullying," *School Psychology International*, Vol. 34, No. 3, June 2013, p. 363.

② Robert Thornberg, "Authoritative Classroom Climate and Its Relations to Bullying Victimization and Bystander Behaviors," *School Psychology International*, Vol. 39, No. 6, October 2018, p. 666.

③ Jan Kornelis Dijkstra, "Beyond the Class Norm: Bullying Behavior of Popular Adolescents and Its Relation to Peer Acceptance and Rejection," *Journal of Abnormal Child Psychology*, Vol. 36, No. 8, 2008, p. 1296.

④ Claire F. Garandeau, "The Social Status of Aggressive Students across Contexts: The Role of Classroom Status Hierarchy, Academic Achievement, and Grade," *Developmental Psychology*, Vol. 47, No. 6, 2011, p. 1708.

⑤ Leonidas Kyriakides, "Characteristics of Effective Schools in Facing and Reducing Bullying," *School Psychology International*, Vol. 34, No. 3, June 2013, p. 365.

⑥ Ron Scholte, "Do Actions Speak Louder than Words? Classroom Attitudes and Behavior in Relation to Bullying in Early Adolescence," *Journal of Clinical Child & Adolescent Psychology*, Vol. 39, No. 6, 2010, p. 797.

的关键因素。① 班主任妥善管理班级有助于减少学生的不当行为。② 罗伯特·索恩伯格（Robert Thornberg）、金正日（Samuel Kim）建议班主任制定要求明确的班级规则并严格且公正地执行，提出对学生的期望，为学生提供情感支持，发展关爱的师生关系。③

最后，班主任要认识到班级管理是为了维持正常的教学秩序与营造积极的班级氛围，不能为惩罚而惩罚，班主任如果将学生的不当行为看作缺乏关爱或同伴压力下的结果，不把惩罚作为控制学生的手段，而是给予学生更多的关注，倾听学生的观点，学生感受到班主任的关爱与公平对待，不当行为会减少。④ 同时，班主任引导学生参与到班级管理中，让他们在实践中批判性地反思欺凌与个人发展的关系，增强干预欺凌的责任感。⑤

5. 开展小组合作活动

小组是学生学习与活动的组织基础，同时是学生自我管理、自我教育的平台。此次审查文献中共有 3 篇涉及此方面。

一方面针对欺凌预防成立专门小组。Inkla 项目发现小组集体行动有助于增强学生干预欺凌的信心与效果，吸引更多志同道合的学生加入该小组。当反欺凌小组的影响越来越大时，则有助于改变学生对欺凌的认知，减少欺负他人的行为。该小组成员与班主任每周开展一场讨论会，报告班级中的人际关系状况、变化以及新出现的问题，商定干预措施，

---

① Claudio Longobardi, "The Links between Students' Relationships with Teachers, Likeability among Peers, and Bullying Victimization: The Intervening Role of Teacher Responsiveness," *European Journal of Psychology of Education*, 2021, p. 11.

② Lars Dietrich, "Understanding Classroom Bullying Climates: The Role of Student Body Composition, Relationships, and Teaching Quality," *International Journal of Bullying Prevention*, Vol. 3, No. 1, 2021, p. 36.

③ Robert Thornberg, "Authoritative Classroom Climate and Its Relations to Bullying Victimization and Bystander Behaviors," *School Psychology International*, Vol. 39, No. 6, October 2018, p. 674; Samuel Kim, "Disciplinary Structure and Teacher Support in Chinese and Canadian Schools: Examining How Authoritative Disciplinary Practices Protect Youth Involved in Bullying at School," *School Mental Health*, 2021, Vol. 13, No. 3, p. 512.

④ Lars Dietrich, "Understanding Classroom Bullying Climates: The Role of Student Body Composition, Relationships, and Teaching Quality," *International Journal of Bullying Prevention*, Vol. 3, No. 1, 2021, p. 42.

⑤ Elza Venter, "Bullying in Schools—The Educator's Role," *Koers: Bulletin for Christian Scholarship = Koers: Bulletin Vir Christelike Wetenskap*, Vol. 77, No. 1, January 2012, p. 6.

营造关爱互助的班级氛围。①

另一方面成立多种形式的合作小组，为学生发展友谊提供机会，有效预防欺凌。例如 Mark J. Van Ryzin 发现，合作学习项目有助于预防欺凌。② 合作学习项目包括同伴互助教学、同伴辅导、协作阅读和其他同伴相互帮助的小组学习方法。该项目旨在提高学生协作社交技能。合作学习项目被视为一个框架，班主任可以在基本框架下设计自己的小组合作活动。小组合作学习要具备以下条件：组内每个学生虽然角色分工不同，但地位是平等的；组内成员具有共同目标，并为之奋斗；组内成员接触的时间与机会足够多，尽量在合作中发现彼此共同点，为发展友谊奠定基础；在活动过程中，班主任发挥监督与指导作用，可以介入小组，了解活动进展，必要时提供指导，杜绝组内歧视的发生。研究表明，小组合作学习有助于提高学生共情能力，准确认识并关心他人的情感状态。

班主任要随时关注小组情况。当组内成员固定，长期对小组任务没有贡献且无法换组的学生可能会受到其他学生的排斥时，班主任可以通过调整座位、调换组内成员、组织多种类型活动的方式，给学生更多表现自我与获得友谊的机会。③

第二节　我国校园欺凌班级预防的行动方案

《教育部等九部门关于防治中小学生欺凌和暴力的指导意见》（教基一〔2016〕6号）要求班级通过课堂教学、专题讲座、班团队会、主题活动等形式开展预防欺凌和暴力专题教育。《防范中小学生欺凌专项治理行动工作方案》（教基厅函〔2021〕5号）明确要求制定班级反欺凌公约。依据本书范围综述的证据和我国反欺凌政策法规的要求，对我国班

---

① Małgorzata Wójcik, "Student Action Research: Preventing Bullying in Secondary School—Inkla Project," *Action Research*, Vol. 18, No. 2, September 2020, p. 9.
② Mark J. Van Ryzin, "Effects of Cooperative Learning on Peer Relations, Empathy, and Bullying in Middle School," *Aggressive Behavior*, Vol. 45, No. 6, January 2019, p. 649.
③ Claire F. Garandeau, "The Social Status of Aggressive Students across Contexts: The Role of Classroom Status Hierarchy, Academic Achievement, and Grade," *Developmental Psychology*, Vol. 47, No. 6, 2011, p. 1708.

级欺凌预防实践提出如下行动建议。

一 制定反欺凌班级公约

班级规则比个体反欺凌态度更影响学生行为的选择，而且班级规则减少，会使得欺凌事件增加；[①] 班主任带领学生制定班级规则，有助于提升学生对欺凌及其危害性的认识；[②] 通过班级规则，维持良好的班级秩序，可有效减少欺凌的发生。[③] 可见，制定班级规则是防治校园欺凌的有效手段。但一般性班级规定强调原则性、约束性，虽然能对学生行为起到一定的督促作用，但需要学生具有以规则为行动准绳的意识才能实现。班级公约是一种师生、生生关系的多边约定，可以真正激发中小学生制定规则、遵守规则的内驱力。

（一）班级反欺凌公约的法理依据

班级公约是班主任与其他任课老师对学生进行日常管理的常用方式和手段，公约反映了班级所有成员的共同期待、认知和选择，为班级成员所认可并积极主动遵守、执行。因此，通过班级成员共同约定，制定反欺凌班级公约，不仅有利于班级民主化管理方式的践行，而且能够调动班级成员的积极性。反校园欺凌班级公约具有以下特征：第一，不是学校管理者或班主任单方面对学生欺凌行为做出约束，而是师生协同共同制定反欺凌公约；第二，班级反欺凌公约不仅针对所有学生，还针对班主任，是师生共同的行为规范；第三，班级反欺凌公约具有较强的教育功能，既体现为外部规则之于学生的约束与惩罚，还可提升学生自我教育、自主发展的能力。

班级反欺凌公约是国家、教育部相关政策文件、学校规章制度的进

[①] Christina Salmivalli, "Connections between Attitudes, Group Norms, and Behaviour in Bullying Situations," *International Journal of Behavioral Development*, Vol. 28, No. 3, 2004, pp. 246-258.

[②] Noran Fauziah Yaakuba, "Examining the Efficacy of the Olweus Prevention Programme in Reducing Bullying: The Malaysian Experience," *Procedia-social and Behavioral Sciences*, Vol. 5, 2010, pp. 595-598.

[③] Christina Salmivalli, "Bystanders Matter: Associations between Reinforcing, Defending, and the Frequency of Bullying Behavior in Classrooms," *Journal of Clinical Child & Adolescent Psychology*, Vol. 40, No. 5, September 2011, pp. 668-676.

一步细化，需要落实到学生的日常生活规范中，真正发挥规范学生行为的作用。值得关注的是，班级反欺凌公约作为学校规章制度的补充，必须在《中华人民共和国教育法》《中华人民共和国未成年人保护法》等法律法规，以及学校《中小学生日常行为规范》等上位纲领下进行制定并严格执行。为了避免班级反欺凌公约成为无效公约，相关条款要具体、细化，使得欺凌学生的每一个行为都能有相应的惩罚措施，但也要理性地判断条款是否过于严苛。

（二）班级反欺凌公约的要旨

1. 班级反欺凌公约的框架结构

制定班级反欺凌公约的主要任务是明确师生的角色、职能和行为规范，打破传统班主任命令——学生服从的单线性管理模式，实现师生之间的双向互动。对学生来讲，既是班级反欺凌公约的"立法者"，同时又是"守法者"；对班主任来讲，虽然针对班主任是否要受到班级公约约束的观点存在争议，班主任没有遵守班级公约的义务，但班主任遵守班级公约，可以起到榜样示范和带头作用。

从内容来看，班级反欺凌公约主要分为两大类：一类是不能做；另一类是鼓励做。底线不可触碰，但反欺凌的最终目的不止于"不欺凌"，班级反欺凌公约的目的也不该止于"不欺凌"。触犯底线要得到惩罚，高尚品格要得到表扬。针对不能做的底线条款要尽可能具体、细化，鼓励做的高尚行为主要体现为彰显核心素养和优秀品格。总之，班级反欺凌公约基于校园欺凌预防，又超越于校园欺凌预防。

2. 班级反欺凌公约的制定流程

班级反欺凌公约的制定需要在班会上进行集体表决，表决程序类似于议事会议。程序越规范、越公正、越透明，班级反欺凌公约的有效性就会越强。考虑到中小学生议事能力尚有欠缺，议事过程可能会产生混乱，需要提前设计好议事流程和议事规则。第一，议事程序应该是令人信服的，班主任不可以为了方便而采取专制手段管理，要让所有学生都参与议事会议，每位学生的愿望和期许都能得到彰显。第二，班主任需要从不同意见中选出一个折中方案，提高议事效率。第三，为了避免"少数服从多数"的民主原则使一部分学生的意见遭到忽视，要尽可能说服和劝解。第四，在议事过程中，如果个别学生破坏纪律并制造混乱，要及时给予警告、批评等。第五，在议事结束时，班主任要将议事结果张贴在教室中进行公示。第六，班级反欺凌公约一旦生效，不得随意更改，如需修改要再进行一次班会议事。除了这六点注意事项，还有很多问题需要关注。例如，班级反欺凌公约的执行者到底是班主任还是班干部，若将权力交给班干部，如何保证班干部能够按照公约执行，而不是按照班主任的意愿实施。班主任在班级反欺凌公约制定与实施过程中起着主导作用，要随时对公约进行把控，以免产生偏差。

3. 班级反欺凌公约对班主任素养的要求

首先，班主任应主动学习校园欺凌相关知识，提高对欺凌现象的认识与辨别能力，知晓欺凌给学生带来的伤害，掌握妥善处理欺凌事件的技能，提高对校园欺凌预防的责任意识与能力水平。班主任加入学校反欺凌小组，互相分享成功预防校园欺凌的案例，为处理类似问题积累经验。其次，班主任还应该提高信息技术素养，了解学生的网络用语，掌握学生网络社交状况，对网络欺凌行为进行预测、追踪与研判。最后，班主任应该学习与校园欺凌相关的法律法规，明白校园欺凌的法律界限，必要时需有关部门介入处理。

值得关注的是，班主任在处理欺凌事件时，不仅要关注直接涉事者，还要关注旁观者；不仅要关注现在，还要关注未来。欺凌者与受害者处于同一班级，事后仍免不了有共处的时候，班主任应创造双方沟通的机会，坦诚表达自己事后的感受，让欺凌者认识到自己的行为给对方带来的不良影响，让受害者阐明自己的立场，以合理的方式接受欺凌者的道歉，减轻事件带来的焦虑和仇恨情绪，缓和双方关系。旁观者的煽风点火、消极旁观或积极阻止等行为会影响欺凌事件的发展，事件的发生也会使旁观者产生心理波动。班主任应以欺凌事件为契机，表明自己反对欺凌的立场，指出学生的错误行为，鼓励学生积极干预，防止事件发生或进一步恶化，严慈相济，妥善处理，恢复班级秩序，营造团结互助的班级氛围。

二 成立班级防欺凌小组

研究表明：小组合作学习有助于构建师生、生生平等关系，从而减少学生欺凌行为;① 小组合作学习有助于促进学生之间的联系,增强学生同理心,减少欺凌行为的发生。② 因此,可通过成立班级防欺凌小组,提升中小学校园欺凌防治能力。

(一) 班级防欺凌小组的组织机制

建立小组是开展班级防欺凌工作的组织基础,以防欺凌为目标的班级小组,同时是学生自我管理、自我教育的平台。根据班级规模,每个小组可选择5—10人。分组要以"组间同质,组内异质"原则进行。所谓组内异质,是指小组成员在道德品质、法律意识、人际关系、规则养成等方面具有一定的差异性和互补性;组间同质是指小组之间在各方面情况相当,差距较小。

相比学习小组,班级防欺凌小组内部的主要任务有:一是发挥榜样作用,为低成就感、低价值感、低效能感的学生提供良好的学习榜样,鼓励他们成长;二是实现小组内同伴交往,小组活动为学生提供了解他人的机会,并学会更加理解、尊重、包容小组内其他成员,人际关系较为融洽;三是监督小组内欺凌行为,只要小组内成员有欺凌行为,其他成员需要及时制止并报告给班主任,若小组内成员谎报或不报,就会扣除小组所有成员的分值并取消奖励;四是树立"班级是我家,幸福靠大家"的保护意识,让学生明白班级人际和谐、同伴尊重是需要大家共同努力的结果。

班级防欺凌小组成员分别承担不同的角色,行使组织规定的权利和义务。小组成员在防欺凌活动中需要扮演三种角色:群体任务角色;全体建设和维持角色;个人角色。③ 也就说,小组成员在欺凌活动中能够满足自己作为群体成员和个体存在的双重需要。具体角色有监督者、联络者、报告者等。小组成员的角色和职能会经常轮换,增强学生的责任感与使命感。从结构来看,每个小组任命一位小组长,并确认一位帮扶对

---

① Dorothy L. Espelage. "Taking Peer Victimization Research to the Next Level: Complex Interactions among Genes, Teacher Attitudes/Behaviors, Peer Ecologies, & Classroom Characteristics," *Journal of Abnormal Child Psychology*, Vol. 43, No. 1, 2015, pp. 77-80.

② Mark J. Van Ryzin, "Effects of Cooperative Learning on Peer Relations, Empathy, and Bullying in Middle School," *Aggressive Behavior*, Vol. 45, No. 6, January 2019, pp. 643-651.

③ 郑淑贞、陈英德:《合作学习课堂管理策略探析》,《浙江教育学院学报》2008年第5期。

象，由组长带头对帮扶对象进行援助。原则上每个组员都有机会成为组长，同样也会成为一次帮扶对象。

(二) 班级防欺凌小组的评价、激励机制

1. 班级防欺凌小组的评价思路

在日常教育实践中，班主任会利用小组模式对学生进行捆绑式评价，这种方式的优势在于通过"一荣俱荣，一损俱损"的方式激发小组成员的积极性。但班级防欺凌小组管理是否也可以照搬这种评价方式值得商榷，原因在于：一是荣誉观过重，会让班主任和其他小组成员忽视弱势学生的需求，学生的实际问题得不到解决。组内弱势学生会因为自己的问题行为而拖累其他同学，从而受到责怪和排斥，这和成立班级防欺凌小组的初衷是矛盾的。二是组间竞争意识过强，会使小组成员只关注可以得到奖励的行为，而忽视对欺凌行为的监管。三是班级防欺凌小组管理"捆绑式"评价，容易让老师忽视校园欺凌个体管理的必要性，小组成员互帮互助停留在形式上。可见，班级防欺凌小组捆绑评价在具体实践过程中还需要不断完善、创新。

在评价内容上，既要关注小组成果，也要关注活动过程；既要关注小组集体，也要关注小组个人，并侧重集体评价，让学生意识到小组合作需要组内每个成员的努力，每个学生都是平等的。在活动过程中，班主任发挥监督与指导作用，可以介入小组，了解活动进展，必要时提供指导，杜绝组内歧视的发生。在评价主体上，开展组间互评与组内自评，针对小组的合作程度、独创性、小组成果给予恰当评价，组内自评有助于在小组中树立榜样，让学生看到努力的方向，调动每个学生的积极性，让学生在小组活动中掌握与他人合作的技巧，发展积极互助的同伴关系。

2. 班级防欺凌小组的奖励措施

心理学行为主义流派通过大量实验发现，人的一种反应或行为在受到奖励后，这种反应或行为在以后出现的可能性就会增强。[①] 因此，班主任要想使小组成员的道德、合规行为或反应固定下来，要多使用奖励措施。但在具体的实践过程中，还有一些问题需要关注：第一，是不是要

---

① 王呈祥：《表扬与批评的外显意义、内隐意义及其对学生的影响》，《教育评论》2001年第2期。

对每次道德、合规行为都进行奖励，如果有些小组成员经常得到奖励，一旦存在没有奖励的情况便会失去积极性。第二，奖励措施无法完全消解学生的欺凌行为，小组内的"问题学生"会由于自卑、嫉妒、傲慢等原因而拒绝以奖励为目的强化合规行为，故奖励措施不是对所有小组成员都适用。第三，奖励针对小组或小组成员的意义是截然不同的，若针对小组个体成员，便是指明某位学生比另外学生强的信号；若针对小组全体成员，便是强化小组所有成员的努力，并巩固其合规行为。第四，每个小组完成合规行为的价值、意义与其难度系数成正比，当班主任对简单合规行为进行奖励，则暗示对该小组合规行为的标准很低，同样会使该小组的积极性降低。

3. 班级防欺凌小组的惩罚措施

对班级防欺凌小组采取惩罚措施，需要考虑正当性和艺术性的问题。从正当性来看，对欺凌学生的惩罚符合《中华人民共和国未成年人保护法》《中华人民共和国预防未成年人犯罪法》《中小学教育惩戒规则（试行）》等法律法规的要求，其必要性和可行性是显而易见的。从艺术性来看，班主任和学生在制定班级反欺凌公约时，要在实践中不断创新、不断调整。首先，要对不同小组采取不同惩罚措施；其次，关注学生个体差异性，创新惩罚措施；再次，对同一小组、同一学生的惩罚措施，要根据学生的内在需求、承受能力、欺凌行为严重程度等进行个性化设计。如此，就不可能静态规定惩罚措施，增加了主观评价的不确定性、随意性。班主任需要把握公约制度与事件差异的"张力"，做到"有法可依，量刑灵活"。

（三）班级防欺凌小组的干预机制

1. 班级防欺凌小组的干预目标、内容

班级防欺凌小组要有明确的小组目标，成员之间相互督促、合作、尊重与信任。通过班级防欺凌小组，可向学生普及欺凌相关法律法规、道德规范等内容，指导学生进行人际交往，鼓励学生进行情绪管理并教会学生应对各类欺凌行为的办法。具体来看，干预内容包括：一是对学生心理问题的干预。有心理问题的学生不仅容易成为受害者，而且容易成为欺凌者。因此，要关注学生的心理问题，适时给予帮助。二是对学生人际关系问题的干预。若学生不能用言语表达自己的诉求，缺乏人际交往的沟通技巧，极易诱发欺凌行为。三是对学生不良情绪的干预。如压力、冲动、嫉妒等，都属于学生情绪管理失败的表现。四是对学生规则意识的干预。如法律意识的缺失，道德觉悟的缺位等。通过干预帮助学生学会管理不良情绪，并具备同理心、宽容心、爱心等积极心理品质。

2. 班级防欺凌小组的干预方式

从班级防欺凌小组层面实施干预措施，包括以下几个内容：一是开展小组内学习。班级集中学习会受到时间、空间等因素的影响，可以尝试以小组为单位学习校园欺凌相关法律法规、学校规章制度与班级反欺凌公约。小组长围绕以上制度，精心选好主题，并将学习材料分享给小组成员。小组成员收到学习材料后可利用碎片时间进行学习，继而克服时间和空间障碍。在学习完成后，小组成员需要向自己小组其他成员及班主任汇报学习成果，或口头汇报，或书面汇报，以确保学习效果。二是开展班级防欺凌小组心理团体辅导活动。在学校心理班主任的指导下，选择合适的主题开展活动，每个小组都有自己的口号。引导学生认识到团队力量的获得取决于大家的共同努力，并明白团队分工的重要性，从而点燃学生对人际交往的热情和期待。三是开展家校防校园欺凌活动。每个小组根据本组学生的情况与家长诉求，设计家校反欺凌课外活动。如利用周末时间，由小组成员家长组织，到公、检、法等部门参观学习。

（四）班级防欺凌小组社会工作优化机制

1. 欺凌者教育小组

社会工作者介入班级防欺凌小组工作会弥补班主任、学生缺乏系统理论知识、矫正方法的弊病，帮助改变欺凌学生的行为方式，实现其与同伴的和谐互动，从而减少校园欺凌的产生。社会工作者根据小组成员的具体情况，设计主题活动、游戏活动。如"猜猜我是谁""大家来找茬""人在情境中"等，引导小组成员互相交流，促进防欺凌小组的融合。在活动结束后，社会工作者可退出活动。由小组长开展小组座谈会，帮助欺凌学生意识到自己之前行为的问题，重塑新的行为模式。

2. 受害者支持小组

为了帮助受害学生重拾信心，可将班级内所有曾受到欺凌的学生组合在一起。这些学生有着相似的经历，更容易产生共鸣。由小组内每位学生分享自己被欺凌的情况，探讨应对的措施和策略，小组成员互相鼓励、相互帮扶，远离欺凌。为了让受害者毫无保留地分享自己的经历，有一些要点需要把握：第一，循序渐进，不能急躁。在社会工作者介入初期，尽量在小组中营造一种欢乐、轻松的氛围，加深小组成员的认同感和凝聚力。第二，建立自信，打破沉默。受害者大多处于弱势地位，性格多内向，不善言语交谈。为了提高受害者的积极性，社会工作者要花费更多时间帮助他们重拾自信。第三，勇于反抗，寻求帮助。通过受害者支持小组活动，使学生认识到互相帮助之于欺凌预防的重要性，欺凌问题不能只靠自己内化，要直面问题并解决问题。

3. 欺凌者—受害者恢复小组

欺凌者—受害者恢复小组以恢复被损害的社会关系为目标，广泛吸纳包括欺凌者、受害者在内的主体参与协商，关注欺凌者、受害者、其他学生或班主任的需求和利益，鼓励欺凌者承担责任。社会工作者介入后，将欺凌者与受害者放置于同一小组，通过多种方式促进欺凌者与受害者的融合。具体方式有：第一，实现和解。欺凌者与被欺凌者的和解可以使欺凌者得到受害者的谅解，且使双方都获得对方的信任。第二，注重保护。不仅要对受害者加以保护，而且要对欺凌者进行保护。防止欺凌者对班级、学校产生怨恨情绪，影响其社会关系的修复。第三，进行角色互换。帮助欺凌者体验被欺凌时的感受，帮助被欺凌者了解欺凌者的情绪，改变欺凌者的行为。

三 营造关怀的班级氛围

研究表明：班主任对班内所有学生一视同仁，有助于营造平等的班级氛围，减少班级欺凌。学生对学校和班级的归属感，与校园欺凌事件的发生呈负相关；[1] 积极的师生关系、班主任明确反对欺凌的态度、反对欺凌的班级氛围等都有助于减少欺凌；[2] 身处积极和支持班级氛围中的学

---

[1] Sarah Pryce, "Bullying Behaviour, Intentions and Classroom Ecology," *Learning Environments Research*, Vol. 16, No. 2, April 2013, pp. 183-199.

[2] Silja Saarento, "Classroom-and School-level Contributions to Bullying and Victimization: A Review," *Journal of Community & Applied Social Psychology*, Vol. 25, No. 3, May 2015, pp. 204-218.

生更愿意向老师报告欺凌事件,有助于降低班级欺凌率。① 良好的班级氛围有助于平衡学生在班级中的地位,减少欺凌行为的发生。② 可见,营造关怀的班级氛围是防治校园欺凌的有效途径。

(一) 营造班级关怀氛围面临的挑战和困境

1. 班级关怀氛围没有得到足够重视

当前我国的中小学校普遍关注学生成绩、升学率,在这一背景下,抓校园文化以及班级氛围的情况不容乐观,特别是班级氛围随着班主任的主观意愿而设定,主动营造、积极建设的情况较少。具体困境有:一是学校大环境中文化建设不充分,缺乏对学生人文素养、艺术素养的教育。二是关注班级学习氛围,不关注班级关怀氛围。三是班级氛围建设过于程序化。班级氛围建设存在于班主任的构想中,缺少实践活动。久而久之,学生便会产生厌烦情绪,不再期待班主任设计的文化活动。

2. 班级关怀氛围建设缺乏整体设计和管理

创建班级关怀氛围是一项系统工程,涉及班级管理、学习、生活等方方面面,需要对其进行整体设计和规划,真正做到班级教学、管理处处渗透关怀思想,班级关怀氛围与班级文化建设、校园文化建设相契合,使各种文化氛围协调一致。目前,从教育实践来看还存在班级关怀氛围建设的零散化和随意性。班主任会按照自己的意愿和性格特征来理解学生关怀,关怀的内容和目标存在差异性,使得学生感受到的关怀不一致并影响其对班级的依赖和认同。

3. 班级关怀氛围的管理模式陈旧

一般来讲,班主任的知识、理念、格局会决定班级氛围的好坏,特别是班主任的精神状态、人格魅力等影响着班级氛围的走向。很多班主任认为创建班级关怀氛围就是对学生进行思想政治教育,按照学生管理的一般手段进行教育即可。这种工作思想在一定程度上限制了关怀氛围的作用。

---

① Khaerannisa I. Cortes, "To Tell or Not To Tell: What Influences Children's Decisions to Report Bullying to Their Teachers?" *School Psychology Quarterly*, Vol. 29, No. 3, 2014, pp. 336-348.

② Małgorzata Wójcik, "Student Action Research: Preventing Bullying in Secondary School—Inkla Project," *Action Research*, Vol. 18, No. 2, September 2020, pp. 251-269.

(二) 班级关怀氛围建设的破局之策

1. 建立富有特色的班级关怀氛围

每个学生产生问题行为的原因都不同，因此，班主任要针对班内问题学生设计富有特色的关怀氛围建设方案。首先，方案要与学生的心理特征及认知水平相适应。过度关怀会让学生感到压力和不安，关怀不够会让学生情感匮乏，适度的关怀有助于班级成员自主参与到班级活动中去。其次，整个方案需要民主制度的支持。民主制度能够确保学生拥有选择权，实现自我监管与自我调节。最后，要将高尚文化作为关怀氛围的主要内容。高尚的文化可以潜移默化地改善学生的行为习惯。通过高尚、优质的文化，让班级关怀氛围充满正能量，协助学生建立恰当的人生观、价值观与人际交往方式。

2. 开展以实践为导向的班级关怀理论研究

积极开展班级关怀氛围及文化建设的研究，应用哲学、社会学、教育学、心理学、文化学等学科的理论研究成果，深入挖掘班级关怀氛围的深度和广度。如英国学者诺丁斯提倡的关怀理论强调：班级在尊重学生发展多样性的基础上，应建立一个充满关心而不是竞争的环境，对学生的各种个性潜能给予关注和培养。[1] 关怀是一种美德，更是一种社会关系。要求关怀的主客体在关怀关系中平等、民主、互惠，每个班级成员都需要得到别人的理解、接纳、尊重和认可。特别是问题学生，更需要得到班主任与同伴的关怀。

3. 针对"问题学生"实施个性化班级关怀方案

目前，校园欺凌治理方案多关注受害者的需求，继而提出保护受害者的诸多策略。如责令欺凌者向受害者道歉，对欺凌者进行批评教育或教育惩戒。相比受害者，欺凌者得到的关怀较少。随着恢复性司法理念的发展，人们逐渐意识到欺凌者同样需要得到关怀，关怀的缺失是欺凌者产生问题行为的缘由之一。班主任在教育欺凌者时，是出于管理、正义抑或关怀，所达到的矫正效果具有差异性。其中，基于关怀的矫正策略更能得到欺凌者的认可。因此，师生通过营造关怀的班级氛围，修复

---

[1] 宋劲松、王滨：《思想政治教育人文关怀理论研究综述》，《思想政治教育研究》2008年第5期。

欺凌者—受害者的关系，才能有助于欺凌者实现"自我拯救"！

四 定期开展防欺凌主题教育活动

研究表明：班主任定期开展各种防治欺凌的主题活动，会降低欺凌行为的发生率。① 因此，班主任应将反欺凌内容纳入班级主题教育活动中，不断提高学生的反欺凌素养。

（一）防欺凌：班级主题教育活动的新主题

班级主题教育活动是班主任以"活动"形式，围绕某一主题，通过专题讲座、主题班会、座谈会、讨论会、知识竞赛、读后感等教育组织策略，充分发挥班主任对学生道德、法律等方面的教育作用。

当下频发的校园欺凌已经对家庭教育、学校教育乃至整个社会发展构成新的威胁，如何进行反欺凌教育活动是摆在班主任面前的重要任务。以班级主题教育活动开展反校园欺凌教育，是由班级主题教育活动的特殊性所决定的。具体来看，班级主题教育活动具有以下特征：第一，不受传统课堂教学模式的影响，可灵活采用角色扮演、咨询答疑、专题报告、节日纪念、现场体验等形式进行教育；第二，不受单一任务影响，灵活选择教育热点与学生当下困惑设计主题，并使用多学科的理论知识和多样化实践路径进行分析和总结；第三，不受课程标准等教育目标的影响，因此对班主任和学生的主观能动性要求很高，需要动态生成活动内容，并进行指导和监管。通过班级主题活动开展反欺凌教育，让学生了解校园欺凌的危害性，介绍校园欺凌的应对办法等。特别是在校园欺凌主题教育活动中，学生可以通过各种形式参与。

（二）防欺凌主题教育活动的内容与要素分析

1. 防欺凌主题教育活动的内容分析

第一，从班级防欺凌主题教育活动内容的核心主题来看，可围绕与欺凌相关的法律法规、道德规范、欺凌事件等内容展开，核心素养包括法律、道德、思维、理性等。第二，从班级防欺凌主题教育活动的具体内容和形式来看，班主任需要保持该类主题活动的连续性和稳定性。第

---

① Dorothy L. Espelage, "Taking Peer Victimization Research to the Next Level: Complex Interactions among Genes, Teacher Attitudes/Behaviors, Peer Ecologies, & Classroom Characteristics," *Journal of Abnormal Child Psychology*, Vol. 43, No. 1, 2015, pp. 77-80.

三，从防欺凌主题教育活动的性质来看，可以分为竞赛类，如防欺凌知识竞赛、法律知识竞赛等。还可以分为娱乐性的活动，增加班级防欺凌主题教育活动的趣味性，不以单方面说教形式为主，而要让学生在愉快、轻松的氛围里潜移默化地实现自我教育。除了竞赛类与娱乐类外，防欺凌主题教育活动还可以公益类活动和创意类活动方式开展。第四，从防欺凌主题教育活动的时间安排来看，每次防欺凌主题教育活动可以持续一个学期，每隔1—2周开展一次活动。将班级防欺凌主题教育活动划分为多个分主题，有利于持续培养学生的防欺凌能力，提升学生的相关素养。

2. 防欺凌主题教育活动的要素分析

防欺凌主题教育活动可以根据校园欺凌的行为表现划分指导要素。校园欺凌的主要行为有：打（打架、斗殴等）；骂（辱骂、中伤、贬低受害者等）；吓（恐吓、威胁等）；传（网上传播谣言等）；毁（损害受害人的财物等）。不同欺凌行为的动机、缘由存在差异性，不同欺凌行为对欺凌者与受害者的影响皆不同。因此，要针对不同欺凌行为聚焦不同的活动要素。如针对打架斗殴的进行安全教育；对辱骂、中伤的进行道德教育；对恐吓、威胁的进行人际关系教育；对传播谣言的进行网络媒介素养教育；对损害财物的进行法治教育等。

防欺凌主题教育活动还可以根据学生可能会产生欺凌行为、学生可能遭遇了校园欺凌的信号划分指导要素。如自我评价过高、具有极强自尊心、嫉妒心和报复心的学生或缺乏自信、学习成绩极差，或内心充满孤独感和缺乏安全感的学生容易成为欺凌者，对其要有针对性地进行心理健康教育；如性格内向、胆小怕事、敏感、自尊心较低，在同伴之间不受重视，人际交往能力较差的学生容易成为受害者，对其要加强自我保护教育。再如针对无缘无故出现身体伤痕、逃学厌学、个人物品经常丢失或损坏等问题学生，要有针对性进行关怀教育。还有一些学生会协同欺凌者欺凌他人，并在欺凌事件中煽风点火、默默旁观，对其要有针对性进行生命教育和公共品格教育。

（三）防欺凌主题教育活动的价值取向

班级防欺凌主题教育活动的价值取向体现在两个群体上：一是包括学校管理者、普通班主任与班主任在内的班主任群体；二是作为主题活动参与主体的学生群体。

1. 班主任的教育价值取向

班主任对防欺凌主题教育活动的价值取向主要体现在以下方面：第一，塑造个体"真、善、美"的道德品质。防止学生产生欺凌行为是防欺凌主题教育活动的底线，而不是最高追求。以防欺凌主题教育活动为契机，指向学生更高尚、更幸福、更完善的发展，发现人际关系、班级生活中的"真、善、美"。第二，塑造个体"知法、懂法、用法"的法律素养。中小学法律素养主要体现在《道德与法治》课程，其他课程中的法治内容或主题班会等活动中。其中，最大的问题在于知识的连贯性和系统性。通过班级防欺凌主题教育活动可以在学期内整体设计相关理论知识，确保主题活动的育人功能。

2. 学生层面的教育价值取向

学生在班级防欺凌主题教育活动中会做出自己的价值判断，与班主任层面的教育价值取向不同，学生更加关注教育价值的个人取向。即学生积极参与防欺凌主题教育活动，不是为了班级管理、合规行为等"社会化"方面的内容。当然，个体与社会的相互联系，以及融合发展是不争的事实。但学生希望在主题活动中展现自己、认识自己、取悦自己，而非单纯回应外部社会规则。除了"个体取向"外，学生对防欺凌主题教育活动还会采取"娱乐化"取向，希望通过活动体验快乐。

学生选择个体或娱乐化的价值取向是基于自己的利益需求，那么就会出现学生层面的价值取向与班主任层面的价值取向契合或不契合的情况，甚至会发生价值冲突。班主任要客观地看待这种取向冲突。解决冲突是双方调整并共同进步的过程，即班主任层面的价值取向与学生层面的价值取向在防欺凌主题教育活动中不断交融、共享。

（四）防欺凌主题教育活动的设计与实施

1. 防欺凌主题教育活动的策划与设计

防欺凌主题教育活动是有目的的活动，兼顾预设性目标与生成性目标两个层面。因此，最优方案需要在活动实施过程中不断调整和完善。虽然防欺凌主题教育活动主要由班主任负责，但策划主体包括学校管理、普通班主任，以及学生群体。策划主体的多元化可以保证不同信息、意愿的传递与沟通，从而提升防欺凌主题教育活动的质量。策划内容主要包括以下几个方面：一是活动的指导思想、原则。二是在指导思想下的主题设计，班主任可根据自己班级的实际情况，创新具体的活动主题。三是活动过程的策划，如活动流程、活动主体职责、活动评价等。四是活动支撑制度、设备、场地、经费等内容。以上内容需要活动策划人在一起反复讨论、思考后确定。

2. 防欺凌主题教育活动的实施方式

首先，防欺凌主题教育活动要选择学生感兴趣并喜欢的方式加以实施。如果选择学生不喜欢甚至反感的方式实施活动，会对主题活动实施效果产生消极影响。其次，可选择能够体现学生主体性，让学生有更多机会参与的活动方式，这样会提升学生对活动的认可度。再次，可选择更具创意性的活动，提高学生参与度。最后，可选择小组、团体合作等方式实施活动，促进同伴之间交流并提高人际交往能力。除了这四点内容外，主题教育活动之后的反思也是活动实施的重要环节。班主任和学生在主题活动之后会有很多体验和感悟，对这些感性经验进行总结，进而使之上升到理性层面，对学生未来的行为会起到指导作用。反思内容有：对防欺凌主题教育活动本身的反思；对防欺凌主题教育活动实施过程的反思；对防欺凌主题教育活动实施效果的反思等。

3. 防欺凌主题教育活动的优化策略

首先，引导学生参与防欺凌主题教育活动。主题教育活动是中小学课程教学与学生内在思维的重要资源，要给予学生机会自主解决与校园欺凌相关的问题。无论是欺凌者还是受害者都会在活动中分析出欺凌产生的原因，伴随着逻辑思维水平的提升，逐渐找到适合自己的应对办法。

其次，完善防欺凌主题教育后续活动，让学生的活动体验进一步升级。因为主题教育活动与学科考试有明显的区别，无法通过明确的分数来评价主题教育活动的效果，班主任需要创新多元化评价方案，帮助学生不断反思、纠正自己的问题行为。

最后，防欺凌主题教育活动服务于学校、班级管理的其他领域。防欺凌主题教育活动是基于校园欺凌治理，但其产生的影响不局限于校园欺凌治理本身。班主任在开展活动时要有意识地将其放置于整个教育系统中进行考量，更好地发挥防欺凌主题教育的活动效应。

五　建立同伴—支持和同伴—干预系统

（一）中小学生同伴关系与校园欺凌预防

从校园欺凌的产生来看，受害者被一个或多个同伴以恶意的形式，反复、持续地施以恶劣行为，造成其身体或心理上不可挽回的伤害。故校园欺凌从根本上讲就是同伴关系问题，欺凌是一种特殊的同伴攻击行为。在同伴关系中，欺凌者对受害者的危害行为可认为是欺凌者自身内部问题的外显化，即个体在处理同伴关系时，因自身认知、归因偏差，向同伴表示敌意并上升为欺凌事件。

从同伴支持角度来看，干预同伴关系并矫正欺凌行为具有较强的实践意义。同伴支持是个体在完成社会化过程中，保持身心健康的重要支持系统。① 个体可以从同伴那里得到物质、精神等方面的支持，从而缓解焦虑、恐慌等情绪，并建构积极情绪。研究表明，好的同伴关系可以促使学生采取更为强烈的反欺凌态度，从而减少欺凌行为。②

同伴支持最早在心理健康领域得到应用，通过同伴支持系统为心理疾病、心理问题等个体进行培训、帮助和保护，为其提供相关支持措施，从而使个体克服心理疾病的困扰。后期，同伴支持开始广泛应用在教育、司法等领域，如学生学业成绩的提高、欺凌行为、一般违法行为和犯罪行为等。③ 核心假设为：同伴支持可以满足个体的某种需求，缓解个体在需求无法得到满足之后的紧张、焦虑等消极情绪，提高个体的社会适应能力。从支持内容来看，主要包括以下几类：物质支持（实际的物质援助）；情感支持（认可、尊重、理解等）；信息支持（知识、信息指导及反馈等）。当然，中小学群体内的物质支持和信息支持较少，更多的是情感支持。让个体可以在同伴支持中远离恶习和问题行为，保持积极向上的学习生活态度，增强自我控制能力，提高个体应对挫折的能力。

---

① 周云、谢念姿、龙华、杨洪：《同伴支持对青少年积极社会适应影响机制研究》，《遵义师范学院学报》2022年第6期。

② Ersilia Menesini, "Enhancing Children's Responsibility to Take Action Against Bullying: Evaluation of a Befriending Intervention in Italian Middle Schools," *Aggressive Behavior: Official Journal of the International Society for Research on Aggression*, Vol. 29, No. 1, 2003, pp. 1–14.

③ 罗玲、彭少峰：《同伴教育研究评述》，《社会工作》2015年第1期。

(二) 建构中小学生同伴支持干预系统

1. 准确定位同伴支持干预系统的目标

在教育实践活动中，同伴支持主要协助学生进行日常生活、学习管理，加强被支持学生与班主任、普通班主任、班级、学校的联系，并及时向其提供物质、精神等方面的支持和互助，最终达到预防学生心理问题与问题行为的积极作用。因此，同伴支持干预系统的目标是指向问题解决的，使被支持者能够快速恢复健康状态并回归正常学习、生活。很多家长会将同伴支持误解为成绩提升与互助的重要途径，还有一些班主任将成绩提升也纳入同伴支持干预系统的目标体系中，这在一定程度上不利于同伴支持系统目标的实现并会发生目标偏差。故要坚守被支持者心理康复与行为矫正这一核心目标不动摇。即让心理康复与行为矫正这一核心目标成为同伴支持干预系统的统摄性角色，动态调整系统内各要素的实施过程。

2. 建构班级同伴支持干预系统

从我国中小学生校园欺凌的实际情况和需要出发，在对欺凌者、被欺凌者、旁观者等个案进行详细评估、分析的基础上，以中小学生的人际交往能力、自我控制能力、情绪管理能力等需求为中心，给予同伴支持。随后班主任会对学生上述能力进行评估，观察学生的变化，进行支持效果评估。评估分为诊断性、过程性与效果评估三种：诊断性评估为了全面了解学生身体、心理，家庭、学校，学习、生活等多方面的信息，得出进行同伴支持的初步结论，设计支持方案。过程性评估需要根据学生的成长不断调整方案以帮助学生建立、调整与维系同伴关系。效果评估关注学生社会情感的发展能力，通过观察、搜集学生同伴关系的变化以及行为方式的调整，进行质性评价。

这种班级同伴支持干预系统的构建，不是班主任老师的个人任务，而是全体教师的共同任务。学校管理人员应该对学生的心理问题与问题行为的教育矫正引起足够重视，成立校级工作领导小组，帮助班级同伴支持干预系统的构建，让每个班级内的问题学生都能得到及时、有效地干预和治疗。值得关注的是，由于班级内学生数量较多，班主任无法关注到每一位学生的需求和变化。因此，要构建问题学生信息反馈机制，所有任课教师和学生一旦发现异常，要及时汇报给班主任，争取不漏掉任何一个问题学生。

中小学生同伴支持干预系统涉及范围比较广,包括课程、教学、活动等。从同伴支持课程的设计来看,设立同伴支持课程的目的,一是通过班主任讲解,提高学生对人际交往、同伴互动相关理论知识的认知水平;二是通过课程学习,提升同伴之间相互接纳、包容的能力;三是通过课程学习让学生掌握人际交往技巧。充分利用同伴支持这一课程资源,帮助问题学生从认知、情感和行为上进行改善。

3. 强化中小学生同伴支持干预系统的家校合作

中小学生是环境中的人,会受到环境各种因素的影响。故在中小学生同伴支持干预系统中,要综合考虑学生所处的生态环境,以及环境内的同伴关系,协同家长、班级外其他资源,适时、适度为问题学生打造良好的人际环境。相比班级同伴支持干预系统的外圈效应,家长在中小学生的情感支持方面具有不可替代的作用。同时,学生的心理问题与问题行为在很大程度上与家庭密不可分。如一些学生在童年时期经历了家庭变故,或家长不正确的教养方式以及亲子依恋关系薄弱等,都会给学生造成一定的心理创伤并导致问题行为。因此,要想通过同伴支持解决学生的心理问题,从根本上矫正问题行为,就需要强化家校联合。具体来看,第一,家长可以在生活中全面了解学生的发展状态,掌握学生的问题与需求,及时与班主任进行沟通;第二,中小学生同伴干预系统需要得到家长的支持和认可,以免发生家长阻碍孩子支持同伴的情况;第三,家长参与同伴支持干预系统可以起到监督、评价作用,促使同伴支持系统更加完善、更加科学。总之,强化中小学生同伴支持干预系统的家校合作,可以引领同伴支持系统向纵深发展。

第六章 校园欺凌的多主体预防

第一节 教师如何参与预防和干预校园欺凌

教师作为影响学生发展的微观生态系统中的重要他人,是预防与干预欺凌的有效因素。[①] 他们如何认识校园欺凌、对欺凌行为的态度如何,能否正确识别欺凌并有意识地参与预防/干预,将直接影响欺凌的发生、严重程度及后续的危害程度,进而影响学校欺凌预防的效果。认识决定行动,教师能否参与预防/干预欺凌取决于他们对欺凌的认识。因此,本章首先调查教师对校园欺凌的认知及应对现状,在此基础上,探寻教师参与欺凌预防/干预的科学方案。

教师作为影响学生发展的微观生态系统中的重要他人,是否及如何参与预防和干预校园欺凌,将直接影响欺凌发生、程度及后续发展。越来越多的欺凌预防项目探索了教师、学生和家长参与干预和预防欺凌的部分策略。[②] 但这些研究都只涉及了教师参与欺凌预防的某个方面,如学校向教师提供反欺凌培训、教师从事反欺凌教学活动等,不能为教师预防和干预欺凌提供全面、综合的证据来源。本书采用范围综述(scoping review)方法,对教师参与校园欺凌预防和干预研究进行全面审查,探寻

[①] Gaffney, H., "What Works in Anti-bullying Programs? Analysis of Effective Intervention Components," *Journal of School Psychology*, Vol. 85, No. 4, April 2021, pp. 37-56.

[②] Hannah Gaffney, "Effectiveness of School-based Programs to Reduce Bullying Perpetration and Victimization: An Updated Systematic Review and Meta-Analysis," *Campbell Systematic Reviews*, Vol. 17, No. 2, June 2021, pp. 17-21.

教师预防和干预欺凌的有效策略，以期为我国教师参与校园欺凌预防和干预实践提供充足的科学的证据支持。

本书对教师参与校园欺凌预防与干预的相关研究成果进行分析，目的在于：（1）搜集现有的包含教师参与欺凌预防和干预的研究成果（包括以下两个维度：教师独立参与校园欺凌防治、教师作为全校范围内校园欺凌预防/干预手段的一部分）；（2）整合教师预防和干预校园欺凌策略的研究证据；（3）通过对研究证据的整合，提出我国教师参与校园欺凌预防/干预的行动方案。

依据上述目的，提出以下问题：

（1）全球范围内教师参与校园欺凌预防和干预的研究有哪些？

（2）教师参与预防和干预欺凌的策略有哪些？

（3）基于问题（2），我国教师应该如何预防和干预校园欺凌？

一　研究方法

本书使用了范围综述方法，文献筛选过程根据普利斯玛（PRISMA）工作组公布的筛选标准展开，即"先由两位研究人员在标题和摘要以及全文水平上对纳入和排除标准进行了独立评估。研究人员在标题、摘要或全文筛选过程中出现的任何分歧都通过讨论或与第三位评审员讨论解决"[①]。本书写作采用奥克西（Arksey）和欧玛丽（O'Malley）的范围综述框架，包括"确定研究问题；确定相关研究；选择研究；绘制数据图表；以及整理、总结和报告结果"[②] 五个主要阶段。

研究资料的筛选和提取包括两个阶段。第一阶段是获得教师参与预防和干预校园欺凌相关文献。在相关数据库中进行现有文献检索，根据纳入标准进行选择。第二阶段是对第一阶段保留文献进行全文阅读，根据纳入与排除标准对不符合标准的文献加以再次排除，最终保留18篇文献进行分析并提取教师参与校园欺凌预防和干预的有效策略（资料筛选流程如图6.1所示）。

---

① PRISMA 2020 Explanation and Elaboration: Updated Guidance and Exemplars for Reporting Systematic Reviews, BMJ 2021; 372: n160, http://dx.doi.org/10.1136/bmj.n160.

② Hilary Arksey, "Scoping Studies: Towards a Methodological Framework," *International Journal of Social Research Methodology*, Vol. 8, No. 1, September 2005, pp. 19-32.

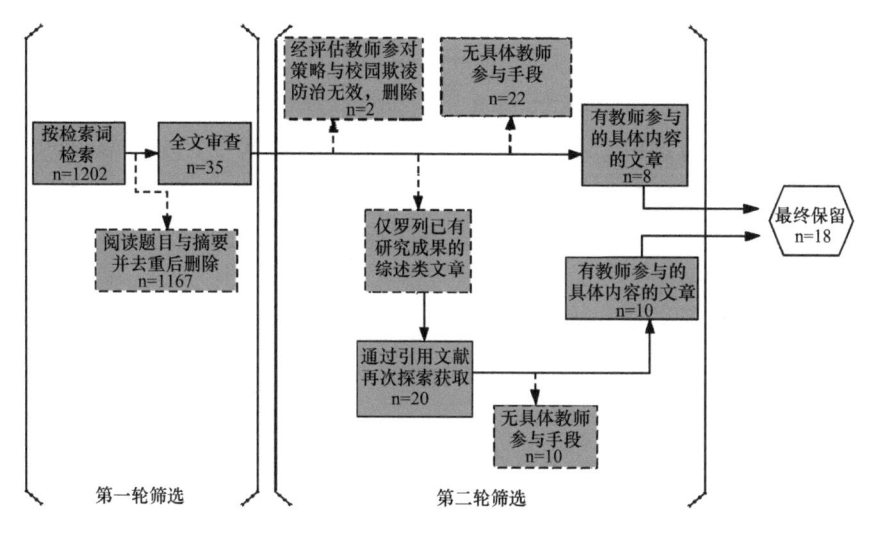

图 6.1 文献筛选流程

(一) 出版物的检索和分析

1. 检索数据库

我们查询了七个数据库，包括 Web of Science、EBSCO、Elsevier（SDOS）、Wiley、Springer Link、Oalib 开放获取图书馆、谷歌学术，检索时限从建库至 2021 年 5 月。

2. 检索词

我们要解决的问题是如何预防和干预校园欺凌，其主体为教师。因此按照以下方式在各数据库中进行检索：在 webofscience、EBSCO 中，将"teacher"作为主题词 1，"bullyingprevention or bullyingintervention"作为主题词 2；在 Elsevier（SDOS）中，将"teacher"作为"标题、关键词、主题"栏内容，"bullying prevention" or "bullying intervention"作为"标题"内容；在 Wiley、Springer Link 中，将"teacher""bullying prevention""bullying intervention"分别插入三栏的"全文任何内容"中；在 Oalib 开放获取图书馆中，将"teacher"作为"全部内容"，"bullying prevention or bullying intervention"作为标题；在谷歌学术中，将"bullying prevention or bullying intervention and teacher"作为标题。

3. 研究选择

第一轮筛选，在 Web of Science 中共检索出 159 篇文献，在 EBSCO 中共检索出 234 篇文献，在 Elsevier 中共检索出 70 篇文献，在 Wiley 中共检索出 108 篇文献，在 Springer Link 中共检索出 606 篇文献，在 OALib 开放获取图书馆共检索出 25 篇文献，谷歌学术上的文献与上述数据库重合，因此对之不再单独梳理。删除重复文献后，我们阅读了所有文献的标题和摘要，并依据下列标准进行筛选，共保留 35 篇文献。

（1）纳入标准

①有具体的教师参与校园欺凌预防和干预策略；②这些策略对校园欺凌预防和干预有积极影响；③文章语言为英语。

（2）排除标准

①重复发表；②无法获取全文；③仅综述已有文献，没有新的研究发现；④无教师参与校园欺凌预防和干预的具体策略。

（二）分析研究中的教师参与

1. 教师参与欺凌预防/干预的选择

通过阅读全文，根据纳入标准，在第一轮筛选出的 35 篇文献中共有 8 篇符合筛查标准（2 篇经评估教师参与策略与校园欺凌防治无效，3 篇仅罗列了已有研究成果，22 篇无具体教师干预策略）。再从被筛掉的 3 篇文献综述类文章的参考文献中提取出题目与教师参与校园欺凌预防与干预相关的 20 篇文献，经过阅读，保留 10 篇包含教师具体预防与干预策略的文章。故最终纳入文献 18 篇。

2. 教师参与欺凌预防/干预的分析

从 18 篇文献资料中提出了以下数据进行审查：研究的作者，研究进行的年份和国家，研究的方法，项目的名称，教师参与的具体内容，研究的结果。

二　研究结果

（一）全球范围内开展了哪些有教师参与的校园欺凌预防/干预研究

根据纳入标准，在筛选出的 18 篇文章中，共包括两类研究，分别为实证研究与理论研究，其中实证研究中有 7 篇为依托反欺凌项目开展的全校范围内的反欺凌活动，这些项目所提出的实施反欺凌策略的主体除了教师，还有家长、学校其他员工等,教师在其中主要充当反欺凌课程的主讲人、欺凌事件的协调人和班级的管理者;9篇为专门研究教师参与校园欺凌预防/干预文献,主要探究了教师参与反校园欺凌的手段以及提升反校园欺凌技能的策略;2篇是理论研究,经过分析与总结,分别提出了教师需要正确使用非惩罚性纪律管理手段和创建良好的班级氛围。在研究者区域分布上,有8篇文献源于美国,来自芬兰、挪威、西班牙的各两篇,来自意大利、爱尔兰、澳大利亚和法国的各1篇。在研究样本上,7篇为小学生,1篇为初中学生,2篇为高中学生,1篇为小学教师,3篇为中学教师,3篇为实施项目的全部学校内的学生。在研究方法上,其中有3篇使用了访谈法,11篇使用了问卷调查,4篇使用了实验法,1篇使用了观察法,2篇使用了文献研究法。各种资料审查要素如表6.6所示。

(二) 全球范围内相关研究已探索出哪些教师参与预防/干预欺凌策略

教师参与预防和干预欺凌的策略包括接受反欺凌培训、建立正确的反欺凌信念与态度、开展预防和干预欺凌的课程与教学、有效班级管理、建立积极师生关系、合理使用欺凌预防和干预技能等。

1. 教师接受反欺凌培训

有2篇文献提到让教师接受反欺凌培训(11.1%),以提高其应对欺凌的相关能力。一方面,教师通过反欺凌培训可以学习反欺凌知识,提高其对欺凌的认知,掌握预防和干预策略;另一方面,接受反欺凌培训可以提升教师处理欺凌事件的自我效能感,当他们面对欺凌事件时,更有信心加以妥善处理。"课堂欺凌检查"(Bullying Classroom Check-up,BCCU)是一项系统的教师反欺凌培训课程,该课程由专业培训师授课,可提高教师对欺凌预防重要性的理解,并使其能在欺凌发生时为学生提供相应的干预策略。[①] "治疗项目"(Treatment Program)使用《帮助欺负者、受害者和旁观者的教师手册》作为培训资料对教师进行培训,旨在帮助教师获得欺凌预防和干预策略,并提高教师应对欺凌的自我效能感。该项目培训内容由七个模块组成,每个模块均侧重于特定目标,分别为

[①] Catherine P. Bradshaw, Tracy E. Waasdorp and Elise T. Pas, et al., *Coaching Teachers in Bullying Detection and Intervention: Integrating Theory and Research into Best Practices*, Germany: Springer, 2018, pp. 53-67.

增强防欺凌意识、识别欺凌者、识别受害者、欺凌行为干预、协助受害者、欺凌的预防、面对欺凌的放松和应对技能。①

2. 教师要建立积极的师生关系,并形成正确的反欺凌信念与态度

有 2 篇文献提到要建立积极的师生关系（11.1%）,良好的师生关系与积极的校园氛围是预防欺凌不可或缺的部分。需要加强师生间的情感交流,教师多与学生沟通、给予学生支持、感谢学生的努力和工作可以有效地抑制欺凌。② 教师要认可学生,使其有班级主人翁感。让学生感到自己被尊重被接纳,学生得到老师较多的支持可以更好地获得对学校和班级的归属感,归属感强的学生出现欺凌行为的可能性较低。③

另有 2 篇文献提到教师要建立正确的反欺凌信念与态度（11.1%）,这也是能够妥善处理欺凌事件的第一步。教师需要端正对校园欺凌的态度并坚定地持有反欺凌信念,不可视其为儿戏。教师的信念是他们是否以及如何决定干预欺凌的有力预测因素,只有当教师意识到欺凌的严重性时,他们的干预动机才会大幅增强。④ 教师应按照"零计划"（Zero Program）的内容要求,对欺凌表现出零容忍的态度,不给欺凌者任何可乘之机。⑤

3. 开展预防和干预欺凌的课程与教学

有 9 篇文献提到开展预防和干预欺凌的课程与教学（50%）,其中包含给学生开设反欺凌课程,实施讨论式教学。反欺凌课程包括戏剧课程、

---

① Dawn Newman-Carlson, "Bully Busters: A Psycho Educational Intervention for Reducing Bullying Behavior in Middle School Students," *Journal of Counseling Ounseling & Development*, No. 82, December 2004, pp. 259-267.

② Ken Rigby, "How Teachers Address Cases of Bullying In Schools: A Comparison of Five Reactive Approaches," *Educational Psychology in Practice*, Vol. 30, No. 4, March 2014, pp. 409-419; José A. Casas, "Bullying: The Impact of Teacher Management and Trait Emotional Intelligence," *British Journal of Educational Psychology*, Vol. 85, No. 3, June 2015, pp. 407-423.

③ Sigrun K. Ertesvåg, "Students Who Bully and Their Perceptions of Teacher Support and Monitoring," *British Educational Research Journal*, Vol. 42, No. 5, July 2016, pp. 826-850.

④ Becky Kochenderfer-Ladd, "Teachers' Views and Beliefs about Bullying: Influences on Classroom Management Strategies and Students' Coping with Peer Victimization," *Journal of School Psychology*, Vol. 46, No. 4, August 2008, pp. 431-453.

⑤ Erling Roland, "The Zero Programme Against Bullying: Effects of the Programme in the Context of the Norwegian Manifesto against Bullying," *Social Psychology of Education*, Vol. 13, No. 1, pp. 41-55.

表 6.1 资料审查的要素概览

序号	作者（年份/国家）	研究方法	项目名称	教师参与内容	研究结果
1	凯瑟琳·P.布拉德肖（Catherine P. Bradshaw）、特蕾西·E.瓦斯多普（Tracy E. Waasdorp）、伊莉丝·帕斯（Elise T. Pas）等（2018/美国）①	焦点小组	课堂欺凌检查（Bullying Classroom Check-Up, BCCU）	1. 教师将焦点放在学生身上，关注学生的情感经历 2. 教师为学生提供报告欺凌的途径 3. 通过自我监控，指导实践和对课堂管理的高度关注来减少欺凌	该项目所提供的指导方法对校园欺凌预防和干预有效
2	希思·塞西尔（Heather Cecil）、斯泰西·莫尔纳-梅恩（Stacie Molnar-Main）（2014/美国）②	问卷调查	奥维斯欺凌预防项目（The Olweus Bullying Prevention Program, OBPP）	1. 校内组成协调委员会，定期开展讨论会 2. 落实反欺凌规则，加强对学生的监督 3. 定期召开班会，师生共同探讨与欺凌相关的问题	具有自我效能感的教师执行 OBPP 项目内容比缺少自我效能感的教师更多
3	卡佳·乔罗宁（Katja Joronen）、安妮·克努（Anne Konu）、H.萨莉·兰金（H. Sally Rankin）（2011/芬兰）③	对照实验	戏剧项目（Drama Program）	实施戏剧课程，包括课堂内的 4—9 次戏剧课程，1—4 次家庭后续活动和 3 次家长之夜	这项研究改善了人与人之间的关系，减少了受害者人数

---

① Catherine P. Bradshaw, Tracy E. Waasdorp and Elise T. Pas, et al., *Coaching Teachers in Bullying Detection and Intervention: Integrating Theory and Research into Best Practices*, Germany: Springer 2018, pp. 53-67.
② Cecil Heather and Molnar-Main Stacie, "Olweus Bullying Prevention Program: Components Implemented by Elementary Classroom and Specialist Teachers," *Journal of School Violence*, Vol. 14, No. 4, December 2014, pp. 335-362.
③ Joronen Katja, "An Evaluation of a Drama Program to Enhance Social Relationships and Anti-bullying at Elementary School: A Controlled Study," *Health Promotion International*, March 2011, Vol. 27, No. 1, pp. 5-14.

续表

序号	作者（年份/国家）	研究方法	项目名称	教师参与内容	研究结果
4	伊丽莎白·A.贡西（Elizabeth A. Goncy）、凯文·S.萨瑟兰（Kevin S. Sutherland）、阿尔伯特·D.（Albert, D.）等（2014/美国）①	观察法	OBPP	1. 教师在每个学年开始前接受培训 2. 每周举行一次班会，班会内容包括识别欺凌行为、愤怒管理、尊重，压力和问题解决	学生的反欺凌能力与其项目参与度和是否依照班会所教内容去行动有关
5	贝基·波泽兰德弗-拉德（Becky Kochenderfer-Ladd）、玛丽·E.佩尔蒂埃（Marie E. Pelletier）（2008/美国）②	问卷调查 & 个别访谈	—	1. 教师需要端正对校园欺凌的态度 2. 教师管理策略必须考虑到性别和年级差异	对欺凌持有正确态度的教师更可能对欺凌进行干预
6	克里斯特尔·坎帕特（Kristel Campaert）、安娜劳拉·诺琴蒂尼（Annalaura Nocentini）、埃西利亚·梅内西尼（Ersilia Menesini）（2017/意大利）③	问卷调查	—	1. 教师忽视欺凌行为容易使学生产生道德脱离现象，因此要及时干预 2. 增加操场监督 3. 增强纪律处分 4. 教师对受害者给予支持和关注	道德脱离是欺凌事件一个体层面上的一个重要中介，教师干预对于学生道德发展起着重要作用

---

① Elizabeth A. Goncy, "Measuring Teacher Implementation in Delivery of a Bullying Prevention Program: The Impact of Instructional and Procedural Adherence and Competence on Student Responsiveness," *Prevention Science: The Official Journal of the Society For Prevention Research*, Vol. 16, October 2014, pp. 440–450.

② Becky Kochenderfer-Ladd, "Teachers' Views and Beliefs About Bullying: Influences on Classroom Management Strategies and Students' Coping with Peer Victimization," *Journal of School Psychology*, Vol. 46, No. 4, August 2008, pp. 431–453.

③ Kristel Campaert, "The Efficacy of Teachers' Responses to Incidents of Bullying and Victimization: The Mediational Role of Moral Disengagement for Bullying," *Aggressive Behavior*, Vol. 43, No. 5, March 2017, pp. 483–492.

续表

序号	作者（年份/国家）	研究方法	项目名称	教师参与内容	研究结果
7	约瑟夫·A.崇（Joseph A. Dake），詹姆斯·H.普莱斯（James H. Price），苏珊·K.泰尔约翰（Susan K. Telljohann），珍妮·B.芬克（Jeanne B. Funk）（2003/美国）①	问卷调查	—	1. 在欺凌情况出现时与欺凌者和受害者进行认真交谈 2. 有效防止欺凌的活动必须旨在事前预防而非事后补救 3. 留出时间讨论欺凌与预防 4. 让学生参与制定应对欺凌行为的课堂规则	预防欺凌的策略需要在全校范围内使用才能发挥其最佳效果
8	皮达尔·多诺霍（Peadar Donohoe）（2019/爱尔兰）②	焦点小组 & 教师访谈 & 问卷调查	欺凌预防包（Bullying Prevention Pack, BPP）	1. 在角色扮演中了解欺凌 2. 召开头脑风暴会议，讨论在课程中学到的欺凌知识，共同制定防止欺凌发生的策略 3. 教师每月与学生一起审查一次制定的协议，并及时修改与更新	无戏剧专业背景的教师可以利用角色扮演来强化学习者对欺负的认知，降低欺负发生率

① Joseph A. Dake, "Teacher Perceptions and Practices Regarding School Bullying Prevention," *Journal of School Health*, Vol. 73, No. 9, November 2003, pp. 347-355.

② Peadar Donohoe, "Teachers Using Role-play to Prevent Bullying," *International Journal of Bullying Prevention*, Vol. 2, No. 4, December 2020, pp. 264-279.

续表

序号	作者（年份/国家）	研究方法	项目名称	教师参与内容	研究结果
9	肯·里格比（Ken Rigby）（2014/澳大利亚）①	文献综述	—	1. 调解。由学校工作人员或受过培训的学生参与调解欺凌者与受害者之间的关系 2. 恢复性实践法。受害者和欺凌者同时出席谈话，受害者讲述被欺凌与恢复时的身心状态，欺凌者通过倾听会产生愧疚感，从而表达歉意并给出未来解决问题的策略和解决方案，以恢复二人关系 3. 支持小组法。对受害者进行一对一访谈，让他说出欺凌者的姓名，并保证不对其实施惩罚措施，时刻为受害者提供支持	在解决欺凌者问题上直接制裁策略逊于恢复性实践或支持小组方法
10	丽莎·德卢卡（Lisa De Luca），安娜劳拉·诺琴蒂尼（Annalaura Nocentini），埃西利亚·梅内西尼（Ersilia Menesini）（2019/西班牙）②	问卷调查	—	1. 教师提高学生对欺凌的认识，同时宣传有关欺凌和受害知识 2. 教师练习干预技能以提升自我效能感	1. 欺凌事件发生后教师如果进行干预，学生更可能向其报告欺凌事件 2. 较高的教师工作满意度可以减少欺凌事件的发生

---

① Ken Rigby, "How Teachers Address Cases of Bullying in Schools: A Comparison of Five Reactive Approaches," *Educational Psychology in Practice*, Vol. 30, No. 4, March 2014, pp. 409-419.

② Lisa de Luca, "The Teacher's Role in Preventing Bullying," *Frontiers in Psychology*, No. 10, August 2019, pp. 1-9.

续表

序号	作者（年份/国家）	研究方法	项目名称	教师参与内容	研究结果
11	凯瑟琳·P. 艾伦（Kathleen P. Allen）（2010/美国）①	文献综述	—	面对欺凌行为需要进行正确的班级管理，创建一个良好的班级氛围	使用胁迫和惩罚来处理学生不当行为有消极影响。教学质量低的学校，学生间问题更多
12	席琳·巴格斯（Céline Bagès）、娜塔莎·霍罗（Natacha Hoareau）、阿兰·盖瑞恩（Alain Guerrien）（2020/法国）②	问卷调查 & 准实验	—	三节角色扮演课程，第一节：定义校园欺凌，学习识别受害者情绪 第二节：探索校园欺凌的负面后果 第三节：探索帮助和支持校园欺凌受害者的解决方案	干预小组的学生同理心水平提高，欺凌和攻击行为减少
13	西格伦·K. 厄特斯瓦格（Sigrun K. Ertesvåg）（2016/挪威）③	问卷调查	—	1. 培养学生主人翁意识，增强个人与学校和班级的联系 2. 要建立积极的师生关系，让学生感到被尊重和接受	师生间脆弱的情感关系可能影响教师在欺凌学生眼中的权威，并可能影响教师制止欺凌的能力

---

① Kathleen Allen, "Classroom Management, Bullying, and Teacher Practices," *The Professional Educator*, January 2010, pp. 34–35.
② Céline Bagès, "Play to Reduce Bullying! Role-Playing Games Are a Useful Tool for Therapists and Teachers," *Journal of Research in Childhood Education*, Vol. 34, No. 1, September 2020, pp. 1–12.
③ Sigrun K. Ertesvåg, "Students Who Bully and Their Perceptions of Teacher Support and Monitoring," *British Educational Research Journal*, Vol. 42, No. 5, July 2016, pp. 826–850.

续表

序号	作者（年份/国家）	研究方法	项目名称	教师参与内容	研究结果
14	何塞·A.卡萨斯（Jose A. Casas），罗萨里奥·奥尔特加-鲁伊斯（Rosario Ortega-Ruiz），罗萨里奥·德尔雷（Rosario Del Rey）（2015/西班牙）①	问卷调查	—	教师与学生沟通，对他们给予支持，同时感谢他们的努力和工作	欺凌行为发生与教师管理是否积极密切相关
15	道恩·纽曼-卡尔森（Dawn Newman-Carlson），亚瑟·M.霍恩（Arthur M. Horne）（2004/美国）②	准实验＆自我报告	治疗项目（Treatment Program）	1. 以培训班方式帮助教师获得欺凌防治相关的技能并召开教师研讨会 2. 研讨会结束后，教师与学生分享学习到的欺凌相关知识 3. 要提早发现欺凌，并合理使用处分	该项目可以提高教师对欺凌干预技能的了解，欺凌干预技能的使用以及教师的个人自我效能感
16	梅根·K.麦考伊（Meghan K. McCoy），伊丽莎白·坎德尔·英格兰德（Elizabeth Kandel Englander），卡塔林·帕迪（Katalin Parti）（2018/美国）③	在线调查＆半结构化访谈	—	1. 针对不同年级讲授不同内容的课程，主要内容包括了解欺凌问题、培养反欺凌的必备技能等 2. 高年级课程结束后班级展开欺凌探讨活动，集思广益解决欺凌的最佳对策，并实施讨论出的计划	培训增强了教师与学生的欺凌认知能力、学生愿意谈论和干预欺凌行为

① José A. Casas, "Bullying: The Impact of Teacher Management and Trait Emotional Intelligence," *British Journal of Educational Psychology*, Vol. 85, No. 3, June 2015, pp. 407-423.
② Dawn Newman-Carlson, "Bully Busters: A Psycho Educational Intervention for Reducing Bullying Behavior in Middle School Students," *Journal of Counseling Ounseling & Development*, No. 82, December 2004, pp. 259-267.
③ Meghan K. McCoy, "A Model for Providing Bullying Prevention Programs to K-12 Education While Training Future Educators," *Reducing Cyberbullying in Schools*, January 2018, pp. 109-124.

第六章 校园欺凌的多主体预防　313

续表

序号	作者（年份/国家）	研究方法	项目名称	教师参与内容	研究结果
17	克里斯蒂娜·萨尔米瓦利（Christina Salmivalli）、艾丽莎·波斯基帕塔（Elisa Poskiparta）（012/芬兰）①	随机对照实验	基瓦反欺凌项目（the KiVa Antibullying Program）	1. 教师培训 2. 教师实施反欺凌课程。课程内容包括主题讨论、小组作业，播放欺凌短片。不同年级有不同的针对性课程 3. KiVa团队与教师一起解决校园中出现的欺凌案件，并对被欺凌者给予鼓励与支持 4. 课程材料包括为监督课间休息的教师提供高度可见的背心，并将相关海报张贴于教室与走廊	在实施KiVa项目9个月后，对照学校学生卷入欺凌事件的概率是干预学校的1.3倍
18	尔林·罗兰（Erling Roland）、埃德文·布鲁（Edvin Bru）、乌尼·维尔·米塔塞尔（Unni Vere Midthassel）（2009/挪威）②	问卷调查	零计划（Zero program）	1. 对欺凌持零容忍态度 2. 学校开设反欺凌相关课程，教师引导学生一起讨论反欺凌相关问题 3. 值班教师以及其他工作人员在休息期间身着带有"零"标志的黄色反光背心，目的是让他们醒目并强调其权威性 4. 欺凌事件发生后，教师分别与欺凌者和其家长进行沟通，最后安排欺凌者和受害者会面达成和解	参与零计划学校的学生欺凌现象有所减少

① Christina Salmivalli, "Making Bullying Prevention a Priority in Finnish Schools: The KiVa Antibullying Program," *New Directions for Youth Development*, No. 133, April 2012, pp. 41–53.

② Erling Roland, "The Zero Programme against Bullying: Effects of the Programme in the Context of the Norwegian Manifesto Against Bullying," *Social Psychology of Education*, Vol. 13, No. 1, pp. 41–55.

角色扮演课程以及普通课程模式。在"戏剧项目"（drama program）中，戏剧课程被证明是一种有效的反欺凌课程模式，该课程由班主任或一名班主任加一名学校专任护士共同完成。课程实施八次，以戏剧为基础，学生和教师共同创造一个虚构的世界，考虑问题并解决问题。① 角色扮演课程通过角色扮演游戏（role-playing games），让学生理解受害者并产生同理心，了解欺凌的后果并寻找解决方案。② 除此之外，还可以充分运用普通课程模式开展反欺凌教学，如以传统授课方式向学生传授欺凌相关知识，使学生学会处理欺凌的技能。③ 教师接受反欺凌培训后要及时在课堂活动中将所学知识分享给学生。④ 讨论式教学则包括师生共同讨论反欺凌问题、头脑风暴会议。师生就反欺凌问题展开讨论对于欺凌预防和干预有着卓越的效果⑤，也可以在欺凌课程结束后，使用头脑风暴会议，讨论在课程中学到的欺凌知识，共同制定防止这类情况发生的策略。⑥

4. 有效管理班级

有7篇文献提到运用有效班级管理策略（38.9%），改善校园欺凌情

---

① Joronen Katja., "An Evaluation of a Drama Program to Enhance Social Relationships and Anti-Bullying at Elementary School: A Controlled Study," *Health Promotion International*, March 2011, Vol. 27, No. 1, pp. 5-14.

② Joronen Katja, "An Evaluation of a Drama Program to Enhance Social Relationships and Anti-Bullying at Elementary School: a Controlled Study," *Health Promotion International*, March 2011, Vol. 27, No. 1, p. 14; José A. Casas, "Bullying: The Impact of Teacher Management and Trait Emotional Intelligence," *British Journal of Educational Psychology*, Vol. 85, No. 3, June 2015, pp. 407-423.

③ Lisa de Luca, "The Teacher's Role in Preventing Bullying," *Frontiers in Psychology*, No. 10, August 2019, pp. 1-9; Meghan K. McCoy, "A Model for Providing Bullying Prevention Programs to K-12 Education While Training Future Educators," *Reducing Cyberbullying in Schools*, January 2018, pp. 109-124.

④ Dawn Newman-Carlson, "Bully Busters: A Psycho Educational Intervention for Reducing Bullying Behavior in Middle School Students," *Journal of Counseling Ounseling & Development*, No. 82, December 2004, pp. 259-267.

⑤ Joseph A. Dake, "Teacher Perceptions and Practices Regarding School Bullying Prevention," *Journal of School Health*, Vol. 73, No. 9, November 2003, pp. 347-355; Peadar Donohoe, "Teachers Using Role-play to Prevent Bullying," *International Journal of Bullying Prevention*, Vol. 2, No. 4, December 2020, pp. 264-279.

⑥ Joseph A. Dake, "Teacher Perceptions and Practices Regarding School Bullying Prevention," *Journal of School Health*, Vol. 73, No. 9, November 2003, pp. 347-355; Peadar Donohoe, "Teachers Using Role-play to Prevent Bullying," *International Journal of Bullying Prevention*, Vol. 2, No. 4, December 2020, pp. 264-279.

况。有效班级管理策略包括：定期召开班会、避免过度惩罚、让学生参与制定反欺凌行为规范等。教师管理方式对校园欺凌预防具有显著正面影响。① 定期开展班会活动，师生共同探讨欺凌相关问题②；精心设计班会内容，包括识别欺凌行为、愤怒管理、学会尊重、压力和问题解决等；班会方式也各不相同，可选择角色扮演、小组活动、讨论等。③ 教师进行班级管理时要避免对学生过度惩罚与贬低。因为一味地加大惩罚力度、公开贬低、开除学生等，只会增强校内暴力行为。只有鼓励班级成员在合理范围内发展自主性和独立性，才能创建良好的班级氛围。④ 班级规则可由学生参与制定。如此可使学生更有归属感和使命感，从而减少欺凌的发生。⑤

5. 及时发现并采用惩罚或恢复性调解手段干预欺凌事件

有 4 篇文献提到要及时并合理干预欺凌事件（22.2%）。教师需要及时发现欺凌事件并进行干预。若不对欺凌事件进行及时干预，就会产生道德推脱情况，欺凌程度会逐渐加重⑥，"治疗项目"也证明教师需要对欺凌行为予以及时发现，才能更好地进行下一步干预。⑦ 在纪律管理方面，不同学者所持态度不一。一方面认为，需要通过严格的纪律管理、

---

① José A. Casas, "Bullying: The Impact of Teacher Management and Trait Emotional Intelligence," *British Journal of Educational Psychology*, Vol. 85, No. 3, June 2015, pp. 407-423.

② Cecil Heather and Molnar-Main Stacie, "Olweus Bullying Prevention Program: Components Implemented by Elementary Classroom and Specialist Teachers," *Journal of School Violence*, Vol. 14, No. 4, December 2014, pp. 335-362.

③ Elizabeth A. Goncy, "Measuring Teacher Implementation in Delivery of a Bullying Prevention Program: The Impact of Instructional and Procedural Adherence and Competence on Student Responsiveness," *Prevention Science: The Official Journal of the Society for Prevention Research*, Vol. 16, October 2014, pp. 440-450.

④ Kathleen Allen, "Classroom Management, Bullying, and Teacher Practices," *The Professional Educator*, January 2010, pp. 34-15.

⑤ Joseph A. Dake, "Teacher Perceptions and Practices Regarding School Bullying Prevention," *Journal of School Health*, Vol. 73, No. 9, November 2003, pp. 347-355; Peadar Donohoe, "Teachers Using Role-play to Prevent Bullying," *International Journal of Bullying Prevention*, Vol. 2, No. 4, December 2020, pp. 264-279.

⑥ Kristel Campaert, "The Efficacy of Teachers' Responses to Incidents of Bullying and Victimization: The Mediational Role of Moral Disengagement for Bullying," *Aggressive Behavior*, Vol. 43, No. 5, March 2017, pp. 483-492.

⑦ Sigrun K. Ertesvåg, "Students Who Bully and Their Perceptions of Teacher Support and Monitoring," *British Educational Research Journal*, Vol. 42, No. 5, July 2016, pp. 826-850.

增强纪律处分来抑制欺凌行为①；另一方则认为，要坚持人文主义取向，让欺凌者感知被欺凌者的真实感受，从而认识到自己的错误，向受欺凌者道歉、忏悔、补偿，以求得受害者的原谅。如调解、恢复性实践、支持小组法，即在无人受到惩罚的基础上，唤醒欺凌者对自己错误行为的反思，缓和欺凌者和受害者之间的关系。②

三 我国教师参与预防与干预校园欺凌的行动方案

这一部分尝试回答第三个问题，基于上述教师预防和干预欺凌策略，我国教师应该如何参与校园欺凌预防和干预？

学校是校园欺凌的主要发生地，同时也是校园欺凌治理的基本单位，教师作为校园与班级的主导者在欺凌的预防和干预方面有着十分重要的责任。然而，相关研究表明，许多教师对校园欺凌的表现及其严重性的认识不够全面，从而忽视了欺凌的发生，甚至一些教师会认为欺凌是学生发展的必经阶段。③ 我们对中小学教师欺凌认识、态度及应对的调查也表明，大多数教师未接受足量的反欺凌培训，对欺凌的认识不足，没有掌握科学的反欺凌策略，对欺凌的态度也不够科学。教师参与预防和干预欺凌的实践缺乏科学的行动指导。基于此，依据范围综述结果并结合我国教师参与和干预反欺凌实践存在的问题，对我国教师参与校园欺凌预防与干预提出如下行动建议。

（一）将校园欺凌预防教育纳入教师教育课程

接受过反欺凌培训的教师会更多地参与校园欺凌干预，他们会利用自己所学技能进行主动制止。④ 因此应将欺凌预防教育纳入中小学教师的职前和继续教育过程之中，包括本科、硕士师范生的学位课程、教师资格认证培训计划和继续教育计划等，以提高教师有效预防欺凌的素养。

---

① Joseph A. Dake, "Teacher Perceptions and Practices Regarding School Bullying Prevention," *Journal of School Health*, Vol. 73, No. 9, November 2003, pp. 347-355.

② Ken Rigby, "How Teachers Address Cases of Bullying in Schools: A Comparison of Five Reactive Approaches," *Educational Psychology in Practice*, Vol. 30, No. 4, March 2014, pp. 409-419.

③ 李蓓蕾：《学生感知的教师欺凌态度与学生欺凌行为的关系——学生欺凌态度的中介作用及其性别的调节作用》，《心理发展与教育》2022年第3期。

④ Sheri Bauman, "US teachers' and School Counsellors' Strategies for Handling School Bullying Incidents," *Educational Psychology*, Vol. 28, No. 7, November 2008, pp. 837-856.

在职前教师教育内容中设置反欺凌教育模块，并在其培养方案中设置专题性反欺凌课程，在其他课程中渗透反欺凌知识。提高未来教师对校园欺凌的认知与关注度，以及识别与诊断欺凌行为的能力，掌握欺凌预防和干预策略与应对技巧，提升其处理欺凌的自我效能感。同时，在教师资格认证环节设置欺凌预防教育内容的考核。对在职教师有计划地定期进行反欺凌培训，使其形成对欺凌的正确认知，端正对欺凌的态度，掌握相应的欺凌预防和干预策略。同时，需要通过培训来提升在职教师对欺凌的敏感度，让他们能够在课堂或日常生活中，从学生的学业成绩变化、情绪起伏、生活状态反常等细微表现中，及时识别出欺凌行为并进行干预。

(二) 班主任通过有效班级管理营造反欺凌氛围

班主任作为欺凌预防和干预的重要主导者之一，首先要充分了解所有学生的性格特点并具备敏锐的洞察能力，加强日常监督，及时发现反常行为并进行处理。其次，班主任需制定预防和干预欺凌的班级规范。研究发现，在班级欺凌规范严格的班级内，同辈接纳度高的个体会做出较少的欺凌行为。[1] 客观存在的与个体主观感受到的班级欺凌规范是影响欺凌行为发生的原因，且班级欺凌规范对欺凌行为具有预测功能。[2] 再次，班主任需营造温暖友爱的班级氛围。Olweus研究表明，学生感知到的学校氛围中的同伴关系以及师生关系皆会对学生的欺凌行为产生直接影响，[3] 因此班主任应积极开展班风建设，构建和谐的同伴关系与师生关系，对每一名学生表示出支持与理解。最后，班主任要定期召开反欺凌主题班会，与学生共同探讨欺凌问题与处理策略。

(三) 开展反欺凌课程教学

许多开展反欺凌课程教学的学校直接减少了该校学生的欺凌行为。[4]

---

[1] Miranda Sentse, "A Longitudinal Multilevel Study of Individual Characteristics and Classroom Norms in Explaining Bullying Behaviors," *Journal of Abnormal Child Psychology*, Vol. 43, No. 5, November 2015, pp. 943-955.

[2] 曾欣然:《班级欺凌规范与欺凌行为：群体害怕与同辈压力的中介作用》，《心理学报》2019年第8期。

[3] Dan A. Olweus, "Bullying at School: Basic Facts and An Effective Intervention Programme," *Promotion & Education*, Vol. 1, No. 4, January 1995, pp. 27-31.

[4] Rachel C. Vreeman, "A Systematic Review of School-based Interventions to Prevent Bullying," *Archives of Pediatrics & Adolescent Medicine*, Vol. 161, No. 1, January 2007, pp. 78-88.

反欺凌课程内容包括如何使被欺凌者变得强大、让班级成员学会换位思考、提升其责任感等。首先要让学生掌握识别欺凌的知识和应对技巧，树立应对欺凌的信心。其次要教授学生应对欺凌的身体技能和语言技能，比如加强学生日常体育锻炼，让学生学会面对语言欺辱时的回击话术，以打压欺凌者的嚣张气焰。在面对不适合回击的欺凌事件时，教给学生使用"雾化"（fogging）处理办法，即用冷静且乐观的态度将欺凌者的侮辱吞没于浓雾之中。① 最后，要让学生理解被欺凌者的痛苦，使学生认识到自己不可替代的班级责任感，让旁观者不再冷漠。

教学形式包括一般课程教学、情景式教学、讨论式教学等。学科教师在课堂上有意识地渗透反欺凌知识。比如，语文教师可以在讲授文学作品时提高学生的共情能力，培养他们的同理心，同时引导学生设身处地地思考被欺凌的痛苦；体育教师可以在课程中穿插遇到欺凌时的处理对策，包括自我防卫、求救方法等。除此之外，学科教师还要观察每一名学生的课堂表现，将学生的反常行为及时与班主任沟通，避免错失最佳干预时机。

（四）灵活选择惩罚性取径或关系修复取径处置欺凌事件

"校园欺凌事件发生时，处于旁观者角色的教师群体若能站在被欺凌者一方或主动出面干预或阻止欺凌者的行为，可以有效终止和化解该起欺凌事件的发生与恶化。"② 教师需要依据实际情况灵活使用以下两种干预路径。

第一，惩罚性取径。当欺凌者认为欺凌他人会受到即刻惩罚时，他们会对自己的行为格外谨慎并予以关注③，建基于报应主义之上的惩罚可以对欺凌者及潜在欺凌者起到威慑、警示作用。我国《中小学教育惩戒规则（试行）》规定了欺凌同学或者侵害他人合法权益的，学校及其教师应当予以制止并进行批评教育，确有必要的，可以实施教育惩戒。惩戒方式包括点名批评、道歉并作出检讨、适当增加额外的教学或者班级

---

① Ken Rigby, *Bullying Interventions in Schools Six Basic Approaches*, Australia：ACER Press, 2010：56.

② 孙蓓：《美国中小学教师干预校园欺凌计划的分析与启示》，《教师教育研究》2020年第2期。

③ Ken Rigby, *Bullying in Schools and What to Do about It*, Australia：ACER Press, 2007：218.

公益服务任务、依照法定程序送至矫正机构等。①

第二，关系修复取径。调解修复欺凌者与被欺凌者的关系。学校作为学生生活的主要场域，校园欺凌实质上是一种同伴关系的破坏和坍塌。从促进学生发展的立场出发，应着眼于欺凌后学生关系的修复。教师需调解欺凌者与受害者之间的关系，通过非正式会面、班级会议、圆桌商讨等方式，引导欺凌者认识到自己的错误，并使其通过移情，真切地体会到被欺凌者的痛苦。及时道歉，必要时进行经济或精神赔偿。引导欺凌者、被欺凌者以及双方家长达成和解，从而使欺凌者认识到自己的过错并主动修复彼此的关系。

综上所述，通过该项范围综述表明，教师预防和干预欺凌要做到对欺凌持有零容忍态度，并具备一定的反欺凌意识与能力。在此基础上使用合理的班级管理方式，构建积极的师生关系，在班级内开展反欺凌教学，以减少欺凌的发生。学校要加强教师反欺凌培训，为进一步提升教师预防和干预欺凌能力提供外部条件支持。

第二节　学生如何参与预防校园欺凌

校园欺凌以不同方式影响着欺凌者和受害者的生活。② 它往往不会单独发生在欺凌者和受害者之间③，还会包括欺凌/受害者、旁观者、强化者和捍卫者。④ 如果没有欺凌者、受欺凌者和旁观者，就没有欺凌的发生。因此，校园欺凌预防教育除了发挥学校、班级、教师、家长这些外因的作用之外，更要发挥学生内因的作用。如果学生都具备了反欺凌素

---

① 中华人民共和国教育部：《中小学教育惩戒规则（试行）》，2020 年 12 月 23 日，http://www.moe.gov.cn/srcsite/A02/s5911/moe_621/202012/t20201228_507882.html，2021 年 7 月 24 日。

② Hannah Gaffney, "Evaluating the Effectiveness of School-nullying Prevention Programs: Anupdated Meta-Analytical Review," *Aggression and Violent Behavior*, Vol. 45, March-April 2019, p. 122.

③ Christina Salmivalli, "Bullying and the Peer Group: A Review," *Aggression and Violent Behavior*, Vol. 15, No. 2, March-April 2010, p. 114.

④ Izabela Zych, David P. Farrington, Vicente J. Llorent, et al., *Protecting Children against Bullying and Its Consequences*, USA: Springer Briefs in Behavioral Criminology, 2017, p. 5.

养，既不会欺凌别人，也懂得怎样保护自己免受欺凌，还知道在遇到欺凌事件时如何制止，那么就不会有欺凌者、受欺凌者和旁观者等这些角色存在。换言之，学生的反欺凌素养如何直接决定着校园欺凌预防的效果。学生个体预防校园欺凌的核心和根本就是培养他们的反欺凌素养。在众多以学校为基础的反欺凌计划中，学生的反欺凌素养培养是重中之重。David P. Farrington 等人曾将防止欺凌的个体保护因素分为三类：情感，包括理解自己和他人的情绪，积极的情绪管理和使用，以及避免控制不足（外化）或过度控制（内化）的反应；社会能力，即理解他人、以恰当方式沟通、与亲社会同伴建立和维持积极关系、抵抗负面同伴影响的能力；道德能力，理解道德原则并以合乎道德的方式行事的能力。[①] 那么这些保护因素如何培养？本书对学生反欺凌素养培养的文献进行了全面审查，以期了解该领域的研究全貌，为我国培养学生反欺凌素养的理论和实践提供科学、有效的证据支持。

此次审查对于培养学生反欺凌素养的文献进行回顾，目的在于：（1）分析现有的关于培养学生反欺凌素养的相关研究；（2）发现如何培养学生的反欺凌素养能够有效预防校园欺凌；（3）在（2）的基础上讨论我国培养学生反欺凌素养的可能策略。根据上述研究目的，提出以下问题：

（1）为减少欺凌的发生，全球范围内已经开展了哪些培养学生反欺凌素养的研究？

（2）相关研究中已探索出哪些策略可以培养学生反欺凌素养？

（3）依据（2）提供的证据，我国中小学应如何培养学生的反欺凌素养？

一 研究方法

此次审查运用范围综述（scoping review）方法，依据 Hilary Arksey 和 Lisa O'Malley 的范围研究框架，即"确定研究问题；确定相关研究；研究

[①] Izabela Zych, David P. Farrington, Vicente J. Llorent, et al., *Protecting Children against Bullying and Its Consequences*, USA: Springer Briefs in Behavioral Criminology, 2017, p. 24.

选择；绘制数据图表，以及整理、总结和报告结果"几个阶段。① 对七个英文数据库中培养学生反欺凌素养的研究进行审查。在检索文献资料时，根据 2020 年 PRISMA 报告，每个被纳入项目中的文献均由一名研究人员进行抽象概括，由第二名研究人员判断其准确性，如果出现分歧则由第三名研究人员进行再次分析。② 对培养学生反欺凌素养研究的审查分两个阶段（见图 6.2）进行：第一阶段通过运用特定检索词对已知数据库进行检索，从而获得具有针对学生的旨在解决欺凌问题的文献；第二阶段的重点在于通过详细阅读，从中选取符合标准的研究文献，将其纳入审查范围。

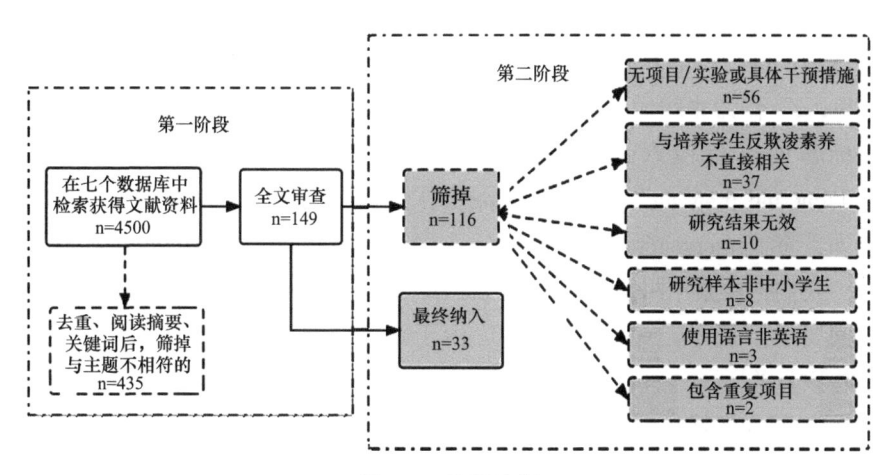

图 6.2　检索流程

（一）出版物的检索和分析

1. 检索数据库

我们共检索了 EBSCO、Elsevier、Web of Science、Wiley、OALib 开放获取图书馆、PQDT、Springer Link 七个数据库中的文献，检索范围为截至 2021 年 10 月该数据库收录的所有文献。

---

① Hilary Arksey, "Scoping Studies: Towards a Methodological Framework," *International Journal of Social Research Methodology*, Vol. 8, No. 1, 2005, p. 22.

② Matthew J. Page, "PRISMA 2020 Explanation and Elaboration: Updated Guidance and Exemplars for Reporting Systematic Reviews," *Research Methods and Reporting*, March 2021, http://dx.doi.org/10.1136/bmj.n160.

2. 检索词

为使此次研究的审查范围尽量全面，在审查中，使用"response to bullying""anti-bullying""bullying intervention""bullying prevention"作为检索词，并在七个数据库中分别使用不同的检索策略。

在 lsevier 数据库中，将"response to bullying""anti-bullying""bullying intervention""bullying prevention"作为主题词进行检索；在 Web of Science、Wiley 以及 EBSCO 数据库中，将"response to bullying""anti-bullying""bullying intervention""bullying prevention"作为标题词进行检索；在 Springer Link 数据库中，将"response to bullying""bullying intervention"作为确切短语，将"anti-bullying""bullying prevention"作为标题词进行检索；在 PQDT 数据库中，将"response to bullying""anti-bullying"作为主题词，将"bullying intervention""bullying prevention"作为标题词进行检索；在 OALib 开放获取图书馆中，将"response to bullying and program""anti-bullying"作为标题词，将"bullying"作为标题词，将"intervention""prevention"作为主题词进行检索。

我们把检索结果限制在七个数据库中的会议或期刊发表的文章标题或摘要上，但是在一些数据库中，由于缺少必要的检索过滤器而无法实现检索目的。

3. 研究选择

对七个数据库进行检索后，共检索出 4500 篇相关文献，在 Web of Science 中共检索出 514 篇文献，在 Elsevier 中共检索出 1185 篇文献，在 Wiley 中共检索出 186 篇文献，在 Springer Link 中共检索出 900 篇文献，在 EBSCO 中共检索出 1437 篇文献，在 PQDT 中共检索出 97 篇文献，在 OALib 中共检索出 181 篇文献，我们阅读了所有文献的标题和摘要，去除重复文献后，依据下列标准进行筛选，共保留 149 篇文献。

（1）纳入标准

进行审查前先建立纳入标准。①研究对象为中小学学生；②研究主题与培养反欺凌能力直接相关；③研究中需包含项目或实验，以及具体干预措施，且研究结果最终有效；④样本为小学或初中阶段；⑤文章使用语言为英语。

(2) 排除标准

①与研究主题不直接相关；②研究中没有项目或实验，及研究结果是无效的；③研究中没有涉及对学生反欺凌素养培养的措施；④研究样本非中小学阶段的儿童；⑤文章使用语言为非英语；⑥相同项目只保留一篇。

(二) 分析文献中学生反欺凌素养培养策略

1. 学生反欺凌素养培养策略的选择

对149篇文献进行全文审查后，根据纳入和排除标准筛掉116篇，其中包括56篇无项目/实验或具体培养策略的文献，37篇与培养学生反欺凌素养没有直接相关性的文献，10篇研究结果无效的文献，8篇研究样本为非中小学生的文献，3篇使用语言为非英语的文献，2篇包含重复项目的的文献。最终确定将33篇文献纳入此次审查。

2. 学生反欺凌素养培养策略的分析

从33篇文献资料中，提出以下数据进行审查：研究的作者，研究进行的年份和国家，研究的目的，研究方法，研究样本，项目名称，培养反欺凌素养的措施，研究结果及有效性。

二 研究结果

(一) 全球范围内已经开展了哪些培养学生反欺凌素养的研究

在纳入审查的33篇文献中，定性研究3篇，定量研究30篇；在研究样本方面，只涉及中学生的研究有13篇，只涉及小学生的研究有14篇，涉及中小学生的研究有6篇；在研究区域分布方面，美国7篇，澳大利亚、英国、德国、西班牙各3篇，比利时、加拿大、芬兰、土耳其各2篇，爱沙尼亚、罗马尼亚、巴西、中国台湾、日本、波兰、各1篇；在发表时间方面，3篇发表于1999—2000年，4篇发表于2005—2010年，13篇发表于2011—2015年，13篇发表于2016—2020年。文献审查要素如表6.2所示。

(二) 全球范围内已探索出哪些培养学生反欺凌素养的策略

1. 学生反欺凌素养构成

(1) 反对欺凌的态度

培养学生的反欺凌素养，首先要树立其反欺凌的态度。在此次审查中共有4篇研究涉及此一方面。

表 6.2　文献审查要素概览

序号	作者（国家/年份）	研究目的	研究方法	样本（学校/年级）	项目名称	学生反欺凌素养及培养策略	研究结果
1	L. Peterson 和 K. Rigby（澳大利亚/1999年）①	检验澳大利亚一所中学工作人员和学生合作制定并实施的反欺凌政策和程序	前后测实验	7、9、10、11年级的学生	—	学校设立了许多岗位便于学生直接参与打击学校欺凌：(1) 反欺凌委员会，学生自愿加入，协助教职员工策划和实施反欺凌活动；(2) 同伴助手小组，接触报告受到伤害并希望得到帮助的学生；(3) 演讲小组，在学校集会和员工会议上发言；(4) 海报小组，制作反暴力、反欺凌海报；(5) 戏剧小组，在迎新会等集会上表演学校欺凌方面的戏剧；(6) 其他以学生为基础的活动，参与打击欺凌等工作	(1) 7年级组报告同伴受害情况减少；(2) 9年级组报告受害情况显著增加；(3) 高中年级组（10年级和11年级）受害情况没有明显变化
2	Veerle Stevens 等（比利时/2000年）②	评估佛兰德学校中以学校为基础的反欺凌方法的行为有效性	前后测对照实验	18所学校的1104名中小学生（10—16岁）	佛兰德反欺凌项目（Flemish Anti-bullying Programme）	反欺凌计划由三个模块组成：(1) 第一个模块是对学校坏境进行干预，学校制定反欺凌政策；(2) 第二个模块是开展同伴群体同基于反欺凌课程的活动；(3) 第三个模块侧重于直接参与攻击的学生，包括为欺凌者开发修复程序和为受害者提供支持等	有关以学校为本的反欺凌干预计划对欺凌和受害程度的影响，小学有正面变化，而中学则没有结果

---

① L. Peterson, "Countering Bullying at an Australian Secondary School with Students as Helpers," *Journal of Adolescence*, Vol. 22, April 2002, pp. 481–492.

② Veerle Stevens, "Bullying in Flemish Schools: An Evaluation of Anti-bullying Intervention in Primary and Secondary Schools," *British Journal of Educational Psychology*, Vol. 70, No. 2, June 2000, pp. 195–210.

第六章 校园欺凌的多主体预防　325

续表

序号	作者（国家/年份）	研究目的	研究方法	样本（学校/年级）	项目名称	学生反欺凌素养及培养策略	研究结果
3	Veerle Stevens 等（比利时/2000年）①	旨在评估反欺凌干预计划对同伴对待欺凌的态度及其解决欺凌/受害者冲突的努力的影响	前后测对照试验	13所学校55个班级的728名小学生（10—12岁）和11所学校136个班级的1465名中学生（13—16岁）	佛兰德反欺凌项目（Flemish Anti-bullying programme）	同伴群体内的干预旨在增强对受欺凌儿童的积极态度，并鼓励同伴参与以减少欺凌一受害者同题。针对不积极参与欺凌行为的学生，实施四节课堂教学：（1）第一节课重点关注同伴在欺凌行为中的作用；（2）第二节课讨论如何发明鼓励同龄人自己解决欺凌一受害者问题的方法；（3）第三节课组织针对同伴自己解决欺凌一受害者事件的具体培训；（4）第四节课旨在通过强化反馈和额外培训来实施这个方案	目前的调查结果显示，中学生后测结果参半，小学的结果没有变化
4	Tanya Bera 等（加拿大/2005年）②	评估了一项反欺凌计划的有效性，该项目名为"犁头木偶和平计划"	前后测随机对照实验	129名3、4年级学生	"犁头木偶和平计划"（Project Ploughshares Puppets for Peace, P4)	木偶师使用三英尺长的手杖木偶设计了一个包含直接和间接欺凌成功解决方案的场景。学生们被邀请识别所显示的欺凌行为，并讨论管理这些行为的四种主要策略：忽视、说"停"、走开和寻求帮助	对开放式问题的回答表明，一半的学生对管理欺凌行为更有信心

① Veerle Stevens, "The Effects of an Anti-bullying Intervention Programme on Peers' Attitudes and Behaviour," *Journal of Adolescence*, Vol. 23, No. 1, February 2000, pp. 21-34.
② Tanya Beran, "Evaluation of an Anti-bullying Program: Student Reports of Knowledge and Confidence to Manage Bullying," *Canadian Journal of Education / Revue Canadienne de L'éducation*, Vol. 28, No. 4, 2005, pp. 700-717.

续表

序号	作者（国家/年份）	研究目的	研究方法	样本（学校/年级）	项目名称	学生反欺凌素养及培养策略	研究结果
5	Scott W. Ross（美国/2009年）[1]	对BP-PBS项目的有效性进行实证评估	问卷筛选6名有问题行为的样本，实施干预，观察并记录行为变化	6名在教室外表现出与同龄人的身体和/或言语攻击有关的高水平同伴行为的小学生	积极行为支持中的欺凌预防（Bully Prevention in Positive Behavior Support，BP-PBS）	PBS的第一层致力于全天候为所有学生创造积极、有序的环境，以及"处于风险中"的组成部分；第二层针对那些干预模式已经建立、并且对前两级干预没有反应的学生。课程教授的具体技能包括区分"尊重"和"不尊重"行为，如何应对"不尊重"行为以及如何帮助他人应对"不尊重"行为	不仅显著减少了六名学生的欺凌行为事件，而且增加了适当的受害者反应和旁观者反应的可能性。此外，学生对学校的欺凌和安全的看法有所改善
6	Kathryn Berry等（澳大利亚/2009年）[2]	测试了一项干预措施对在学校受欺凌的焦虑青少年男孩的有效性	前后测试随机对照试验	46名有焦虑症状和最近在学校有受欺凌经历的青春期男孩（7—10年级）	自信儿童计划（Confident Kids Program）	（1）干预计划包括基于认知一行为的焦虑管理策略；（2）欺凌应对策略课程和提高社交技能的课程；（3）使用认知和策略研究他们的所有技能。该项目自省；（4）概述所学的所有技能。该项目使用了技能演示、角色扮演和小组讨论。每周布置家庭作业，包括在现实生活中练习家庭策略	该干预措施有效地减少了青少年的受欺凌经历以及他们的焦虑、抑郁和与被欺凌相关的痛苦程度。在3个月的随访中，干预效果保持不变

[1] Scott Ross, Bully Prevention in Positive Behavior Support, America, Ph. D. Dissertation, University of Oregon, 2009.
[2] Kathryn Berry, "Evaluation of an Intervention Program for Anxious Adolescent Boys Who Are Bullied at School," *Journal of Adolescent Health*, Vol. 45, No. 4, October 2009, pp. 376-382.

续表

序号	作者（国家/年份）	研究目的	研究方法	样本（学校/年级）	项目名称	学生反欺凌素养及培养策略	研究结果
7	Maria Sapouna 等（英国/2010 年）①	调查了"不要害怕！"的效果，该计划旨在提高已知或可能成为受害者的儿童的应对技能	前后测对照实验	1129 名小学儿童	不要害怕（Fear Not!）	(1) 孩子们在 3D 动画虚拟学校中扮演不同的角色（受害者，欺凌者，旁观者）；(2) 剧集内容根据性别进行调整，女性剧集包括更多关系欺凌，男性剧集包括更多身体欺凌；(3) 在欺凌发生的每一集之后是一个互动集，用户（学生）通过键入他们的应对建议与虚拟受害者互动，以帮助他们防止进一步受害	与对照组相比，干预组受害者在第一次随访时更有可能逃脱受害者子样本分析中，只对英国儿童在逃避受害者方面有显著影响
8	Natalie Vannini（德国/2011 年）②	调查了一种旨在提高受害者的应对技能及旁观者对受害者的同情和保护的新型虚拟学习策略的有效性	前后测对照实验	英国 26 个小学 5 年级班级以及德国 22 个小学 3 年级班共计 1186 名儿童	不要害怕（Fear Not!）	"不要害怕"第 2 版是一个虚拟原型，旨在展示一个小学环境，里面包含扮演不同欺凌角色（欺凌者，受害者和旁观者）的卡通人物。受害者的捍卫者在虚拟学习环境中和间接欺凌行为；(2) 儿童可以向受害者提供应对欺凌的策略，并观察故事的进一步发展；(3) 男性事件包括更多身体欺凌，而女性事件包括更多关系欺凌	在德国子样本中有助于未参与的儿童成功捍卫者而在英国子样本中没有这种效果

① Maria Sapouna, "Virtual Learning Intervention to Reduce Bullying Victimization in Primary School: A Controlled Trial," *Journal of Child Psychology and Psychiatry*, Vol. 51, No. 1, January 2010, pp. 104-112.
② Natalie Vannini, "'Fear Not!': A Computer-based Anti-bullying-programme Designed to Foster Peer Intervention," *European Journal of Psychology of Education*, Vol. 26, No. 1, March 2011, pp. 21-44.

续表

序号	作者（国家/年份）	研究目的	研究方法	样本（学校/年级）	项目名称	学生反欺凌素养及培养策略	研究结果
9	Alice Rubin-Vaughana 等（加拿大 2011年）①	评估游戏模块在预防欺凌方面的效果	问卷	2—6年级，样本量从438个不等到226个；男孩和女孩的数量大致相等	黄金法则探索（Quest for the Golden Rule）	"寻找黄金法则"是互动的、基于网络的动画游戏（1）孩子们通过虚拟角色与动画人物单独互动，学习和练习社交技能，并尝试应对欺凌的不同策略。（2）虚拟游戏主要包括关于学校公平和安全同题的知识、社交技能、拒绝和应对欺凌的策略	通过与每个模块互动，孩子们对欺凌行为的认识以及对防止欺凌策略的识别都有了显著提高
10	Katja Joronen 等（芬兰 2011年）②	描述了以学校为基础的戏剧项目的开发、实施和评估，以加强社会关系、减少儿童4—5年级在学校的欺凌行为	前后测对照试验	190名4—5年级的学生	戏剧项目（Drama Program）	（1）提高学生以下能力：同理心、社交能力、学生与教师互动、儿童与家长互动、对价值观和情感的认知。（2）戏剧课程的主题涉及友谊、失去朋友、支持受欺凌的同学、容忍和虐待儿童。（3）实施的戏剧计划包括4—9节课堂戏剧课程、1—4次后续家庭活动和3个家长之夜	在课堂上应用戏剧的方法可以改善孩子们在学校的社会关系

① Alice Rubin-Vaughana, "Quest for the Golden Rule: An Effective Social Skills Promotion and Bullying Prevention Program," *Computers & Education*, Vol. 56, No. 1, January 2011, pp. 166—175.

② Katja Joronen, "An Evaluation of a Drama Program to Enhance Social Relationships and Anti-bullying at Elementary School: A Controlled Study," *Health Promotion International*, Vol. 27, No. 1, March 2012, pp. 5—14.

续表

序号	作者（国家/年份）	研究目的	研究方法	样本（学校/年级）	项目名称	学生反欺凌素养及培养策略	研究结果
11	Donna Cross 等（澳大利亚/2011年）[①]	测试了友好学校计划在减少学生欺凌行为方面的有效性	小组随机对照试验	1937名4年级学生	友好学校（Friendly Schools, FS）	（1）教师通过接受培训以提高他们讲授课程的舒适度、知识、技能和信心，并帮助他们管理学生欺凌行为；（2）学习活动旨在培养学生亲社会技能，包括同龄人的社会支持，对被欺凌者的社会支持，非暴力解决冲突和其他人际问题解决技能，并建立对被欺凌者的同理心；（3）提高学生对欺凌行为的理解，如何应对欺凌行为，以及为什么欺凌行为是不可接受	干预组学生受欺凌的可能性显著降低，且识别欺凌事件的能力更强
12	Christina Salmivalli（芬兰/2012年）[②]	目的是结束持续的欺凌行为，防止新的欺凌行为出现，并将受害带来的负面后果降至最低	随机对照实验	共234所来自芬兰大陆各省的学校，被随机分配到干预和控制条件下（涉及2.8万名学生）	基瓦（KiVa）反欺凌项目	课程实施方式包括讨论、小组活动、欺凌短片以及角色扮演练习；课程主题包括情绪、关系中尊重的重要性和群体压力、欺凌的机制和后果、团体在维持或结束欺凌方面的作用等。小组练习包括头脑风暴法、课程主题和技能，以支持和帮助受害者练习这些技能。课程面向1年级和4年级，以及7年级名为"KiVa Street"的在线环境	1—6年级的欺凌和受害者显著减少。7—9年级的影响似乎取决于性别比例（男校的影响更大）

[①] Donna Cross, "Three-year Results of the Friendly Schools Whole-of-school Intervention on Children's Bullying Behaviour," *British Educational Research Journal*, Vol. 37, No. 1, February 2011, pp. 105-129.
[②] Christina Salmivalli, "Making Bullying Prevention a Priority in Finnish Schools: The KiVa Antibullying Program," *New Directions for Youth Development*, Vol. 2012, No. 133, 2012, pp. 41-53.

续表

序号	作者（国家/年份）	研究目的	研究方法	样本（学校/年级）	项目名称	学生反欺凌素养及培养策略	研究结果
13	Kristi Kõiv（爱沙尼亚/2012年）[1]	评估社会技能培训计划作为基于目标群体的反欺凌干预对欺凌参与行为的影响	前测和跟踪评价实验	52名5—9年级儿童	社会技能培训（Social Skills Training，SST）	培训课程的重点是使用简短的教学指导、行为建模、角色扮演和行为预演来教授技能。培训涵盖六个模块：（1）学习如何站在别人的角度分享、帮助别人、谈判、自信、合作；（2）使用问题解决方案，生成和实施解决方案，并考虑长期和短期后果；（3）抑制挑衅的言语和非言语互动，表达和理解他人的感受；（4）如何给予和接受赞美或适当的抱怨，如何自我介绍；（5）处理挫折和压力，处理被忽视和指责；（6）道德教育，解决道德困境	评估研究的结果表明，实施反欺凌SST计划会影响学生参与欺凌行为。参与该计划的欺凌者和受害者的校园欺凌频率显著下降
14	Herbert Scheithauer等（德国/2012年）[2]	对"公平玩家手册"项目进行评估	前后测对照实验	四个阶段的研究共涉及678名学生，年龄从11岁到19岁不等	公平玩家手册（the fairplayer manual）	该计划包括至少15—17节连续90分钟的课程，通过小组讨论、角色扮演等方式，旨在：（1）提高对欺凌、关系攻击及其反面影响和亲社会行为的认识；（2）将欺凌行为转变为反欺凌的态度和班级规范；（3）培养积极的同伴关系和班级氛围；（4）培养社会情感能力；（5）培养道德敏感性；（6）预防或减少欺凌或关系攻击行为	实验结果证明，《公平玩家手册》在减少和防止欺凌和关系攻击方面的有效性

---

[1] Kristi Kõiv, "Social Skills Training as a Mean of Improving Intervention for Bullies and Victims," *Procedia – Social and Behavioral Sciences*, Vol. 45, June 2012, pp. 239–246.

[2] Herbert Scheithauer, "School-based Prevention of Bullying and Relational Aggression in Adolescence: The fairplayer Manual," *New Directions for Youth Development*, Vol. 2012, No. 133, Spring 2012, pp. 55–70.

续表

序号	作者（国家/年份）	研究目的	研究方法	样本（学校/年级）	项目名称	学生反欺凌素养及培养策略	研究结果
15	Ralf Wölfer 等（德国/2014年）[①]	从社会网络的角度分析了"公平玩家手册"欺凌预防方案的有效性	前后测对照实验	328名中学生	公平玩家手册（the fairplayer manual）	(1) 课程每周1.5次，每次90分钟。遵循揭露欺凌问题、提供抗欺凌知识和技能以对欺凌的整体结构；(2) 通过角色扮演使学生体验欺凌过程，并训练其他亲社会行为；(3) 阐述了课堂上的社会规范，有助于形成协同的群体动力，形成课堂上的反欺凌氛围	与对照组相比，干预组中的欺凌者变得被社会边缘化，失去了强大的地位，社会影响力下降
16	Mustafa Şahin（土耳其/2012年）[②]	旨在确定移情训练作为小学6年级学生欺凌行为干预方案的有效性	前后测对照实验	38名实施欺凌行为的6年级学生	移情训练项目（Empathy Training Program）	(1) 第一节课，学生们通过心理剧作自我介绍；(2) 第二节课，参与者根据图片识别各种情绪状态，并说出在这些情绪下的真实经历；(3) 第三节课，帮助参与者建立洞察力，使其感知自己的情绪和感受；(4) 第四节课，讲授知觉及知觉的影响因素	研究发现，与对照组相比，干预组的欺凌行为显著减少，移情技能水平也显著提高

[①] Ralf Wölfer, "Social Influence and Bullying Behavior: Intervention-based Network Dynamics of the Fairplayer Manual Bullying Prevention Program," *Social Influence and Bullying*, Vol. 40, No. 4, July-August 2014, pp. 1–36.

[②] Mustafa Şahin, "An investigation into the Efficiency of Empathy Training Program on Preventing Bullying in Primary Schools," *Children and Youth Services Review*, Vol. 34, No. 7, July 2012, pp. 1325–1330.

续表

序号	作者（国家/年份）	研究目的	研究方法	样本（学校/年级）	项目名称	学生反欺凌素养及培养策略	研究结果
17	Jose Antonio Jiménez-Barbero 等（西班牙/2013年）[1]	研究目的是评估旨在改变对暴力的态度以减少中学欺凌现象的短期干预的有效性	随机对照实验	252名年龄在12—15岁的学生	依靠我（Count on Me）	(1)该计划包括五个1小时的简短干预，重点关注共情、自尊和对自身能力的感知、社会技能和解决冲突的能力，以及对合法使用暴力和其他与暴力相似行为的限制；(2)侧重于改变对暴力的态度和促进共存价值观的发展	研究结果表明，干预措施改变了青少年对暴力的态度
18	Dorothy Espelage 等（美国/2013年）[2]	评估"第二步：学生通过预防取得成功"对减少青少年暴力的影响	嵌套组（六年级学生）纵向研究	3616名6年级学生	第二步：学生通过预防取得成功（Second Step: Student Success through Prevention, SS-SSTP）	干预学校的学生参与了为期15周的干预课程，6年级的课程由教师在一个50分钟或两个半周课堂中授课，整个学年每周或每半周授课一次。课程内容包括欺凌、解决问题的技巧、情绪管理和同理心等相关内容，以小组讨论和活动、二元练习、全班教学和个人作业等形式随堂进行。课程随附DVD，包括学生访谈和视频演示技能	结果显示对身体攻击有显著效果。干预组身体自我报告身体攻击的可能性比对照组低42%。在言语/关系欺凌、恐同取笑、受害、同伴暴力和性暴力等方面没有显著效果

---

[1] Jose Antonio, Jiménez-Barberoa, "Efficacy of a Brief Intervention on Attitudes to Reduce School Violence: A Randomized Clinical Trial," *Children and Youth Services Review*, Vol. 35, No. 9, September 2013, pp. 1313-1318.

[2] Dorothy Espelage, "The Impact of a Middle School Program to Reduce Aggression, Victimization, and Sexual Violence," *Journal of Adolescent Health*, Vol. 53, No. 2, August 2013, pp. 180-186.

续表

序号	作者 (国家/年份)	研究目的	研究方法	样本 (学校/年级)	项目名称	学生反欺凌素养及培养策略	研究结果
19	Cristian Stan 等（罗马尼亚/2014年）[1]	旨在研究学生社交和情感技能的发展在多大程度上能减少了欺凌事件	前后测随机对照实验	231名中学生	计划实现·你可以做到！（Program Achieve. You Can Do It!)	"导师指南"中介绍了19节课，由导师和宗教教师在5—6年级的导师课（12小时）和宗教课（6小时）中教授，课程内容包括自信、坚持、组织、韧性等方面，还包括让年轻人了解他们的想法如何影响他们的感受和行为，以及如何将非理性、消极思维转化为理性、积极思维的活动	将前测阶段的结果与后测阶段的数据做比较并与对照组相比，实验组学生的暴力行为显著减少
20	Daniel C. Pierson（美国/2015年）[2]	旨在评估积极的行为干预和支持框架的欺凌预防课程的有效性	事后的、准实验的组内研究	五所小学共2080名学生	积极行为干预和支持下的欺凌预防（Positive Behavioral Interventions and Supports—Bullying Prevention, PBIS-BP）	PBIS-BP中的干预课程也被称为"剪望尊重"，学生们被指导使用SWT（停止、行走和交谈）方法来处理感知到的不尊重行为：(1)如果觉得自己受到了不尊重对待，口头告诉对方"停下来"，并使用全校范围内通用的手势表示"停下来"；(2)如果不尊重行为仍在继续，那么就要"走开"，或者远离消极的、不尊重的学生/情境；(3)如果不尊重继续以消极方式跟随并吸引被不尊重的学生，那么被不尊重的学生就要"说话"，即向成年人报告持续被不尊重的不尊重行为	PBIS-BP在进一步减少小学生在不恰当/辱骂性言语、欺凌/胁迫和攻击方面具有统计学意义

---

[1] Cristian Stan, "The Development of Social and Emotional Skills of Students-ways to Reduce the Frequency of Bullying-type Events Experimental Results," *Procedia-Social and Behavioral Sciences*, Vol. 114, February 2014, pp. 735-743.

[2] Daniel C. Pierson, Bullying Prevention within Positive Behavior Interventions and Supports: A Study of Five Elementary Schools, America, Ph. D. Dissertation, the University of St. Francis, 2015.

续表

序号	作者（国家/年份）	研究目的	研究方法	样本（学校/年级）	项目名称	学生反欺凌素养及培养策略	研究结果
21	Michael Boulton 等（英国/2017年）①	评估了一种基于经验和理论的新型合作跨年龄教学干预，以支持同龄人识别的欺凌受害者	前后测试随机对照实验	41名9年级和10年级的学生	跨年龄社会问题干预教学（Cross-age Teaching of Social No.s Intervention, CATS）	(1)所有参与课程的学生都被分成小组，设计关于欺凌的课程，并将该课程传授给年龄更小的学生。(2)导师在课程中教授有关欺凌的"关键事实"。(3)为低年级学生授课，高年级学生（CATS导师）接受为期四次60分钟的课程培训，然后向低年级学生讲授一堂40分钟的课程	CATS在所有因变量上都有显著改善，且大多影响较大，这些积极影响在更大剂量的干预（6小时相对4小时）下更为显著
22	Fatma Avşar 等（土耳其/2017年）②	评估针对学龄儿童的自信训练对同伴欺凌和自信的有效性	前后测准实验设计	160名4—5年级的学生	自信训练（Assertiveness Training）	自信训练计划旨在改善个人的自信和行为，帮助个人改变他们看待自己的方式，建立自信，并减少社交焦虑。自信训练项目的持续时间从8—12节课不等。包括八个部分，重点是：(1)表现自我的能力；(2)行为风格（攻击性，果断的和非暴力行为）；(3)自信；(4)社会权利和限制概念；(5)说不的能力；(6)沟通和肢体语言；(7)移情和倾听；(8)处理批评和管理愤怒的能力	在受害者维度，干预组学生的后测平均分低于干预前测，对照组则没有变化。欺凌者维度两组后测平均分均有下降

---

① Michael Boulton, "Modifying Self-Blame, Self-Esteem, and Disclosure through a Cooperative Cross-age Teaching Intervention for Bullying among Adolescents," *Violence and Victims*, Vol. 32, No. 4, 2017, pp. 609–626.

② Fatma Avşar, "The Effectiveness of Assertiveness Training for School-aged Children on Bullying and Assertiveness Level," *Journal of Pediatric Nursing*, Vol. 36, September-October 2017, pp. 86–190.

第六章 校园欺凌的多主体预防 335

续表

序号	作者（国家/年份）	研究目的	研究方法	样本（学校/年级）	项目名称	学生反欺凌素养及培养策略	研究结果
23	Jorge Luiz da Silva 等（巴西）/2017年①	验证在干预结束12个月后，社交和情感技能的提高是否会减少6年级学生的欺凌伤害	前后测对照试验	78名6年级的受害者	—	每周在学校举行八次会议，每次50分钟。活动内容涉及礼貌、交友、移情、自控、情感表达、自信和解决人际问题。会议结构包括角色扮演、正面强化、视频和家庭作业。没有参与欺凌的学生也被包括在内，旨在促进受害者和亲社会同龄人之间的互动，从而增加对受害者的社会支持和帮助	干预显著降低了欺凌受害者在社交技能方面的难度，干预一年后仍保持这一结果
24	Aida Midgett 等（美国）/2017年②	评估一项针对初中生的短暂的旁观者欺凌干预	随机对照实验	57名12—15岁的学生	抢先一步，将其转交，陪伴他人，培养同情心（stealing the show, turning it over, accompanying others, and coaching compassion, STAC）	STAC是一种简短的旁观者欺凌干预，鼓励学生为受害者充当捍卫者。学生通过角色扮演练习STAC策略，在目睹欺凌时可以利用这些策略保护受害者：（1）抢先一步：鼓励捍卫者在目睹欺凌行为时把同龄人的注意力从欺凌情境中转移开；（2）将其转交：教导学生在观察到身体安全的成年人；（3）陪伴他人：教导辩护者获得同伴支持，使受害者获得同伴支持后，将旁观者同伴；（4）培养同情心：捍卫者可以在欺凌事件期间或之后培养欺凌者的同情心	研究结果表明，干预组学生识别欺凌行为的能力要强得多，焦虑程度也降低了

① Jorge Luiz da Silva1, "Intervention in Social Skills and Bullying," *Rev Bras Enferm*, Vol. 71, No. 3, May-June 2018, pp. 1085–1091.
② Aida Midgett, "A Randomized Controlled Study Evaluating a Brief, Bystander Bullying Intervention with Junior High School Students," *Journal of School Counseling*, Vol. 15, No. 9, 2017, pp. 1–34.

续表

序号	作者（国家/年份）	研究目的	研究方法	样本（学校/年级）	项目名称	学生反欺凌素养培养策略	研究结果
25	HSI-PING NIEH等（中国台湾/2018年）[1]	研究目的是评估银河救援者游戏对小学生欺凌干预的影响	前后测随机对照试验	328名5年级学生	银河救援者游戏（Galaxy Rescuers Game）	棋盘游戏可以帮助学生发展社交技能，学习控制行为和情绪，以及练习如何与他人互动。本书提出了一种专门针对欺凌包括性质的欺凌干预新棋盘游戏。游戏通过回答有关欺凌的问题来获得积分；（1）玩家通过回答有关欺凌的问题来获得积分；（2）玩家匹配角色（如欺凌者、受害者、增援者或捍卫者）来完成混合匹配游戏；（3）合作游戏，玩家需要共同努力完成训练任务	在后测中，只有游戏组和有汇报的欺凌组的欺凌知识变化具有统计意义。游戏组的学生与任务汇报组一起参加游戏的学生也表现出同理心的增加和欺凌态度的减少
26	Mizue Yokoo等（日本/2018年）[2]	制订一个包含短视频的反欺凌计划，并调查该反欺凌视频对学生欺凌测验分数的影响	前后测对照准实验	357名4、5、6年级的学生	视频项目（Video Program）	制作了Flash动画视频，传授应对欺凌行为的知识和技能。视频长约30分钟，分三个章节，每一章描述一种欺凌的真实例子：身体欺凌（如殴打），社会欺凌（如胁迫和言语欺凌（如嘲骂和取笑）。第一章的目的是传达欺凌行为的基本知识。第二章受害者应对欺凌的方法。第三章旨在教给孩子们，当旁观者目睹别人被欺凌时，他或她应该如何表现	测验结果显示，干预组比对照组对欺凌行为的认识要高得多。此外，干预组的知识在后测中比在前测试中更丰富

[1] Hsi-Ping Nieh, "Effects of a Collaborative Board Game on Bullying Intervention: A Group-Randomized Controlled Trial," *Journal of School Health*, Vol. 88, No. 10, September 2018, pp. 725-733.

[2] Mizue Yokoo, "Educational Effectiveness of a Video Lesson for Bullying Prevention," *National Association of Social Workers*, Vol. 40, No. 2, April 2018, pp. 71-79.

续表

序号	作者（国家/年份）	研究目的	研究方法	样本（学校/年级）	项目名称	学生反欺凌素养及培养策略	研究结果
27	Małgorzata Wo'jcik 等（波兰/2018年）[①]	介绍一个过渡到初中学阶段的新反欺凌计划。目的是通过影响新形成的同伴群体中助长欺凌行为的情境和目标机制，防止消极人际行为	前后测随机对照实验	96名中学生（年龄12—15岁）	ABBL反欺凌计划（ABBL Anti-bullying Program）	ABBL干预计划利用了旁观者比欺凌者更容易被影响的事实，提高旁观者对受害者的同情和理解，并发展其以安全的方式对抗欺凌的能力。包含11个原始、简短、全面的课程场景，分为三个学期相互了解的过程：(1) 让学生在升入中学时顺利完成综合合作团体；(2) 建立力量平衡的班级合作氛围，建立支持性的班级氛围，建立合作规范；(3) 防止支持欺凌者用道德脱离策略来保护自己免于支持欺凌者或没有保护受害者后所产生的消极羞耻感和内疚感	实验组的学生声称，欺凌的种类是对照组的一半。在实验组中，学生在课堂上至少宣布一种欺凌行为的比例降低了如下：身体欺凌5%，网络和关系欺凌2%，言语欺凌15%
28	Chris Bonell 等（英国/2018年）[②]	旨在对"一起学习"项目的干预措施进行评估	整群随机对照试验	40所参与中学7年级末（11—12岁）的6667名学生	一起学习（Learning together）	根据三种最有希望减少欺凌的方法，制定并试行一项以学校为基础的干预措施：(1) 全校干预，而不仅仅是提供针对欺凌或其他后果的课堂教学；(2) 恢复性实践，旨在让学生之间预防或解决学生之间的冲突，以防止进一步伤害；(3) 社会情感教育，向年轻人传授管理情绪和人际关系所需技能的课程，从而增强社会关系，改善心理健康并减少欺凌行为	干预在基线欺凌经历较高的学生中更有效，对欺凌和心理问题、生活质量和幸福感的影响更大

[①] Małgorzata Wo'jcik, "Meeting the Needs of Young Adolescents: ABBL Anti-bullying Program during Middle School Transition," *Psychological Reports*, Vol.122, No.3, April 2018, pp.1–25.
[②] Chris Bonell, "Effects of the Learning together Intervention on Bullying and Aggression in English Secondary Schools (INCLUSIVE): A Cluster Randomised Controlled Trial," *The Lancet*, Vol.392, No.10163, December 2018, pp.2452–2464.

续表

序号	作者（国家/年份）	研究目的	研究方法	样本（学校/年级）	项目名称	学生反欺凌素养及培养策略	研究结果
29	Susan Limbera 等（美国/2018年）[1]	目的是评估美国3—11年级儿童和青少年大规模实施奥维斯欺凌预防计划的情况	延长年龄队列设计	210所学校的3—11年级67374名学生	奥维斯欺凌预防计划（Olweus Bullying Prevention Program, OBPP）	首要目标是减少学生中现有的欺凌问题，防止出现新的欺凌，建立更友好的同伴关系。（1）班级层面包括定期召开班会，讨论和角色扮演建立对欺凌和相关问题的理解；（2）张贴并执行学校的反欺凌规定，鼓励教师在课程中融入反欺凌知识和策略；（3）个人层面包括监督学生的活动，对所有员工进行培训，以及对参与欺凌的儿童和青年采取后续干预措施	学生对受欺凌同伴的同理心表达增加，参与欺凌的意愿显著降低，以及认为小学教师增加了应对欺凌的力度。项目实施时间越长，效果越明显
30	Katherine Ingram 等（美国/2019年）[2]	评估了一项虚拟实现增强型欺凌预防计划在美国中西部中学生中的准随机试验	前后测对照准实验	118名7年级和8年级学生	站起来：虚拟现实激发旁观者反对欺凌（Entitled Stand up: Virtual Reality to Activate Bystanders against Bullying）	课程共包括六节课。（1）第一课介绍并使用该技术；（2）接下来的三节课参与者利用虚拟实境设备体验三个原始欺凌相关场景，主题分别为积极的旁观者和为受害者挺身而出，对欺凌行为通过小而现实无效反应的后果，以及如何通过两节课，学生们最后分成小组，制作反传播反欺凌信息的短片	与对照组相比，干预组共情能力有所增强，传统欺凌、移情、学校归属感和作为积极旁观者的意愿有所干预的行为变化，但现实欺凌或网络欺凌关系没有影响

---

[1] Susan Limbera, "Evaluation of the Olweus Bullying Prevention Program: A Large Scale Study of U. S. Students in Grades 3-11," *Journal of School Psychology*, Vol. 69, August 2018, pp. 56-72.

[2] Katherine Ingrama, "Evaluation of a Virtual Reality Enhanced Bullying Prevention Curriculum Pilot Trial," *Journal of Adolescence*, Vol. 71, February 2019, pp. 72-83.

第六章 校园欺凌的多主体预防

续表

序号	作者（国家/年份）	研究目的	研究方法	样本（学校/年级）	项目名称	学生反欺凌素养及培养策略	研究结果
31	Fernando González-Alonso 等（西班牙/2020年）[1]	测量学生在应用 ICCC 课程前后的变化，以及实验组学生的冲突水平及其对比对照组是否影响变量；了解性别变量是否影响应用 ICCC 方案前后的冲突水平和认知	采用准实验（控制组和实验组没有随机分组）和非等效混合研究	2017—2018学年来自西班牙萨拉曼卡市的55名中等教育2年级学生	改善共存和交际能力项目（Improvement of Coexistence and Communicative Competence, ICCC）	该计划旨在提高学生的语言使用能力。该课程着重于通过提高四种语言技能（听、说、读、写）提高认知、技能和价值观。它具有以下特点：（1）培养的技能包括交际能力，社会和公民能力，以及语言交际的能力；（2）该课程关注教学价值观（宽容、平等、尊重和同理心）和学生价值观（共存、尊重、理解）；（3）开发了学校共存、共存发展、共存交流三个模块，并在每个模块中需要具体体系的多样性；（4）遵循建构主义模式，培养学生有意义的自主学习	研究结果显示，课程程度有所降低，并显示出更好的课堂气氛。有效的语言交流对防止欺凌起着保护作用。随着时间的推移，这种能力的改善会改善学生之间的关系
32	J. D. Benítez-Sillero 等（西班牙/2020年）[2]	旨在分析预防中学体育课堂上欺凌行为的体干预措施的有效性	前后测随机对照准实验	764名年龄范围为12—19岁的学生	防止青少年在体育课上的欺凌行为（Prevent Bullying in Adolescents in Physical Educationclasses, PRE-BULLPE）	干预方案共包含 6 节体育课，每节课 1 小时。课程主题主要包括欺凌知识、受害者和攻击者的角色、基本情绪的知识和表达、社会辨析的重要性、协同工作、自尊、同理心、自我控制、复原力和歧视；这些内容相适应的体育教学策略包括合作游戏或挑战；"运动故事"，指学生用动作、意识和身体动作来表现故事；具有典型规则的接力动作的运动游戏；强调尊重规则的接力赛；通过转变角色改编的竞技游戏	结果表明，在欺凌和网络欺凌准实验组的伤害和攻击占比对照组显著减少

[1] Fernando González-Alonso, "Methodological Analysis of the Effect of an Anti-bullying Programme in Secondary Education through Communicative Competence: A Pre-Test-Post-Test Study with a Control-Experimental Group," *International Journal of Environmental Research and Public Health*, Vol. 17, No. 9, April 2020, pp. 1–12.

[2] J. D. Benítez-Sillero, "Intervention Programme to Prevent Bullying in Adolescents in Physical Education Classes (PREBULLPE): A Quasi-experimental Study," *Physical Education and Sport Pedagogy*, Vol. 26, No. 12, August 2020, pp. 36–50.

续表

序号	作者（国家/年份）	研究目的	研究方法	样本（学校/年级）	项目名称	学生反欺凌素养及培养策略	研究结果
33	Stephen Leff（美国/2020年）[①]	介绍并评估一种名为Free 2B的多媒体欺凌预防方法	基于社区的参与式研究（CBPR）方法	第一次试点研究：121名8年级学生；第二次试点研究：714名7、8年级学生；第三次试点研究：1155名6年级学生	Free 2B	每月召开一次会议，在两次会议之间为研究团队和技术团队安排具体任务。(1)在3D电影中强调各种欺凌的有害影响，以及积极的旁观者在促进安全学校氛围方面可以发挥的作用。(2)青少年通过社交媒体分享欺凌和受害经历，激励其他学生采取反对有关欺凌的立场。(3)互动问答节目，让年轻人学习反对欺凌的基本知识。(4)暗室和成为积极旁观者的情绪调节音频体验，学生在暗室中聆听故事，并在故事展开时做出反应	结果表明，绝大多数中学生认为Free 2B多媒体欺凌预防体验是愉快的，与他们的需求相关

[①] Stephen Leff, "The Free 2B Multi-Media Bullying Prevention Experience: An Exemplar of Scientific Edutainment," Front Psychiatry, Vol. 11, No. 679, July 2020, pp. 1–10.

佛兰德反欺凌项目通过课程改变学生对于欺凌的态度，鼓励其积极参与以帮助受害者摆脱困境。① 与之类似，"依靠我"项目中研究者通过改变青少年对暴力的态度，减少欺凌发生；② 赫伯特·沙伊特豪尔（Herbert Scheithauer）及拉尔夫·沃夫尔（Ralf Wölfer）在对《公平玩家手册》项目进行检验时，通过多种形式的活动提高学生对欺凌的认识，树立其反对欺凌的态度，增强旁观者干预欺凌的可能，③ 以及在银河救援者游戏中，儿童在游戏中除了学习到欺凌的相关知识外，还提高了对欺凌的认识，改变了对欺凌的态度。④

（2）反欺凌知识及策略

教授反欺凌知识及策略，是培养学生反欺凌素养最直接的方式。此次审查中共有9篇文献涉及传授知识和技能。

一方面，教授学生与欺凌相关的知识，例如，在友好学校项目及奥维斯欺凌计划中，通过全校范围、家庭及课堂不同层面的干预，教授学生有关欺凌的知识和技能，以培养其亲社会行为；⑤ 迈克尔·博尔顿（Michael Boulton）等人在研究中使用"跨年龄教学"的方式，即高年级的学生在接受培训后，向低年级的学生传授有关欺凌的关键概念和技能，不仅能增强其对知识的理解，更能培养其主人翁意识；⑥ 以及视频项目及

---

① Veerle Stevens, "The Effects of an Anti-bullying Intervention Programme on Peers' Attitudes and Behaviour," *Journal of Adolescence*, Vol. 23, No. 1, February 2000, pp. 24-25.

② Jose Antonio Jiménez-Barberoa, "Efficacy of a Brief Intervention on Attitudes to Reduce School Violence: A Randomized Clinical Trial," *Children and Youth Services Review*, Vol. 35, No. 9, September 2013, p. 1315.

③ Herbert Scheithauer, "School-based Prevention of Bullying and Relational Aggression in Adolescence: The Fairplayer Manual," *New Directions for Youth Development*, Vol. 2012, No. 133, 2012, pp. 59-60; Ralf Wölfer, "Social Influence and Bullying Behavior: Intervention-based Network Dynamics of the Fairplayer manual Bullying Prevention Program," *Social Influence and Bullying*, Vol. 40, No. 4, July-August 2014, p. 9.

④ Hsi-Ping Nieh, "Effects of a Collaborative Board Game on Bullying Intervention: A Group-Randomized Controlled Trial," *Journal of School Health*, Vol. 88, No. 10, September 2018, pp. 726-727.

⑤ Susan Limbera, "Evaluation of the Olweus Bullying Prevention Program: A Large Scale Study of U.S. Students in Grades 3-11," *Journal of School Psychology*, Vol. 69, August 2018, p. 57.

⑥ Michael Boulton, "Modifying Self-blame, Self-esteem, and Disclosure through a Cooperative Crossage Teaching Intervention for Bullying among Adolescents," *Violence and Victims*, Vol. 32, No. 4, 2017, p. 618.

Free 2B 项目借助多媒体平台向学生传授欺凌的知识及应对技能。①

另一方面，培养学生应对欺凌行为的能力。彼得森（L. Peterson）等人通过在学校中为学生设置多种反欺凌角色，例如反欺凌委员会成员、同伴助手小组、海报小组等，使其能够直接参与打击欺凌行为，从而获得与反欺凌相关的知识和应对技能。② 犁头木偶和平计划以及"不要害怕"项目中，均为学生模拟了多种类型的欺凌场景，使学生在了解不同欺凌行为的同时，还能学习不同的应对策略。③ 除此以外，维尔·史蒂文斯（Veerle Stevens）等人通过课程教授学生应对欺凌者以及帮助受害者的方法④，以及阿伊达·密姬特（Aida Midgett）等人也通过教授旁观者儿童识别和帮助他人应对欺凌的技能，增强其干预欺凌的信心，提高其干预的可能性。⑤

（3）移情能力

移情指"对他人情绪痛苦的一种复杂的情感和认知反应"，也就是说，具备移情能力的人不仅能够感知到他人的感受，而且能够指导他人的感受因何产生。⑥ 因此，培养学生的移情能力可以促使其更好地理解他人的情绪和感受，避免其成为欺凌者，从根源上减少欺凌的

---

① Mizue Yokoo, "Educational Effectiveness of a Video Lesson for Bullying Prevention," *National Association of Social Workers*, Vol. 40, No. 2, April 2018, pp. 72–73; Stephen Leff, "The Free 2B Multi-Media Bullying Prevention Experience: An Exemplar of Scientific Edutainment," *Front Psychiatry*, Vol. 11, No. 679, July 2020, p. 4.

② L. Peterson, "Countering Bullying at an Australian Secondary School with Students as Helpers," *Journal of Adolescence*, Vol. 22, April 2002, p. 485.

③ Tanya Beran, "Evaluation of an Anti-bullying Program: Student Reports of Knowledge and Confidence to Manage Bullying," *Canadian Journal of Education / Revue Canadienne De l'éducation*, Vol. 28, No. 4, 2005, p. 703; Maria Sapouna, "Virtual Learning Intervention to Reduce Bullying Victimization in Primary School: A Controlled Trial," *Journal of Child Psychology and Psychiatry*, Vol. 51, No. 1, January 2010, pp. 105–106.

④ Veerle Stevens, "Bullying in Flemish Schools: An Evaluation of Anti-bullying Intervention In Primary and Secondary Schools," *British Journal of Educational Psychology*, Vol. 70, No. 2, June 2000, p. 199.

⑤ Aida Midgett, "A Randomized Controlled Study Evaluating a Brief, Bystander Bullying Intervention with Junior High School Students," *Journal of School Counseling*, Vol. 15, No. 9, 2017, pp. 7–8.

⑥ ［美］R. A. 巴伦、D. 伯恩：《社会心理学》，黄敏儿等译，华东师范大学出版社 2004 年版，第 524 页。

发生，并增强其帮助受害者的可能性。此次审查中共有 8 篇文献涉及此点。

在基瓦项目以及佛兰德反欺凌项目中，都通过增强学生对受害者的移情，提高保护和支持受害同伴的自我效能，鼓励学生帮助欺凌受害者，自主应对欺凌事件。① 在第二版"不要害怕"项目中，学生在模拟欺凌场景中扮演受害者的"隐形朋友"的角色，为受害者提供应对策略并观察故事走向，娜塔丽·万尼尼（Natalie Vannini）等人通过研究发现，参与的学生对虚拟受害者表现出更强的认知移情；② 与之相类似，凯瑟琳·英格拉姆（Katherine Ingram）等人通过运用虚拟现实设备展示了不同的欺凌场景，学生能够在其中体验不同角色，从而增强其移情能力；③ 戏剧项目及 STAC 项目，均涉及通过课程提高学生的移情能力，增加其帮助受害者的可能性。④ 此外，在"移情训练"项目中，穆斯塔法·沙欣（Mustafa Şahin）通过专门的课程活动进行训练，最终发现增强移情能够有效降低欺凌发生的概率，使欺凌者转变为健康群体。⑤ 马尔戈扎塔·沃伊奇克（Małgorzata Wójcik）等人在课程活动中通过影响学生对受害者的认知，增强其移情能力，避免道德推脱，从而增强旁观者积极干预欺凌的可能性。⑥

---

① Christina Salmivalli, "Making Bullying Prevention a Priority in Finnish Schools: The KiVa Antibullying Program," *New Directions for Youth Development*, Vol. 2012, No. 133, Spring 2012, pp. 45-47; Veerle Stevens, "The Effects of an Anti-bullying Intervention Programme on Peers' Attitudes and Behaviour," *Journal of Adolescence*, Vol. 23, No. 1, February 2000, pp. 24-25.

② Natalie Vannini, "'Fear Not!': A Computer-based Anti-bullying-Programme Designed to Foster Peer Intervention," *European Journal of Psychology of Education*, Vol. 26, No. 1, March 2011, pp. 24-25.

③ Katherine Ingram, "Evaluation of a Virtual Reality Enhanced Bullying Prevention Curriculum Pilot Trial," *Journal of Adolescence*, Vol. 71, February 2019, p. 76.

④ Jose Antonio Jiménez-Barberoa, "Efficacy of a Brief Intervention on Attitudes to Reduce School Violence: A Randomized Clinical Trial," *Children and Youth Services Review*, Vol. 35, No. 9, September 2013, p. 1315.

⑤ Mustafa Şahin, "An Investigation into the Efficiency of Empathy Training Program on Preventing Bullying in Primary Schools," *Children and Youth Services Review*, Vol. 34, No. 7, July 2012, p. 1327; Aida Midgett, "A Randomized Controlled Study Evaluating a Brief, Bystander Bullying Intervention with Junior High School Students," *Journal of School Counseling*, Vol. 15, No. 9, 2017, p. 8.

⑥ Małgorzata Wójcik, "Meeting the Needs of Young Adolescents: ABBL Anti-bullying Program During Middle School Transition," *Psychological Reports*, Vol 122, No. 3, April 2018, p. 6.

（4）人际交往能力

除增强学生的移情能力以外，培养学生的人际交往能力，例如自信、尊重、情绪管理及社交技能等，不仅能够帮助学生维系良好的人际关系，促进其身心健康发展，有效降低冲突和欺凌的发生概率，还能增强其应对欺凌的自我效能感，避免成为受害者。在此次审查中，共有14篇文献涉及此点。

在尊重方面，斯哥特·罗斯（Scott W. Ross）在对BP-PBS项目的有效性进行评估的研究中，向学生传递什么是尊重的概念以及如何应对不尊重行为；① 丹尼尔·皮尔森（Daniel Pierson）在检验"积极的行为干预和支持下的欺凌预防"项目的实验中也教授学生应对不尊重行为的技能，从而预防欺凌的发生。②

在自信方面，法蒂玛·阿法莎（Fatma Avşar）在研究中通过改变儿童的自信信念和行为，使其建立自信，减少社交焦虑，从而减少同伴欺凌的发生；③ 克里斯蒂安·斯坦（Cristian Stan）等人在研究中也通过建立学生在人际交往中的信心，降低其成为受害者的可能性。④

在情绪管理及社交技能方面，凯瑟琳·贝瑞（Kathryn Berry）等人在自信儿童计划中除了教授欺凌的相关知识和技能外，还向学生展示了焦虑管理策略以及社交技能；⑤ 在黄金探索法则项目中，学生通过虚拟游戏学习并使用社交技能及应对欺凌的策略，以期能更好地应对和解决欺凌问题；⑥ 在戏剧项目中，除了提高学生同理心的课程外，还包括涉及友

---

① Daniel C. Pierson, *Bullying Prevention within Positive Behavior Interventions and Supports: A Study of Five Elementary Schools*, America, Ph. D. Dissertation, the University of St. Francis, 2015.

② Scott W. Ross, *Bully Prevention in Positive Behavior Support*, America, Ph. D. Dissertation, University of Oregon, 2009.

③ Fatma Avşar, "The Effectiveness of Assertiveness Training for School-aged Children on Bullying and Assertiveness Level," *Journal of Pediatric Nursing*, Vol. 36, September-October 2017, p. 188.

④ Cristian Stan, "The Development of Social and Emotional Skills of Students-ways to Reduce the Frequency of Bullying-type Events. Experimental Results," *Procedia-social and Behavioral Sciences*, Vol. 114, February 2014, p. 738.

⑤ Kathryn Berry, "Evaluation of an Intervention Program for Anxious Adolescent Boys Who Are Bullied at School," *Journal of Adolescent Health*, Vol. 45, No. 4, October 2009, p. 378.

⑥ Alice Rubin-Vaughana, "Quest for the Golden Rule: An Effective Social Skills Promotion and Bullying Prevention Program," *Computers & Education*, Vol. 56, No. 1, January 2011, pp. 168-169.

谊、失去朋友、欺凌、支持受欺凌的同学、容忍和虐待儿童等主题的课程；① "第二步：学生通过预防取得成功"项目、"计划实现·你可以做到！"项目以及社会技能培训项目均通过课程教授学生情绪管理和解决问题的策略，提高其情感及社交技能，以减少欺凌的发生；② 费尔南多·冈萨雷斯—阿隆索（Fernando González-Alonso）等人则通过提高学生的语言使用能力，促进和平共处，减少矛盾和冲突。③ 一起学习项目旨在通过三级预防措施改善学校环境，从而减少欺凌和攻击，其中包括教授给年轻人管理情绪和人际关系所需的技能；④ 同理，ABBL 反欺凌计划通过促进学生之间的相互了解，建立积极的班级氛围，从而影响同伴群体中的欺凌行为。⑤

此外，部分研究对上述几个方面均有所涉及。豪尔赫·达席尔瓦（Jorge Luiz da Silva）等人通过多种形式的活动，教授学生礼貌、交友、移情、自控、情感表达、自信和解决人际问题等方面的知识，使其能保护自己免受欺凌的伤害；⑥ 贝尼特斯—西莱罗（J. D. Benítez-Sillero）等人通过在体育课中穿插干预课程，以期减少体育课中的攻击和欺凌行为，

---

① Katja Joronen, "An Evaluation of a Drama Program to Enhance Social Relationships and Anti-bullying at Elementary School: A Controlled Study," *Health Promotion International*, Vol. 27, No. 1, March 2012, pp. 7-8.

② Dorothy Espelage, "The Impact of a Middle School Program to Reduce Aggression, Victimization, and Sexual Violence," *Journal of Adolescent Health*, Vol. 53, No. 2, August 2013, p. 181; Cristian Stan, "The Development of Social and Emotional Skills of Students-ways to Reduce the Frequency of Bullying-type Events Experimental Results," *Procedia-Social and Behavioral Sciences*, Vol. 114, February 2014, p. 738; Kristi Kõiv, "Social Skills Training as a Mean of Improving Intervention for Bullies and Victims," *Procedia - Social and Behavioral Sciences*, Vol. 45, June 2012, pp. 240-241.

③ Fernando González-Alonso, "Methodological Analysis of the Effect of an Anti-bullying Programme in Secondary Education through Communicative Competence: A Pre-Test-Post-Test Study with a Control-Experimental Group," *International Journal of Environmental Research and Public Health*, Vol. 17, No. 9, April 2020, p. 5.

④ Chris Bonell, "Effects of the Learning together Intervention on Bullying and Aggression in English Secondary Schools (Inclusive): A Cluster Randomised Controlled Trial," *The Lancet*, Vol. 392, No. 10163, December 2018, p. 2453.

⑤ Małgorzata Wójcik, "Meeting the Needs of Young Adolescents: Abbl Anti-bullying Program During Middle School Transition," *Psychological Reports*, Vol. 122, No. 3, April 2018, p. 6.

⑥ Jorge Luiz da Silva, "Intervention in Social Skills and Bullying," *Rev Bras Enferm*, Vol. 71, No. 3, May-June 2018, p. 1087.

其中除了教授欺凌的相关知识外，还包括情绪表达、协作分工、自尊、同理心等。①

2. 培养方式

（1）开设反欺凌课程

此次审查的文献中大部分以课程方式进行干预，主要分为两类：一类是全校范围的项目中包含针对学生的课程；另一类是专门针对学生的干预课程。

在校本项目的学生课程中，包括佛兰德反欺凌项目、积极行为支持中的欺凌预防项目、友好学校项目、基瓦项目、一起学习项目，以及奥维斯欺凌预防计划等，共计 6 项研究。

在专门针对学生的干预课程中，包括自信儿童计划、社会技能培训项目、公平玩家手册项目、移情训练项目、"第二步：学生通过预防取得成功"项目、"计划实现·你可以做到！"项目、积极的行为干预和支持下的欺凌预防项目、跨年龄社会问题干预教学项目、自信训练项目、"抢先一步，将其转交，陪伴他人，训练同情心"项目、ABBL 反欺凌计划、"站起来：虚拟现实激活旁观者反对欺凌"课程、改善共存和交际能力项目，共计 13 项研究。

（2）开展反欺凌主题活动

除课程外，还有部分研究以主题活动的形式对学生进行干预。

彼得森（L. Peterson）等人在校本反欺凌项目中为学生设置了多种反欺凌角色，例如，反欺凌委员会、同伴助手小组、演讲小组、海报小组、戏剧小组等，便于学生直接参与打击欺凌行为的过程；② 犁头木偶和平计划及"不要害怕"项目，分别运用木偶剧及虚拟技术为学生呈现欺凌情景，使其能够直观地感受欺凌行为所造成的后果，并观察不同

---

① J. D. Benítez-Sillero, "Intervention Programme to Prevent Bullying in Adolescents in Physical Education Classes (Prebullpe): A Quasi-experimental Study," *Physical Education and Sport Pedagogy*, Vol. 26, No. 12, August 2020, pp. 41-42.

② L. Peterson, "Countering Bullying at an Australian Secondary School with Students as Helpers," *Journal of Adolescence*, Vol. 22, April 2002, p. 485.

应对策略对欺凌事件的影响;① 在黄金法则探索项目中,学生通过扮演虚拟人物,在不同板块的互动游戏中了解多种类型的反欺凌知识;② 在戏剧项目中通过不同主题的戏剧增强儿童的社交及应对欺凌技能;③ 在依靠我项目中通过小组讨论等方式改变学生对暴力的态度;④ 豪尔赫·达席尔瓦（Jorge Luiz da Silva）等人通过活动会议的形式提高学生的情感和社交技能,其中包括角色扮演、戏剧、视频等形式的活动,并且辅以家庭作业,使学生能将学到的知识在生活中加以运用;⑤ 在银河救援者游戏中学生需要完成知识问答、角色匹配、合作游戏等几个阶段,与同伴共同完成游戏任务,在完成任务的过程中学习反欺凌的知识;⑥ 防止青少年在体育课上的欺凌行为项目将反欺凌知识与体育课中的运动游戏相结合,从而提高学生的反欺凌素养;⑦ 在视频项目及 Free 2B 项目中,学生均通过观看视频学习欺凌相关的知识,不同的是,在 Free 2B 项目中学生还通过使用交互式手持设备进行互动问答,以保证反欺凌知

---

① Tanya Beran, "Evaluation of an Anti-bullying Program: Student Reports of Knowledge and Confidence to Manage Bullying," *Canadian Journal of Education / Revue Canadienne De l'éducation*, Vol. 28, No. 4, 2005, p. 703; Maria Sapouna, "Virtual Learning Intervention to Reduce Bullying Victimization in Primary School: A Controlled Trial," *Journal of Child Psychology and Psychiatry*, Vol. 51, No. 1, January 2010, p. 105; Natalie Vannini, "'Fear Not!': A Computer-based Anti-bullying-programme Designed to Foster Peer Intervention," *European Journal of Psychology of Education*, Vol. 26, No. 1, March 2011, pp. 24-25.

② Alice Rubin-Vaughana, "Quest for the Golden Rule: An Effective Social Skills Promotion and Bullying Prevention Program," *Computers & Education*, Vol. 56, No. 1, January 2011, pp. 168-169.

③ Katja Joronen, "An Evaluation of a Drama Program to Enhance Social Relationships and Antibullying at Elementary School: A Controlled Study," *Health Promotion International*, Vol. 27, No. 1, March 2012, pp. 7-8.

④ Jose Antonio Jiménez-Barberoa, "Efficacy of a Brief Intervention on Attitudes to Reduce School Violence: A Randomized Clinical Trial," *Children and Youth Services Review*, Vol. 35, No. 9, September 2013, p. 1315.

⑤ Jorge Luiz da Silva, "Intervention in Social Skills and Bullying," *Rev Bras Enferm*, Vol. 71, No. 3, May-June 2018, p. 1087.

⑥ Hsi-Ping Nieh, "Effects of a Collaborative Board Game on Bullying Intervention: A Group-Randomized Controlled Trial," *Journal of School Health*, Vol. 88, No. 10, September 2018, pp. 726-727.

⑦ J. D. Benítez-Sillero, "Intervention Programme to Prevent Bullying in Adolescents in Physical Education Classes (Prebullpe): A Quasi-Experimental Study," *Physical Education and Sport Pedagogy*, Vol. 26, No. 12, August 2020, pp. 41-42.

识的灵活运用。①

三 我国培养中小学生反欺凌素养的行动方案

这一部分尝试回答第三个问题：依据已有研究提供的证据，我们应如何培养学生的反欺凌素养？

自 2016 年起，我国颁布的多部政策法规中均提到应为学生开展反欺凌的相关教育，例如，《教育部等九部门关于防治中小学生欺凌和暴力的指导意见》（教基一〔2016〕6 号）、《加强中小学生欺凌综合治理方案》（教督〔2017〕10 号）及《防范中小学生欺凌专项治理行动工作方案》（教基厅函〔2021〕5 号）均明确提出要加强思想道德教育、法治教育和心理健康教育，引导学生养成良好的思想品德和行为习惯，从源头上预防欺凌和暴力行为发生；《未成年人学校保护规定》（中华人民共和国教育部令第 50 号）提道："学校应当教育、引导学生建立平等、友善、互助的同学关系……对学生开展相应的专题教育"；2021 年新修订的《中华人民共和国未成年人保护法》也规定学校应为学生开展防治欺凌的教育和培训。这些规定都提出了加强中小学生校园欺凌预防教育的重要性，但迄今为止，对如何培养学生反欺凌素养则缺少可行的指导性策略。学生需要反欺凌素养来发展健康的友谊，学会采用非暴力策略解决冲突，与成年人积极互动，抵抗来自同龄人的压力。例如，一个初中生由于自己经历（学业失败、家庭变故、感觉被冷落等）而产生愤怒、失落、焦虑等负面情绪，是通过欺凌他人表达出来，还是将其转换为自己成长的建设性因素，取决于他对欺凌的认识、社会情感能力以及社会责任素养。同样，欺凌事件能否发生取决于受欺凌者和旁观者的防欺凌意识和态度、同伴关系以及防欺凌知识和应对技能。因此，遵循上述范围综述的证据，结合我国中小学生对校园欺凌的认识和应对的现状，对我国中小学生反欺凌素养的培养方案提出如下建议。

---

① Mizue Yokoo, "Educational Effectiveness of a Video Lesson for Bullying Prevention," *National Association of Social Workers*, Vol. 40, No. 2, April 2018, pp. 72–73; Stephen Leff, "The Free 2B Multi-Media Bullying Prevention Experience: An Exemplar of Scientific Edutainment," *Front Psychiatry*, Vol. 11, No. 679, July 2020, p. 4.

(一) 增强反欺凌意识和态度

所谓反欺凌意识，是指人们对于潜在的、即将发生或已经发生的欺凌事件的觉察和感知，并能够及时地预防或制止。它是遏制和减少校园欺凌的关键性因素。学生的反欺凌意识强，对欺凌相关风险因素就会极为敏感，能够敏锐地察觉到将要发生的欺凌事件。

欺凌态度是指人们对欺凌事件的好恶的评价性反应。它包括对欺凌的认识（对欺凌赞同还是反对），对待欺凌的情感倾向（如厌恶还是喜欢等）以及行为倾向（是协助欺凌还是制止、仅仅旁观还是走开等）。学生的反欺凌态度是对欺凌行为在情感上憎恶，在认识上反对，在行为上积极地制止。它直接影响着欺凌事件的发生和发展。因此，学生个体预防欺凌首先要从增强他们的反欺凌意识和态度着手，对任何形式的欺凌不能容忍。学生将学习如何识别欺凌，如何有意识地和教师一道抵制欺凌行为。

学校是学生学习和社交的重要场所，在学校中营造反对欺凌的氛围有利于增强学生防欺凌的意识和态度。一方面，可以促使学生通过多种方式参与学校反欺凌活动，例如，由学生组成宣传小组，制作反欺凌的宣传海报、话剧等；由学生共同讨论制定班级规范，在其中明确提出反对欺凌，并且明确规定实施攻击、暴力、欺凌等行为所要承担的后果；允许学生代表加入学校反欺凌委员会，参与欺凌预防体系的构建以及欺凌事件的处置，等等。

另一方面，学校应为教师提供培训，使得教师能够在日常教学活动中有意识地增强学生防范欺凌的意识和态度。首先，引导学生树立反对暴力和攻击行为的观点，学会使用沟通、协商等方式解决问题；其次，在观察到潜在或即将发生的欺凌行为时应及时进行干预，并且要引导作为旁观者的学生对于自己在欺凌情景中是否起到阻止和防范的作用进行反思；再次，引导学生树立"求同存异，和平共处"的观念，积极寻找与他人之间的共同点，尊重彼此的不同之处，构建和谐、宽容的学校氛围；最后，应加强学生的集体意识，使其参与班级甚至学校的日常管理工作，以充分理解和尊重班级、学校的规章制度，还要在学习和生活中树立共同目标、分工协作，促进集体中每一个学生的积极发展。

(二) 发展积极的同伴关系

已有研究表明，被欺凌者的同伴接受度往往低于欺凌者或不参与欺凌的学生①，这也可能会使他们在心理和社会地位上处于弱势，更容易成为攻击目标；②而在欺凌者中，部分学生在同龄人群体中有较高的地位，部分学生也会遭到同龄人的排斥。③重要的是，卷入欺凌事件也会使得欺凌者或受害者现有的人际关系受到破坏。④在积极的同伴关系中，学生和谐相处，相互尊重，相互包容，相互支持。不仅削弱欺凌者霸道蛮横的强势特征，改善受欺凌者的弱势特征，还可以促使旁观者积极干预欺凌，他们为了保护同伴，会由欺凌的追随者、强化者、冷漠者转变为积极干预者。"实现这一目标的最佳方式是培养一种积极的学校文化，在这种文化中，学生因亲社会行为而获得奖励，并教授应对欺凌的非对抗策略。"⑤

为此，学校应建立不同层次的预防体系，以发现并帮助不同类型的潜在欺凌者/受害者。面对在班级中被"边缘化"的学生时，可以发动班内其他学生与其组成互助小组，聆听并帮助其解决在人际交往中遇到的问题，建立社交自信，发展广泛的同伴关系。在面对攻击性较强的学生时，应引导其使用文明语言进行沟通，用非暴力的手段解决问题，从而减少同伴关系中的矛盾和冲突；还应培养他们的同理心，为其展示欺凌或暴力行为所带来的负面后果，引导其理解他人的情绪，学会包容、接纳他人，帮助其修复已经破坏的人际关系，建设积极的同伴关系。除此以外，还应培养学生尊重的能力，不仅要在学习与生活中尊重他人，而且要学会应对并制止他人对自己的不尊重行为；与他人共同合作的能力，在与他人合作完成任务的过程中不仅能培养学生与他人沟通和交流的能力，还能培养其统筹、协调的能力，有助于学生建设积极、广泛的同伴关系。

---

① Sonja Perren, "Bullying and Delinquency in Adolescence: Victims' and Perpetrators' Family and Peer Relations," *Swiss Journal of Psychology*, Vol. 64, No. 1, March 2005, p. 51.

② Sonja Perren, "Social Behavior and Peer Relationships Ofvictims, Bully-victims, and Bullies in Kindergarten," *Journal of Child Psychology and Psychiatry*, Vol. 47, No. 1, January 2006, p. 45.

③ Thomas W. Farmer, "Peer Relations of Bullies, Bully-Victims, and Victims: The Two Social Worlds of Bullying in Second-Grade Classrooms," *The Elementary School Journal*, Vol. 110, No. 3, March 2010, pp. 364-392.

④ Sonja Perren, "Bullying and Delinquency in Adolescence: Victims' and Perpetrators' Family and Peer Relations," *Swiss Journal of Psychology*, Vol. 64, No. 1, March 2005, p. 60.

⑤ Lisa H. Rosen, *Bullying in School: Perspectives from School Staff, Students, and Parents*, New York: Palgrave Macmillan, 2017, p. 161.

(三) 教授预防欺凌的知识和应对技能

培养学生与校园欺凌相关的知识和应对技能，有助于其有效识别并积极应对欺凌行为。

欺凌的相关知识主要包括概念、特征、类型等。欺凌的概念最早由挪威学者丹·奥维斯提出，他将欺凌定义为"一个人反复且持续受到一个或多个其他人的负面行为影响"，并提到欺凌行为应具有重复、双方力量不均衡、意图对他人造成伤害等特点。① 我国 2021 年 6 月出台的《未成年人学校保护规定》（中华人民共和国教育部令第 50 号）列举了多种身体、言语、财物、社交、网络等方面具体的欺凌行为，并作出明确规定："学生之间，在年龄、身体或者人数等方面占优势的一方蓄意或者恶意对另一方实施前款行为，或者以其他方式欺压、侮辱另一方，造成人身伤害、财产损失或者精神损害的，可以认定为构成欺凌"。该文件列举的欺凌行为大致可以分为五类：身体欺凌，例如殴打、掌掴、抓咬、推撞、拉扯等；言语欺凌，例如辱骂、讥讽、挖苦、起侮辱性绰号等；财物欺凌，即故意损坏、抢夺他人财物的行为；关系欺凌，例如孤立、排斥某人；网络欺凌，例如通过网络等方式恶意散播他人谣言等。

在培养学生如何分辨欺凌的基础上，还应教授其如何应对欺凌，主要包括自我应对和帮助他人应对欺凌两方面。一方面，培养学生自主应对欺凌的能力。校园欺凌中的参与者角色主要分为欺凌者、被欺凌者（也称为受害者）以及旁观者。学生在能够分辨欺凌行为的同时，应主动拒绝参与并阻止欺凌他人的相关活动，并且应尽量避免使自己成为被欺凌者，例如，在被他人欺凌时，应选择设法向同伴求救、保护个人的生命安全，并设法逃离现场，然后及时向教师、家长等成年人求助，在必要时可以选择报警，避免受到更严重的伤害。另一方面，培养学生帮助他人应对欺凌的能力。在欺凌事件中，旁观者角色可以大致分为三类：欺凌者的强化者，即通过大笑或欢呼向欺凌者提供积极反馈；局外人，即无动于衷的人；受害者的捍卫者，即站在受害者一边、安慰和支持受

---

① Dan Olweus, "Bullying at School," in Huesmann, L. R., eds., *Aggressive Behavior*, Boston, MA: The Plenum Series in Social/Clinical Psychology, 1994, p.98.

害者。① 由于学生的某些无意行为可能会对欺凌者起到"鼓励"作用，因此应使学生了解旁观者的类型，鼓励其帮助他人应对欺凌，成为受害者的捍卫者，在遇到他人被欺凌的情况时，主动制止欺凌并帮助其向同伴、教师、家长等人求助，给予受害者帮助和支持。

（四）培养社会情感能力

大量研究表明，为了减少欺凌，提高学生的社会情感能力同样重要。这是因为情绪是欺凌问题的核心。如何处理自己的情绪，能否识别自己和他人感受，控制自己的冲动，折射出的是一个人的情绪智力。缺乏冷静、愤怒、悲观是与欺凌紧密相关的消极情绪。对消极情绪的管控是避免欺凌发生的重要能力。有的学生之所以会欺凌他人或成为受欺凌者，是因为缺乏情绪管理能力（如自控力、冷静）和社交技能（如包容他人、尊重他人技能、语言交流技能等）。

社交与情感技能的获得可以减少青少年的暴力、欺凌、冲突等行为，促进其积极、健康的成长。② 为提高学生的情绪管理及社交技能，美国"学业、社交和情绪学习协会组织"（The Collaborative for Academic, Social, and Emotional Learning, CASEL）提出了"社会情感学习"项目（Social Emotional Learning, SEL），致力于培养识别和管理情绪、关心他人、做出负责任的决定、建立积极关系和有效处理挑战性情况的能力，培养学生的五种核心社交和情感能力：自我意识、社会意识、自我管理、人际关系技巧以及负责任的决策。③ 大量研究发现，社会情感学习项目能够显著改善学生的社交和情感技能、态度、行为以及学术表现。④

在此基础上，联合国儿童基金会与我国教育部教师工作司"社会情

---

① Christina Salmivalli, "Bullying and the Peer Group: A review," *Aggression and Violent Behavior*, Vol. 15, No. 2, March-April 2010, pp. 112–120.

② Federica Sancassiani, "Enhancing the Emotional and Social Skills of the Youth to Promote their Wellbeing and Positive Development: A Systematic Review of Universal School-based Randomized Controlled Trials," *Clinical Practice & Epidemiology in Mental Health*, Vol. 11, February 2015, p. 21.

③ CASEL. *Safe and Sound: An Educational Leader's Guide Toevidence-based Social and Emotional Learning (Sel) Programs*, (2003-03) [2018-04-07], https//casel.org/safe-and-sound-aneducational-leaders-guide-to-evidence-based-social-and-emotional-learning-sel-programs/.

④ Joseph A. Durlak, "The Impact of Enhancing Students' Social and Emotional Learning: A Meta-Analysis of School-based Universal Interventions," *Child Development*, Vol. 82, No. 1, January/February 2011, pp. 405–432.

感学习"(SEL)项目专家团队依据我国国情,提出了社会情感学习的六维框架:(1)自我认知,了解和反思自己的感受,包括自知、自信、自尊;(2)自我管理,调整自己的情绪以协助完成手头的任务,包括调适、反省、坚韧和进取心;(3)他人认知,理解他人的感受和观点,包括同理心、尊重他人、富有亲和力;(4)他人管理,处理人际关系中的情绪问题,包括理解、包容、化解冲突、人际交往;(5)集体认知,理解集体的规则、规范和价值观及其观点,包括与人合作、遵守规范、亲社会行为;(6)集体管理,即建立集体归属感,包括归属感、亲社会意识。① 教师与学校可以这六项关键能力为主要内容,培养学生的情绪管理及社交技能,增加学生的亲社会行为,降低欺凌的发生概率。

(五)提升社会责任素养

有时学生即使具有了反欺凌意识和态度,有积极的同伴关系,掌握了反欺凌知识和技能,具备了社会情感能力,同时,明明知道欺凌他人是错误的,也仍然会选择欺凌他人,这是因为缺少相应的道德品质——社会责任素养。学生之间的欺凌事件之所以发生,表面上是因为欺凌者没有与受欺凌者建立和谐的同伴关系,旁观者缺乏对受欺凌者的同情,其深层原因则是学生缺乏社会责任素养。因此,培养学生的社会责任素养不仅是中国学生核心素养发展的重要构成,也是预防中小学校园欺凌不可或缺的基本要件。在中小学生群体中,社会责任素养"主要包含个人责任、家庭责任、他人责任、社会责任四个层面,强调不同结构维度的责任感和责任担当的精神"②。我国中小学生目前的社会责任素养并不理想,主要存在克己修身的自我责任意识淡薄、和谐相处的他人责任理念欠缺、勇于担当的社会责任情怀式微等问题。

培养学生的社会责任素养,可以从传统文化中汲取精髓。首先,应培养学生"出则悌"的价值观。《弟子规》所讲的"出则悌"主要包含两部分:一部分强调兄弟姐妹之间的相处之道,另一部分则阐述了尊敬

---

① Kai Yu, "Social and Emotional Learning in China: Theory, Research, and Practice," *Social and Emotional Learning in Australia and the Asia-Pacific*, March 2017, pp. 205-217;杜媛、毛亚庆、杨传利:《社会情感学习对学生欺凌行为的预防机制研究:社会情感能力的中介作用》,《教育科学研究》2018年第12期。

② 曹文、张香兰:《〈弟子规〉培育中小学生社会责任素养的价值及其实现》,《教育研究与实验》2019年第2期。

长者的行为规范。应培养学生尊敬他人、和谐相处、友善互爱的交往之道，以不伤害为前提，做到尊重、信任、理解和包容他人。其次，培养学生"谨而信"的品质。"谨而信"一方面要求儿童做人做事、待人接物都应小心谨慎，养成良好的行为习惯；另一方面则要求儿童在为人处世上应诚信待人。培养学生在日常生活中规范自我言行，严以律己，增强德行修养，进一步提升自我责任素养。最后，培养学生"泛爱众而亲仁"的使命感。"泛爱众"强调用博爱的胸怀接纳所有人（如"凡是人，皆须爱"）；"亲仁"则强调应亲近仁者（如"能亲仁，无限好。德日进，过日少"）。应告诫学生明辨是非、努力亲近有德行的人，坚持"博爱、为善、仁义、正直"等原则，培养学生的责任担当，更好地提升其社会责任素养。

（六）采取多样化的培养方式

1. 课堂教学

提升学生的反欺凌素养，最直接的方式是以课堂的形式进行，包括专门的课程以及日常的课堂渗透。

首先是专门的课程培训，由专职教师依据教材、幻灯片、视频等为学生讲解防范欺凌的相关知识，并帮助学生在日常生活中进行应用。但是由于教学资源有限、学生课业负担较重等原因，大部分学校无法设立或长期进行专门的反欺凌课程，那么就需要任课教师在日常课堂以及学校生活中为学生普及反欺凌知识。除此以外，还可以使学生参与学校反欺凌规章制度的建立与普及，参与欺凌事件的处置过程等。

2. 情景体验

情景模拟的形式包括话剧或情景剧、任务型游戏等。根据学生的年龄、性别等条件创设不同的欺凌情景，使学生在其中扮演不同的角色，并且可以选择不同的应对策略来控制事件的发展方向。

通过情景模拟的方式，一方面可以使学生体验不同的参与者角色，深入了解欺凌者、被欺凌者和旁观者的感受，以及欺凌行为给不同角色带来的伤害，增加潜在欺凌者和旁观者对于受害者的移情；另一方面，学生自主选择不同的应对策略，体验不同策略带来的不同结果，更加熟练掌握有效的应对和处理策略，与此同时也能增加潜在受害者对于自主应对欺凌的信心。

3. 策划专题活动

为使学生更加积极主动地学习防范欺凌的相关知识，并能够在日常生活中灵活运用，可以举办多种类型的活动，活动类型及方式的选择可以由教师及学生共同策划。活动类型大致包括两类：一类是文娱活动，例如以反欺凌为主题的知识竞赛、绘画展览、戏剧表演、演讲比赛等；另一类是教育活动，例如学生以小组合作的形式共同策划以防范欺凌为主题的课程，并在本班内或其他低年级的班级内进行讲授，课程形式及内容由教师给予指导，以确保其科学及合理性。

4. 重构班级网络

教师还可以通过重构班级网络，打破学生之间的"帮派"，减少欺凌的发生。在学校中，学生会自发形成不同的小团体，例如，某个小团体的成员倾向于成为欺凌者，也会吸引其他潜在的欺凌者加入其中。为了避免这种现象，教师需要有意识地驱散这些小团体，在学习或活动中使不同类型的学生结为同伴或小组，共同完成任务。在此过程中促使不同类型的学生协作互助，加深对彼此的了解，形成新的班级网络。①

第三节　家长如何参与预防和干预校园欺凌

社会生态框架解释了儿童的个体特征如何与环境或系统相互作用，以促进或防止欺凌受害和犯罪行为的发生②，其中，家庭对孩子的社会化发展起着重要作用，将家长纳入反欺凌工作非常必要。③ 世界著名校园欺凌研究专家 David P. Farrington 和 Dorothy L. Espelage 通过研究表明，家长

---

① Christina Salmivalli, "Participant Role Approach to School Bullying: Implications Forinterventions," *Journal of Adolescence*, Vol. 22, No. 4, August 1999, pp. 453-459.

② Urie Bronfenbrenner, "Ecological Models of Human Development," *International Encyclopedia of Education*, Vol. 3, No. 2, 1994, pp. 37-43; Espelage, Dorothy L., "Leveraging School-based Research to Inform Bullying Prevention and Policy," *American Psychologist*, Vol. 71, No. 8, August 2016, pp. 768-775.

③ Melissa K. Holt, "Parent/Child Concordance about Bullying Involvement and Family Characteristics Related to Bullying and Peer Victimization," *Journal of School Violence*, Vol. 8, No. 1, January 2009, pp. 42-63.

参与学校反欺凌工作对欺凌行为的减少产生了促进作用。① Suzet Tanya Lereya 等人研究发现，父母参与和支持以及良好的亲子关系最有可能保护儿童免受同伴伤害。②陈绮琪（Qiqi Chen）等人通过系统回顾父母在反欺凌项目中的角色，发现父母干预对减少欺凌有显著效果。③ 欺凌预防项目在实施中应注重教师、学生、家长的共同参与，并且基础教育应获得家庭的协同和理解，从而使学生身心健康发展。④

国外有关家长参与欺凌预防/干预研究的元分析，或由于研究时间早，而不包含近十年的新研究证据，或者由于所用方法限制了该研究领域的范围，而使我们无法全面了解该领域的研究状况和循证依据。我国有关家长如何参与校园欺凌预防/干预的研究较为罕见，能为家长参与预防/干预校园欺凌实践提供实证依据的研究更是付之阙如。

本书运用范围综述方法，对七个英文数据库中家长参与校园欺凌预防/干预的研究进行审查，以全面了解该领域的研究概况，为我国家长参与预防/干预校园欺凌实践提供更广泛、有力的证据支持。

此次审查对家长参与欺凌预防/干预研究进行回顾，目的在于：（1）分析现有家长参与校园欺凌预防/干预相关研究；（2）发现什么样的家长参与方式可以有效预防/干预校园欺凌；（3）在（2）的基础上，讨论我国家长参与欺凌预防/干预的可能策略。

依据上述目的，提出以下问题：

（1）为了减少欺凌的发生，全球范围内已经开展了哪些家长参与的校园欺凌预防/干预研究？

（2）全球范围内相关研究中已探索出哪些家长参与策略帮助预防/干预欺凌？

---

① Maria M. Ttofi, "Effectiveness of School-bvased Programs to Reduce Bullying: A Systematic and Meta-Analytic Review," *J. Exp Criminol*, Vol. 7, No. 1, March 2011, pp. 27-56; Yuanhong Huang, "A Meta-analytic Review of School-based Anti-bullying Programs with a Parent Component," *International Journal of Bullying Prevention*, Vol. 1, No. 1, March 2019, pp. 32-44.

② Suzet Tanya Lereya, "Parenting Behavior and the Risk of Becoming a Victim and a Bully/Victim: A Meta-Analysis Study," *Child Abuse & Neglect*, Vol. 37, No. 12, December 2013, pp. 1091-1108.

③ Qiqi Chen, "A Meta-Analysis on Effects of Parenting Programs on Bullying Prevention," *Trauma, Violence, & Abuse*, Vol. 22, No. 5, April 2020, pp. 1-12.

④ 陶建国、王冰：《挪威中小学校园欺凌预防项目研究》，《比较教育研究》2016 年第 11 期。

(3) 依据 (2) 提供的证据,我国中小学家长应如何参与预防/干预校园欺凌?

一 研究方法

此次研究使用范围综述方法。以 Hilary Arksey 和 Lisa O'Malley 的范围研究框架的五个阶段为依据,即"确定研究问题;确定相关研究;研究选择;绘制数据图表,以及整理、总结和报告结果"[1]。在搜索文献资料时,根据 2020 年 PRISMA 报告,每个被纳入项目的文献均由一名研究人员进行抽象概括,由第二名研究人员判断其准确性,如果出现分歧则由第三名研究人员进行再次分析。[2]

对家长参与欺凌预防/干预研究的审查分两个阶段(见图 6.3)进行:第一阶段通过运用特定检索词对已知数据库进行检索,从而获得具有家长参与的旨在解决欺凌问题的文献资料;第二阶段重点在于通过阅读文献资料,从中选取符合标准的文献,将其纳入审查范围。

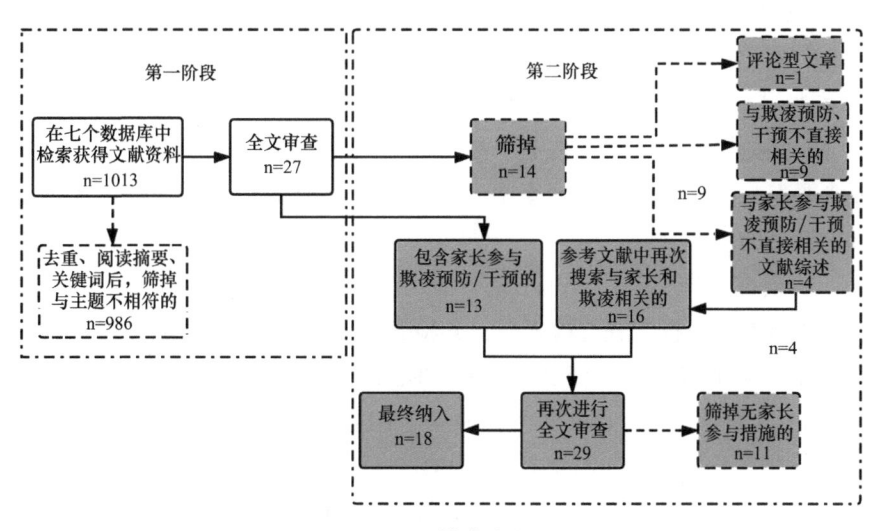

图 6.3 搜索流程

---

[1] Hilary Arksey, "Scoping Studies: Towards a Methodological Framework," *International Journal of Social Research Methodology*, Vol. 8, No. 1, February 2005, p. 22.

[2] PRISMA 2020 Explanation and Elaboration: Updated Guidance and Exemplars for Reporting Systematic Reviews, BMJ 2021; 372: n160, http://dx.doi.org/10.1136/bmj.n160.

(一) 出版物的检索和分析

1. 检索数据库

我们共检索了 EBSCO、Elsevier、Web of Science、Wiley、OALib 开放获取图书馆、PQDT、Springer Link 七个数据库，检索范围为截至2021年5月该数据库收录的所有文献。

2. 检索词

由于此次研究对象为家长，针对问题为欺凌预防和干预，因此使用"parent""family""bullying intervention""bullying prevention"作为检索词，为使此次研究的审查范围尽量全面，在七个数据库中分别使用不同的检索策略：

运用"bullying intervention"or"bullying prevention"作为标题词分别在七个英文数据库中进行检索。同时，在 Web of science 中，使用"parent"or"family"作为主题词，在 Elsevier 中，使用"parent"or"family"在标题、摘要、关键词中进行检索；在 Wiley、Springer Link 以及 EBSCO 中，使用"parent"or"family"在所有字段中进行检索；在 PQDT 中，使用"parent"or"family"在摘要中进行检索；在 OALib 中，使用"parent""family"作为标题词进行检索。

我们把检索结果限制在七个数据库中的会议或期刊发表的文章标题或摘要上，但是在一些数据库中，由于缺少必要的检索过滤器而无法实现检索目的。

3. 研究选择

在对七个数据库进行检索后，共检索出 1013 篇相关文献，在 Web of Science 中共检索出 56 篇文献，在 Elsevier 中共检索出 16 篇文献，在 Wiley 中共检索出 131 篇文献，在 Springer Link 中共检索出 58 篇文献，在 EBSCO 中共检索出 518 篇文献，在 PQDT 中共检索出 4 篇文献，在 OALib 中共检索出 236 篇文献，去除重复文献后，我们阅读了所有文献的标题和摘要，并依据下列标准进行筛选，共保留 27 篇文献。

(1) 纳入标准

在对文献进行筛选前建立纳入标准。首先，文章侧重于家长参与对校园欺凌预防/干预的影响；其次，文献中包含家长参与校园欺凌预防/干预的措施；最后，文献使用语言为英语。

(2) 排除标准

文献只涉及家长或家庭与校园欺凌的关系，在研究中干预措施不能体现家长参与的影响，文献使用语言非英语，以及图书章节、会议摘要等类型均被排除。

(二) 分析文献中的家长参与

1. 家长参与欺凌预防/干预的选择

对27篇文献进行全文审查后，根据纳入和排除标准保留13篇，在筛掉的14篇文献中，包括4篇文献综述，9篇与欺凌预防不直接相关的文献，1篇评论型文献；从4篇文献综述的参考文献中筛选出16篇与家长和欺凌相关的文献；对29篇文献进行再次阅读，筛掉11篇没有具体家长参与措施的文献，最终确定18篇文献，将其纳入研究范围。

2. 家长参与欺凌预防/干预的分析

在18篇文献资料中，提出了以下数据进行审查：研究的作者，研究进行的年份和国家，研究的目的，项目的名称，家长参与的具体内容，研究的结果。

二 研究结果

(一) 全球范围内已经开展了哪些家长参与的校园欺凌预防/干预研究

在纳入审查的18篇研究中，实证取向的研究共有14篇，包含6篇以家长为主体的欺凌预防/干预研究，及8篇家长参与全校范围的欺凌预防/干预研究，其中包括1篇观察实验、1篇前后测准实验、6篇随机对照实验、6篇前后测随机对照实验；理论取向的研究有4篇，包括在艾普斯坦（Epstein）模型基础上提出的家长参与模式，使用文献法提出的家长培训手册，家校融合路径（FAST Track）项目提出的临床模型，以及丹·奥维斯（Dan Olweus）对奥维斯欺凌预防项目的回顾。在研究样本方面，2篇研究涉及初中生，其余研究样本均为小学生，所有研究均涉及学生及其监护人或教师；在文献发表时间方面，有15篇发表于2009—2021年，2篇发表于2004—2005年，1篇发表于1992年；在研究区域分布上，7篇来自美国，4篇来自澳大利亚，两篇来自芬兰，来自土耳其、挪威、加拿大、英国、荷兰的各有1篇。各个文献审查要素见表6.3。

表 6.3　文献审查的要素概览

序号	作者（年份/国家）	研究目的	研究方法	项目名称	家长参与内容	研究结果
1	Kimberly M. Burkhart (2012年/美国)①	本研究考察了父母的敌意、抑郁及养育技能如何导致儿童欺凌，以及ACT-PRSK项目在减少儿童欺凌方面的有效性	前后测对照试验	澳大利亚首都地区家长安全养育儿童（ACT Parents Raising Safe Kids, ACT-PR-SK）	家长培训以基于实践的讨论和活动的形式进行。每周都会给父母分配作业，以帮助他们更好地理解概念并练习以加强亲社会行为，对适应不良的问题儿童行为使用适应性发展的后果，并模拟愤怒情绪管理和解决社会问题的技能	本研究的结果表明：（1）本研究的父母认可欺负行为在幼儿中经常发生；（2）ACT-PRSK项目在减少幼儿童欺凌方面是有效的
2	Jered B. Kolbert等 (2014年/美国)②	介绍如何将艾普斯坦（Epstein）家长参与模式应用到欺凌预防项目的框架中	理论研究	家长参与模式（Parent Involvement Model）	建立在Epstein模型基础上的家长参与：（1）育儿：帮助建立支持学生学习的家庭环境（2）沟通：学校与家长建立有关学校学业或个人发展的双向联系（3）志愿服务：家长参与由中学工作人员或社区成员发起的活动（4）在家学习：向家长提供学校管理程序的信息，帮助他们增加孩子的学业活动（5）参与决策：家长作为学校委员会成员的代表参与制订欺凌预防计划（6）与社区合作：整合社区中的资源和其他有利条件	本研究介绍了家长参与模式在学校欺凌预防和干预欺凌中的作用，并且证明了育儿、沟通、志愿服务、在家学习、参与决策以及与社区合作可以有效地用于促进学校辅导员在学校的反欺凌辅导和规划方面的努力

---

① Kimberly M. Burkhart, "Parental Factors Contributing to Bullying and the Effects of the ACT Parents Raising Safe Kids Program on the Reduction of Bullying," Toledo, Ph. D. Dissertation, The University of Toledo, 2012.

② Jered B. Kolbert, "Bullying Prevention and the Parent Involvement Model," *Journal of School Counseling*, Vol. 12, No. 7, 2014, pp. 1–20.

续表

序号	作者（年份/国家）	研究目的	研究方法	项目名称	家长参与内容	研究结果
3	Karyn L. Healy 等（2014年/澳大利亚）[1]	本研究考察了家庭干预对被同伴欺负儿童的受害和情绪困扰的影响	随机对照试验	抗逆力取向的积极养育项目（Resilience Triple P: Positive Parenting Program, RTP）	共包括八节课程：四节家长课程和四节亲子关系在场的儿童课程。家长学习促进亲子关系、支持孩子的友谊、解决同题行为，指导对欺凌和冲突的有效反应，并与学校工作人员沟通	随着时间的推移，欺凌情况显著改善，在接受 RTP 的家庭中儿童和父母报告的总体变化明显更大，教师报告的公开受害情况显著减少
4	Claire E. Nick（2016年/美国）[2]	通过概述对家长进行欺凌预防的相关培训，为教育社区主要利益相关者提供指导	文献法	—	(1) 社区等利益相关方参与家长培训 (2) 培训应尽可能考虑家长的时间安排 (3) 建议以具体的形式向家长提供可靠的建议，使他们能在需要时有所参考（例如，PPT演示文稿或讲义；在学校网站上的一个页面）	虽然目前在预防和干预欺凌领域的文献反映了人们对生态系统重要性的理解，但目前美国各地小学最常用的项目仍缺乏足够的家长参与。尽管有大量研究支持建立强有力的家校伙伴关系，但没有扩展到欺凌预防和干预的方式上

---

[1] Karyn L. Healy, "Randomized Controlled Trial of a Family Intervention for Children Bullied by Peers," *Behavior Therapy*, Vol. 45, No. 6, November 2014, pp. 760-777.

[2] Nick, Claire E., "The Missing Peace: Development of a Parent Training for Bulling Prevention among Elementary School-Aged Children, Pennsylvania," Ph. D. Dissertation, Widener University, 2016.

续表

序号	作者（年份/国家）	研究目的	研究方法	项目名称	家长参与内容	研究结果
5	Donna Cross 等（2016 年/澳大利亚）[1]	旨在确定普遍的家长干预在多大程度上可以鼓励家长更积极地与孩子就欺凌问题进行对话	随机对照试验	友好学校友好家庭（Friendly Schools Friendly Families, FSFF）	FSFF 高剂量和中剂量研究条件均包括四个干预水平（全校、课堂、家庭和个人），主要区别在于家庭干预水平而低剂量研究条件仅涉及普通的家校互动和全校资源。高剂量干预组在每个研究年度接受了额外 3 小时项目团队培训，以及一系列针对家长及其家人的意识提高和技能培养的家庭活动	大多数高剂量干预组的家长报告，家庭资源增加了他们的信心、知识以及讨论欺凌的技巧以及谈论子女学校反馈的理解，而大多数中剂量干预组的家长们报告只增加了知识以及对学校反馈有更好的理解
6	Leanne Lester 等（2017 年/澳大利亚）[2]	本文描述并评估了 FSFF 干预的家庭组成部分	随机对照试验	友好学校友好家庭（Friendly Schools Friendly Families, FSFF）	高剂量干预组每年接受学校团队提供的培训和资源，以及整个学校、教室和个人层面的策略。中剂量干预组没有接受任何特定的家庭教育培训或资源，中剂量干预组接受所有其他基于全校干预组或控制组仅接受普通的全校和教室的培训和资源，低剂量干预组不接受任何培训	研究发现，与低剂量干预组母亲相比，高剂量干预组的父母更频繁地与孩子讨论欺凌问题，并且随着孩子年龄的增长，讨论频率会增加

---

[1] Donna Cross, "A Group Randomized Controlled Trial Evaluating Parent Involvement in Whole-school Actions to Reduce Bullying," *The Journal of Educational Research*, Vol. 111, No. 3, November 2016, pp. 255–267.

[2] Leanne Lester, "Family Involvement in a Whole-School Bullying Intervention: Mothers' and Fathers' Communication and Influence with Children," *Journal of Child and Family Studies*, Vol. 26, No. 10, October 2017, pp. 2716–2727.

第六章 校园欺凌的多主体预防

续表

序号	作者（年份/国家）	研究目的	研究方法	项目名称	家长参与内容	研究结果
7	Stevie N. Grassetti 等（2019年/美国）①	旨在评估父母为欺凌旁观者提供不同建议的频率；检查旁观者所见的欺凌形式与父母建议之间的联系	观察法	—	(1) 父母建议任务：在家访期间，父母和孩子参与了一项任务，他们讨论了五个假设的欺凌事件 (2) 父母建议的观察编码：建议任务中的亲子对话敬录音并逐字转录	(1) 父母最常建议旁观者通过告知成年人干预受害者 (2) "帮助/安慰受害者"是第二位常见的父母建议； (3) 父母通常通过阻止欺凌者建议旁观者进行干预
8	Coby van Niejenhuis 等（2020年/荷兰）②	研究检验了一项旨在改善家长与学校合作抵制欺凌方面的干预措施	随机对照实验	—	(1) 邀请家长与老师单独见面在学校的感受；(2) 家长被邀请参加小组会议，讨论学校如何创造愉快的氛围；(3) 以书面形式告知家长学校如何努力营造愉快的氛围；(4) 父母接受邀请与老师单独联系；(5) 父母接受邀请参加其他父母参加的会议；(6) 家长阅读学校的信件	干预对教师及家长的态度和努力有积极影响：对教师的感知能力没有影响。然而，父母学到了更多关于欺凌的知识，以及如何与孩子就欺凌进行沟通

① Stevie N. Grassetti, "Parental Advice to Preadolescent Bystanders about How to Intervene During Bullying Differs by form Of Bullying," John Wiley & Sons Ltd, Vol. 29, No. 1, July 2019, pp. 290-302.
② Coby van Niejenhuis, "Working with Parents to Counteract Bullying: A Randomized Controlled Trial of an Intervention to Improve Parent-school Cooperation," *Scandinavian Journal of Psychology*, Vol. 61, No. 1, February 2020, pp. 117-131.

续表

序号	作者（年份/国家）	研究目的	研究方法	项目名称	家长参与内容	研究结果
9	Conduct Problems Prevention Rerearch Group（1992 年/美国）[1]	评估一项防止在高风险儿童首次入学时出现严重和长期行为问题的综合干预措施	理论研究	家校融合路径（Families and Schools Together, FASTTrack）	（1）家长培训：针对社会学习的家长培训和家庭行为治疗模式（2）家访：每两周一次的家访（或电话联系），辅以每周一次的家长小组技能培训，以练习技能，将概念应用于家庭环境，并解决个人在实施技能方面的困难	FAST Track 的临床模型表明，为家长参与提供适当的氛围和诱因很重要。此外，由于这是一种预防模式，重要的是要将父母视为参与者，而不是"确诊病例"的父母
10	Tanya N. Beran（2004 年/加拿大）[2]	旨在改变学校气氛并发展关爱的学校文化，让教职员工、学生和家长意识到欺凌行为，并对使用预防政策充满信心	前后测对照试验	敢于关心（Dare to Care: Bully Proofing Your School）	（1）计划实施者向家长介绍项目内容，以确保该计划的原则能反映在整体课程中并随着时间推移而持续（2）学生、家长和学校工作人员共同制定关于欺凌的纪律政策，根据攻击行为严重程度确定具体后果与补偿行为改变行为（重点是补偿而不是惩罚）	验证了 Dare to Care 计划的有效性。在 3 个月的课程中，中学报告目睹欺凌的频率有所下降，而控制组学校则保持稳定。但儿童被欺负的报告并没有减少

---

[1] Conduct Problems Prevention Research Group, "A Developmental and Clinical Model for the Prevention of Conduct Disorder: The FAST Track Program," *Development and Psychopatholog*, Vol. 4, No. 4, October 1992, pp. 509−527.

[2] Tanya N. Beran, "An Evaluation of a Bullying Prevention Program for Elementary Schools," *Canadian Journal of School Psychology*, Vol. 19, No. 1−2, December 2004, pp. 99−116.

续表

序号	作者（年份/国家）	研究目的	研究方法	项目名称	家长参与内容	研究结果
11	Karin S. Frey 等（2005年/美国）①	检查干预对操场欺凌和儿童旁观者行为、社会情感相关技能和信念的影响以及检验欺凌干预计划的有效性	前后测随机对照试验	逐步尊重（The Step to Respect）	该计划包括为父母编写的信息概述。管理人员向家长通报该计划以及学校反欺凌政策和程序。最后，提供给家长回家的信件，介绍了课程的关键概念和技能，以及能够在家实施的活动	对操场行为变化的分析显示，欺凌和神秘行为有下降、干预组的愉快互动增加并且有减少破坏性旁观行为的趋势。干预组旁观者的责任感及感知成人反应的能力更强，对欺凌改击的接受程度更低
12	Cheryl Curtis （2007年/英国）②	检验 path 课程的有效性	前后测对照试验	促进选择性思维策略（Promoting Alternative Thinking Strategies, PATH）	所有使用PATH的学校都努力让家长参与进来，以便PATH中的思想和技能能够在家中得到认可和加强。通过信件、集会、家长会、家访和展览来宣传。"我们在家庭包里做了传单，还做了'turtles'……父母说他们在家里使用'turtles'真得很棒。"	来自SDQ（优势和困难问卷）的数据表明，与对照组学校的儿童相比，PATH组学校的儿童在所有互种欺凌行为和情绪结构上都有显著改善

① Frey, Karin S., "Reducing Playground Bullying and Supporting Beliefs: An Experimental Trial of the Steps to Respect Program," *Developmental Psychology*, Vol. 41, No. 3, 2005, pp. 479-491.
② Cheryl Curtis, "An Evaluation of the Promoting Alternative Thinking Strategies Curriculum at Key Stage 1," *Educational Psychology in Practice*, Vol. 23, No. 1, February 2007, pp. 33-44.

续表

序号	作者（年份/国家）	研究目的	研究方法	项目名称	家长参与内容	研究结果
13	Kathryn Berry 等（2009 年/澳大利亚）①	测试对在学校遭受欺凌的青春期焦虑男孩进行干预的有效性	随机对照试验	—	(1) 青少年每周接受8次认知行为人性化团体干预计划，家长也参加了单独的平行计划 (2) 干预计划（"自信儿童计划"）包括基于认知行为的焦虑管理策略，每周都会安排家庭作业，其中包括在现实生活中练习相关策略 (3) 家长项目包括对支持技能策略的进一步讨论，并解决潜在的父母抚养因素，例如家长焦虑	有效减少了青少年的欺凌经历以及他们的焦虑、抑郁及与被欺凌相关的痛苦，干预效果在3个月的随访中得以维持
14	Dan Olweus 等（2010 年/挪威）②	减少在校学生中现有欺凌问题、防止新欺凌问题发生，以及在学校建立更好的同伴关系	文献法	奥维斯欺凌预防项目（The Olweus Bullying Prevention Program, OBPP）	(1) 父母以多种方式参与了 OBPP 项目，包括在学校协调委员会任职，参加活动和家长会议，并通过小册子、时事通讯、活动和在线公告栏定期接收关于欺凌和 OBPP 的信息 (2) 鼓励教师与家长举行关于 OBPP 的班会，以帮助家长了解与欺凌相关问题的处理方式，及学校通过 OBPP 解决欺凌问题的计划以并征求家长对该计划的意见	20年的研究主要集中在斯堪的纳维亚半岛和美国，证实可以通过系统的全校努力减少欺凌。学校环境的教职员工、学生和家长的重要承诺和努力

① Kathryn Berry, "Evaluation of an Intervention Program for Anxious Adolescent Boys Who Are Bullied at School," *Journal of Adolescent Health*, Vol. 45, No. 4, October 2009, pp. 376-382.

② Dan Olweus, "The Olweus Bullying Prevention Program Implementation and Evaluation over Two Decades," *Handbook of Bullying in Schools*, January 2010, pp. 377-401.

续表

序号	作者（年份/国家）	研究目的	研究方法	项目名称	家长参与内容	研究结果
15	Katja Joronen 等（2011年/芬兰）[①]	评估戏剧项目对班级社会关系以及学龄社会儿童欺凌和受害的影响；确定项目强度是否会改善社会关系和减少欺凌经历	前后测随机对照试验	戏剧项目（Drama Program）	（1）家庭活动包括亲子之间互动。例如，孩子对父母就学童时的学校生活和欺凌问题进行采访。（2）家长晚会的主题来自家长和老师的书面建议，包括欺凌，家校合作，家长监督和学校共同规则。由戏剧老师辅导，使用戏剧方法加强家长—家长和家长—老师之间的互动	（1）戏剧节目可以加强生—生和师—生之间的社会关系 （2）未发现该计划对欺凌行为有显著统计学影响 （3）戏剧节目对社会关系的影响在高强度干预班（最少9次）中有统计学意义，但在低强度干预班则没有
16	Christina Salmivalli 等（2012年/芬兰）[②]	结束正在进行的欺凌，防止新欺凌出现，并最大限度地减少受害的负面后果	随机对照设计用于评估项目效果	基瓦（KiVa）	对于家长来说，在学年开始时，会向每个家庭发送一份信息传单，在返校夜为家长使用幻灯片进行演示；在家长网站提供关于欺凌的信息，并就家长如何帮助减少甚至预防欺凌问题提供建议	小学1—6年级的欺凌发生次数和受害者显著减少。学生对学校学业的喜爱，学习动机及学业成绩有所提高，减少了内化问题和消极的同伴看法，增加了同理心，保护受害同伴的自我效能和建设性的旁观者行为

[①] Katja Joronen, "An Evaluation of a Drama Program to Enhance Social Relationships and Anti-bullying at Elementary School: A Controlled Study," *Health Promotion International*, Vol. 27, No. 1, March 2012, pp. 5–14.

[②] Christina Salmivalli, "Making Bullying Prevention a Priority in Finnish Schools: the KiVa Antibullying Program," *New Directions for Youth Development*, Vol. 2012, No. 133, April 2012, pp. 41–53.

续表

序号	作者（年份/国家）	研究目的	研究方法	项目名称	家长参与内容	研究结果
17	Meg Domino 等（2013/美国）①	介绍关于 TTL 项目对学生欺凌行为影响的队列研究的简要理论框架和结果	前后测时潜对照组队列研究设计	领导力项目（Take the Lead, TTL）	（1）在最后一节课中，与家长和教师分享服务学习的经验和成果（2）TTL 培训师为所有 7 年级家长提供教育研讨会，旨在让家长了解正在进行的课程及活动部分，在每个新部分开始时都会寄回家	TTL 的参与者报告称，与对照组相比，欺凌行为和受害者显著减少（p<0.001），结果在性别之间保持一致（p<0.001）
18	Sevil Albayrak Ayşe Yıldız 等（2016年/土耳其）②	评估学校欺凌预防项目对减少欺凌的影响	前后测和控制组，准实验设计	学校欺凌行为预防计划（Bullying Prevention Program, BPP）	（1）基于行为学一生态学模型的措施：家庭接受两小时培训，发放专门提供欺凌知识的家庭手册；基于学校网站为家庭提供欺凌知识（2）基于组曼（Neuman）系统模型的措施：通过跟校长合作，在反欺凌项目实施过程中对家庭进行培训；参与项目的家庭得到咨询服务	与对照组相比，干预组的受害程度有所减少，干预组学生的威胁—恐吓行为有所减少，但其他方面的欺凌行为没有变化

① Meg Domino, "Measuring the Impact of an Alternative Approach to School Bullying," *Journal of School Health*, Vol. 83, No. 6, June 2013, pp. 430–437.
② Sevil Albayrak Ayşe Yıldız, "Assessing the Effect of School Bullying Prevention Programs on Reducing Bullying," *Children and Youth Services Review*, Vol. 63, April 2016, pp. 1–9.

(二) 全球范围内相关研究已探索出哪些家长参与策略帮助预防/干预欺凌

1. 家长培训

家长培训包括直接培训和间接培训。直接培训主要指对家长进行欺凌相关知识和技能的培训，而间接培训主要指对家长进行社会情感和技能的培训，从而间接降低儿童参与欺凌的概率。在此次审查的文献中共有9篇涉及对家长培训。

在直接培训方面，在 RTP 项目中包含四节家长课程，主题分别为支持孩子的友谊，解决问题行为，指导如何应对欺凌和冲突，以及与学校工作人员沟通；① 克莱尔·尼克（Claire E. Nick）通过对已有欺凌项目进行总结，提出应对家长进行培训，为其提供可参考的建议；② 琳恩·莱斯特（Leanne Lester）以及唐娜·克罗斯（Donna Cross）等人在检验 FSFF 项目中家庭部分时，为高剂量组家长提供专门的家长培训，内容包括欺凌知识及育儿技巧；③ FAST Track 项目对家长进行了针对发展积极的家校关系以及育儿技能方面的培训，并辅以家访，以保证家长能真正地学以致用；④ 凯瑟琳·贝瑞（Kathryn Berry）等人对在校遭受欺凌的青春期焦虑男孩进行干预时，也对家长进行了相关培训，以保证干预计划的顺利实施及最优效果；⑤ 塞维尔·阿尔拜拉克（Sevil Albayrak）等人基于行为—生态学模型以及纽曼系统模型提出，学校要为家长提供专门培训，

---

① Karyn L. Healy, "Randomized Controlled Trial of a Family Intervention for Children Bullied by Peers," *Behavior Therapy*, Vol. 45, No. 6, November 2014, p. 766.

② Nick, Claire, E., "The Missing Peace: Development of a Parent Training for Bulling Prevention among Elementary School-Aged Children," Pennsylvania, Ph. D. Dissertation, Widener University, 2016.

③ Donna Cross, "A Group Randomized Controlled Trial Evaluating Parent Involvement in Whole-School Actions to Reduce Bullying," *The Journal of Educational Research*, Vol. 111, No. 3, November 2016, pp. 255-267; Leanne Lester, "Family Involvement in a Whole-School Bullying Intervention: Mothers' and Fathers' Communication and Influence with Children," *Journal of Child and Family Studies*, Vol. 26, No. 10, October 2017, pp. 2716-2727.

④ Conduct Problems Prevention Research Group, "A Developmental and Clinical Model for the Prevention of Conduct Disorder: The Fast Track Program," *Development and Psychopatholog*, Vol. 4, No. 4, October 1992, p. 515.

⑤ Kathryn Berry, "Evaluation of an Intervention Program for Anxious Adolescent Boys Who Are Bullied at School," *Journal of Adolescent Health*, Vol. 45, No. 4, October 2009, p. 378.

为其提供欺凌的相关信息和知识。①

在间接培训中，以金伯利·伯克哈特（Kimberly M. Burkhart）检验 ACT-PRSK 项目的实验为例，对家长进行了为期八周的培训，以加强其在社会情感以及解决社会问题方面的能力，从而建立稳定的家庭关系，促进儿童社会情感能力的发展，减少问题行为的发生。②

2. 与家长合作

与家长建立积极的合作关系，并在应对欺凌方面保持立场一致，往往能使欺凌干预/预防措施的效果最大化。在此次审查中，共有三篇文献涉及与家长建立合作关系。

在基于艾普斯坦（Epstein）模型提出的家长参与模式中，除了通过多种方式向家长提供欺凌的有关信息外，还会跟踪儿童的在校行为，着重甄别其欺凌行为，并报告给家长，与家长建立有效沟通；③ 科比万·涅金赫斯（Cobyvan Niejenhuis）等人则通过邀请家长参加学校会议、与老师单独会面等措施，提出家长和学校应在欺凌问题方面保持积极联系；④ Drama 项目通过举行家长晚会，由戏剧教师对家长—家长以及家长—老师之间的互动进行指导，以期使家长—家长以及家长—老师之间建立合作关系。⑤

3. 家长参与反欺凌课程

学校应通过各种形式引导家长积极参与反欺凌课程。在此次审查中，有 1 篇文献涉及此项。

在 PATH 课程中，学校不仅为家长提供可以在家使用的材料包，还

---

① Sevil Albayrak Ayşe Yıldız, "Assessing the Effect of School Bullying Prevention Programs on Reducing Bullying," *Children and Youth Services Review*, Vol. 63, April 2016, pp. 3-4.

② Kimberly M. Burkhart, Parental Factors Contributing to Bullying and the Effects of the ACT Parents Raising Safe Kids Program on the Reduction of Bullying, Toledo, Ph. D. Dissertation, The University of Toledo, 2012.

③ Jered B. Kolbert, "Bullying Prevention and the Parent Involvement Model," *Journal of School Counseling*, Vol. 12, No. 7, 2014, pp. 11-12.

④ Coby van Niejenhuis, "Working with Parents to Counteract Bullying: A Randomized Controlled Trial of an Intervention to Improve Parent-School Cooperation," *Scandinavian Journal of Psychology*, Vol. 61, No. 1, February 2020, p. 118.

⑤ Katja Joronen, "An Evaluation of a Drama Program to Enhance Social Relationships and Antibullying at Elementary School: A Controlled Study," *Health Promotion International*, Vol. 27, No. 1, March 2012, p. 8.

通过收集家长的反馈信息来检验课程的效果，使家长间接参与反欺凌课程。①

4. 家长参与制定学校反欺凌政策

学校为家长提供参与制定反欺凌政策的机会。在此次审查中，共有 3 篇文献涉及此方面内容。

在艾普斯坦（Epstein）家长参与模式中，采用民主程序制定欺凌预防计划，使来自各种背景的父母和家庭成员作为学校委员会的代表参与其中；② 在 FSFF 项目以及 Dare to Care 项目中，均包括邀请家长和学生与教师一起，共同制定和传播反欺凌相关政策。③ 为家长提供参与政策制定的机会，不仅能加深其对校园欺凌的认知，还能增强家长参与学校活动的主观能动性。

5. 提升家长的家庭教育素养

在此次审查的研究文献中，大部分针对家长的培训和课程，除了教授欺凌相关的知识和技能外，还会对家长育儿技能给予科学指导。共有 2 篇文献涉及此内容。

在检验 ACT-PRSK 项目的实验中，教授父母如何对儿童建立适当期望，如何运用非暴力的纪律技巧，如何减少儿童卷入负面的媒体影响，如何建立情绪管理以及解决社会问题的技能等，并将其教授给儿童；④ 在 FSFF 项目对家长的培训中，除欺凌的相关知识外，还包括科学的家庭教育方式等内容。⑤

---

① Cheryl Curtis, "An Evaluation of the Promoting Alternative Thinking Strategies Curriculum at Key Stage 1," *Educational Psychology in Practice*, Vol. 23, No. 1, February 2007, p. 39.

② Jered B. Kolbert, "Bullying Prevention and the Parent Involvement Model," *Journal of School Counseling*, Vol. 12, No. 7, 2014, p. 14.

③ Tanya N. Beran, "An Evaluation of a Bullying Prevention Program for Elementary Schools," *Canadian Journal of School Psychology*, Vol. 19, No. 1-2, December 2004, p. 103.

④ Kimberly M. Burkhart, "Parental Factors Contributing to Bullying and the Effects of the ACT Parents Raising Safe Kids Program on the Reduction of Bullying," Toledo, Ph. D. Dissertation, The University of Toledo, 2012.

⑤ Donna Cross, "A Group Randomized Controlled Trial Evaluating Parent Involvement in Whole-school Actions to Reduce Bullying," *The Journal of Educational Research*, Vol. 111, No. 3, November 2016, pp. 255-267; Leanne Lester, "Family Involvement in a Whole-school Bullying Intervention: Mothers' and Fathers' Communication and Influence with Children," *Journal of Child and Family Studies*, Vol. 26, October 2017, pp. 2716-2727.

6. 引导家长为旁观者儿童提供干预策略

家长对儿童行为施加影响的方式之一就是为其社交行为提供建议。在此次审查中，有 1 篇文献包含此项内容。

史蒂夫·N. 格拉塞蒂（Stevie N. Grassetti）等人在家访期间，让家长和儿童共同讨论五个假设的欺凌事件，由父母根据不同情景教给作为旁观者的儿童干预策略。父母最常告诉旁观者的意见是"通过告诉成年人进行干预"，"帮助/安慰受害者"是处于第二位的常见的干预策略，而父母最不常给出的建议则是通过阻止欺凌者进行干预。由于欺凌发生的时间往往是成年人不在场或者监管比较宽松的时候，因此"通过告诉成年人进行干预"的策略可能不会奏效。因此，学校应为家长和儿童提供更多关于如何"帮助/安慰受害者"的指导，以引导家长将儿童培养为"积极旁观者"[①]。

7. 作为活动主体参与全校范围的欺凌项目

除了专门针对家长的欺凌预防/干预措施以外，在全校范围的反欺凌项目中，家长也作为反欺凌多元主体的一方参与其中。在此次审查中，共有 4 篇文献包含此项内容。

在 KiVa 项目中，学校采取多种措施使家长全面了解项目的相关内容，以保证项目的顺利实施；[②] 同样，在 Take the Lead 项目中，为家长提供教育研讨会，并将家长信函寄回家，以帮助家长了解正在进行的课程和活动；[③] 在 The Step to Respect 项目中，管理人员会向家长讲解项目计划以及学校的反欺凌政策和程序，为家长提供带回家的信件，在其中概述欺凌的关键概念和技能，并列举了他们在家应该采取的行动；[④] 在 OBPP 项目中，家长作为主体通过在学校协调委员会任职、参与班级会议

---

① Stevie N. Grassetti, "Parental Advice to Preadolescent Bystanders about How to Intervene During Bullying Differs by form of Bullying," John Wiley & Sons Ltd., Vol. 29, No. 1, July 2019, pp. 290-302.

② Christina Salmivalli, "Making Bullying Prevention a Priority in Finnish Schools: The KiVa Antibullying Program," New Directions for Youth Development, Vol. 2012, No. 133, April 2012, pp. 46-47.

③ Meg Domino, "Measuring the Impact of an Alternative Approach to School Bullying," Journal of School Health, Vol. 83, No. 6, June 2013, p. 432.

④ Frey, Karin S., "Reducing Playground Bullying and Supporting Beliefs: An Experimental Trial of the Steps to Respect Program," Developmental Psychology, Vol. 41, No. 3, 2005, p. 482.

和学校范围内的家长会议、定期接收关于欺凌和 OBPP 项目的信息等多种方式参与学校反欺凌计划。①

三 我国中小学家长参与预防与干预校园欺凌的行动方案

我国为加强校园欺凌防治，自 2016 年起陆续颁布多个法规文件。《教育部等九部门关于防治中小学生欺凌和暴力的指导意见》（教基一〔2016〕6 号）明确规定依法落实家长监护责任；《加强中小学生欺凌综合治理方案》（教督〔2017〕10 号）提出应组织开展家长培训；《防范中小学生欺凌专项治理行动工作方案》（教基厅函〔2021〕5 号）规定，对排查发现的欺凌苗头或隐患点，学校应及时与家长进行沟通等。2021 年新修订的《中华人民共和国未成年人保护法》规定未成年人的父母或者其他监护人不得放任、唆使未成年人欺凌他人。同年修订的《中华人民共和国预防未成年人犯罪法》规定，学校应当加强与家庭的沟通，建立家校合作机制。虽然众多相关政策文件及法规均规定父母及监护人应参与校园欺凌防治，但对家长如何参与预防/干预欺凌未提供操作性策略。依据本书范围综述的结果和我国反欺凌政策法规的要求，结合我国中小学家长对校园欺凌认识及应对的现状，对我国家长参与校园欺凌预防/干预实践提出如下建议。

（一）引导家长参与学校反欺凌工作

学校应通过多种渠道引导家长积极参与学校反欺凌工作。

1. 家长参与学校反欺凌政策制定

学校在制定反欺凌政策时，应邀请家长委员会中具有不同背景的家长共同参与，通过对学校已经发生的欺凌事件进行归纳总结，针对现存问题提出改进建议和措施。② 还应明确欺凌的定义、根据欺凌事件严重程度制定不同处置方案、事后监督和预警机制等。参与政策制定和传播，不仅能充分吸纳各方意见，提高家长在反欺凌工作中的责任感，还能消除家长对学校反欺凌政策的质疑，使其对欺凌预防/干预有更深层次的认

---

① Dan Olwus, "The Olweus Bullying Prevention Program Implementation and Evaluation over Two Decades," *Handbook of Bullying in Schools*, January 2010, pp. 381-382.

② Jered B. Kolbert, "Bullying Prevention and the Parent Involvement Model," *Journal of School Counseling*, Vol. 12, No. 7, 2014, pp. 14-15.

识，促使学校和家长在应对欺凌方面保持一致，从而使相关措施的实施效果最大化。

2. 家长参与反欺凌会议

参与学校反欺凌会议也是家长参与学校反欺凌工作的重要途径，会议主要包括学校层面的会议以及班级会议。邀请家长参与学校层面的反欺凌会议，可以使家长全面了解学校近期反欺凌方面的工作进展及成效，及时获取家长对学校工作的看法和建议。班级会议是家校合作重要的渠道之一，不仅便于家长与教师之间的沟通，及时发现和解决问题，还能促使家长之间建立密切联系[1]，便于信息共享。

3. 家长参与欺凌处置

对于卷入欺凌的儿童来说，他们很难自行解决问题，需要成年人的参与和帮助[2]，但不能仅依靠教师的力量，还要使家长充分参与欺凌事件的处置。学校应建立"商谈机制"[3]，商谈内容包括事件的严重性、事后处置以及下一步的跟踪监督。学校或教师在发现或怀疑发生欺凌时，应及时与家长取得联系。一方面，学校要与欺凌者与被欺凌者的家长进行严肃谈话，共同商讨处理方案，并且使欺凌者及被欺凌者家长明确认识到事件的严重性；另一方面，对于有争议的事件，应邀请其他家长代表、教师和学生参与商讨，以保证处理方案的科学和公正。

4. 家长及时举报欺凌事件

在欺凌事件的监测方面，应发挥家长的重要作用。教师在校内需要负责多名学生，有时不能做到精准掌控每位学生是否受到欺凌的情况。而在家庭中，往往是多位家长负责一名儿童，且家长与儿童相处时间较长，能更准确地感知儿童近期身体及心理变化。所以，家长在发现或怀疑自己的孩子或身边其他孩子出现欺凌/被欺凌情况时，应第一时间告知学校。学校也应设置专门的欺凌投诉通道，如投诉电话、QQ或微信投诉专线、投诉信箱等，便于家长在发现或怀疑欺凌发生时第一时间举报。

---

[1] Kathryn Berry, "Evaluation of an Intervention Program for Anxious Adolescent Boys Who Are Bullied at School," *Journal of Adolescent Health*, Vol. 45, No. 4, October 2009, p. 381.

[2] Wendy Craig, "Responding to Bullying: What Works?" *School Psychology International*, Vol. 28, No. 4, October 2007, p. 466.

[3] 向广宇：《日本校园欺凌现状、防治经验与启示——以〈校园欺凌防止对策推进法〉为主视角》，《大连理工大学学报》（社会科学版）2017年第1期。

举报信息由专职人员处理,并对举报人的信息进行严格保密。

(二) 为家长提供反欺凌资源支持

学校应通过各种形式为家长提供反欺凌的相关资源,例如,专门的反欺凌网站、家长手册或信函等,使家长可以通过各种渠道获得欺凌相关知识和信息。

1. 为家长提供反欺凌手册

学校应为家长发放反欺凌手册,既可以是纸质版,也可以是电子版,以方便查看。在内容上,除了普及欺凌的相关知识外,还应为家长提供辨认孩子是否卷入欺凌的技能,例如密切关注孩子身体和情绪上的异常变化等,以及为家长提供正确、恰当的欺凌处置方法,使得家长在遇到欺凌事件时能够"有方可依"。

2. 建立专门反欺凌网站

应建立专门的反欺凌服务网站①,向家长和公众科普什么是欺凌、欺凌的危害、现行反欺凌政策法规、如何应对欺凌等相关知识,例如美国的"stop bullying"、澳大利亚的"Bullying. No Way!"、爱尔兰的"tacklebullying.ie"、加拿大的"PREVNet"(Promoting Relationships & Eliminating Violence Network)、法国的"Non Au Harcèlement"等由政府建立的反欺凌网站,都起到了较好的宣传作用。还有由社会组织的网站,例如,在国际反欺凌组织"International Bullying Prevention Association (IBPA)"的门户网站中,有为家庭和照顾者专门设立的板块,其中包含欺凌的预防和应对、专为残疾儿童设立的 PACER 中心、政府倡议,以及"早期儿童欺凌预防"(Early Childhood Bullying Prevention)"网络欺凌"(Cyberbullying)"为幼儿的父母提供的资源"(Resources for Parents of Young Children)等几个部分,提供了大量可以学习反欺凌知识的网站及其相关信息。与之类似,美国学校心理协会"National Associate of School Psychologists(NASP)"网站,也设立了专门的家庭资源模块,为家长提供育儿策略。而在中国,此类专门反欺凌网站较少,并且信息和功能不健全,应借鉴国际经验,增设大量反欺凌网站。此外,还应在学校网站中设立专门反欺凌板块,投放反欺凌相关的文字内容或视频等。

---

① 陈琪:《澳大利亚中小学校园欺凌治理研究》,《外国教育研究》2018 年第 8 期。

3. 借助新媒体平台宣传反欺凌知识

随着手机的普及，各种各样的新媒体平台应运而生。在社交平台上，微信已成为近几年来最受欢迎的社交工具，据统计，微信当前用户总数超过12亿人，每天有超过3.6亿用户进入公众号阅读文章。[①] 可以充分运用微信公众号普及反欺凌知识，一方面，在检察院、中国青少年研究中心、共青团等官方公众号中，推送欺凌处置案例、反欺凌知识的相关文章，使家长意识到欺凌事件的严重性及其后果，增强家长的反欺凌意识，在全社会营造对欺凌"零容忍"的氛围；另一方面，在学校公众号上设立反欺凌板块，推送反欺凌策略、学校近期反欺凌工作等信息，使家长与学校形成合力，共同对抗欺凌。学校还可以在抖音、快手等视频平台上建立学校官方账号，发布反欺凌相关视频，或筛选出传播科学、有效反欺凌知识的视频账号推荐给家长观看。

（三）开展家长教育

开展家长教育可以帮助家长采用科学的家庭教育方式、了解反欺凌的相关知识，从而有效降低孩子卷入欺凌的概率。

1. 帮助家长实施科学的家庭教育

问题行为理论指出，青少年感知到的父母支持、控制及对问题行为的不赞成程度越低，问题行为发生的可能性越大。[②] 许多家长过分关心孩子的学习成绩，忽视其道德品质、人际交往等方面的发展，这种错误的家庭教育观念提高了孩子卷入欺凌事件的可能性。已有研究表明，在孩子进入学校之前，一些致使其成为欺凌者/受害者的特征已经形成[③]，例如儿童早期的家庭环境会影响其同伴关系发展，遭受严厉体罚或虐待的孩子无法从家庭中习得解决问题的技能，从而导致同伴冲突的发生。[④] 反

[①] 《腾讯公布二零二零年第四季及全年业绩》，http://static.www.tencent.com/uploads/2021/03/24/b02a6670e499fa9b1fac9a3e09753de7.pdf。

[②] Richard Jessor, "Problem-Behavior Theory, Psychosocial Development, and Adolescent Problem Drinking," *British Journal of Addiction*, Vol. 82, No. 4, April 1987, p. 334.

[③] Dorothy L. Espelage and Susan M. Swearer, *Bullying in American Schools— A Social-Ecological Perspective on Prevention and Intervention*, New Jersey: Lawrence Erlbaum Associates, 2004, pp. 227-228.

[④] Louise Bowers, "Cohesion and Power in the Families of Children Involved in Bully/Victim Problems at School," *Journal of Family Therapy*, Vol. 14, No. 4, 1992, pp. 373-374.

之，如果家庭以积极方式应对压力或解决问题，那么儿童便会以同样方式发展同伴关系。① 所以，应在家庭教育方面给予家长科学指导，使家长树立正确的家庭教育观念，关注儿童在道德品质以及社会情感等方面的发展，使家庭教育在儿童成长过程中发挥积极作用。

在家庭教育内容上，一方面，应为家长讲解不同年龄阶段，尤其是青春期儿童心理发展特点，帮助家长更好地了解儿童问题行为产生的原因，为其提供与儿童进行交流的技巧和方法，促进良好的亲子沟通；另一方面，应向家长强调培养儿童的同理心、尊重和包容他人的能力、解决问题和应对冲突的技能等，使其发展积极、友好的同伴关系。在形式上，可以举办各种专题的亲子活动，例如志愿服务、情景剧、亲子晚会等；举办教育研讨会或家长讲座，为家长普及科学的育儿方法，并就家长在养育过程中所遇到的问题进行讨论，由专职人员给出建议。

2. 为家长开展反欺凌专题培训

家长培训通常会对家长和儿童产生积极影响。② 在培训目的方面，通过向家长传授欺凌相关知识以及积极干预策略，树立其对欺凌的正确认识和态度，意识到欺凌事件的严重负面后果，并且保持家长对于儿童是否卷入欺凌事件的敏感度。在培训内容方面，一方面，为家长提供反欺凌相关知识，包括欺凌特征、欺凌发生的原因、如何应对欺凌事件，等等；另一方面，为家长提供情绪管理及问题解决技能，并将其教授给自己的孩子，减少同伴关系中的矛盾和冲突。在培训形式方面，应采取线上线下相结合。在线下培训中，可以开办家长学校，定期开设反欺凌专题课程；定期召开家长研讨会，家长和教师共同探讨欺凌干预策略，交流近期欺凌防治情况。可以在线上开设公益的欺凌讲座，或者投放欺凌相关的科普视频，以便家长在周末等闲暇时间进行学习。

---

① Donna Cross, "Using Systems Theory to Understand and Respond to Family Influences on Children's Bullying Behavior: Friendly Schools Friendly Families Program," *Theory into Practice*, Vol. 53, No. 4, October 2014, p. 296.

② Brad Lundahl, "A Meta-analysis of Parent Training: Moderators and Follow-up Effects," *Clinical Psychology Review*, Vol. 26, No. 1, January 2006, p. 86.

第七章　网络欺凌预防教育

　　当今中小学生是伴随着网络出生、成长的一代，网络成为影响他们发展的微观系统之一，虚拟网络生活成为他们生活的一部分，现实中的校园欺凌、暴力事件不可避免地延伸至网络世界，威胁着他们的身心健康。国外一项研究发现，网络欺凌发生率处于10%—35%，[1] 在另一项研究中，这一比例则高达75%。[2] 网络欺凌对受害者影响深远，它会导致青少年出现恐惧上学、紧张、注意力不集中、焦虑、抑郁等心理问题。[3] 更有研究发现，卷入线上欺凌事件对青少年产生的心理健康的负面影响远高于线下。[4] 由于网络欺凌的匿名特性、实施的自由性，施暴者无法察觉受害者的痛苦和屈辱，网络空间比现实空间更容易使施暴者失去人性。[5] 因此，网络欺凌预防教育也是探讨中小学校园欺凌预防教育不可或缺的重要维度。

---

[1] Mishna Faye, "Interventions to Prevent and Reduce Cyber Abuse of Youth: A Systematic Review," *Research on Social Work Practice*, Vol. 21, No. 1, January 2011, p. 5.

[2] Jaana Juvonen, "Bullying Experiences in Cyberspace," *The Journal of School Health*, Vol. 78, No. 9, September 2008, p. 496.

[3] Beran Tanya, "Cyber-harassment: A Study of a New Method for an Old Behavior," *Journal of Educational Computing Research*, Vol. 32, No. 3, July 2005, p. 265; Meltzer, H., "Victims of Bullying Childhood and Suicide Attempts in Adulthood," *European Psychiatry*, Vol. 26, No. 8, November 2011, P. 498.

[4] Mishna Faye, "Interventions to Prevent and Reduce Cyber Abuse of Youth: A Systematic Review," *Research on Social Work Practice*, Vol. 21, No. 1, January 2011, p. 5.

[5] 欧阳叶：《旁观者效应对青少年网络欺凌的影响》，《中国学校卫生》2019年第12期。

第一节　网络欺凌预防和干预的范围综述证据

为了减少网络欺凌，世界各国研究者研发了众多网络欺凌预防与干预项目，这些项目可以为网络欺凌预防提供某个单方面证据，但不能提供全面、系统、综合的证据支持。为此需要对已有网络欺凌预防与干预的研究进行全景式扫描，以获取该领域全面的进展情况及充分的证据。本书采用范围综述（scoping review）方法，对中小学网络欺凌预防和干预研究进行全面审查，探寻网络欺凌预防的有效策略，以期为我国网络欺凌预防和干预实践提供充足的证据支持。

此次审查对网络欺凌预防和干预研究进行回顾，有以下目的：其一，分析现有网络欺凌预防/干预相关研究；其二，探究哪些方式可以有效预防/干预网络欺凌。为此，提出以下问题：

（1）为了减少网络欺凌，全球范围内已经开展了哪些网络欺凌预防教育的研究？

（2）相关研究中已探索出哪些策略可以预防中小学网络欺凌的发生？

一　研究方法

本书使用范围综述方法。根据普利斯玛（PRISMA）工作组筛选标准筛选文献，即"先由两位研究人员在标题和摘要以及全文水平上对纳入和排除标准进行独立评估。研究人员在标题、摘要或全文筛选中出现的任何分歧都通过讨论或与第三位评审员讨论"[1]。论文写作采用奥克西（Arksey）和欧玛丽（O'Malley）的范围综述框架，包括确定研究问题、确定相关研究、选择研究、绘制数据图表、整理、总结和报告结果五个主要阶段。[2]

对网络欺凌预防和干预相关文献的审查分为两个阶段进行（见

---

[1] PRISMA 2020 Explanation and Elaboration: Updated Guidance and Exemplars for Reporting Systematic Reviews, BMJ 2021, 372: n160, http://dx.doi.org/10.1136/bmj.n160, 2022年7月5日.

[2] Hilary Arksey, "Scoping Studies: Towards a Methodological Framework," *International Journal of Social Research Methodology*, Vol. 8, No1, September 2005, p. 19.

图7.1)。第一阶段目标是获得有关网络欺凌预防和干预方面的相关文献。我们在相关数据库中进行现有文献的检索，并明确纳入与排除标准。第二阶段目标是对第一阶段保留的文献进行全文阅读，根据纳入与排除标准对不符合标准的文章进行再次排除，对最终保留的文献进行分析并提取网络欺凌预防和干预的有效策略。

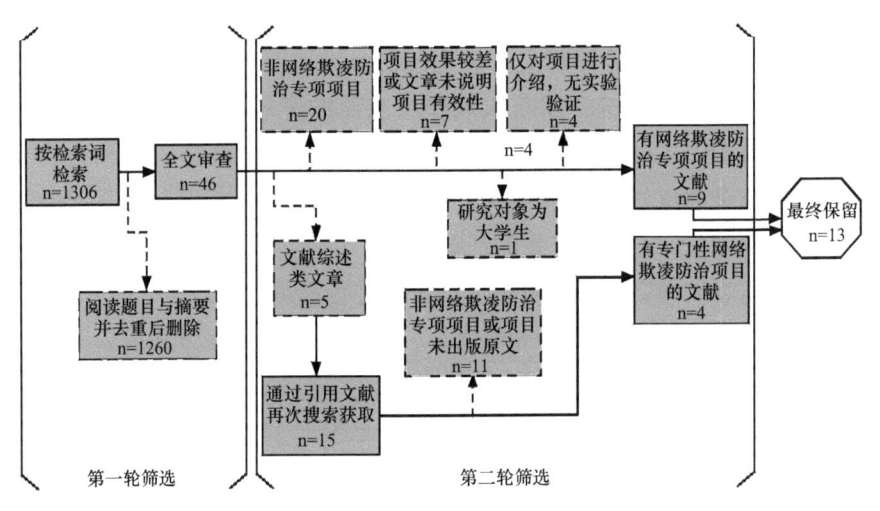

图7.1　检索流程

(一) 出版物的检索和分析

1. 搜索数据库

查询七个数据库，包括 Elsevier（SDOS）、OALib 开放获取图书馆、EBSCO、Web of Science、Wiley、Springer Link、Proquest。检索时限从建库至 2021 年 10 月。

2. 检索词

在此次审查中，使用"cyberbullying""cyberbully""network violence""network bully""teenager""adolescent""prevention""intervention"作为检索词，为使此次研究的审查范围尽量全面，在七个数据库中分别使用不同的检索策略。

在 Elsevier 数据库中，以"cyberbullying""cyberbully""network violence""network bully""teenager""adolescent"作为主题词，以"prevention""intervention"作为标题词进行检索。在 OALib 开放获取图书馆

和 Proquest 中，以"cyberbullying""cyberbully""network violence""network bully""teenager""adolescent"作为全文搜索词，以"prevention""intervention"作为标题词进行检索。在 Web of Science 和 EBSCO 中，以"cyberbullying""cyberbully""network violence""network bully""teenager""adolescent""prevention""intervention"作为主题词进行检索。在 Wiley 中，以"cyberbullying""cyberbully""network violence""network bully""teenager""adolescent""prevention""intervention"作为全文搜索词进行检索。在 Springer Link 中，以"cyberbullying""cyberbully""network violence""network bully""teenager""adolescent"作为全文搜索词，并以"prevention""intervention"为标题词进行检索。

3. 研究选择

对七个数据库进行检索后，共检索出 1306 篇相关文献，在 Web of Science 中共检索出 607 篇文献，在 Elsevier 中共检索出 151 篇文献，在 Wiley 中共检索出 58 篇文献，在 Springer Link 中共检索出 114 篇文献，在 EBSCO 中共检索出 132 篇文献，在 Proquest 中共检索出 180 篇文献，在 OALib 中共检索出 64 篇文献，我们阅读了所有文献的标题和摘要，去除重复文献后，依据下列标准进行筛选，共保留 46 篇文献。

(1) 入选标准

①语言为英语；②有具体的项目支持；③项目结果有效；④项目为针对网络欺凌预防/干预或网络安全的专项项目。

(2) 排除标准

①重复发表的文献；②无法获取全文的文献；③只做综述但没有新观点提出的综述类文献；④无网络欺凌防治专项项目支撑的文献；⑤网络欺凌预防/干预项目效果差或未验证效果的文献；⑥仅做项目介绍，无具体实验验证的文献。

(二) 文献分析

1. 网络欺凌预防/干预文献的选择

通过阅读全文，根据纳入标准，在第一轮筛选出的 46 篇文献中有 9 篇符合筛查标准（20 篇文献无网络欺凌防治专项项目，7 篇文献效果较差或未说明项目有效性，4 篇文献对项目仅进行介绍，无实验验证，1 篇文献对象为大学生，5 篇为综述类文献）。

对被筛掉的综述类文献进行通读，在其所概述的文献中再次提取了15篇包含网络欺凌防治专项项目的文献，筛选后共有4篇符合要求。综合而言，第二轮筛选共纳入13篇文献。

2. 网络欺凌预防/干预的分析

资料提取内容包括作者、样本、研究目的、研究方法、项目名称、网络欺凌预防/干预内容、研究结果。

二 研究结果

（一）全球范围内已经开展了哪些网络欺凌预防/干预研究

纳入审查的13篇文献皆为实证研究，其中包括8项准实验、3项随机对照实验、1项观察实验和1项问卷调查。在研究样本方面，3篇文献研究涉及小学生，其余研究样本均为初中生；在研究发表时间方面，1篇文献发表于2006年，12篇文献发表于2012—2020年，1篇文献发表于2021年；在研究区域分布上，有4篇文献来自西班牙，3篇文献来自美国，各有两篇文献来自意大利和澳大利亚，各有1篇文献来自德国、以色列以及中国台湾地区。各文献审查要素如表7.1所示。

（二）已有相关研究探索出哪些策略帮助预防/干预网络欺凌

经过分析13篇文献，发现网络欺凌预防和干预的主题内容，包括开展网络素养教育、组织同伴间的反网络欺凌活动或任务、开发并充分利用反网络欺凌资源等策略。

1. 开设反网络欺凌相关课程

10篇文献提到开展反网络欺凌相关课程（76.9%），以提高青少年对网络欺凌的了解并拓展其应对策略。一方面，开设反网络欺凌课程，提高学生的应对技能；另一方面，开设网络安全课程，教授学生识别网络风险，并在互联网上保护个人隐私、人身安全。

（1）反网络欺凌专题性课程

网络欺凌预防的首要步骤是使学生了解其定义，明确何为网络欺凌，并提升学生辨别它的能力，以促进学生群体有意识地对网络欺凌进行反击。[①]

---

① Taskın Tanrıkulu, "Sensibility Development Program against Cyberbullying," *New Media & Society*, Vol. 17, No. 5, November 2013, p. 710; Anja Schultze-Krumbholz, "A School-based Cyberbullying Preventive Intervention Approach: The Media Heroes Program," *Reducing Cyberbullying in Schools*, October 2017, p. 148.

第七章 网络欺凌预防教育

表7.1 文献审查的要素概览

序号	作者（年份/国家）	样本	研究目的	研究方法	项目名称	网络欺凌预防/干预内容	研究结果
1	Rosario Ortega-Ruiz, Rosario Del Rey 等（2012/西班牙）[1]	两所公立学校、一所私立学校共893名学生	提高对互联网信息的感知管控，减少数字设备使用的时间，减少网络欺凌	准实验	康莱德网络欺凌预防项目（ConRed Cyberbullying Prevention Program）	学生课程，内容包含隐私保护、网络使用技能提升、网络恶性事件处理策略与网络成瘾预防，两次教师会议，一次家长会议，讨论内容为网络欺凌的预防与干预，贴纸、书签等材料使学生在校内使用的时间内提高对网络欺凌的认知	与对照组相比，实验组和前后测均显示出明显的整体改善
2	Ming-Shinn Lee, Wu Zi-Pei 等（2013/中国台湾）[2]	七年级两个班共61名初中生	探讨网络欺凌预防 WebQuest 课程实施的有效性	准实验	网络探究课程项目（WebQuest Course）	1. 特色小组活动： （1）网络纠察队。小组成员作为纠察队，检查计算机网络正常使用情况，并通过案例分组讨论检查网络礼仪 （2）新闻追踪。小组成员作为新闻播音员，分析网络欺凌事件的影响，提出应对网络欺凌的方法，提出应对和保护策略 （3）网络执法。小组成员充分了解网络违法相关问题，并以"网络安全"为主题，制作宣传海报 2. 为学生提供完成任务所需要的各种资源 3. 教师引导学生进行反思和思考，并对其进行反时反馈	WebQuest 课程能迅速有效地增强学生的网络欺凌知识，降低欺凌意图，并在学习后保持在效果

---

[1] Rosario Ortega-Ruiz, "Knowing, Building and Living together on Internet and Social Networks: The ConRed Cyberbullying Prevention Program," *International Journal of Conflict & Violence*, Vol. 6, No. 2, December 2012, p. 305.

[2] Ming-Shinn Lee, "Cyber Bullying Prevention: Intervention in Taiwan," *Plos One*, Vol. 8, No. 5, May 2013, p. 3.

续表

序号	作者（年份/国家）	样本	研究目的	研究方法	项目名称	网络欺凌预防/干预内容	研究结果
3	Taskn Tanrıkulu, Hüseyin Kınay 等（2013/美国）①	伊斯坦布尔一所私立高中的16名16岁的学生（8男8女）	提高网络欺凌的认识和减少网络欺凌行为方面的有效性	准实验	反网络欺凌敏感性发展项目（Sensibility Development Program against Cyberbullying）	学生课程。每次课程持续70—80分钟，分为两个部分。第一部分是以心理欺凌意识。第二部分是计算机模拟讲座，以增加学生的网络空间技术知识	该项目有助于培养学生对网络欺凌的敏感度
4	Maite Garaigordobil, Vanesa Martínez-Valderrey（2015/西班牙）②	176名13—15岁的青少年	评估 Cyber Program 2.0 对"面对面"欺凌、网络欺凌和移情的影响	准实验	网络欺凌2.0项目（Cyberprogram 2.0）	学生课程。内容包括认识网络欺凌，分析欺凌事件，制定策略，锻炼倾听、同理心等能力成人领导的团体活动，如角色扮演，头脑风暴，案例研究以及以提问为主的讨论会	该研究提供了 CyberProgram 2.0 有效预防和减少欺凌和网络欺凌的证据

① Taskın Tanrıkulu, "Sensibility Development Program against Cyberbullying," *New Media & Society*, Vol. 17, No. 5, November 2013, p. 710.
② Maite Garaigordobi, "Effects of Cyberprogram 2.0 on 'face-to-Face' Bullying, Cyberbullying, and Empathy," *Psicothema*, Vol. 27, No. 1, October 2015, p. 48.

续表

序号	作者（年份/国家）	样本	研究目的	研究方法	项目名称	网络欺凌预防/干预内容	研究结果
5	Benedetta E. Palladi-no, Annalaura Nocentini 等（2016/意大利）[1]	第一次实验：622名9年级学生；第二次实验：461名9年级学生	根据循证干预的最新标准，评估该计划第三版的有效性	准实验	无陷阱项目（NoTrap!）	教师接受专业培训。内容包含数字通信技术和社交网络、在线通信风险、欺凌和网络欺凌与心理学家合作，向参与的班级介绍该项目，以提高对欺凌和网络欺凌相关问题的认识和知识开展同伴教育活动	该项目已获得明确的有效性证据
6	Donna Cross, Therese Shaw 等（2016/澳大利亚）[2]	3382名9年级学生	通过纵向研究来提高学校教职工、学生和家庭有效应对网络欺凌行为的能力	随机对照实验	网络友好学校项目（Cyber Friendly Schools）	项目学校的教师、护理人员接受培训、学习项目实施方法学校为家长提供在线资源，提高他们对网络欺凌与互联网技术的认知。这些在线资源可以建立他们的自我效能感，帮助他们的孩子更友好地融入反网络欺凌氛围中学生课程，内容包括网络环境认知、网络礼节与社会决策、个人隐私管理、网络合法发言与网络冲突处理策略	学生升入9年级后网络欺凌率有所下降，但干预组的下降趋势比对照组更大

[1] Benedetta E. Palladino, "Evidence-based Intervention against Bullying and Cyberbullying: Evaluation of the NoTrap! Program in Two Independent Trials," *Aggressive Behavior*, Vol. 42, No. 2, February 2016, p. 196.
[2] Donna Cross, "Longitudinal Impact of the Cyber Friendly Schools Program on Adolescents' Cyberbullying Behavior," *Aggressive Behavior*, Vol. 42, No. 2, April 2016, p. 170.

续表

序号	作者（年份/国家）	样本	研究目的	研究方法	项目名称	网络欺凌预防/干预内容	研究结果
7	Anja Schultze-Krumbholz, Pavle Zagors-cak 等（2017/德国）①	897 名 7—10 年级的学生	防止 7—10 年级学生出现网络欺凌并促进其网络社交自我保护	随机对照实验	媒体英雄项目（Media Heroes Program）	学生课程。根据学校、行政部门和教师的不同需求和资源配置，开发了两个版本的课程，每版每周都有 90 分钟的课程时间，以及为期 10 周、共 10 周 1 天的干预时间。课程内容：通信技术的优缺点网络欺凌的定义和后果网络欺凌的感受网络欺凌中的社会角色和行为动机保护自己和他人的策略法律背景资料家长晚会的筹备和实施反思与测验教师课程。提高教师网络欺凌认知，并教授网络欺凌处理策略家长教育。教授家长现代通信技术和他们的孩子在学生课程中所学习到的互联网处理技能（教师主要负责同管理并提供帮助，教育者主要由家长和学生担任）	"媒体英雄"是解决和打击青少年网络欺凌的有效方法

① Anja Schultze-Krumbholz, " A School-based Cyberbullying Preventive Intervention Approach: The Media Heroes Program," *Reducing Cyberbullying in Schools*, October 2017, p. 148.

续表

序号	作者（年份/国家）	样本	研究方法	研究目的	项目名称	网络欺凌预防/干预内容	研究结果
8	Rosario Del Rey, Rosario Ortega-Ruiz 等（2019/西班牙）①	4779 名小学5、6 年级学生和义务中学学生	准实验	评估 Asegúrate 项目的有效性	确保项目（Asegúrate Program）	1. 学校为学生开设八次课程，内容包括：人们在社交网络上的交流方式及其影响、网络行为的标准、网络人卦、网络礼仪规范、互联网的滥用以及网络友谊的异常表现、建立安全网络友谊的标准、短信交流。该项目为教师提供《教师手册》以对相应的课程进行教师指导。 2. 该项目为每节课提供视听材料，供教师与学生及其家庭使用，并提供海报、贴纸或书签等提高网络欺凌认识的宣传资源	接受过专门培训并使用 Asegúrate 课程的教师，其班级的网络欺凌参与率降低
9	Annalisa Guarini, Damino Menin 等（2019/意大利）②	898 名意大利初中生（6—8 年级）	观察研究	评估 RPC 项目的有效性	关系成长计划（Relazioni per crescere—Relationships to Grow Program, RPC）	1. 教师培训。内容涉及欺凌和网络欺凌的定义以及如何与学生一起开展反网络欺凌活动 2. 头脑风暴。讨论使用现代通信设备的风险和机会 3. 角色扮演。通过参演不同角色提升对网络欺凌的认知，提高学生的移情能力 4. 应对技能。小组为学生制作了标语来对比网络欺凌（"什么对受害者能做什么？"）。对不同类型的应对策略进行了分析，确定哪种应对策略在对比网络欺凌中更有效	RPC 是一个以教师为基础的短期项目，可以提高学生的网络欺凌意识，并有效改善他们的应对策略，以防治网络欺凌

① Rosario Del Rey, "Asegúrate: An Intervention Program against Cyberbullying Based on Teachers' Commitment and on Design of Its Instructional Materials," *International Journal of Environmental Research and Public Health*, Vol. 16, No. 3, February 2019, p. 3.

② Annalisa Guarini, "RPC Teacher-Based Program for Improving Coping Strategies to Deal with Cyberbullying," *International Journal of Environmental Research and Public Health*, Vol. 16, No. 6, March 2019, p. 11.

续表

序号	作者（年份/国家）	样本	研究目的	研究方法	项目名称	网络欺凌预防/干预内容	研究结果
10	Dana Aizenkot, Gabriela Kashy-Rosenbaum（2020/以色列）①	533名4—6年级的学生	探究安全冲浪干预项目的结果	准实验	安全冲浪干预项目（Safe Surfing Intervention Program）	1. 学生课程。内容包括：理解网络欺凌的定义、网络欺凌的一些表现形式及其所属含义（特别是WhatsApp中的网络欺凌）、旁观者的作用、熟悉网络欺凌的相关法律；网络欺凌出台WhatsApp相关规程、学校辅导员培训。培训包括三次1小时的课程，培训结束后要将培训内容传达给所在学校的班主任教师，辅导其在班内进行干预。3. 干预内容包括提高认知、端正态度、规范行为和切身感知。4. 所有课程都以讲授知识开始，且课程中都包含小组活动和讨论	实验组的WhatsApp网络欺凌事件显著减少，课堂气氛和学生的班级归属感显著改善
11	Kerry Chillemi, Jo-Anne M. Abbott等（2020/澳大利亚）②	54名9、10年级的中学生	为IRCB项目的有效性提供初步证据	问卷调查	增强抵御网络欺凌能力项目（Increasing Resilience to Cyberbullying Program，IRCB）	该项目旨在提升学生的三个技能：培养自我同理心，以提升其抗逆力；挑战无助思维；认识到寻求支持的价值。培养学生自我同情以应对网络欺凌，以表达理解和友爱，并通过体验经历提升对网络欺凌受害者的关心与挑战无助思维。项目使用这些疗法来教导青少年如何识别这些无助思维（自责、孤立无援等）的早期预警信号，并指导青少年写下有助于网络欺凌受害者寻求支持的办法。认识到寻求专业人士进行交谈，或者心理健康专业人士进行交谈，并学会如何在社种保密协作模式中寻求自己需要的支持	青少年使用自我同情和挑战自我的方法来应对网络欺凌的可能性显著增加。当青少年成为网络欺凌受害者时，他们寻求和参与咨询服务的态度和意图也显著增加

① Dana Aizenkot, "The Effectiveness of Safe Surfing Intervention Program in Reducing WhatsApp Cyberbullying and Improving Classroom Climate and Student Sense of Class Belonging in Elementary School," *The Journal of Early Adolescence*, Vol. 40, No. 4, June 2020, p. 11.

② Kerry Chillemi, "A Pilot Study of an Online Psychoeducational Program on Cyberbullying that Aims to Increase Confidence and Help-Seeking Behaviors Among Adolescents," *Cyberpsychology, Behavior, and Social Networking*, Vol. 23, No. 4, February 2020, p. 254.

续表

序号	作者（年份/国家）	样本	研究目的	研究方法	项目名称	网络欺凌预防/干预内容	研究结果
12	Susan Chibnall, Madeleine Wallace 等（2006/美国）①	2000多名10—14岁学生	探究 I-SAFE 课程在儿童网络安全教育中的有效性	准实验	网络安全项目（I-SAFE）	该项目主要教授网络安全内容：1.学生课程，内容包括：（1）网络公民应做什么；（2）21世纪网络公民的人身安全；（3）数字技术与计算机病毒；（4）剽窃与知识产权；（5）互联网执法与安全。2.利用社区、学校、家长、学生本人和相关资源来提高互联网安全意识。3.特色活动（Youth Empowerment Campaign）利用同龄人间的交流传播互联网安全信息	治疗组和对照组之间的知识在平均水平和时间上都发生了积极和显著的变化
13	Jessica Ortega-Barón, Joaquín González-Cabrera 等（2021/西班牙）②	165名11—14岁的青少年	在试点样本中评估 Safety. net 计划的有效性	准实验	安全网项目（Safety net program）	Safety net 由16次一小时的课程组成，分为四个模块：（1）数字技能。（2）关系风险。提高学生网络社交风险性认知，并提供相关应对策略。（3）功能失调风险。本模块提供相应建议，旨在就这些问题提供干预。提高人们对互联网功能失调导致的在于通信技术严重性的认识，并就如何安全使用网络通信技术提供建议。（4）态度和认知的改变。旨在提高青少年应对互联网风险能力，使他们能够更好地应对互联网风险	与对照组相比，干预组在网络社交、网络使用、错误的互联网游戏和匿名恐惧等方面有所改善

① Susan Chibnall, "I-Safe Evaluation, Final Report," *Bureau of Justice Statistics*, No. 213715, April 2006, p. 4.
② Jéssica Ortega-Barón, "Safety. Net: A Pilot Study on a Multi-Risk Internet Prevention Program," *International Journal of Environmental Research and Public Health*, Vol. 18, No. 8, April 2021, p. 4.

其中,"确保项目"(Asegúrate program)认为,教师应教授学生鉴别网络异常行为的能力,制定反网络欺凌规范并实施日常监督。① 其次,使学生了解网络欺凌的严重后果也是课程必不可少的内容。② 课程演示了各类网络活动带来的不同后果,引导学生换位思考,从而使其切身体会到网络欺凌的严重性。③ "网络欺凌2.0项目"(Cyberprogram 2.0)和"增强抵御网络欺凌能力项目"(Increasing Resilience to Cyberbullying Program)强调通过这类课程来提升青少年同理心的有效措施,后者教授学生认知行为疗法以克服网络欺凌带来的痛苦。④ 最后,网络欺凌防治课程最重要的部分是应对策略的传授。一方面,学生需要学会正确的网络社交方法,避免滥用网络,明确个人隐私保护的重要性;⑤ 另一方面,教师要教授学生在遇到网络欺凌时的处理措施,其中包含在遇到网络恶意互动时如何上报、上报给谁⑥,并且从网络欺凌的性质入手,学会网络发言,在反网络欺凌意识得到提高的基础上拓展应对技巧⑦,以保证学生在遭遇相关情

---

① Rosario Del Rey, "Asegúrate: An Intervention Program against Cyberbullying Based on Teachers' Commitment and on Design of Its Instructional Materials," *International Journal of Environmental Research and Public Health*, Vol. 16, No. 3, February 2019, p. 3.

② Anja Schultze-Krumbholz, "A School-based Cyberbullying Preventive Intervention Approach: The Media Heroes Program," *Reducing Cyberbullying in Schools*, October 2017, p. 148.

③ Rosario Ortega-Ruiz, "Knowing, Building and Living together on Internet and Social Networks: The ConRed Cyberbullying Prevention Program," *International Journal of Conflict & Violence*, Vol. 6, No. 2, December 2012, p. 305; Taskın Tanrıkulu, "Sensibility Development Program against Cyberbullying," *New Media & Society*, Vol. 17, No. 5, November 2013, p. 710.

④ Maite Garaigordobi, "Effects of Cyberprogram 2.0 on 'Face-to-face' Bullying, Cyberbullying, and Empathy," *Psicothema*, Vol. 27, No. 1, October 2015, p. 48; Kerry Chillemi, "A Pilot Study of an Online Psychoeducational Program on Cyberbullying That Aims to Increase Confidenceand Help-Seeking Behaviors among Adolescents," *Cyberpsychology, Behavior, and Social Networking*, Vol. 23, No. 4, February 2020, p. 254.

⑤ Rosario Ortega-Ruiz, "Knowing, Building and Living together on Internet and Social Networks: The Con Red Cyberbullying Prevention Program," *International Journal of Conflict & Violence*, Vol. 6, No. 2, December 2012, p. 305; Taskın Tanrıkulu, "Sensibility Development Program against Cyberbullying," *New Media & Society*, Vol. 17, No. 5, November 2013, p. 710.

⑥ Rosario Ortega-Ruiz, "Knowing, Building and Living together on Internet and Social Networks: The Con Red Cyberbullying Prevention Program," *International Journal of Conflict & Violence*, Vol. 6, No. 2, December 2012, p. 305.

⑦ Donna Cross, "Longitudinal Impact of the Cyber Friendly Schools Program on Adolescents' Cyberbullying Behavior," *Aggressive Behavior*, Vol. 42, No. 2, April 2016, p. 170.

况时有充足的应对方法以妥善处理冲突。① "媒体英雄项目"（Media Heroes Program）和"安全冲浪干预项目"（Safe Surfing Intervention Program）在课程中还对网络欺凌所涉及的社会角色进行了说明，并教授学生在充当这类角色时如何合理利用策略来保护自己和他人免受网络欺凌的伤害，如强调网络欺凌旁观者责任，普及网络欺凌的相关法律等。②

（2）网络安全教育课程

网络安全课程的重点在于培养学生正确认识与运用网络，学会在互联网上保护自身权益，这类课程是涵盖网络情感、网络法律和数字素养等领域的综合型课程。③ 一方面，课程需要注重传授给学生正确的网络互动方式并普及网络法律。多个项目都不约而同地强调在线互动时要格外注意风险识别与隐私管理。同时课程要对网络法律法规做出强调，并使学生明确互联网执法的全过程与监管重点。另一方面，提升学生网络使用技能也是网络安全教学不可或缺的一步。首先，学生应学会识别网络安全攻击。"反网络欺凌敏感性发展项目"强调要区分针对个人和针对系统的攻击，并且学会区分假邮件、木马病毒等违法获取信息的软件和链接，以最大程度地保护个人免受网络侵害。④ "网络安全项目"（I-Safe）在此基础上为学生普及了计算机病毒以及新世纪网络人身安全的保护方式。⑤ 其次，学生的网络使用技巧和网络风险应对策略在课程后得到提升。"康莱德网络欺凌干预项目"和"安全网项目"（Safety. net program）提出要在使学生了解可能带来危害的网络技术特点的基础上，给他们提供防止数字伤害和互联网功能失调的应对策略，降低网络风险

---

① Taskın Tanrıkulu, "Sensibility Development Program against Cyberbullying," *New Media & Society*, Vol. 17, No. 5, November 2013, p. 710.

② Anja Schultze-Krumbholz, "A School-based Cyberbullying Preventive Intervention Approach: The Media Heroes Program," *Reducing Cyberbullying in Schools*, October 2017, p. 148; Dana Aizenkot, "The Effectiveness of Safe Surfing Intervention Program in Reducing WhatsApp Cyberbullying and Improving Classroom Climate and Student Sense of Class Belonging in Elementary School," *The Journal of Early Adolescence*, Vol. 40, No. 4, June 2020, p. 11.

③ 董新良：《澳大利亚青少年网络安全课程建设探析》，《比较教育研究》2020年第1期。

④ Taskın Tanrıkulu, "Sensibility Development Program against Cyberbullying," *New Media & Society*, Vol. 17, No. 5, November 2013, p. 710.

⑤ Susan Chibnall, "I-Safe Evaluation, Final Report," *Bureau of Justice Statistics*, No. 213715, April 2006, p. 4.

带来的危害。[①]

2. 开展同伴间的反网络欺凌活动

有6篇文献提到开展同伴间的反网络欺凌活动或任务（42.9%），通过开展同伴合作、竞争活动来达到网络欺凌防治的效果。活动可分为两类：一是课堂活动，该类活动多由教师引导学生在课堂上进行；二是专题性活动，此类活动无固定的开展空间，主要通过同伴合作或竞争完成相应的反网络欺凌的宣传、教育，以提升青少年的反网络欺凌素养。

（1）课堂活动

课堂是教育教学的主阵地，在反网络欺凌课程中融合相应的课堂活动可更有效地提升网络欺凌预防和干预工作的效率。首先，讨论活动是十分简单且常用的课堂活动之一，"网络欺凌2.0项目"以及"安全冲浪干预项目"都在课程中添加了小组讨论环节，以巩固学习成果。有所区别的是，前者更多地使用了头脑风暴、案例分析等方法，更加注重学生间的辩论过程，而后者更强调讨论的主题与成果。[②] 其次，角色扮演活动是校园欺凌防治公认的有效策略，多个项目证实它也可以极大地提高网络欺凌预防和干预的效率，提升学生反网络欺凌的能力，且能够更好地培养青少年同理心与移情能力。[③]

（2）专题性活动

此类活动常常在课下开展，部分以任务形式下发到各个小组中，充分利用同伴关系的积极作用，将反网络欺凌的氛围融入青少年日常生活

[①] Rosario Ortega-Ruiz, "Knowing, Building and Living together on Internet and Social Networks: The ConRed Cyberbullying Prevention Program," *International Journal of Conflict & Violence*, Vol. 6, No. 2, December 2012, p. 305; Jéssica Ortega-Barón, "Safety. Net: A Pilot Study on a Multi-Risk Internet Prevention Program," *International Journal of Environmental Research and Public Health*, Vol. 18, No. 8, April 2021, p. 4.

[②] Maite Garaigordobi, "Effects of Cyberprogram 2.0 on 'Face-to-face' Bullying, Cyberbullying, and Empathy," *Psicothema*, Vol. 27, No. 1, October 2015, p. 48; Dana Aizenkot, "The Effectiveness of Safe Surfing Intervention Program in Reducing WhatsApp Cyberbullying and Improving Classroom Climate and Student Sense of Class Belonging in Elementary School," *The Journal of Early Adolescence*, Vol. 40, No. 4, June 2020, p. 11.

[③] Maite Garaigordobi, "Effects of Cyberprogram 2.0 on 'Face-to-face' Bullying, Cyberbullying, and Empathy," *Psicothema*, Vol. 27, No. 1, October 2015, p. 48; Annalisa Guarini, "RPC Teacher-Based Program for Improving Coping Strategies to Deal with Cyberbullying," *International Journal of Environmental Research and Public Health*, Vol. 16, No. 6, March 2019, p. 11.

中。"网络安全项目"开展了一项"青年赋权运动"（Youth Empowerment Campaign），鼓励青少年积极交流网络使用的相关内容，并通过同龄人间的交流传播互联网安全信息。① "网络探索课程项目"（WebQuest Course）则设计了三种同伴任务，分别是网络纠察队、新闻追踪和网络执法。首先，网络纠察队是同伴间组成的纠察小组，共同讨论网络安全案例并制定网络社交礼仪。其次，在新闻追踪任务中，学生将会扮演成播音员，以此身份进行网络欺凌事件的分析，并提出自己的解决策略。最后，网络执法活动的第一步是使学生对网络法律法规有充足的了解，再令团队成员以"网络安全"为主题，制作宣传海报，以此达到网络欺凌预防的目的。② "无陷阱项目"（No Trap!）则提出了同伴教育者领导活动，在公开招募中选择部分学生作为同伴教育者，对其进行培训，后以导师身份对其余同学进行面对面教学，以整体提升青少年反网络欺凌能力。③

3. 开发和利用反网络欺凌资源

有4篇文章提到开发并充分利用反网络欺凌资源（28.6%），确保教师、青少年在课堂外也能方便获取相关资料，提高网络欺凌的防治效率。部分项目为其提供了专门性教师指导手册，协助教师将反网络欺凌知识完整地传授给学生；针对学生与家长群体，项目也提供了课上与课下的影音、文字资料，方便学生和家长日常对此类知识的理解与学习。

（1）专门性教师指导手册

教师作为反网络欺凌课程的主讲者，一般在正式上课前会接受相关的专业技能培训，一些项目会在培训的基础上为教师提供专门性教师指导手册，使其能够更加全面地查询并学习相关内容，以对学生做出全面指导。如"媒体英雄项目"与"确保项目"都为教师提供了相关手册，前者的指导手册包含理论背景与实践过程，在保证提高教师对网络欺凌认知的同时扩展相关应对策略以更好地传授给学生；后者则更注重指导手

---

① Susan Chibnall, "I-Safe Evaluation, Final Report," *Bureau of Justice Statistics*, No. 213715, April 2006, p. 4.

② Ming-Shinn Lee, "Cyber Bullying Prevention: Intervention in Taiwan," *Plos One*, Vol. 8, No. 5, May 2013, p. 3.

③ Benedetta E. Palladino, "Evidence-Based Intervention against Bullying and Cyberbullying: Evaluation of the No Trap! Program in Two Independent Trials," *Aggressive Behavior*, Vol. 42, No. 2, February 2016, p. 196.

册与教师教育课程的适配性，以提升教师教育效率。①

（2）其他媒体与文字资源

为促使反网络欺凌项目更加完整，部分项目在提供相关课程的同时还为学生、家长提供了影音与文字资料。首先，为了更好地完成反网络欺凌课程教学，给学生提供例如网页、文档、数据库等充足的课下资源是必不可少的，确保学生顺利完成项目包含的任务。②"确保项目"在为学生、教师提供课程所需的视听资源外，还格外准备了贴纸、海报和书签等宣传资料，以更大范围地提升学生对网络欺凌的认知。③ 网络欺凌的防治也需要家长的参与，因此"网络友好学校项目"在为学生提供相应资源的同时另为家长提供一份提高网络认知及数字技术的资料，以使学生在家庭中也可以进行互联网技术与反网络欺凌的学习。④

第二节 中国网络欺凌预防教育的行动方案

基于上述对全球范围内网络欺凌预防教育研究的审查、整合后得出的综合证据，中国中小学应该如何开展网络欺凌预防教育？本书依据上文范围综述的证据，结合中国网络欺凌预防的政策和实践，从网络安全教育、网络欺凌预防资源的开发与利用、网络欺凌预防平台构建等方面为中国网络欺凌预防教育提出如下行动方案。

---

① Anja Schultze-Krumbholz, "A School-based Cyberbullying Preventive Intervention Approach: The Media Heroes Program," *Reducing Cyberbullying in Schools*, October 2017, p. 148; Rosario Del Rey, "Asegúrate: An Intervention Program against Cyberbullying Based on Teachers' Commitment and on Design of Its Instructional Materials," *International Journal of Environmental Research and Public Health*, Vol. 16, No. 3, February 2019, p. 3.

② Ming-Shinn Lee, "Cyber Bullying Prevention: Intervention in Taiwan," *Plos One*, Vol. 8, No. 5, May 2013, p. 3.

③ Rosario Del Rey, "Asegúrate: An Intervention Program against Cyberbullying Based on Teachers' Commitment and on Design of Its Instructional Materials," *International Journal of Environmental Research and Public Health*, Vol. 16, No. 3, February 2019, p. 3

④ Donna Cross, "Longitudinal Impact of the Cyber Friendly Schools Program on Adolescents' Cyberbullying Behavior," *Aggressive Behavior*, Vol. 42, No. 2, April 2016, p. 170.

一 开展网络安全素养教育

安全使用网络是中小学生在网络时代生存应具备的基本素养。当今的中小学生是网络时代的原住民,网络是他们的基本生存方式。而网络上的信息无所不包,良莠不齐,对于缺少甄别能力和自我保护意识的中小学生来说,亟须得到网络安全方面的教育,以避免遭遇网络欺凌或实施网络欺凌等网络安全问题的困扰。从教育目标来看,网络安全素养教育旨在使中小学生掌握网络安全基本知识,培养他们网络安全的自护能力。通过网络安全素养教育,能够做到在使用网络时具有正确的价值观,了解自己在使用网络时拥有的权力和责任;尊重他人,掌握网络沟通和解决冲突的技能,具有同理心,能够包容多样性和差异性。

(一)网络安全素养的内涵

网络素养是由早期的信息素养演化而来的。1974年,美国华盛顿信息产业协会的主席保罗·泽考斯基认为,信息素养是"人们在解答问题时利用信息的技术和技能"[1]。1990年,美国国家信息素养论坛提出了信息素养的九个要素:充分了解自身的信息需求;有效地对信息进行评价;能采用批判性思维利用信息并解决问题;具有将新信息结合到现存的知识体系中的能力;能为实际应用而对信息进行组织;能够有效检索信息源,包括能够利用以计算机为基础的信息技术或其他技术;具有识别潜在信息源的能力,能够制定成功的检索策略;能在信息需求的基础上系统阐述问题;了解自己的信息需求,承认准确和完整的信息是制定明智决策的基础。[2]

信息素养是指人们在信息时代应当具备的一些能力。伴随着科学技术的发展,信息时代逐渐朝着网络时代转型,信息素养已经无法满足网络时代对人们的要求。因此,国内外学者率先开展网络素养研究。贝静红认为,网络素养是一种综合能力,主要包括"对网络媒介的认知、对网络信息的批判反应、对网络接触行为的自我管理、利用网络发展自我

---

[1] Zurkowski, P. G., *The Information Service Environment Relationships and Priorities*, http://files.eric.ed.gov/fulltext/ED100391.pdf, 2022年7月5日。

[2] 张倩苇:《信息素养与信息素养教育》,《电化教育研究》2001年第2期。

的意识,以及网络安全意识和网络道德素养等各个方面。"① 2010年,欧洲委员会发布《网络素养手册》,明确指出网络素养是"如何充分利用互联网以及如何保护网站和社交网络上的隐私"②。该手册结合各种实践案例,从欺凌、隐私、上网等25个主题,为师生家长提供参考指南。北京联合大学网络素养教育研究中心公布了《网络素养标准十条》,包括掌握上网知识;理解网络的基本特征与功能;具备网络安全意识;使用网络获取信息;可以有效分辨网络信息;具备网络评价能力;创造性地使用网络;坚守网络道德底线;依据法律法规文明上网等。另有学者指出:

> 网络素养是指在实践中逐步形成的符合自身成长需求和社会需要的网络道德品格与合理有效利用网络检索、辨析、评价、利用信息和进行网络创作的知识与技能,包括个体运用网络的态度与过程,也指向个体运用网络的结果,关于人的道德、情感、智力、意志力、审美力、创造力等多方面的综合体,是人的内心状态、价值理念、道德品质、知识技能等在网络社会中的反映。③

经分析发现,国内外学术机构以及相关学者分别对网络素养进行了界定,但还未达成共识。实际上,有关网络素养的论述都会涉及"安全、道德、识别"等内容。所以网络安全素养属于网络素养的范畴,结合有关网络素养定义所涉及的"安全"内容,可以将其理解为,网络安全基本知识和网络安全自护能力,具体包括上网时应具备的网络信息识别能力、网络通信工具使用能力、网络隐私保护能力、网络欺凌应对能力等。

(二)网络安全素养的特征

网络安全素养具有以下特征:其一,从要素视角来看,网络安全素养具有多元性。其二,从培育视角来看,网络安全素养具有实践性。其三,从内容视角来看,网络安全素养具有扩充性。

第一,网络安全素养要素的多元性。从生存空间上而言,网络具有

---

① 贝静红:《大学生网络素养实证研究》,《中国青年研究》2006年第2期。
② The Internet Literacy Handbook (Third edition), https://www.coe.int/t/dghl/StandardSetting/InternetLiteracy/InternetLiteracyHandbook_ 3_ EN. asp,2022年7月5日。
③ 余建萍:《网络素养的内涵、特征和培育》,《大众标准化》2021年第17期。

虚拟化特征，是实体社会中人们的活动延伸。由于网络空间与现实世界环境的差异性，我们不能完全按照现实世界的要求去审视网络时代。特别是在网络"镜像"中，既有真实的声音，也有虚假的声音，更弥漫着对未知的不确定性。① 从某种程度上讲，这种不确定性会致使网络未知风险系数不断扩增。因此，网络时代要求学生具有全备的网络安全素养。如果学生只具备网络安全素养中的某一项技能，就很难适应网络时代的基本要求。此外，结合网络安全素养的内涵，也能看出网络安全素养并非单独指向某一种能力，而是集成各种能力的综合体，所以说片面强调其中的一种能力，并不能实现网络素养的全面发展。

第二，网络安全素养培育的实践性。尽管网络世界与现实世界的外在形态不一样，但它们都是人类活动的空间，这也体现了人的主体性。就是说，网络安全素养是各种能力的综合素养，具备这种素养的主体是学生，脱离"人"的网络安全素养是不存在的。所以，培育网络安全素养实质上就是让学生具备某些能力，比如操作性的、辨识性的、发展性的能力等。网络素养的培育有赖于人的实践。因为实践是人的根本属性，人的各种能力通过实践不断优化。网络素养安全教育不仅需要教师通过言传身教的方式在学校中培养，也需要在特定的虚拟环境下，通过社会互动的方式（比如虚拟空间中的角色扮演、仿真模拟等），不断丰富与完善学生的网络意识、网络思维、网络道德和网络技能。

第三，网络安全素养内容的扩充性。社会是不断变迁的，自新石器时代以来，人类先后经历了农业时代、蒸汽时代、信息时代、网络时代等。每个时代对人类的基本要求都有所不同，比如农业时代要求人们掌握与农耕与畜牧有关的技能，蒸汽时代需要掌握对机器的操作技能等。伴随着科学技术的发展，人工智能、大数据、区块链、数字孪生等技术无不渗透于学生的生活中。这些技术也给学生上网带来一些新的挑战，比如隐私泄露等。这也暗喻着数字化的门槛与技术知识的不断提高，未来对学生的网络安全素养又会提出新的要求。这表明网络安全素养的内容不是固定静态的，而是不断动态发展着的。

---

① 张华：《网络空间适用自卫权的法律不确定性与中国立场表达——基于新近各国立场文件的思考》，《云南社会科学》2021年第6期。

(三) 网络安全素养教育的路径

开展网络安全素养教育，不仅要开设以网络信息识别、网络通信工具使用、网络欺凌应对为主题的课程，还要通过小组协作、讨论与探究，提升网络欺凌理论知识的学习，利用角色扮演加深学生对网络欺凌的认识，开展学生导师活动，提升学生的学习效率。

1. 开设网络安全教育课程

提升学生的网络安全素养，要开设相关的网络安全教育课程。结合上文对网络安全素养的定义，网络安全教育课程的主题应包括网络信息识别、网络工具使用、网络暴力应对。

第一，网络信息识别。学生获得网络信息的来源有两种途径：一是通过搜索引擎进行检索。目前我国的搜索引擎种类繁多，每种搜索引擎对应的功能也不同，一般包括综合类搜索引擎（百度）、学术类搜索引擎（谷歌）、游戏类搜索引擎（4399网络小游戏）。教师要针对这些引擎，引导学生掌握搜索引擎正确的使用方法，了解引擎的负面危害，及时获取并识别良性的网络信息。二是网络平台自动进行推送。一些网络平台会根据用户的个人信息或者行为偏好（比如点击率、在线时长等），进行网络信息的推送。由于学生的成长经历、理解力与判断力不同，推送的网络信息可能不符合他们的认识水平（比如有些捆绑软件推送暴力广告、色情内容等）。教师要通过具体的案例，引导学生辨析文本与图像的内容，让学生辨析网络信息的真假。

第二，网络通信工具的使用。正确使用网络通信工具，可以净化网络环境，促进学生的社会化交往。一般来说，学生经常接触到的网络通信工具主要包括QQ、微信、微博、邮箱等。对此，教师在准备"网络通信工具使用"的主题时，要考虑以下两个方面。一是自我隐私保护。学生使用网络通信与他人交往时，一定要注意隐私保护，应避免与陌生人聊天，尽量不加陌生人好友。如果与不熟悉的人进行通信时，也不要泄露个人信息。特别是当有人发送"钓鱼"链接时，要及时告诉家长与教师，不要擅自打开链接或应用小程序。二是管理自我情绪隐藏。由于年龄的因素，学生不论在认识或者情感等方面不是很成熟，因而在与他人聊天时难免会遇到情绪的波动，这种波动同时也会导致个体理性的失控，甚至会发表一些"愤怒"的词语，此种情况会影响他人的网络体验。教师可以通过角色的互换，让学生进行换位思考，了解"他人"的愤怒，提升学生的移情能力。

第三，网络欺凌应对。学生在上网的过程中，由于网络环境的复杂性、网络用户的匿名性，经常会"面临恶意评论、身份盗用和欺诈以及社交排挤等各种难以应对的问题，极易引起痛苦、焦虑和孤立等消极情绪。"① 因此，在发生网络欺凌时，教师应该教授学生如何应对网络欺凌，防止网络欺凌事态的扩张。沉默是最好的回应，当学生面临网络欺凌时，如果网络被欺凌者及时反击，反而会助长网络欺凌者的愤怒和嚣张气焰。教师要通过紧急事态分析，帮助学生厘清在特殊情况下双方的心理变化，告知学生在短时间内的沉默应对措施，如若遇到网络欺凌，应及时拉黑对方，屏蔽对方的发言，事后及时告诉家长与教师。另外，事情的发生必定存在因果关系，教师要引导学生进行自我反思，反思自身已经说过的话语是否引起了网络欺凌，是否引起了网络欺凌者的不适。

2. 开展网络安全教育活动

群体对未成年人网络素养的影响起着不可忽视的作用。参与群体生活是未成年人在学校中不可或缺的社会需求，且群体将潜移默化地影响个体行为。② 同伴群体是青少年每天接触最多的重要对象，同伴关系也是影响青少年学习、成长的重要因素之一。同伴关系既是青少年社会性发展的重要背景，也是社会性发展的主要内容。③ 因此，充分利用同伴关系，设计竞争、合作型活动可有效提升学生的网络安全素养。此外，教师也可通过主题班会活动，家长参与活动，开展网络安全教育活动。

第一，通过小组协作、讨论与探究，提升网络欺凌理论知识的学习。布卢姆教育目标分类学指出，记忆、理解、应用、分析、评价与创造是

---

① 董新良、郭俊敏、郭熙婷：《澳大利亚青少年网络安全课程建设探析》，《比较教育研究》2020年第1期。

② 田丽、张华麟、李哲哲：《学校因素对未成年人网络素养的影响研究》，《信息资源管理学报》2021年第4期。

③ 周宗奎、孙晓军、赵冬梅、田媛、范翠英：《同伴关系的发展研究》，《心理发展与教育》2015年第1期。

认知领域的目标。^① 其中前两个是低级目标，属于浅层认知；后四个是高阶目标，属于高阶认知。教师可以通过口头说教的方式让学生达成记忆和理解的目标。后四个高阶认知目标则是通过小组探讨与交流的方式，达成对网络欺凌知识的高层次认知。因此，教师可以组织学生进行小组学习，引导学生自主搜索有关网络欺凌的资料，在组内进行讨论总结并以汇报的形式传授给班内的其他同学。这种方法一方面可以确保学生对网络欺凌知识的学习；另一方面还能使学生充当授课人身份，通过教学相长，加深其对知识的深层理解。授课学生往往会以一种同龄人更易接受的方式将理论知识传授给自己的同学，便于同学接受。

第二，利用角色扮演方法，加深学生对网络欺凌的认识。不论是在线学习，还是闲暇娱乐，学生是网络的直接接触对象。在网络中，学生会接触到各类"同龄人"，只有充分模拟网络欺凌的情景，让学生在网络欺凌中扮演各种角色，才能促进学生的网络欺凌认知。可以说，角色扮演是一种扮演游戏，也是人与人之间的一种社交扮演活动。网络欺凌角色扮演是指学生分别扮演网络欺凌者与网络被欺凌者，模仿网络欺凌发生的真实场景。除了上述两者角色类型外，学生还可以扮演网络执法者、监督者、协调者、旁观者、新闻报道者等。学生利用角色扮演，融入网络欺凌"虚拟世界"，不仅获得网络欺凌的真实经历与体验，也能了解网络欺凌的过程。

第三，开展"学生导师"活动，提升网络欺凌理论知识的学习效率。受到个体的学习经历、智力情况的影响，每个学生都有不同的认知水平。这表明任何一个学生对事物的理解都不一样，只有让学生间相互探讨与交流，才能促进个体知识的提升。对此，需要借助同伴关系来促进双方的协作。同伴关系与师生关系不是同质的，具有特殊性，主要表现在同伴之间没有"交流鸿沟"，以及双方之间非金字塔式的"水平交流关系"。正是借助这种关系，不仅可以促进学生间的友谊，也可以使得双方进行无缝隙的交流。利用这种关系，可以开展"学生导师"一对一或一对多的网络欺凌知识传授活动。具体说，先由学生自主报名做学生导师，教

---

① ［美］洛林·W. 安德森、彼得·W. 艾拉沙恩等：《布卢姆教育目标分类学：分类学视野下的学与教及其测评（完整版）》，蒋小平、张琴美等译，外语教学与研究出版社2009年版，第21页。

师进行简单测评后对学生进行专业培训,再根据班级实际情况选出"学生导师"。

第四,组织主题班会,激发学生对网络欺凌知识学习的兴趣。教师应该组织班会活动,提升学生的学习兴趣。教师要根据学生的成长经历(是否接触过网络欺凌,对网络欺凌有什么样的态度等)确立班会的主题,尽量照顾每位学生的个体差异性。然后组织多种多样的活动形式,比如头脑风暴、座谈会、辩论会、田野调查、晚会表演等,调动学生对网络欺凌探讨的积极性。

第五,邀请家长参与教育活动,展开亲子互动。开展网络安全教育活动并非教师自身的责任,也需要家长的参与。因为家长是学生的直接监护人,况且没有任何人比家长更了解学生。所以,教师应及时邀请家长参与到网络安全教育活动中,促进他们亲子互动。一方面,家长参与可以提升学生的网络实践能力,家长与女子共同合作,将已学的网络安全教育知识加以巩固,运用到具体操作中,将网络素养的操作性知识内化于心。比如,一个制作精美的网页,进行可视化编程等。另一方面,家长可以关注学生的学习情况,了解学生对网络安全知识的学习情况,双方也可以通过"伪装游戏,"提升学生的识别能力。

二 开发与利用网络欺凌预防资源

网络欺凌预防资源是辅助网络欺凌预防的各种可以利用的有形、无形要素。在开发层面,可以将其划分为政策资源开发、法律资源开发、学术资源开发。在利用层面,需要利用网络欺凌预防资源,编制网络欺凌预防手册,开设网络欺凌预防课程。

(一)网络欺凌预防资源开发

网络欺凌预防资源主要包括政策资源、法律资源与学术资源。政策资源是指网络欺凌预防政策组成的资源;法律资源是指网络欺凌的法律法规组成的资源;学术资源特指研究人员对网络欺凌进行研究所取得的有价值的研究成果。网络欺凌预防资源开发是借助一定的技术,将网络欺凌预防资源依托于有形或无形的载体加以呈现。

1. 网络欺凌政策资源开发

近五年来,我国已出台多个传统欺凌的政策文件。比如国家互联网信息办公室2015年发布《关于进一步加强对网上未成年人犯罪和欺凌事件报道管理的通知》，该通知不仅对网络空间与未成年人相关的犯罪行为或者越轨行为进行了规定，还对未成年人的网络欺凌行为案例的报道要求进行严格规范。① 2020年，教育部等六部门发布《关于联合开展未成年人网络环境专项治理行动的通知》，指出重点整治学习教育类网站平台推送网络游戏、低俗小说、娱乐直播等与学习无关的信息问题。坚决清理网站平台少儿、动画、动漫等频道涉低俗色情、校园欺凌、拜金主义、封建迷信等导向的不良内容。严格处置直播、短视频网站平台存在的色情、暴力、恐怖等低俗不良信息。② 2021年，教育部颁布《未成年人学校保护规定》，其第二十一条明确指出："教职工发现学生'通过网络或者其他信息传播方式捏造事实诽谤他人、散布谣言或者错误信息诋毁他人、恶意传播他人隐私'，应当及时制止。"③

政策支持是网络欺凌预防的关键端口，只有将各级各类网络欺凌预防政策及时呈现给教育管理者，才能发挥政策的预防价值。尽管我国已经颁布多个网络欺凌预防政策，但每个政策相对孤立，缺乏统整，不便于实践人员进行查阅与获取。因此，需要将多个网络欺凌预防政策进行融合，开发出数字形态的网络欺凌预防政策资源。对此，可通过以下几个步骤进行开发。一是学校管理人员查阅省部级官方网站（比如中华人民共和国教育部、中华人民共和国司法部等），了解网络欺凌预防政策的颁布内容，将这些政策统一汇聚并保存。二是认真阅读这些政策，找出它们的差异性和相似性，将其重新整合成数字化文档形式。三是定期进行内容更新。未来会有新出的网络欺凌预防政策，应将其融合至原有文档中。

2. 网络欺凌法律资源的开发

法律法规对于预防网络欺凌有着重要意义。2020年，《中华人民共和国预防未成年人犯罪法》（中华人民共和国主席令第64号）指出，教育

---

① 国家互联网信息办公室：《关于进一步加强对网上未成年人犯罪和欺凌事件报道管理的通知》，http://www.cac.gov.cn/2015-06/30/c_1115773614.htm，2022年7月5日。
② 中华人民共和国教育部：《关于联合开展未成年人网络环境专项治理行动的通知》，http://www.moe.gov.cn/srcsite/A06/s7053/202008/t20200826_480306.html，2022年7月5日。
③ 中华人民共和国教育部：《未成年人学校保护规定》，http://www.moe.gov.cn/srcsite/A02/s5911/moe_621/202106/t20210601_534640.html，2022年7月5日。

行政部门应同有关部门建立学生欺凌防控制度。学校应当加强日常安全管理，完善学生欺凌发现和处置的工作流程，严格排查并及时消除可能导致学生欺凌行为的各种隐患。[①] 2020 年，《中华人民共和国未成年人保护法（修订版）》（中华人民共和国主席令第 65 号）指出，国家、社会、学校和家庭应当加强未成年人网络素养宣传教育，培养和提高未成年人的网络素养，增强未成年人科学、文明、安全、合理使用网络的意识和能力，保障未成年人在网络空间的权益。网信部门及其他有关部门应加强对未成年人网络保护工作的监督，依法惩处利用网络从事危害未成年人身心健康的活动，为未成年人提供安全、健康的网络环境。[②]

法律为网络欺凌预防提供了基础。在开发法律资源时，应遵循以下几个步骤。一是筛选出与网络欺凌有关的法律内容。《中华人民共和国未成年人犯罪法》和《中华人民共和国未成年人保护法》等诸多法律包含了很多内容，包括且不限于网络欺凌预防的论述，要在其中筛选出与网络欺凌有关的内容，做到内容具有针对性和易读性。二是整合有关网络欺凌的法律内容。一些法律文件难免会有对网络欺凌预防规定的重复论述，应将其删繁就简，重新组织。三是将已经整理完的网络欺凌法律以手册的形式进行排版与印刷，供学校师生阅读与浏览。

3. 网络欺凌学术资源的开发

网络欺凌学术资源是指他人对网络欺凌预防研究的成果，如网络欺凌预防项目及其评估效果、网络欺凌预防方案、网络欺凌预防策略等。在国内，滕志妍以反欺凌项目 2.0 为例，分析了西班牙防治网络欺凌行动路径与策略，该项目确立认知导向行为的目标体系，构建模块化的活动课程，帮助学生认知网络欺凌的概念、角色，分析欺凌行为的后果，探索应对欺凌行为的策略，以合作教育游戏 2.0 模拟实践强化，体验式地培育学生的社会情感能力。在国外，Shemesh 分析了网络被欺凌的危害，被

---

① 中华人民共和国教育部：《中华人民共和国预防未成年人犯罪法》，http：//www.moe.gov.cn/jyb_ sjzl/sjzl_ zcfg/zcfg_ qtxgfl/202110/t20211025_ 574843.html，2022 年 7 月 5 日。
② 中华人民共和国教育部：《中华人民共和国未成年人保护法》，http：//www.moe.gov.cn/jyb_ sjzl/sjzl_ zcfg/zcfg_ qtxgfl/202110/t20211025_ 574798.html，2022 年 7 月 5 日。

欺凌者会产生抑郁、自闭等问题。① Kyriacou 分析了网络欺凌的诱发原因，主要包括道德规范缺失与道德脱离。② Palladino 基于循证干预，对无陷阱项目（No Trap）进行评估，证明了该项目的有效性。③ 国内外相关学术成果为网络欺凌预防实践提供了证据支持。因此，需要开发网络欺凌学术资源，为师生家长提供相关知识。

在开发时应遵循以下步骤。其一，归类研究成果。网络欺凌研究成果的种类繁多，包括但不限于网络欺凌调查数据、网络欺凌预防方案或策略等。将网络欺凌研究成果进行归类，并将其通俗化，可以增加成果的可读性与可操作性。其二，注意证据的本土化应用，即结合现实情境将研究成果本土化。要分析本地、本校的实际状况，考虑本地欺凌的特点和研究证据的适用性，确立相应、恰切的研究证据。其三，研究成果的整理与更新。将研究成果以电子文档的方式进行数字化存储，尔后不定期地将新的研究成果融入原有成果中，做到不定期更新。

（二）网络欺凌预防资源的利用

在开发网络欺凌预防资源的基础上，要进行资源的利用，达成网络欺凌预防目标。网络欺凌预防资源的利用主要包括两个方面：一是利用网络欺凌预防资源，编制网络欺凌预防手册；二是利用网络欺凌预防资源，进行网络欺凌预防教学。

1. 编制网络欺凌预防手册

网络欺凌预防手册为网络欺凌预防提供了理论基础及实施方向。对此，可以将网络欺凌政策资源、法律资源与学术资源统一汇集，编制网络欺凌预防手册。比如，新修订的《中华人民共和国未成年人保护法》在其第五章网络保护中规定了17条重要内容。因此，利用已有的法律资

---

① Olenik-Shemesh, D., Heiman, T., & Eden, S., "Cyberbullying Vic-timisation in Adolescence: Relationships with Loneliness and Depressive Mood," *Emotional and Behavioural Difficulties*, Vol. 17, No. 3-4, March 2012, p. 261.

② Kyriacou, C., & Zuin, A., "Cyberbullying and Moral Disengage-ment: An Analysis Based on a Social Pedagogy of Pastoralcare in Schools," *Pastoral Care in Education*, Vol. 34, No. 1, January 2016, p. 34.

③ Benedetta E. Palladino, "Evidence-Based Intervention against Bullying and Cyberbullying: Evaluation of the No Trap! Program in Two Independent Trials," *Aggressive Behavior*, Vol. 42, No. 2, February 2016, p. 194.

源，将其纳入网络欺凌预防手册中，进而确立网络保护的基本内容（包括但不限于未成年学生携带手机的处理规定，未成年人通过网络发布私密信息的保护措施等）。

指导手册分为教师指导手册和家长指导手册。首先，对教师而言，往往在对学生实施反网络欺凌教学前会由专业人员对教师进行相关培训，然而培训时间有限，教师可能还会出现忘却内容或记忆不准的情况，在指导手册中对反网络欺凌策略步骤进行细致描述可以缓解这一现象。比如政策资源包含网络欺凌的内涵、特征、成因、预防及干预策略的理论依据，可将其纳入教师欺凌手册，方便教师理解与记忆，帮助教师更加灵活地实施相关策略。其次，家长手册可为家长提供更为专业的指导，也可将政策资源中如何开展家校合作、如何排查学生的网络欺凌苗头等纳入家长欺凌手册，为家长提供更加专业的预防内容。此外，家庭比学校可以让学生更加放松，且接触网络的机会也更多，使用家长手册教授家长专业的反网络欺凌策略可更有效地对青少年的网络行为进行监督与纠正。

2. 进行网络欺凌预防教学

利用网络欺凌预防资源，将其作为网络欺凌预防教学的材料，对网络欺凌预防有着重要意义。比如，《中华人民共和国预防未成年人犯罪法》在其第三章明确了"对不良行为的干预，"其中的第二十八条明确规定不利于学生健康成长的行为，比如阅览、观看或者收听宣扬淫秽、色情、暴力、恐怖、极端等内容的读物、音像制品或者网络信息等。教师可以根据《中华人民共和国预防未成年人犯罪法》的有关内容，进行网络欺凌危害、种类与预防的教学，让学生了解网络欺凌的形式，也可以根据已有的网络欺凌研究成果教授学生如何应对网络欺凌等。

网络欺凌预防知识要通过教学的形式传递。在课前，教师进行学情分析，了解学生的基本情况，确定课程目标。教师根据教学目标发布任务导学单，让学生在线上自主观看网络欺凌预防微视频，达成低阶教学目标。在课中，教师组织学生开展小组学习。比如《中华人民共和国未成年人保护法》第六十八条规定，"新闻出版、教育、卫生健康、文化和旅游、网信等部门应定期开展预防未成年人沉迷网络的宣传教育，监督网络产品和服务提供者……"教师将已经做好的学习视频提供给学生学习，也可以打开具体的网络游戏，讲解游戏的防沉迷措施等。在课后，教师组织学生进行研究性学习，借助资源完成具体的学习任务，巩固已学习的知识。比如，分享学习心得，绘制有关网络欺凌预防的知识图谱和思维导图等。

三 构建网络欺凌预防平台

随着信息化的发展，计算机的交互运算能力促进了信息交流，网络平台成为人们交流的场所。网络欺凌预防平台是利益主体合理预防网络欺凌的虚拟平台。从功能上看，网络欺凌预防平台包括了发布网络欺凌预防信息，共享网络欺凌预防信息，获取网络欺凌相关知识。从目标上看，网络欺凌预防平台可以提升社会各界（学生、教师、家长等）对网络欺凌的认识，实现网络欺凌的及时发现与早期预警。从模块上看，网络欺凌预防平台主要包括面向学生、学校和家长三个模块。

（一）网络欺凌预防平台的功能

网络欺凌预防平台包括三大功能：一是发布网络欺凌预防信息，二是共享网络欺凌预防信息，三是获取网络欺凌相关知识。

1. 发布网络欺凌预防信息

互联网时代促使了人们的泛在生活，各种信息以多媒体、数字化形式存储，使得人们可以便捷地获取。从外在形式来看，信息主要包括文字、图像、视频等。伴随着计算机硬件性能、交互处理能力的提升，网络平台的运行有了效率效能保障。网络平台是信息的载体，借助网络平台可以发布网络欺凌的信息。其一，在文字层面，包括了网络欺凌的预防政策、预防措施、应急预案、项目计划、法律法规、基本知识等以文本呈现的内容。其二，在图像层面，包括了网络欺凌的警示语、处置程序、应对方法等以图形呈现的内容。其三，在视频层面，包括了以微视频为呈现载体的网络欺凌的学习课件（包括但不限于网络欺凌的危害、影响、成因、真实案例、发生场景等）。

2. 共享网络欺凌预防信息

除了维护方（学校）可以发布网络欺凌预防信息之外，教师、学生以及相关社会人员也可以通过授权、审核的方式，在网络欺凌平台发布网络欺凌预防信息。发布信息不是目的，只有实现各界对信息的共享，才能实现信息的价值。从数据库的视角来看，网络欺凌预防平台是一个集中式的数据库，学校对数据有控制权和解释权。因此，需要借助区块链技术，实现数据的去中心化。区块链运用了分布式存储记账技术，账本不是由中心化的节点所掌控，每个节点都可以参与记账，且都保留了一个账本副本，每个节点的副本内容都一致。分布式存储突破了"中心化"存储的瓶颈，每个节点都有相同的记账簿，只有串通区块链中多数节点，才能实现数据的篡改。所以，在区块链技术的视角下，各种社会角色只要加入区块链系统，都可以在网络欺凌预防平台上及时共享有关信息。

3. 获取网络欺凌相关知识

知识是对客观世界的描述，它具有一定的载体，比如纸质书籍。但这些载体并不方便知识的保存。伴随着数字化浪潮的推进，计算机的数字能力将这些纸质书籍以数字化的方式进行存储，便于知识的传播。网络欺凌预防平台是数字化的集成体，包含了大量的网络欺凌知识供社会各界学习。使用者可以通过客户端网络欺凌预防平台，快速、便捷地查找并获取网络欺凌知识。其一，网络欺凌的内涵与特征，这种知识的来源主要包括网络欺凌政策、未成年人保护法、专家访谈等。其二，网络欺凌的预防与处理，这种知识的来源主要包括实践调研报告、学校档案、当事人口头陈述、校长语录等。其三，网络欺凌的成因与策略，这种知识的来源主要包括电子期刊、会议论文、智能图书馆等。

（二）网络欺凌预防平台的目标

构筑网络欺凌预防平台的目标包括两个。一是提升社会各界（学生、教师、家长等）对网络欺凌的认识。网络欺凌预防平台包括各种网络欺凌预防的内容，包括网络欺凌内涵、特征、应对与预防策略等。社会各界人士通过网络欺凌平台，学习有关网络欺凌的知识，丰富自身对网络欺凌的认识。二是实现网络欺凌的及时发现与早期预警。预警本质上是一种以情报分析为核心的情报预测与警报活动，是情报部门的主要职能。威胁感知、态势监控、预警评估、发出警告构成了预警的一般过程。相关人员可以将正在发生但还未进一步发展的网络欺凌苗头，上传至网络欺凌预防平台进行智能分析，实现网络欺凌的识别与预警。

（三）网络欺凌预防平台的模块

从体系架构层面上看，网络欺凌预防平台主要包括面向学生的模块、面向学校的模块、面向家长的模块，每个模块又包括下列内容。

1. 学生模块的内容

第一，网络欺凌认识。该模块可以让学生了解如何认识网络欺凌。其一，散布并损害他人名誉的八卦、秘密或谣言。其二，借助电子邮件、短信等，以假冒身份向他人发送威胁信息。其三，创建嘲笑他人的故事、卡通、图片或笑话的网站。其四，开设投票，要求访问者以负面方式对个人的属性进行评分。其五，让某人参与即时通信，诱骗其透露个人信息。其六，使用其他人的密码来更改他们的个人资料等。

第二，网络欺凌后果。该模块主要让学生知晓实施网络欺凌的后果。其一，通过转发有害他人的信息与内容，促使网络欺凌舆论的发酵，增加事件的围观人数，致使网络欺凌事态升级。其二，持续在网络上点赞或围观网络欺凌，导致网络欺凌者认为其个人行为是合法正常的，增加网络欺凌者再次实施欺凌的概率。其三，网络被欺凌者会产生孤立感、恐惧感和绝望感，有可能出现自残或自杀的行为。

第三，网络欺凌旁观策略。如果在虚拟社区中发生了网络欺凌，在线学生会成为网络欺凌旁观者。该模块主要让学生掌握网络欺凌旁观的策略。其一，不要随意分享或评论已经发布的某人的信息。其二，不要实施可能会导致网络欺凌事态升级的行为。其三，如果学生有能力制止网络欺凌，一定要在评论区做出冷静、清晰的回应，愤怒和攻击性的回应有可能会加剧网络欺凌。其四，尽量远离电子设备，以免受到牵连、责备、羞辱或报复。其五，私下回复网络欺凌者，耐心讲解网络欺凌的危害。

2. 学校模块的内容

第一，如何实施教学活动。学校并不总是需要正式的项目来帮助学生了解欺凌预防，而是可以通过实施课程，让教师教给学生如何预防。该模块主要让学校教师了解如何实施教学活动。教师可以将网络欺凌预防主题纳入课程和活动中，利用示例进行教学活动，比如制止网络欺凌的演讲，关于网络欺凌预防的创造性写作，一首反网络欺凌的诗、故事、短剧，关于网络欺凌造成负面影响的拼贴画等。

第二，如何开展教师培训。为确保网络欺凌预防工作的成效，学校工作人员需要接受关于网络欺凌预防的培训。该模块主要让学校知道如何培训。培训可以采取多种形式，比如员工会议、线上视频讲座、寒暑假培训教学等方式。由于每个学校有不同的人员配置、支持资金，学校可以根据自身特征，自由选择或者组合这些培训方式。在培训时，教职工可能会遇到培训困难，应及时向培训师汇报，促进双方交流。

第三，如何识别网络欺凌苗头。孩子可能被欺负、欺负他人或目睹欺凌。教师可能不知道学生正在使用的所有社交媒体平台和应用程序。学生使用的网络平台越多，接触潜在网络欺凌的机会就越多。该模块主要让教师了解如何识别网络欺凌苗头。其一，通信设备的使用次数快速增加或减少。其二，对着手机或者电脑表现出笑声、愤怒、不安等情绪。其三，学生不愿意与其他学生交流，当其他学生在周围时，他会隐藏手持设备。其四，学生逐渐变得孤僻或沮丧，失去活动兴趣，回避社交场合。

第四，网络欺凌危害与处理。网络欺凌所带来的伤害是一个综合性问题，让网络欺凌停止伤害的有效方式就是及时告知学生网络欺凌的危害。该模块主要告诉学校如何培养学生的网络素养，诸如如何提高中学生网络安全意识，如何增强中学生网络应用能力等。其一，学校要向教师与家长及时发放网络欺凌手册，告知他们如何应对网络欺凌。其二，学校要通过教育和宣传（通过校园广播、宣传栏、短视频、家长会等方式），告知网络欺凌将会带来哪些直接的或潜在的危害。其三，在意外遭受网络欺凌后，学校要告诉他们如何维护自身的权利。

3. 家长模块的内容

第一，如何提升家长的数字意识。随着新的社交媒体平台、应用程序和设备的出现，儿童和青少年通常是它们的密切接触者。在网络中可能会发生一些负面事情包括网络欺凌、发送色情短信、发布仇恨信息或内容，以及参与负面群组的对话。该模块主要告诉家长如何提升自身的数字意识。其一，监控青少年的社交媒体网站、应用程序和浏览历史记录。其二，查看或设置学生的手机位置和隐私。其三，及时了解学生使用的最新应用程序、社交媒体平台和数字俚语。其四，知道孩子的电子邮件和社交媒体用户名和密码。

第二，如何监督学生的网络游戏。网络游戏可能是网络欺凌发生方。如果当事人在游戏中表现不佳，其他玩家可能会诅咒或发表负面言论。

该模块主要让家长了解如何监督学生玩网络游戏。其一，与学生一起玩游戏、观察游戏、了解游戏的运作方式，以及学生在游戏中接触到的内容。其二，了解学生玩游戏时使用的游戏社区、社交媒体和应用程序是否存在安全的风险。其三，教授学生安全的数字行为：不要点击陌生人的链接；不共享电子邮件、电话号码、地址和密码等个人信息。

学校是网络欺凌预防的主要阵地与关键端口。开展网络安全素养教育，开发并利用网络欺凌预防资源，构筑网络欺凌预防平台，可为我国中小学网络欺凌提供预防路径。但网络欺凌预防并非学校一己之力，还需要政府机构、社会媒体等社会力量的协作支持。所以政府机构要做好网络欺凌预防的宣传工作，制定相关的网络欺凌预防政策文件；社会媒体要发挥监督的作用，及时制止网络欺凌舆论的发酵。总体而言，在网络欺凌预防中，我们应该保持谨慎的态度，乐观地面对网络欺凌预防；以科学研究方法为基础，检验网络欺凌预防的效果，在此基础上进一步探究与完善网络欺凌预防的路径。

参考文献

中文译著

《柏拉图全集》(第一卷),王晓朝译,人民出版社2002年版。

《涂尔干文集(第一卷)·道德社会学卷一·社会分工论》,渠敬东译,商务印书馆2020年版。

[奥] 阿尔弗雷德·阿德勒:《理解人性》,陈太胜、陈文颖译,国际文化出版公司2007年版。

[澳] 约翰·布雷思韦特:《犯罪、羞耻与重整》,王平、林乐鸣译,中国人民公安大学出版社2014年版。

[德] 赫尔巴特:《普通教育学·教育学讲授纲要》,李其龙译,人民教育出版社1989年版。

[德] 黑格尔:《小逻辑》,贺麟译,商务印书馆2011年版。

[德] 卡尔·雅斯贝尔斯:《什么是教育》,邹进译,生活·读书·新知三联书店1991年版。

[德] 康德:《纯粹理性批判》,蓝公武译,商务印书馆1960年版。

[德] 马克斯·霍克海默:《批判理论》,李小兵等译,重庆出版社1989年版。

[德] 尤尔根·哈贝马斯:《合法化危机》,刘北成、曹卫东译,上海人民出版社2009年版。

[德] 尤尔根·哈贝马斯:《交往行为理论:行为合理性与社会合理化》,曹卫东译,上海人民出版社2004年版。

[法] 埃德加·莫兰:《复杂性理论与教育问题》,陈一壮译,北京大学出版社2004年版。

［法］爱弥尔·涂尔干：《道德教育》，陈光金等译，上海人民出版社 2001 年版。

［法］迪尔凯姆：《社会学研究方法论》，胡伟译，华夏出版社 1988 年版。

［法］古斯塔卡·勒庞：《乌合之众：大众心理研究》，冯克利译，中央编译出版社 2014 年版。

［法］卢梭：《社会契约论》，何兆武译，商务印书馆 1982 年版。

［法］皮埃尔·布迪厄、［美］华康德：《实践与反思：反思社会学导引》，李猛、李康译，中央编译出版社 2004 年版。

［古希腊］亚里士多德：《尼各马可伦理学》，廖申白译，商务印书馆 2016 年版。

［美］A. H. 马斯洛：《存在心理学探索》，李文湉译，云南人民出版社 1987 年版。

［美］George G. Bear：《自律的培养和不良行为的预防与矫正》，黄喜珊译，华中科技大学出版社 2016 年版。

［美］R. A. ·巴伦、D. 伯恩：《社会心理学》，黄敏儿等译，华东师范大学出版社 2004 年版。

［美］芭芭拉·科卢梭：《如何应对校园欺凌》，肖飒译，华东师范大学出版社 2017 年版。

［美］戴维·波普诺：《社会学》，李强等译，中国人民大学出版社 2007 年版。

［美］戴维·斯沃茨：《文化与权力：布尔迪厄的社会学》，陶东风译，上海译文出版社 2012 年版。

［美］丹尼尔·L. 杜克：《创建安全的学校——学校安全工作指南》，唐颖、杨志华译，中国轻工业出版社 2006 年版。

［美］杜威：《学校与社会——明日之学校》，赵祥麟等译，人民教育出版社 2005 年版。

［美］汉娜·阿伦特：《反抗"平庸之恶"》，陈联营译，上海人民出版社 2014 年版。

［美］华勒斯坦等：《开放社会科学》，刘锋译，生活·读书·新知三联书店 1997 年版。

［美］华勒斯坦等：《学科·知识·权力》，刘健芝译，生活·读书·新知

三联书店 1999 年版。

[美] 贾斯汀·W. 帕钦、萨米尔·K. 辛社佳：《校园欺凌行为案例研究》，王怡然译，黑龙江教育出版社 2017 年版。

[美] 柯尔伯格：《道德教育的哲学》，魏贤超、柯森等译，浙江教育出版社 2000 年版。

[美] 柯特·R. 巴托尔、安妮·M. 巴托尔：《犯罪心理学》，李玫瑾等译，中国轻工业出版社 2017 年版。

[美] 肯尼恩·J. 格根：《关系性存在：超越自我和共同体》，杨莉萍译，上海教育出版社 2017 年版。

[美] 兰德尔·柯林斯：《暴力：一种微观社会学理论》，刘冉译，北京大学出版社 2016 年版。

[美] 兰德尔·柯林斯：《互动仪式链》，林聚任等译，商务印书馆 2016 年版。

[美] 劳拉·E. 伯克：《伯克毕业发展心理学：从 0 岁到青少年》，陈会昌等译，中国人民大学出版社 2014 年版。

[美] 勒纳：《人类发展的概念与理论》，张文新译，北京大学出版社 2011 年版。

[美] 理查德·J. 沙沃森、丽莎·汤：《教育的科学研究》，曹晓南等译，教育科学出版社 2019 年版。

[美] 罗伯特·K. 默顿：《社会理论和社会结构》，唐少杰、齐心译，译林出版社 2006 年版。

[美] 马斯洛等：《科学心理学》，马良诚译，陕西师范大学出版社 2010 年版。

[美] 马斯洛等：《人的潜能和价值——人本主义心理学译文集》，林方主编，华夏出版社 1987 年版。

[美] 玛格丽特·K. 罗森海姆等编：《少年司法的一个世纪》，高维俭译，商务印书馆 2008 年版。

[美] 麦金泰尔：《追求美德：道德理论研究》，宋继杰译，译林出版社 2011 年版。

[美] 缪斯：《青春期理论》，周华珍等译，上海社会科学院出版社 2014 年版。

［美］内尔·诺丁斯：《关心：伦理和道德教育的女性路径》，武云斐译，北京大学出版社2014年版。

［美］诺丁斯：《始于家庭：关怀与社会政策》，侯晶晶译，教育科学出版社2006年版。

［美］乔恩·埃尔斯特：《解释社会行为：社会科学的机制视角》，刘骥等译，重庆大学出版社2019年版。

［美］乔治·J.波斯纳：《课程分析》，仇光鹏等译，华东师范大学出版社2007年版。

［美］斯蒂芬·E.巴坎：《犯罪学：社会学的理解》，秦晨等译，上海人民出版社2011年版。

［美］詹姆斯·E.狄龙：《反欺侮：让学生远离恐惧》，张禾等译，黑龙江教育出版社2016年版。

［日］片冈德雄：《班级社会学》，贺晓星译，北京教育出版社1993年版。

［瑞士］皮亚杰：《人文科学认识论》，郑文彬译，中央编译出版社2002年版。

［意］贝卡里亚：《论犯罪与刑罚》，黄风译，中国大百科全书出版社1993年版。

［英］赫·斯宾塞：《教育论：智育、德育和体育》，胡毅译，人民教育出版社1962年版。

［英］怀特海：《过程与实在》，李步楼译，商务印书馆2011年版。

［英］杰西·洛佩兹、约翰·斯科特：《社会结构》，允春喜译，吉林人民出版社2007年版。

［英］马吉尔：《心理学与犯罪——透视理论与实践》，张广宇等译，中国人民公安大学出版社2009年版。

［英］约翰·威尔逊：《道德教育新论》，蒋一之译，浙江教育出版社2003年版。

中文著作

曹立群、周愫娴：《犯罪学理论与实证》，群众出版社2007年版。

车文博：《西方心理学史》，浙江教育出版社1998年版。

褚宏启：《教育现代化的路径》，教育科学出版社2000年版。

董会芹：《家庭应对儿童欺凌策略研究》，人民出版社 2020 年版。

冯建军：《差异与共生：多元文化下学生生活方式与价值观教育》，四川教育出版社 2010 年版。

李明琪主编：《西方犯罪学概论》，中国人民公安大学出版社 2010 年版。

梁德阔、徐大慰：《国外青少年犯罪的实证研究精解》，中国人民公安大学出版社 2014 年版。

么加利：《反思与超越——走向复杂的西方教育变革》，山东教育出版社 2011 年版。

莫洪宪主编：《犯罪学概论》，中国检察出版社 2003 年版。

庞树奇、范明林主编：《普通社会学理论》，上海大学出版社 2011 年版。

戚万学：《冲突与整合——20 世纪西方道德教育理论》，山东教育出版社 1995 年版。

孙正聿：《哲学通论》，辽宁人民出版社 1998 年版。

童广运主编：《人文社会科学概论》，北京师范大学出版社 2015 年版。

王成礼：《法治的均衡分析》，山东人民出版社 2008 年版。

王美芳等：《儿童社会技能的发展与培养》，华文出版社 2003 年版。

魏贤超：《德育课程论》，黑龙江教育出版社 2004 年版。

吴宗宪：《西方犯罪学》，法律出版社 2006 年版。

许章润主编：《犯罪学》，法律出版社 2016 年版。

姚建龙主编：《校园暴力控制研究》，复旦大学出版社 2010 年版。

于海：《西方社会思想史》，复旦大学出版社 2010 年版。

张森年等：《科学发展观与思维方式变革研究》，上海人民出版社 2015 年版。

张文新：《儿童社会性发展》，北京师范大学出版社 1999 年版。

赵翔、刘贵萍主编：《犯罪学原理》，中国言实出版社 2009 年版。

周险峰主编：《教育基本问题研究：回顾与反思》，华中科技大学出版社 2016 年版。

中文期刊

查有梁：《论教育模式建构》，《教育研究》1997 年第 6 期。

陈光辉、杨晓霞、张文新：《芬兰反校园欺凌项目 KiVa 及其实践启示》，

《中国特殊教育》2018 年第 9 期。

陈世平、周海咏：《小学儿童欺负行为与人格倾向的关系》，《心理学探新》2003 年第 1 期。

邓敏杰、张一春、范文翔：《美国循证教育的发展脉络、应用与主要经验》，《比较教育研究》2019 年第 4 期。

董会芹：《影响小学生问题行为的家庭因素研究》，《教育研究》2016 年第 3 期。

杜媛、毛亚庆、杨传利：《社会情感学习对学生欺凌行为的预防机制研究：社会情感能力的中介作用》，《教育科学研究》2018 年第 12 期。

冯建军：《网络欺凌及其预防教育》，《教育发展研究》2018 年第 12 期。

谷传华、张文新：《小学儿童欺负与人格倾向的关系》，《心理学报》2003 年第 1 期。

顾明远：《论学校文化建设》，《西南大学学报》（社会科学版）2006 年第 5 期。

郭俊俏、赵必华：《教师支持对 4—9 年级学生遭受校园欺凌的影响：学校归属感的中介作用》，《中国特殊教育》2019 年第 1 期。

何二林、梁凯丽、毛亚庆：《学校氛围对小学生校园欺凌的影响研究——基于东西部实证研究》，《教育学术月刊》2021 年第 4 期。

洪福源：《国中小学生、教师对校园欺凌行为之认知与态度研究》，《台北海洋技术学院学报》2012 年第 1 期。

胡振京：《教育负向功能观的社会学分析》，《教育学报》2005 年第 4 期。

扈中平：《教育目的应定位于培养"人"》，《北京大学教育评论》2004 年第 3 期。

黄向阳：《校园反欺凌教育刍议》，《上海教育科研》2017 年第 4 期。

黄向阳、顾彬彬、赵东倩：《孩子心目中的欺负》，《教育科学研究》2016 年第 2 期。

教育部青少年法治教育协同创新中心：《校园欺凌治理的跨学科对话》，《华东师范大学学报》（教育科学版）2017 年第 2 期。

李霞：《循证教育：英国的实践探索》，《比较教育研究》2021 年第 8 期。

李永升、吴卫：《校园欺凌的犯罪学理论分析与防控策略——以我国近 3 年 100 件网络新闻报道为研究样本》，《山东大学学报》（哲学社会科学版）2019 年第 1 期。

林进材：《校园欺凌行为的类型与形成及因应策略之探析》，《湖南师范大学教育科学学报》2017 年第 1 期。

刘京翠、赵福江：《学生个体因素对校园欺凌的影响研究——基于我国十五省（市）的调查和实验学校的访谈数据》，《中国教育学刊》2021 年第 12 期。

鲁洁：《教育的一个信条：塑造"知识人"》，《教育研究》2004 年第 6 期。

欧阳叶：《旁观者效应对青少年网络欺凌的影响》，《中国学校卫生》2019 年第 12 期。

戚万学：《道德教育的实践目的论》，《山东师范大学学报》（人文社会科学版）2001 年第 1 期。

全晓洁、靳玉乐：《校园欺凌的"道德推脱"溯源及其改进策略》，《中国教育学刊》2017 年第 11 期。

任海涛：《我国校园欺凌法治体系的反思与重构——兼评 11 部门〈加强中小学生欺凌综合治理方案〉》，《东方法学》2019 年第 1 期。

任萍萍、李鑫：《循证教育研究：缘起、困境、体系框架与实施建议》，《中国电化教育》2021 年第 12 期。

史艳芬：《解释结构模型在图书采购质量分析及控制中的应用》，《图书情报工作》2012 年第 5 期。

孙蓓：《美国中小学教师干预校园欺凌计划的分析与启示》，《教师教育研究》2020 年第 2 期。

孙艳、余毅震等：《小学高年级攻击行为与情绪管理关系》，《中国学校卫生》2011 年第 8 期。

檀传宝：《论惩罚的教育意义及实现》，《中国教育学刊》2002 年第 2 期。

陶建国、王冰：《挪威中小学校园欺凌预防项目研究》，《比较教育研究》2016 年第 11 期。

王丽萍：《中小学生受欺负与其社会行为、同伴关系之间的关系》，《中国特殊教育》2011 年第 11 期。

王祈然、陈曦等：《我国校园欺凌事件主要特征与治理对策——基于媒体文本的实证研究》，《教育学术月刊》2017 年第 3 期。

吴方文、宋映泉、黄晓婷：《校园欺凌：让农村寄宿生更"受伤"——基于 17841 名农村寄宿制学校学生的实证研究》，《中小学管理》2016 年第 8 期。

吴康宁：《教育的负向功能刍议》，《教育研究》1992 年第 6 期。

谢家树、魏宇民、ZHU Zhuorong：《当代中国青少年校园欺凌受害模式探索：基于潜在剖面分析》，《心理发展与教育》2019 年第 1 期。

杨书胜、耿淑娟、刘冰：《我国校园欺凌现象 2006—2016 年发展状况》，《中国学校卫生》2017 年第 3 期。

杨文登：《循证实践：一种新的实践形态》，《自然辩证法研究》2010 年第 4 期。

叶澜：《试论当代中国教育价值取向之偏差》，《教育研究》1989 年第 8 期。

尹力：《我国校园欺凌治理的制度缺失与完善》，《清华大学教育研究》2017 年第 4 期。

曾欣然：《班级欺凌规范与欺凌行为：群体害怕与同辈压力的中介作用》，《心理学报》2019 年第 8 期。

张凤华：《试析转变教育方式与提高教育质量》，《中国教育学刊》2012 年第 1 期。

张蔚、张文新：《攻击行为生理机制的研究进展》，《山东师范大学学报》（自然科学版）2006 年第 1 期。

张文新：《学校欺负及其社会生态分析》，《华南师范大学学报》（社会科学版）2004 年第 5 期。

张文新：《中小学生欺负/受欺负的普遍性与基本特点》，《心理学报》2002 年第 4 期。

张文新、谷传华等：《中小学生欺负问题中的性别差异的研究》，《心理科学》2000 年第 4 期。

张文新、纪林芹：《学校中的欺负问题及其干预》，《教育科学研究》2005 年第 1 期。

张文新、王益文、鞠玉翠、林崇德：《儿童欺负行为的类型及其相关因素》，《心理发展与教育》2001 年第 1 期。

周榕、李世瑾：《循证实践：STEM 教育实践形态的理性蜕变》，《电化教育研究》2019 年第 7 期。

英文著作

American Educational Research Association, *Prevention of Bullying in Schools, Colleges, and Universities: Research Report and Recommendations*, Washington: AERA, 2013.

Benbenishty, R. and Astor, R. A., eds., *School Violence in Context: Culture, Neighborhood, Family, School, and Gender*, New York: Oxford University Press, 2005.

Besag, Valerie E., ed., *Bullies and Victims in Schools: A Guide to Understanding and Management*, Philadelphia: Open University Press, 1989.

Bronfenbrenner, U., ed., *The Ecology of Human Development: Experiments by Nature and Design*, Cambridge, MA: Harvard University Press, 1979.

Cowie, H., Wallace, H., *PeerSupport: a Teacher Manual*, London: The Prince's Trust, 1998.

Dan Olweus, Susan P. Limber and Sharon F. Mihalic, eds., *Blueprints for Violence Prevention Series: Book 9. Bullying Prevention Program*, Boulder: University of Colorado, Institute of Behavioral Science, Center for the Study and Prevention of Violence, 1999.

Daniel C. Pierson, ed., *Bullying Prevention within Positive Behavior Interventions and Supports: A Study of Five Elementary Schools*, the University of St. Francis, 2015.

Donald, Ford. H., and Richard, Lerner, M., eds., *Developmental Systems Theory: An Integrative Approach*, Newbury Park, CA: Sage Publications, 1992.

Espelage, D. L., and Swearer, S. M., eds., *Bullying in American Schools: A Social-ecological Perspective on Prevention and Intervention*, New York: Routledge, 2004.

Garrity, C., Baris, M., and Porter, W., eds., *Bully-proofing Your Child: First Aid for Hurt Feelings*, Longmont CO: Sopris West, 2000.

Greene, M. B., ed., *Bullying and Harassment in Schools*, Shocking

Violence: Youth Perpetratorsand Victims: A Multidisciplinary Perspective, Springfield, IL: Charles C. Thomas, 2000.

Helen Cowie and Dawn Jennifer, eds., *New Perspectives on Bullying*, USA: Open University Press, 2008.

Izabela Zych, and David P. Farrington, and Vicente J. Llorent, eds., *Protecting Children against Bullying and Its Consequences*, USA: Springer Briefs in Behavioral Criminology, 2017.

Johnson, Lin C., ed., *An Examination of the Primary and Secondary Effects of Cyber-Bullying: Development and Testing of A Cyber-Bullying Moderator/Mediator Mode*, Detroit, Michigan: Wayne State University, 2011.

Ken Rigby, ed., *Bullying in Schools and What to do about It*, Australia: ACER Press, 2007.

Ken Rigby, ed., *Bullying Interventions in Schools Six Basic Approaches*, Australia: ACER Press, 2010.

Ken Rigby, ed., *New Perspectives on Bullying*, London: Jessica Kingsley Publishers, 2002.

Limber, S., ed., *Implementation of the Olweus Bullying Prevention Program in American Schools: Lessons Learned from the Field*, New York: Routledge, 2004.

Lisa H. Rosen, ed., *Bullying in School: Perspectives from School Staff, Students, and Parents*, New York: Palgrave Macmillan, 2017.

Mitchel, J. and O'Moore, M., eds., *Report of the European Teachers' Seminar on Bullying in Schools*, Strasbourg: Council for Cultural Cooperation, 1988.

Olweus, D., ed., *Bullying at School: What We Know and What We Can Do*, Oxford, UK: Blackwell, 1993.

Olweus, D., P. K. and Smith, Y. Morita, and J. Junger-Tas, eds., *The Nature of School Bullying: A Cross-national Perspective*, London: Routledge, 1999.

Olweus, D., ed., *Bully/Victim Problems among Schoolchildren in Scandinavia*, Oslo, Norway: Universitetsforlaget AS, 1987.

Payton, J. and Resnik, H., and Weissberg, R. P., eds., *Collaborative for Academic, Social and Emotional Learning (CASEL)*, New York: Springer US, 2010.

Schott, Robin May, and Dorte Marie Søndergaard, eds., *School Bullying: New Theories in Context*, Cambridge: Cambridge University Press, 2014.

Scott Ross, ed., *Bully Prevention in Positive Behavior Support*, America: University of Oregon, 2009.

Shane R. Jimerson, Susan M. Swearer and Dorothy L. Espelage, eds., *Handbook of Bullying in Schools: Aninternational Perspective*, New York: Routledge, 2009.

Smith, P. K, Pepler, D. and Rigby, K., eds., *Bullying in Schools: How Successful Can Interventions Be?* Cambridge: Cambridge University Press, 2004.

Susan M. Swearer, Dorothy L. Espelage and Scott A. Napolitano, eds., *A Bullying Prevention and Intervention: Realistic Strategies for Schools*, New York: The Guilford Press, 2009.

Weissberg, R. P., Durlak, J. A., Domitrovich, C. E. and Gullotta, T. P., *Social and Emotional Learning: Past, Present, Future*, New York: The Guilford Press, 2015.

英文期刊论文

Adam Voight and Maury Nation, "Practices for Improving Secondary School Climate: A Systematic Review of the Research Literature," *American Journal of Community Psychology*, Vol. 58, No. 1-2, August 2016.

Aida Midgett, "A Randomized Controlled Study Evaluating a Brief, Bystander Bullying Intervention with Junior High School Students," *Journal of School Counseling*, Vol. 15, No. 9, 2017.

Amrit Thapa, Jonathan Cohen, Shawn Guffey and Ann Higgins-D'Alessandro, "A Review of School Climate Research," *Review of Educational Research*, Vol. 83, No. 3, September 2013.

Anatol Pikas, "New Ddevelopments of Shared Concern Method," *School Psy-

chology International, Vol. 23, No. 3, August 2002.

Andrew E. Springer, Maria Clara Cuevas Jaramillo, Yamileth Ortiz Gómez, Katie Case1 and Anna Wilkinson, "School Social Cohesion, Student-school Connectedness, and Bullying in Colombian Adolescents," *Global Health Promotion*, Vol. 23, No. 4, 2016.

Anja Schultze-Krumbholz, Pavle Zagorscak, Markus Hess and Herbert Scheithauer, "The Influence of School Climate and Empathy on Cyberbystanders' Intention to Assist or Defend in Cyberbullying," *International Journal of Bullying Prevention*, Vol. 2, No. 1, September 2019.

Anja Schultze-Krumbholz, "The Association between In-class Cultural Diversity with Empathy and Bullying in Adolescence: A Multilevel Mediation Analysis," *International Journal of Psychology*, Vol. 55, No. 5, 2020.

Anjali J. Forber-Pratt, Steven R. Aragon and Dorothy L. Espelage, "The Influence of Gang Presence on Victimization in One Middle School Environment," *Psychology of Violence*, Vol. 4, No. 1, 2014.

Anja Whittington, Jeffery E. Aspelmeier and Nadine W. Budbill, "Promoting Resiliency in Adolescent Girls through Adventure Programming," *Journal of Adventure Education and Outdoor Learning*, Vol. 16, No. 1, July 2015.

Annalisa Guarini, "RPC Teacher-Based Program for Improving Coping Strategies to Deal with Cyberbullying," *International Journal of Environmental Research and Public Health*, Vol. 16, No. 6, 2019.

Antti Kärnä, "Effectiveness of the KiVa Antibullying Program: Grades 1–3 and 7–9," *Journal of Educational Psychology*, Vol. 105, No. 2, 2013.

Arora, C. M. J., "Defining Bullying: Towards A Clearer General Understanding and More Effective Intervention Strategies," *School Psychology International*, Vol. 17, No. 4, November 1996.

Bauer, N. S., "The Effectiveness of the Olweus Bullying Prevention Program in Public Middle Schools: A Controlled Trial," *Journal of Adolescent Health*, Vol. 40, No. 3, March 2007.

Beaudoin, H. and Roberge, G., "Student Perceptions of School Climate and Lived Bullying Behaviours," *Procedia – Social and Behavioral Sciences*,

Vol. 174, No. 12, 2015.

Becky Kochenderfer-Ladd, "Teachers' Views and Beliefs About Bullying: Influences on Classroom Management Strategies and Students' Coping with Peer Victimization," *Journal of School Psychology*, Vol. 46, No. 4, 2008.

Belsey, B., "Cyberbullying: A Real and Growing Threat," *ATA Magazine*, Vol. 88, No. 1, 2007.

Biswas, P. C., "Directions of Aggression of School-going Adolescents as Related to Family Tension, Area of Residence and Sex: A Comparative Study," *Manas*, Vol. 36, No. 1, 1989.

Boulton, M. J., Smith, P. K., "Bully/Victim Problems in Middle-school Children: Stability, Self-perceived Competence, Peer Perceptions and Peer Acceptance," *British Journal of Developmental Psychology*, Vol. 12, No. 3, September 1994.

Brad Lundahl, "A Meta-analysis of Parent Training: Moderators and Follow-up Effects," *Clinical Psychology Review*, Vol. 26, No. 1, January 2006.

Bradshaw, C. P., "Preventing Bullying through Positive Behavioral Interventions and Supports (PBIS): A Multitiered Approach to Prevention and Integration," *Theory into Practice*, Vol. 52, No. 4, 2013.

Brian Moore and Stuart Woodcock, "Resilience to Bullying: Towards an Alternative to the Anti-bullying Approach," *Educational Psychology In Practice*, Vol. 33, No. 1, October 2016.

Brian Moore, Stuart Woodcock and Dean Dudley, "Developing Wellbeing through a Randomised Controlled Trial of a Martial Arts Based Intervention: An Alternative to the Anti-bullying Approach," *International Journal of Environmental Research and Public Health*, Vol. 16, No. 1, December 2018.

Brian Moore, Stuart Woodcock, Dean Dudley, "Well-being Warriors: A Randomized Controlled Trial Examining the Effects of Martial Arts Training on Secondary Students' Resilience," *British Journal of Educational Psychology*, Vol. 91, No. 4, May 2021.

B. K. Hamre, R. C. Pianta., "Early Teacher-child Relationships and the Trajectory of Children's School Outcomes through Eighth Grade," *Child Develop-*

ment, Vol. 72, No. 1, March-April 2001.

Caitlin Elsaesser, Deborah Gorman-Smith and David Henry, "The Role of the School Environment in Relational Aggression and Victimization," *Journal of Youth Adolescent*, Vol. 42, No. 2, 2013.

Carolien Rieffe and MarinaCamodeca, "Empathy in Adolescence: Relations with Emotion Awareness and Social Roles," *British Journal of Developmental Psychology*, Vol. 34, No. 3, September 2016.

Catherine P. Bradshaw, Anne L. Sawyer and Lindsey M. O'Brennan, "A Social Disorganization Perspective on Bullying-related Attitudes and Behaviors: The Influence of School Context," *American Journal of Community Psychology*, Vol. 43, No. 3-4, 2009.

Catherine P. Bradshaw, "Preventing Bullying through Positive Behavioral Interventions and Supports (PBIS): A Multitiered Approach to Prevention and Integration," *Theory into Practice*, Vol. 52, No. 4, October 2013.

Cecil Heather and Molnar-Main Stacie, "Olweus Bullying Prevention Program: Components Implemented by Elementary Classroom and Specialist Teachers," *Journal of School Violence*, Vol. 14, No. 4, 2014.

Chen, "Teachers' Cognitions and Handling Strategies Regarding Bully-Victims," *Research Papers in Education*, Vol. 35, 2018.

Cheryl Curtis, "An Evaluation of the Promoting Alternative Thinking Strategies Curriculum at Key Stage 1," *Educational Psychology in Practice*, Vol. 23, No. 1, February 2007.

Chiaki Konishi, Shelley Hymel, Tracy K. Y. Wong and Terry Waterhouse, "School Climate and Bystander Responses to Bullying," *Psychology in the Schools*, Vol. 58, No. 8, 2021.

Chris Bonell, "Effects of the Learning together Intervention on Bullying and Aggression in English Secondary Schools (INCLUSIVE): A Cluster Randomised Controlled Trial," *The Lancet*, Vol. 392, No. 10163, 2018.

Christian, Elledge, L., "Individual and Contextual Predictors of Cyberbullying: The Influence of Children's Provictim Attitudes and Teachers' Ability to Intervene," *Journal of Youth and Adolescence*, Vol. 42, No. 5, 2013.

Christina Salmivalli, "Bullying and the Peer Group: A Review," *Aggression and Violent Behavior*, Vol. 15, No. 2, 2010.

Christina Salmivalli, "Bystanders Matter: Associations between Reinforcing, Defending, and The Frequency of Bullying Behavior in Classrooms," *Journal of Clinical Child & Adolescent Psychology*, Vol. 40, No. 5, September 2011.

Christina Salmivalli, "Connections between Attitudes, Group Norms, and Behaviour in Bullying Situations," *International Journal of Behavioral Development*, Vol. 28, No. 3, 2004.

Christina Salmivalli, "Making Bullying Prevention A Priority in Finnish Schools: the KiVa Antibullying Program," *New Directions for Youth Development*, Vol. 2012, No. 133, April 2012.

Christina Salmivalli, "Participant Role Approach to School Bullying: Implications Forinterventions," *Journal of Adolescence*, Vol. 22, No. 4, 1999.

Cixin Wang, Dengting Boyanton, Ana-Sophia M. Ross, Jia Li Liu, Kathryn Sullivan and Kieu Anh Do, "School Climate, Victimization, and Mental Health Outcomes among Elementary School Students in China," *School Psychology International*, Vol. 39, No. 6, 2018.

Claire F. Garandeau, "Inequality Matters: Classroom Status Hierarchy and Adolescents' Bullying," *Journal of Youth and Adolescence*, Vol. 43, No. 7, July 2014.

Claire P. Monks, Susanne Robinson and Penny Worlidge, "The Emergence of Cyberbullying: A Survey of Primary School Pupils' Perceptions and Experiences," *School Psychology International*, Vol. 33, No. 5, September 2012.

Claudio Longobardi, "The Links between Students' Relationships with Teachers, Likeability among Peers, and Bullying Victimization: The Intervening Role of Teacher Responsiveness," *European Journal of Psychology of Education*, Vol. 37, No. 2, 2022.

Coby van Niejenhuis, "Working with Parents to Counteract Bullying: A Randomized Controlled Trial of an Intervention to Improve Parent-school Cooperation," *Scandinavian Journal of Psychology*, Vol. 61, No. 1, February 2020.

Colquhoun, H. L., Levac, D. and O'Brien, K. K., "Scoping Reviews: Time for Clarity in Definition, Methods, and Reporting," *Journal of Clinical Epidemiology*, Vol. 67, No. 12, 2014.

Colquhoun, H. L., Levac, D., O'Brien, K. K., et al., "Scoping Reviews: Time for Clarity in Definition, Methods, and Reporting," *Journal of Clinical Epidemiology*, Vol. 67, No. 4, 2014.

Conduct Problems Prevention Research Group, "A Developmental and Clinical Model for the Prevention of Conduct Disorder: The Fast Track Program," *Development and Psychopatholog*, Vol. 4, No. 4, October 1992.

Cristian Stan, "The Development of Social and Emotional Skills of Students-Ways to Reduce the Frequency of Bullying-type Events. Experimental Results," *Procedia-Social and Behavioral Sciences*, Vol. 114, 2014.

Dan A. Olweus, "Bullying at School: Basic Facts and an Effective Intervention Programme," *Promotion & Education*, Vol. 1, No. 4, 1995.

Dan Olweus, "Bully/Victimproblems in School: Facts and Intervention," *European Journal of Psychology of Education*, Vol. 12, No. 4, December 1997.

Dana Aizenkot, "The Effectiveness of Safe Surfing Intervention Program in Reducing WhatsApp Cyberbullying and Improving Classroom Climate and Student Sense of Class Belonging in Elementary School," *The Journal of Early Adolescence*, Vol. 40, No. 4, 2020.

David P. Farrington and Maria M. Ttofi, "School-based Programs to Reduce Bullying and Victimization," *Campbell Systematic Reviews*, Vol. 5, No. 1, December 2009.

Dawn Newman-Carlson, "Bully Busters: A Psycho Educational Intervention for Reducing Bullying Behavior in Middle School Students," *Journal of Counseling Ounseling & Development*, Vol. 82, No. 3, 2004.

Deborah, J. L., Gustavo, C., Marcela, R., "The Differential Relations of Parent and Peer Attachment to Adolescent Adjustment," *Journal of Youth* and *Adolescence*, Vol. 29, No. 1, February 2000.

Dewey Cornell and Catherine P. Bradshaw, "From a Culture of Bullying to a Climate of Support the Evolution of Bullying Prevention and Research," *School Psychology Review*, Vol. 44, No. 4, 2015.

Dewey Cornell, Kathan Shukla and Timothy Konold, "Peer Victimization and Authoritative School Climate: A Multilevel Approach," *Journal of Educational Psychology*, Vol. 107, No. 4, April 2015.

Diana Divecha & Marc Brackett, "Rethinking School-based Bullying Prevention through the Lens of Social and Emotional Learning: a Bioecological Perspective," *International Journal of Bullying Prevention*, Vol. 2, No. 2, 2020.

Dodge, K. A. and Pettit, G. S., "Social Competence in Children," *Monographs of the Society for Research in Child Development*, Vol. 51, No. 2, 1986.

Donna Cross, "A Group Randomized Controlled Trial Evaluating Parent Involvement in Whole-school Actions to Reduce Bullying," *The Journal of Educational Research*, Vol. 111, No. 3, November 2016.

Donna Cross, "Friendly Schools Universal Bullying Prevention Intervention: Effectiveness with Secondary School Students," *International Journal of Bullying Prevention*, Vol. 1, No. 4, January 2019.

Dorothy Espelage, "The Impact of a Middle School Program to Reduce Aggression, Victimization, and Sexual Violence," *Journal of Adolescent Health*, Vol. 53, No. 2, 2013.

Dorothy L. Espelage, "Social-Emotional Learning Program to Reduce Bullying, Fighting, and Victimization among Middle School Students with Disabilities," *Remedial and Special Education*, Vol. 36, No. 5, March 2015.

Dorothy L. Espelage and Susan M. Swearer, "A Social-ecological Model for Bullying Prevention and Intervention: Understanding the Impact of Adults in the Social Ecology of Youngsters," *Routledge/Taylor & Francis Group*, January 2010.

Dorothy L. Espelage, "Taking Peer Victimization Research to the Next Level: Complex Interactions among Genes, Teacher Attitudes/Behaviors, Peer Ecologies, & Classroom Characteristics," *Journal of Abnormal Child Psychology*, Vol. 43, No. 1, 2015.

Eleni Andreou, "Outcomes of a Curriculum-based Anti-bullying Intervention Program on Students' Attitudes and Behavior," *Emotional and Behavioural Difficulties*, Vol. 13, No. 4, November 2008.

Epstein, L., Plog, A. E. and Porter, W., "Bully-Proofing Your School: Results of a Four-year Intervention," *Report on Emotional and Behavioral Disorders in Youth*, Vol. 2, No. 3, 2002.

Espelage, Dorothy L., "Leveraging School-based Research to Inform Bullying Prevention and Policy," *American Psychologist*, Vol. 71, No. 8, August 2016.

Espelage, D. L. and Swearer, S. W., "Research on School Bullying and Victimization: What Have We Learned and Where Dowe Go from Here?" *School Psychology Review*, Vol. 32, No. 3, 2003.

Farrington, D. P., "Understanding and Preventing Bullying," *Crime and Justice*, Vol. 17, 1993.

Farrington, D. P., "Prospective Longtitudinal Research on the Development of Offending," *Journal of Criminology*, Vol. 2015, No. 3, August 2015.

Farrington, D. P., "The Development of Offending and Antisocial Behavior from Childhood: Key Findings from the Cambridge Study in Delinquent Development," *Child Psychol Psychiatry*, Vol. 36, No. 6, 1995.

Federica Sancassiani, "Enhancing the Emotional and Social Skills of the Youth to Promote their Wellbeing and Positive Development: A Systematic Review of Universal School-based Randomized Controlled Trials," *Clinical Practice & Epidemiology in Mental Health*, Vol. 11, 2015.

Fernando González-Alonso, "Methodological Analysis of the Effect of an Anti-bullying Programme in Secondary Education through Communicative Competence: A Pre-Test-Post-Test Study with a Control-Experimental Group," *International Journal of Environmental Research and Public Health*, Vol. 17,

No. 9, 2020.

Frey, K. S., Pearson, C. R., & Cohen, D., "Revenge is Seductive, If Not Sweet: Why Friends Matter for Prevention Efforts," *Journal of Applied Developmental Psychology*, Vol. 37, No. 1, March-April 2015.

Gaffney, H., Farrington, D. P., Ttofi, M. M., "Examining the Effectiveness of School-Bullying Intervention Programs Globally: A Meta-analysis," *International Journal of Bullying Prevention*, Vol. 1, No. 1, February 2019.

Gaffney, H., Ttofi, M. M., Farrington, D. P., "Evaluating the Effectiveness of School-bullying Prevention Programs: An Updated Meta-analytical Review," *Aggression and Violent Behavior*, Vol. 45, 2019.

Gaffney, H., "What Works in Anti-bullying Programs? Analysis of Effective Intervention Components," *Journal of School Psychology*, Vol. 85, No. 4, 2021.

Gianpiero Greco, Elena D'Arcangelo, Roberto De Ronzi, "Multilateral Training Method as A Proactive Educational Strategy to Prevent Bullying in Adolescents," *European Journal of Physical Education and Sport Science*, Vol. 6, No. 9, 2020.

Gianpiero Greco, Stefania Cataldi, Francesco Fischetti, "Karate as Anti-bullying Strategy by Improvement Resilience and Self-efficacy in School-age Youth," *Journal of Physical Education and Sport*, Vol. 19, No. 5, October 2019.

Hamarus, P., & Kaikkonen, P., "School Bullying as A Creator of Pupil Pressure," *Educational Research*, Vol. 50, No. 4, 2008.

Hannah Gaffney, "Effectiveness of School-based Programs to Reduce Bullying Perpetration and Victimization: An Updated Systematic Review and Meta-analysis," *Campbell Systematic Reviews*, Vol. 17, No. 2, 2021.

Harcourt, S., Green, V. A., & Bowden, C., "It is Everyone's Problem: Parents' Experiences of Bullying," *Journal of Psychology*, Vol. 44, No. 3, November 2015.

Hargreaves, "Teaching As a Research-Based Profession: Possibilities and

Prospects," *The Teacher Training Agency annual Lecture*, 1996.

Hedwig Teglasi, "STORIES: A Classroom-based Program to Reduce Aggressive Behavior," *Journal of School Psychology*, Vol. 39, No. 1, January 2001.

Helena M. L. Daudt, "Enhancing the Scoping Study Methodology: A Large, Inter-professional Team's Experience with Arksey And O' Malley's Framework," *BMC Medical Research Methodology*, Vol. 13, No. 1, 2013.

Herbert Scheithauer, "School-based Prevention of Bullying and Relational Aggression in Adolescence: The Fairplayer Manual," *New Directions for Youth Development*, Vol. 2012, No. 133, 2012.

Hilary Arksey and Lisa O'Malley, "Scoping Studies: Towards A Methodological Framework," *International Journal of Social Research Methodology*, Vol. 8, No. 1, February 2005.

Hodges, E. V. E., Boivin, M, Vitaro, F., & Bukowski, M., "The Power of Friendship: Protection Against an Escalating Cycle of Peer Victimization," *Developmental Psychology*, Vol. 35, No. 1, 1999.

Hsi-Ping Nieh, "Effects of a Collaborative Board Game on Bullying Intervention: A Group-Randomized Controlled Trial," *Journal of School Health*, Vol. 88, No. 10, 2018.

Inger M. Endresen, Dan Olweus, "Participation in Power Sports and Antisocial Involvement in Preadolescent and Adolescent Boys," *Journal of Child Psychology and Psychiatry*, Vol. 46, No. 5, April 2005.

Jaana Juvonen, Hannah L. Schacter, Miia Sainio and Christina Salmivalli, "Can a School-wide Bullying Prevention Program Improve the Plight of Victims? Evidence for Risk X Intervention Effects," *Journal of Consulting and Clinical Psychology*, Vol. 84, No. 4, 2016.

Jan Kornelis Dijkstra, "Beyond the Class Norm: Bullying Behavior of Popular Adolescents and its Relation to Peer Acceptance and Rejection," *Journal of Abnormal Child Psychology*, Vol. 36, No. 8, 2008.

Jeffrey M. Jenson, "Effects of a Skills-based Prevention Program on Bullying and Bully Victimization among Elementary School Children," *Prevention Sci-*

ence, Vol. 8, No. 4, October 2007.

Jered B. Kolbert, "Bullying Prevention and the Parent Involvement Model," *Journal of School Counseling*, Vol. 12, No. 7, 2014.

Jill M. Aldridge, Katrina McChesney and Ernest Afari, "Relationships between School Climate, Bullying and Delinquent Behaviours," *Learning Environments Research*, Vol. 21, No. 2, September 2017.

Jina S. Yoon and Karen Kerber, "Bullying: Elementary Teachers' Attitudes and Intervention Strategies," *Research in Education*, No. 69, January 2003.

Jon Agley, "Effects of the ACT OUT! Social Issue Theater Program on Social-Emotional Competence and Bullying in Youth and Adolescents: Protocol for a Cluster Randomized Controlled Trial," *JMIR Research Protocols*, Vol. 9, No. 4, April 2020.

Jorge Luiz da SilvaI, "Intervention in Social Skills and Bullying," *Rev Bras Enferm*, Vol. 71, No. 3, 2018.

Jose Antonio Jiménez-Barberoa, "Efficacy of a Brief Intervention on Attitudes to Reduce School Violence: A Randomized Clinical Trial," *Children and Youth Services Review*, Vol. 35, No. 9, 2013.

Joseph A. Dake, "Teacher Perceptions and Practices Regarding School Bullying Prevention," *Journal of School Health*, Vol. 73, No. 9, 2003.

Judy Hutchings, Susan Clarkson, "Introducing and Piloting the Kiva Bullying Prevention Programme in the UK," *Educational & Child Psychology*, Vol. 32, No. 1, 2015.

Julie Gerlinger & James C. Wo, "Preventing School Bullying: Should Schools Prioritize an Authoritative School Discipline Approach over Security Measures?" *Journal of School Violence*, Vol. 15, No. 2, 2016.

Jun Sung Hong and Dorothy L. Espelage, "A Review of Research on Bullying and Peer Victimization in School: an Ecological System Analysis," *Aggression And Violent Behavior*, Vol. 17, No. 4, 2012.

Juvonen, J., Gross, E. F., "Extending the School Grounds? —Bullying Experiences in Cyberspace," *Journal of School Health*, Vol. 78, No. 9,

August 2008.

Jéssica Ortega-Barón, "Safety. Net: A Pilot Study on a Multi-Risk Internet Prevention Program," *International Journal of Environmental Research and Public Health*, Vol. 18, No. 8, 2021.

J. D. Benítez-Sillero, "Intervention Programme to Prevent Bullying in Adolescents in Physical Education Classes (PREBULLPE): A Quasi-experimental Study," *Physical Education and Sport Pedagogy*, Vol. 26, No. 12, 2020.

Karyn L. Healy, "Randomized Controlled Trial of a Family Intervention for Children Bullied by Peers," *Behavior Therapy*, Vol. 45, No. 6, November 2014.

Katherine M. Ingrama, "Evaluation of a Virtual Reality Enhanced Bullying Prevention Curriculum Pilot Trial," *Journal of Adolescence*, Vol. 71, No. 3, February 2019.

Kathleen Allen, "Classroom Management, Bullying, and Teacher Practices," *The Professional Educator*, Vol. 34, No. 1, September 2010.

Kaufman, T. M., Kretschmer, T., Huitsing, G., & Veenstra, R., "Caught in a Vicious Cycle? Explaining Bidirectional Spillover between Parent-child Relationships and Peer Victimization," *Development and Psychopathology*, Vol. 32, No. 1, 2019.

Ken Rigby, "How Teachers Address Cases of Bullying in Schools: A Comparison of Five Reactive Approaches," *Educational Psychology in Practice*, Vol. 30, No. 4, 2014.

Kerry Chillemi, "A Pilot Study of an Online Psychoeducational Program on Cyberbullying That Aims to Increase Confidenceand Help-Seeking Behaviors among Adolescents," *Cyberpsychology, Behavior, and Social Networking*, Vol. 23, No. 4, 2020.

Khaerannisa I. Cortes, "To Tell or Not to Tell: What Influences Children's Decisions to Report Bullying to Their Teachers?" *School Psychology Quarterly*, Vol. 29, No. 3, 2014.

Koo, H., Kwak, K., Smith, P. K., "Victimization in Korean Schools: The Nature, Incidence, and Distinctive Features of Korean Bullying or

Wang-Ta," *Journal of School Violence*, Vol. 7, No. 4, August 2008.

Kowalski, R. M., Limber, S. P., "Electronic Bullying among Middle School Students," *Journal of Adolescent Health Official Publication of the Society for Adolescent Medicine*, Vol. 41, No. 6, December 2007.

Kowalski, R. M., Giumetti, G. W., Schroeder, A. N., & Lattanner, M. R., "Bullying in the Digital Age: A Critical Review And Meta-analysis of Cyberbullying Research among Youth," *Psychological Bulletin*, Vol. 140, No. 4, 2012.

Kowalski, R. M., Morgan, C. A., Limber, S. P., "Traditional Bullying as a Potential Warning Sign of Cyberbullying," *School Psychology International*, Vol. 33, No. 5, September 2012.

Kris Bosworth and Maryann Judkins, "Tapping into the Power of School Climate to Prevent Bullying: One Application of School Wide Positive Behavior Interventions and Supports," *Theory into Practice*, Vol. 53, No. 4, October 2014.

Kristel Campaert, "The Efficacy of Teachers' Responses to Incidents of Bullying and Victimization: The Mediational Role of Moral Disengagement for Bullying," *Aggressive Behavior*, Vol. 43, No. 5, 2017.

Kristi Kõiv, "Social Skills Training as a Mean of Improving Intervention for Bullies and Victims," *Procedia-Social and Behavioral Sciences*, Vol. 45, 2012.

Kuzucu. Y, Şimşek, Ö. F., "Self-Determined Choices and Consequences: The Relationship between Basic Psychological Needs Satisfactions and Aggression in Late Adolescents," *Journal of General Psychology*, Vol. 140, No. 2, January 2013.

Lars Dietrich, "Understanding Classroom Bullying Climates: The Role of Student Body Composition, Relationships, and Teaching Quality," *International Journal of Bullying Prevention*, Vol. 3, No. 1, 2021.

Leanne Lester, "Family Involvement in a Whole-School Bullying Intervention: Mothers' and Fathers' Communication and Influence with Children," *Journal of Child and Family Studies*, Vol. 26, No. 10, October 2017.

Leonidas Kyriakides, Bert P. M. Creemers, Dona Papastylianou and Marietta Papadatou-Pastou, "Improving the School Learning Environment to Reduce Bullying: An Experimental Study," *Scandinavian Journal of Educational Research*, Vol. 58, No. 4, 2014.

Leonidas Kyriakides, "Characteristics of Effective Schools in Facing and Reducing Bullying," *School Psychology International*, Vol. 34, No. 3, June 2013.

Lisa de Luca, "The Teacher's Role in Preventing Bullying," *Frontiers in Psychology*, No. 10, 2019.

Logan N. Riffle and Michelle L. Demaray, "Bully Participant Role Behavior and Social Support from Teachers and Classmates: A Mediation Analysis," *International Journal of Bullying Prevention*, Vol. 4, No. 1, 2022.

Lydia Laninga-Wijnen, "Classroom Popularity Hierarchy Predicts Prosocial and Aggressive Popularity Norms Across the School Year," *Child Development*, Vol. 90, No. 5, 2019.

Lydia Laninga-Wijnen, "Who Sets the Aggressive Popularity Norm in Classrooms? It's the Number and Strength of Aggressive, Prosocial, and Bi-Strategic Adolescents," *Research on Child and Adolescent Psychopathology*, Vol. 48, No. 1, 2020.

Mairéad Foody, Helena Murphy, Paul Downes and James O' Higgins Norman, "Anti-bullying Procedures for Schools in Ireland: Principals' Responses and Perceptions," *Pastoral Care in Education*, Vol. 36, No. 2, March 2018.

Maria M. Ttofi and David P. Farrington, "Bullying Prevention Programs: The Importance of Peer Intervention, Disciplinary Methods and Age Variations," *Journal of Experimental Criminology*, Vol. 8, No. 4, August 2012.

Maria M. Ttofi and David P. Farrington, "Effectiveness of School-based Programs to Reduce Bullying: A Systematic and Meta-analytic Review," *J. Exp Criminol*, Vol. 7, No. 1, March 2011.

Maria M. Ttofi, "School Bullying as A Predictor of Violence Later in Life: A Systematic Review and Meta-analysis of Prospective Longitudinal Studies," *Aggression & Violent Behavior*, Vol. 17, No. 5, 2012.

Mark J. Van Ryzin, "Effects of Cooperative Learning on Peer Relations, Empathy, and Bullying In Middle School," *Aggressive Behavior*, Vol. 45, No. 6, January 2019.

Matthew J. Page, "PRISMA 2020 Explanation and Elaboration: Updated Guidance and Exemplars for Reporting Systematic Reviews," *Research Methods and Reporting*, 2021, http://dx.doi.org/10.1136/bmj.n160.

Małgorzata Wójcik, "Meeting the Needs of Young Adolescents: ABBL Antibullying Program during Middle School Transition," *Psychological Reports*, Vol 122, No. 3, 2018.

Małgorzata Wójcik, "Student Action Research: Preventing Bullying in Secondary School—Inkla Project," *Action Research*, Vol. 18, No. 2, September 2020.

Meg Domino, "Measuring the Impact of an Alternative Approach to School Bullying," *Journal of School Health*, Vol. 83, No. 6, June 2013.

Meghan K. McCoy, "A Model for Providing Bullying Prevention Programs to K-12 Education While Training Future Educators," *Reducing Cyberbullying in Schools*, 2018.

Michael Boulton, "Modifying Self-blame, Self-esteem, and Disclosure through A Cooperative Cross-age Teaching Intervention for Bullying among Adolescents," *Violence and Victims*, Vol. 32, No. 4, 2017.

Ming-Shinn Lee, "Cyber Bullying Prevention: Intervention in Taiwan," *Plos One*, Vol. 8, No. 5, 2013.

Miranda Sentse, "A Longitudinal Multilevel Study of Individual Characteristics and Classroom Norms in Explaining Bullying Behaviors," *Journal of Abnormal Child Psychology*, Vol. 43, No. 5, 2015.

Mishna Faye, "Interventions to Prevent and Reduce Cyber Abuse of Youth: A Systematic Review," *Research on Social Work Practice*, Vol. 21, No. 1, 2011.

Mishna, F., Scarcello, I., Pepler, D., & Wiener, J., "Teachers' Understanding of Bullying," *Canadian Journal of Education*, Vol. 28, No. 4, 2005.

Mishna, F., "A Qualitative Study of Bullying from Multiple Perspectives," *Children and Schools*, Vol. 26, No. 26, October 2004.

Monks, C. P., & Smith, P. K., "Definitions of Bullying: Age Differences in Understanding pf The Term, and The Role Ofexperience," *British Journal of Developmental Psychology*, Vol. 24, No. 4, December 2006.

Nerissa S. Bauer, "The Effectiveness of The Olweus Bullying Prevention Program in Public Middle Schools: A Controlled Trial," *Journal of Adolescent Health*, Vol. 40, No. 3, 2007.

Nur Eni Lestari, "The Effective of Bullying Curriculum for Prevention and Management of Bullying in School-aged Children," *The Association of Indonesian Nurse Education Center*, Vol. 4, No. 2, January 2020.

Olweus, D., "Bullying in School: Evaluation and Dissemination of the Olweus Bullying Prevention Program," *American Journal of Orthopsychiatry*, Vol. 80, No. 1, 2010.

Olweus, D, "An Useful Evaluation Design and Effects of the Olweus Bullying Prevention Program," *Psychology, Crime & Law*, Vol. 11, No. 4, 2005.

Olweus, D., "Bullying at school: Tackling the Problem," *The OECD Observer*, Vol. 225, No. 3, March 2001.

Olweus, D., "School Bullying: Development and Some Important Challenges," *Annual Review of Clinical Psychology*, Vol. 9, No. 1, 2013.

Ose Antonio Jiménez-Barberoa, "Efficacy of a Brief Intervention on Attitudes to Reduce School Violence: A Randomized Clinical Trial," *Children and Youth Services Review*, Vol. 35, No. 9, 2013.

Patchin, J. W., & Hinduja, S., "Bullies move beyond the Schoolyard: A Preliminary Look Atcyber-bullying," *Youth Violence and Juvenile Justice*, Vol. 4, No. 2, April 2006.

Paul Downesaand Carmel Cefai, "Strategic Clarity on Different Prevention Levels of School Bullying and Violence: Rethinking Peer Defenders and Selected Prevention," *Journal of School Violence*, Vol. 18, No. 4, 2019.

Peadar Donohoe, "Teachers Using Role-play to Prevent Bullying," *International Journal of Bullying Prevention*, Vol. 2, No. 4, 2020.

Pfeiffer, Jens P., Pinquart, Martin, "Bullying in German Boarding Schools: A Pilot Study," *School Psychology International*, Vol. 35, No. 6, February 2014.

Philip Davies, "What Is Evidence-Based Education?" *British Journal of Educational Studies*, Vol. 47, No. 2, June 1999.

Politi Eleni, "School Bullying: The Phenomenon, the Prevention and the Intervention," *Procedia-Social and Behavioral Sciences*, Vol. 152, October 2014.

R. Slonje, P. K. Smith, "Cyberbullying: Another Main Type of Bullying?" *Scandinavian Journal of Psychology*, Vol. 49, No. 2, April 2008.

Rachel C. Vreeman, "A Systematic Review of School-based Interventions to Prevent Bullying," *Archives of Pediatrics & Adolescent Medicine*, Vol. 161, No. 1, 2007.

Rama Kurniawan, Ega Yusti Sianti, Annisaa, Suni Rohana, "Karate: Effective Tools to Improve Social, Emotional, and Executive Functions of Students With Autism," *Jurnal SPORTIF: Jurnal Penelitian Pembelajaran*, Vol. 8, No. 1, April 2022.

Richard Jessor, "Problem-Behavior Theory, Psychosocial Development, and Adolescent Problem Drinking," *British Journal of Addiction*, Vol. 82, No. 4, April 1987.

Robert Thornberg, "Authoritative Classroom Climate and its Relations to Bullying Victimization and Bystander Behaviors," *School Psychology International*, Vol. 39, No. 6, October 2018.

Robert Thornberg, "Defending or Remaining Passive as a Bystander of School Bullying in Sweden: The Role of Moral Disengagement and Antibullying Class Norms," *Journal of Interpersonal Violence*, 2021: 08862605211037427.

Robert Thornberg, "Victim Prevalence in Bullying and its Association with Teacher-student and Student-student Relationships and Class Moral Disengagement: A Class-level Path Analysis," *Research Papers in Education*, Vol. 33, No. 3, March 2018.

Roman, Marcela, Murillo, F. Javier, "Latin America: School Bullying and Academic Achievement," *Cepal Review*, Vol. 104, No. 8, August 2011.

Sabina Low and Mark Van Ryzin, "The Moderating Effects of School Climate on Bullying Prevention Efforts," *School Psychology Quarterly*, Vol. 29, No. 3, August 2014.

Sackett, D. L., Rosenberg, W. M. C., Gray, J. A. M., et al., "Evidence Based Medicine: What It Is and What It Isn't," *British Medical Journal*, Vol. 312, No. 13, 1996.

Salmivalli, C., Lagerspetz, K., Bjrkqvist, K., et al., "Bullying as a Group Process: Participant Roles and their Relations to Social Status Within the Group," *Aggressive Behavior*, Vol. 22, No. 1, 1996.

Salmivalli, C., Poskiparta, E., "Making Bullying Prevention A Priority in Finnish Schools: The Kiva Antibullying Program," *New Directions for Student Leadership*, Vol. 2012, No. 133, April 2012.

Salmivalli, C., "Bullying and the Peer Group: A Review," *Aggression & Violent Behavior*, Vol. 15, No. 2, March-April 2010.

Sarah Lindstrom Johnson, Tracy Evian Waasdorp, Katrina Debnam and Catherine P. Bradshaw, "The Role of Bystander Perceptions and School Climate in Influencing Victims' Responses to Bullying: To Retaliate or Seek Support?" *Journal of Criminology*, June 2013.

Sarah Pryce, "Bullying Behaviour, Intentions and Classroom Ecology," *Learning Environments Research*, Vol. 16, No. 2, April 2013.

Sawyer, J. L., Mishna, F., Pepler, D., & Wiener, J., "The Missing voice: Parents' Perspectives of Bullying," *Children and Youth Services Review*, Vol. 33, No. 10, October 2011.

Silja Saarento, "Classroom-and School-level Contributions to Bullying and Victimization: A Review," *Journal of Community & Applied Social Psychology*, Vol. 25, No. 3, May 2015.

Smith, J. D., "The Effectiveness of Whole-school Antibullying Programs: A Synthesis of Evaluation Research," *School Psychology Review*, Vol. 33, No. 4, 2004.

Smith, P. K., Mahdavi, J., Carvalho, M., Fisher, S., Russell, S., & Tippett, N., "Cyberbullying: Its Nature and Impact in Secondary School Pupils," *Journal of Child Psychology and Psychiatry*, Vol. 49, No. 4, March 2008.

Smith, P. K., "Bullying: Definition, Types, Causes, Consequences and Intervention," *Social and Personality Psychology Compass*, Vol. 10, No. 9, September 2016.

Stephen Leff, "The Free 2B Multi-Media Bullying Prevention Experience: An Exemplarof Scientific Edutainment," *Front Psychiatry*, Vol. 11, No. 679, 2020.

Stevie N. Grassetti, "Parental Advice to Preadolescent Bystanders about How to Intervene During Bullying Differs by Form of Bullying," *John Wiley & Sons Ltd.*, Vol. 29, No. 1, July 2019.

Swearer, S. M., Espelage, D. L., Koenig, B., Berry, B., Collins, A. and Lembeck, P., "A Social-ecological Model of Bullying Prevention and Intervention in Early Adolescence," *Handbook of School Violence and School Safety*, 2009.

Thyer, B. A., "What is Evidence-based Practice?" *Brief Treatment & Crisis Intervention*, Vol. 4, No. 2, 2004.

Ttofi, M. M., Farrington, D. P., "Bullying Prevention Programs: The Importance of Peer Intervention, Disciplinary Methods and Age Variations," *Journal of Experimental Criminology*, Vol. 8, No. 4, 2012.

Ttofi, M. M., Farrington, D. P., "Bullying: Short-Term and Long-Term Effects, the Importance of Defiance Theory in Explanation and Prevention," *Victims and Offenders*, Vol. 3, No. 2-3, 2008.

Vicente J. Llorent, David P. Farrington and Izabela Zych, "School Climate Policy and its Relations with Social and Emotional Competencies, Bullying and Cyberbullying in Secondary Education," *Revista de Psicodidáctica*, Vol. 26, No. 1, 2021.

Vila, B., "A General Paradigm for Understanding Criminal Behavior: Extending Evolutionary Ecological Theory," *Criminology*, Vol. 32, No. 3,

August 1994.

Wendy Craig, "Responding to Bullying: What Works?" *School Psychology International*, Vol. 28, No. 4, October 2007.

Wolak, J., Mitchell, K. J., & Finkelhor, D., "Does Online Harassment Constitute Bullying? An Exploration of Online Harassment by Known Peers and Online-only Contacts," *Journal of Adolescent Health*, Vol. 41, No. 6, December 2007.

Wolke, D. & Lereya, S. T., "Long-term Effects of Bullying," *Archives of Disease in Childhood*, Vol. 100, No. 9, August 2015.

Yuanhong Huang, Dorothy L. Espelage, Joshua R. Polanin, et al., "A Meta-analytic Review of School-based Anti-bullying Programs with a Parent Component," *International Journal of Bullying Prevention*, Vol. 1, No. 1, March 2019.

Yu-Hsien Sung, "Teachers' Cognitions and Handling Strategies Regarding Bully-victims," *Research Papers in Education*, Vol. 35, No. 3, 2020.

Ziqiang Han, Guirong Zhang and Haibo Zhang, "School Bullying in Urban China: Prevalence and Correlation with School Climate," *International Journal of Environmental Research and Public Health*, Vol. 14, No. 10, September 2017.

英文会议论文

Grover J. (Russ) Whitehurst, Whitehurst, G. J. R., "Evidence-Based Education (EBE)" Student Achievement and School Accountability Conference, [United] States Department of Education, https://ies.ed.gov/director/pdf/2002_10.pdf, October 2002.

后　　记

　　本书是我主持的国家社会科学基金"十三五"规划教育学一般课题"中小学校园欺凌预防教育研究"（课题批准号：BEA170111）的主要成果。其中一些相关研究成果已经在刊物上发表，我们对其进一步系统思考后纳入本书。课题立项之时，恰逢我国国家、地方政策、媒体、大众对校园欺凌现象高度关注之际，校园欺凌也是教育学、心理学、社会学、法学等学科关注的热点研究问题。如何对此问题从教育学角度做出深度思考和系统研究，寻找中小学校园欺凌预防教育的有效途径，是摆在课题组面前的巨大挑战。课题立项以来，课题组成员围绕校园欺凌预防教育这一主题，紧密跟踪国际前沿研究，关切我国校园欺凌的现状，及时了解世界各国在校园欺凌预防和干预实践方面的有效举措，积极寻找科学有效预防教育的综合证据，为中小学校园欺凌预防教育提供科学依据。校园欺凌是全世界各国中小学都存在的普遍性问题，如何预防与干预也是一个常话常新的问题。本书对中小学校园欺凌预防教育的探讨仅是一个起点，希望为校园欺凌预防教育实践提供参考的同时，也能够引起学界更大范围、更广泛的研究和探索。希望通过所有人的努力，最终能够将欺凌发生率降至最低，甚至消灭，为中小学生成长创建一个安全、有爱的学校环境。

　　本书的完成得益于团队成员的分工合作、共同努力。全书框架设计、统稿和定稿皆由张香兰教授完成，具体写作分工如下。

　　前言与三个部分的引言：张香兰教授。第一章：曹文博士、张香兰教授。第二章：曹文博士。第三章第一节：公长伟副教授。第三章第二节：硕士研究生化丹青（已毕业）。第三章第三节：硕士研究生吴文慧

（已毕业）。第三章第四节：安洪涛教授。第三章第五节：曹文博士。第三章第六节：张香兰教授。第四章第一节：袁晓凡博士、张香兰教授。第四章第二节：张香兰教授。第五章第一节：张香兰教授。第五章第二节：段炼炼博士。第六章：张香兰教授。第七章第一节：张香兰教授。第七章第二节：刘丰源博士、张香兰教授。硕士研究生车钰莹、宋颖、谭林林、刘月、马晓梦等同学协助做了大量文献梳理、数据整理和分析工作。没有团队成员的辛苦付出和努力奉献，就难有本书的顺利完成。

在课题研究和书稿撰写过程中，我们得到了戚万学教授的关心、鼓励和指导；黄向阳教授、冯永刚教授、刘丙元教授在开题过程中提出了非常宝贵的意见和建议；中国社会科学出版社为本书的出版提供了便利，责任编辑高歌女士为书稿提供了专业的审订和修缮。在此一并表达我们真诚的敬意和谢意！囿于水平和学识所限，该书定有许多缺点和不足，在此恳请各路方家批评指正！

张香兰

2023 年 10 月 16 日